中国社会科学院重大课题
国家"十五"重点出版项目

列国志

GUIDE TO THE WORLD STATES

中国社会科学院《列国志》编辑委员会

塞内加尔 冈比亚

◎张 象 贾锡萍 邢富华 编著

社会科学文献出版社

SOCIAL SCIENCES ACADEMIC PRESS (CHINA)

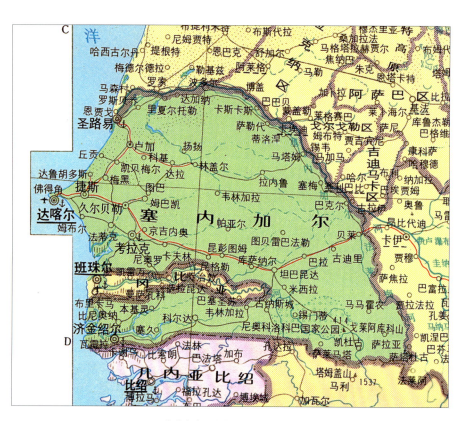

塞内加尔　冈比亚行政区划图

塞内加尔国旗

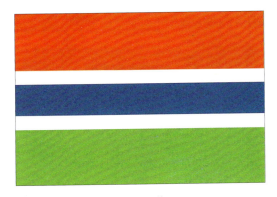

冈比亚国旗

塞内加尔国徽

冈比亚国徽

塞内加尔总统府
（作者实地拍摄）

塞内加尔戈雷岛
上的历史博物馆
（作者实地拍摄）

塞内加尔议会大厦
（作者实地拍摄）

达喀尔大学内的黑非洲基础研究院（作者实地拍摄）

塞内加尔图巴清真寺（作者实地拍摄）

塞内加尔戈雷岛上保留的原奴隶贸易据点，小门为出海口（作者实地拍摄）

达喀尔火车站（作者实地拍摄）

达喀尔港修船厂
（作者实地拍摄）

戈雷岛上遗留下的炮台
（作者实地拍摄）

冈比亚鸟类保护区内的黄冠鸟

冈比亚河中的鱼

位于首都的第22拱门

班珠尔市清真寺

班珠尔市的独立大道

冈比亚河上的民俗旅馆

冈比亚海滨

冈比亚河上的旅游船

詹姆士岛遗存的奴隶贸易时期城堡

前　言

　　自 1840 年前后中国被迫开关、步入世界以来，对外国舆地政情的了解即应时而起。还在第一次鸦片战争期间，受林则徐之托，1842 年魏源编辑刊刻了近代中国首部介绍当时世界主要国家舆地政情的大型志书《海国图志》。林、魏之目的是为长期生活在闭关锁国之中、对外部世界知之甚少的国人"睁眼看世界"，提供一部基本的参考资料，尤其是让当时中国的各级统治者知道"天朝上国"之外的天地，学习西方的科学技术，"师夷之长技以制夷"。这部著作，在当时乃至其后相当长一段时间内，产生过巨大影响，对国人了解外部世界起到了积极的作用。

　　自那时起中国认识世界、融入世界的步伐就再也没有停止过。中华人民共和国成立以后，尤其是 1978 年改革开放以来，中国更以主动的自信自强的积极姿态，加速融入世界的步伐。与之相适应，不同时期先后出版过相当数量的不同层次的有关国际问题、列国政情、异域风俗等方面的著作，数量之多，可谓汗牛充栋。它们对时人了解外部世界起到了积极的作用。

当今世界，资本与现代科技正以前所未有的速度与广度在国际间流动和传播，"全球化"浪潮席卷世界各地，极大地影响着世界历史进程，对中国的发展也产生极其深刻的影响。面临不同以往的"大变局"，中国已经并将继续以更开放的姿态、更快的步伐全面步入世界，迎接时代的挑战。不同的是，我们所面临的已不是林则徐、魏源时代要不要"睁眼看世界"、要不要"开放"问题，而是在新的历史条件下，在新的世界发展大势下，如何更好地步入世界，如何在融入世界的进程中更好地维护民族国家的主权与独立，积极参与国际事务，为维护世界和平，促进世界与人类共同发展做出贡献。这就要求我们对外部世界有比以往更深切、全面的了解，我们只有更全面、更深入地了解世界，才能在更高的层次上融入世界，也才能在融入世界的进程中不迷失方向，保持自我。

与此时代要求相比，已有的种种有关介绍、论述各国史地政情的著述，无论就规模还是内容来看，已远远不能适应我们了解外部世界的要求。人们期盼有更新、更系统、更权威的著作问世。

中国社会科学院作为国家哲学社会科学的最高研究机构和国际问题综合研究中心，有11个专门研究国际问题和外国问题的研究所，学科门类齐全，研究力量雄厚，有能力也有责任担当这一重任。早在 20 世纪 90 年代初，中国社会科学院的领导和中国社会科学出版社就提出编撰"简明国际百科全书"的设想。1993 年 3 月 11 日，时任中国社会科学院院长的胡绳先生在科研局的一份报告上批示："我想，国际片各所可考虑出一套列国志，体例类似几年前出的《简明中国百科全书》，以一国（美、日、英、法等）或几个国家（北欧各国、印支各国）为一册，请考虑可行否。"

中国社会科学院科研局根据胡绳院长的批示，在调查研究的基础上，于 1994 年 2 月 28 日发出《关于编纂〈简明国际百科全书〉和〈列国志〉立项的通报》。《列国志》和《简.明国际百科全书》一起被列为中国社会科学院重点项目。按照当时的计划，首先编写《简明国际百科全书》，待这一项目完成后，再着手编写《列国志》。

1998 年，率先完成《简明国际百科全书》有关卷编写任务的研究所开始了《列国志》的编写工作。随后，其他研究所也陆续启动这一项目。为了保证《列国志》这套大型丛书的高质量，科研局和社会科学文献出版社于 1999 年 1 月 27 日召开国际学科片各研究所及世界历史研究所负责人会议，讨论了这套大型丛书的编写大纲及基本要求。根据会议精神，科研局随后印发了《关于〈列国志〉编写工作有关事项的通知》，陆续为启动项目拨付研究经费。

为了加强对《列国志》项目编撰出版工作的组织协调，根据时任中国社会科学院院长的李铁映同志的提议，2002 年 8 月，成立了由分管国际学科片的陈佳贵副院长为主任的《列国志》编辑委员会。编委会成员包括国际片各研究所、科研局、研究生院及社会科学文献出版社等部门的主要领导及有关同志。科研局和社会科学文献出版社组成《列国志》项目工作组，社会科学文献出版社成立了《列国志》工作室。同年，《列国志》项目被批准为中国社会科学院重大课题，国家新闻出版总署将《列国志》项目列入国家重点图书出版计划。

在《列国志》编辑委员会的领导下，《列国志》各承担单位尤其是各位学者加快了编撰进度。作为一项大型研究项目和大型丛书，编委会对《列国志》提出的基本要求是：资料详实、准确、最新，文笔流畅，学术性和可读性兼备。《列国志》之所以强调学术性，是因为这套丛书不是一般的"手册"、"概览"，而是在尽可能吸收前人成果的基础上，体现专家学者们的研究所得和个人见解。正因为如此，《列国志》在强调基本要求的同时，本着文责自负的原则，没有对各卷的具体内容及学术观点强行统一。应当指出，参加这一浩繁工程的，除了中国社会科学院的专业科研人员以外，还有院外的一些在该领域颇有研究的专家学者。

现在凝聚着数百位专家学者心血、约计 200 卷的《列国志》丛书，将陆续出版与广大读者见面。我们希望这样一套大型丛书，能为各级干部了解、认识当代世界各国及主要国际组织的情况，了解世界发展趋势，把握时代发展脉络，提供有益的帮助；希望它能成为我国外交外事工作者、国际经贸企业及日渐增多的广大出国公民和旅游者走向世界的忠实"向导"，引领其步入更广阔的世界；希望它在帮助中国人民认识世界的同时，也能够架起世界各国人民认识中国的一座"桥梁"，一座中国走向世界、世界走向中国的"桥梁"。

《列国志》编辑委员会
2003 年 6 月

CONTENTS

目 录

塞内加尔（Senegal）

CONTENTS

目 录

CONTENTS

目 录

CONTENTS

目 录

9

CONTENTS

目　录

CONTENTS

目 录

CONTENTS

目 录

CONTENTS

目　录

CONTENTS

目 录

CONTENTS

目　录

冈比亚（Gambia）

15

CONTENTS

目　录

CONTENTS

目 录

CONTENTS

目　录

18

CONTENTS
目　录

CONTENTS

目 录

塞内加尔
（Senegal）

张　象　贾锡萍　编著

列国志

序

赞美您，
我的母亲。
您认出了儿子
——凭他真挚的神情，
这真挚是他心灵的写照，
这真挚是他家族的传统。
您认出了他的同志，
认出了无畏的战士，
在红霞垂幔的生命的黄昏，
您期待着晨曦初现的又一个黎明。

　　这些歌颂母亲和祖国的诗句出自著名的塞内加尔诗人和政府首脑列奥波尔德·塞达·桑戈尔（Léopold Sédar Senghor，1906～2001）之手。他早在成为该国国父之前就已经是享誉国际的诗人。他提倡的"黑人传统精神"（Négritude）是其诗歌创作主题，也是法语黑人文学的理论基础。他坚持不懈地弘扬这种"与白人文明不同，但又与之平等的黑人文明"。他要"捡起黑非洲文明这颗敲不碎的硬果作为武器来捍卫黑人个性"（桑戈尔语）。他的诗和学说不仅增强了非洲人的民族自尊心，而且激起了全世界黑人的自豪感。所以世界上不少人在知道塞内加尔国家

之前就已经知道桑戈尔的名字，不少人是通过桑戈尔而认识塞内加尔这个西非国家的。

塞内加尔共和国（The Republic of Senegal, La Republique du Sénégal）面积有196722平方公里。1960年独立时人口约297万人，2005年增至1085万人。它因塞内加尔河而得名。该河名称是因为葡萄牙人的误听而来的。据说1445年葡萄牙探险家迪尼斯·费尔南德斯探察这条河流，他遇到划着独木舟正在河中捕鱼的黑人渔夫，便问这条河的名称叫什么，渔夫以为他问其独木舟叫何名，便答道："萨纳加（Saunouga）"，这是当地沃洛夫语对独木舟的称谓。葡萄牙人听成塞内加（Sénéga），就记入航海图志。从此"塞内加尔"名称便流传于世界。

笔者于1994年以访问学者的身份对塞内加尔进行了学术考察。初到这个美丽的热带国度时，最吸引我的是它那些旅游景点。例如号称"小巴黎"的达喀尔街景就让我感到亲切。它与我所在的天津市的某些街区十分相似。这恐怕是天津法租界的建筑和达喀尔市中心建筑的设计同源之故。戈雷岛上奴隶贸易的遗址，使我这个学历史的人对几百年前罪恶的奴隶贸易有了更具体的了解，获得了难有的历史感。图巴大清真寺的庄严和富丽堂皇令人赞叹，看着那些来自马里等内陆国家穆斯林的虔诚朝觐，引起我对中世纪非洲的不少联想。位于东南部地区的尼奥科罗—科巴国家公园是被联合国列入《世界文化与自然遗产保护名录》的地区。原始状态的森林、草原、湿地、大量野生动物群的栖息，使这里的雨季风光格外优美和旖旎诱人。

随着对塞内加尔认识的深入，觉得关注这个国家不能只是这些。它还有许多重要方面更值得世人瞩目。首先是它的地理位置。它位于西非的最西端，一个酷似三角形的半岛伸向大西洋，即称佛得角，非洲大陆四大角之一（其他北有突尼斯的阿达尔角、东有索马里的哈丰角、南有好望角），首都达喀尔就位于此半岛上。这里是非洲大陆通往西半球最近的交通站，是绕过好望角通往欧亚两洲的大西洋航线上的必经之地；是从地中海沿岸横越撒哈拉沙漠的汽车通道的终点。从这里有公路和铁路通往西非内陆诸国。所以不论是从商贸还是从战略的角度看，这个国家所处的位置都是举足轻重的。

从历史上看，在中世纪这里的诸民族最先接受伊斯兰教，是伊斯兰文明与黑非洲文明又与后来的西方文明相互碰撞最激烈的地区，演出了许多故事。在近代这里是奴隶贸易的据点，是今日西方黑人寻根之地。法国殖民主义者以此作为法属西非的统治基地，经营成西非地区的政治、经济和文化中心。在现代这里是非洲民族解放运动的发祥地之一，非洲最早的工人运动和民族解放运动事件曾出现在这里。它独立于著名的 1960 "非洲年"，是非洲较早独立的国家之一。

从政治上看，在 20 世纪后半期的动荡的非洲中，它的政局一直比较稳定，十分难得。当非洲社会主义思潮盛行该大陆时，这里奉行的民主社会主义独树一帜。在民主化浪潮席卷非洲之前，这里早已实行了多党民主制，被誉为 "非洲民主的橱窗"。当非洲各国政要都迷恋于 "终身制"，为 "接班" 问题不断有政变发生之时，桑戈尔却主动提前引退让贤。此举出人意料，一时被传为佳话，誉为 "壮举"。

在文化方面，共和国缔造者桑戈尔的文人特征，不能不使这个国家具有突出的文化色彩。这里的教育在非洲地区相对较为先进，著名的作家、艺术家、学者较多。第一届世界黑人艺术文化节（1966）、第一届国际图书和教学用品博览会（1985）、以 "黑人世界与泛非主义" 为主题的泛非艺术文化节都曾在达喀尔举行。到 2004 年为止已举办 6 届达喀尔非洲艺术节，使这座城市赢得了 "当代艺术之都" 的美名。2002 年的世界杯足球赛，塞内加尔国家队不仅能进入八强，而且打败了上届冠军法国队，使全世界不能不对这个小国刮目相看。塞内加尔代表曾长期任国

际奥委会委员、任国际篮球联合会主席、任国际田径联合会主席。这些职位都是与塞内加尔体育事业的发展分不开的。

在国际关系方面，塞内加尔虽然国小却在国际社会中享有极大的声望。它自独立之日起就积极谋求世界的和平与稳定。即使是在两极对抗的冷战条件下，它也在努力维护国际社会和地区关系的协调，积极参与国际纠纷的调解工作。桑戈尔、迪乌夫、瓦德三位总统都是国际活动家。桑戈尔早在1951年就以法国代表身份参加过联合国大会，后又两次参加过联合国教科文组织的活动。1974-1990年塞内加尔教育家曾长期任联合国教科文组织的总干事。1985年和1992年迪乌夫两次当选非统组织执行主席，他在促进非洲经济一体化和非洲维和方面有杰出贡献，也为塞内加尔赢得国际好名声。

总之，向正处于改革开放中的中国人民介绍塞内加尔共和国是一件颇有意义的事，这将有助于大家认识世界、走向世界。笔者与天津市委党校贾锡萍副教授很愉快地接受了这一任务。这是中国社会科学院重大课题《列国志》中的一册。我们前后用了三年的时间完成。由于我二人过去是师生关系，故在编写过程中没有按通常模式分工，方案确定后，写作工作由贾锡萍同志承担。书稿完成后经课题领导小组的安排，得到了陈宗德先生和李智彪先生的认真审读，笔者根据各方意见进行修改和最后定稿工作。在写作过程中也得到中国社会科学院西亚非洲研究所安春英、李文刚同志的热情帮助，在此向诸同志表示衷心的感谢。由于我们对该国的研究尚不够深入，加之受资料条件的限制，鄙陋、忽略之处一定有之，竭诚地希望诸专家和涉外工作者及广大读者不吝赐教。

中国非洲问题研究会副会长
南开大学历史学院教授　　张象
2005年5月于南开园

第一章

国土与人民

第一节　自然地理

一　地理位置

塞内加尔地处撒哈拉以南非洲西部地区的最西端，位于西经 11°20′ 与 17°32′ 之间，北纬 12°18′ 和 16°42′ 之间。其佛得角（Cap Vert）（14°45′N，17°32′W）是非洲大陆西部的端点。面积 196722 平方公里，与我国广东省面积大体相当。四周边界线 2640 公里。西濒大西洋，海岸线长约 500 公里。北以塞内加尔河为界与毛里塔尼亚隔河相望（813 公里），东邻马里（419 公里），南接几内亚（330 公里）和几内亚比绍（338 公里），西部半包围冈比亚（740 公里），使之成为塞内加尔国境内的一块"飞地"，它切断了从卡萨芒斯地区到首都的通道。

塞内加尔地理位置十分优越。它是非洲大陆滨大西洋岸距美洲最近的地方。两洲交往这里是最佳"桥头堡"。佛得角半岛向西突出于大西洋中，是大西洋南北航线上的重要中途站，是北非地中海沿岸与几内亚湾沿岸各国海上交通的必经之地。再加上佛得角南面的达喀尔湾具备天然良港的条件，塞内加尔曾经是地理"探险家"的目的地之一，至今也是西非地区对外贸易重要通

道，是西非地区从大西洋进入内陆的良港。法国殖民者将塞内加尔变成了它在西非的殖民据点，把达喀尔变成它统治西非殖民地的政治、经济和军事中心绝非偶然。

就自然环境位置而言，塞内加尔位于萨赫勒地区的最西端。萨赫勒（Sahel）是阿拉伯语，意为"海岸"。萨赫勒地区是指撒哈拉大沙漠以南的边缘地带，从索马里到塞内加尔共有十几个国家。撒哈拉沙漠是世界最大的沙漠，占非洲大陆面积的四分之一，影响整个非洲的生态环境。萨赫勒地区虽然不是黄沙滚滚，寸草不生，但干旱少雨是最大特征。不过在古代这是非洲对外联系的主要通道。塞内加尔也就成为沟通北非和西非的沙漠商队的重要驿站，昔日频繁往来的沙漠商队，把西非内陆的树胶、黄金、盐、象牙等，经由塞内加尔穿过撒哈拉大沙漠，运往北非，再从那里换回来自印度和东方的兰麻布、服装、日用品和武器等等。今日塞内加尔作为穿越大沙漠汽车越野赛的终点，仍显示了其位置的重要。这些优越条件今天对塞内加尔的发展仍起着十分重要的作用。由于地处西非通往北非和西方的十字路口，塞内加尔成为黑非洲、伊斯兰文明和欧洲文明相遇、冲突和交融之地。今天塞内加尔在世界舞台上作为连接非洲、西方和伊斯兰国家的桥梁起着积极的作用。

二 地形特点

塞内加尔的地形特点呈从西向东缓慢上升、略有起伏的波状平原。绝大部分地区海拔高度 100 米以下，平均海拔高度不超过 75 米。隆起的部分主要有西部的佛得角火山岩孤丘和捷斯高地，东部的崩杜丘陵和上冈比亚低高原。地势总体较为平坦的原因是，古新世末期被西退的海洋所淹没，与海洋后退相联系的地壳运动和小型褶皱形成了少数不平的地势，其后又因侵蚀和细沉积层与较粗风吹砂沉积而变平，就变成一种较为平

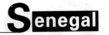

缓的平原了。佛得角半岛和附近的几个小岛的形成源于第四纪发生在沿海中部岸外的火山活动。东南部较高的山丘地势为前寒武纪变质岩和火成岩所建造。根据地形特点，塞内加尔整个国土可划分为如下部分。

（1）沿海地带　这里以佛得角半岛为界，分为北部和南部，差别极大。北部的海岸带从塞内加尔河口起向西南直至达喀尔附近止，由于东北信风与海潮的猛烈作用，形成了塞内加尔河河口的巴尔巴里沙嘴和佛得角以北平直的低海岸，也被称为撒哈拉海岸。形状为一个平滑而不中断的弧形，向内陆方向伸入约 24～32 公里。沿海岸流向西南的加那利寒流、东北信风、海洋巨浪和重重破浪的联合效应形成了背靠沙丘的广阔沙滩，沙丘覆以稀疏的灌木丛，某些地点还升高至 30 米以上。沙丘向内地伸展，为低植被所固定并有粘土凹地点缀其间。这个地带没有流到海洋的河流，但在短的雨季中，临时性河流注入沙丘背面的凹地，形成一系列淡水沼泽或湖沼。干季之中，这些肥沃潮湿地面则又是半荒漠地区生意盎然的绿洲。靠近佛得角半岛，海滩沙丘不再连成一片，某些沼泽和潟湖含有盐分并常为海水所侵入。

从达喀尔到桑给马尔角为南部海岸带陡峭的岩石海岸，非常狭窄。这里植物较丰富、掩蔽较好，拍岸浪少于北部海岸，且岸边有泉水。海滩后面，地面上升，是低而有森林的丘陵，若干季节性的短河流，穿过泥质红树林通向海洋。除萨卢姆河口以北海岸的高度向内陆减低外，其它海岸都是一片有曲流溪、潟湖和沼泽性岛屿的迷津，经常受到红树林丛莽的堵塞。从萨卢姆河口往南，过了冈比亚和卡萨芒斯河口，出现了沉溺海岸，它的溪流和河口都下沉成为泥沙淤塞的河谷。岸线曲折，一些河口深深嵌入陆地，形成生长红树林的粘土—淤泥质浅滩。由于海洋的关系，这是一片盐滩，难以开发，但是整个塞内加尔西部

海岸（包括卡萨芒斯沿海）是塞内加尔蕴藏石油最有希望的地区。

（2）西部滨海平原　包括从塞内加尔河三角洲到萨卢姆河口不规则的狭长地带。它被分为两部分，北部包括瓦洛和卡约尔低地。瓦洛指塞内加尔河三角洲，那里有无数干涸或半干涸的潮汐水道或称旱谷，以及很多残余的沙丘和沼泽。里夏尔托勒以西的大片盐沼，有的已经开发成稻田，很多尚未利用，其关键在于引水洗盐。卡约尔低地以一系列由西南向东北延伸的海岸活动沙丘或固定沙丘为特点，这里的沙丘远比内地的高，一般在 30 米左右，有的甚至高达 40 米。北部 24 公里宽的沙丘带被富尔贝人用作牧场，南面沙丘间的一系列洼地，成为环以茂密植物的淡水湖或沼泽化盆地，构成一连串称之为"油椰子丛"的念珠状绿洲，在那里有传统的农业及园艺业。律菲斯克以南的萨卢姆河口低平原，又是另一番景色。这个低平原由下沉的古河口三角洲上的滨海沉积组成。那里也有很多潮汐水道，沿岸都是盐渍地，地表有一层盐结皮，当地叫塔奈（tannes）地，主要用作牧场。

（3）塞内加尔河谷地　塞内加尔河，从马里边境进入塞内加尔开始，成一弧形向海洋流去，形成在巴克尔（Bakel）与达加纳（Dagana）之间的塞内加尔河左岸河滩平原。这个平原在它的上游宽约 16～32 公里，但在接近海岸时，则拓宽至 64 公里以上。一年一度的洪水泛滥，形成这里特有的灰色粘土，比附近地区的沙土肥沃。但是，在洪水季节被洪水淹没，上涨的河水将全部河谷变成一片汪洋；定居的图库勒尔人和富尔贝人在洪水消退后抓紧时机种一季退洪作物，然后游牧的富尔贝人及摩尔人便赶来畜群在这里放牧。由于随后漫长的干旱，缺水的枯水季节就会来临，因此，这里属萨赫勒热带草原所占面积较大。洪水泛滥过的平原被许多泥沼和分叉水道所破坏。达加纳以下，河流与海

洋接触，在泥沙淤塞的平原上，分叉水道形成宽大河网，而在河流涨水时，河水便漫溢到三角洲的广大面积上。达加纳以上河谷中段有一个长几百公里的莫尔菲尔岛。

（4）西部平原 西部平原是指卢加以南，冈比亚以北，西起捷斯高地，东迄费尔洛的占国土 1/4 的地区。这片略有起伏的平原大部分不超过海拔 40 米，许多地方分布着已被植物固定了的圆形古老沙丘，它们成排由东北向西南延伸。这里是塞内加尔主要的农业区，是主要的花生产地。土地已开发殆尽。北部的卡约尔地区，因耕地日益荒芜缩小，萨赫勒草原大大扩展。该地区唯一显得高峻的地势是成南北方向的在辛以西的一线丘陵。这些丘陵为森林覆盖，其中有些树高达 60 米以上。

（5）费尔洛（Ferlo）低高原 西部平原向内地的延伸地区，比西部平原地势稍高，平均高出 30 米，是个西北—东南向的规则的高平原，或者叫低高原。它被费尔洛河谷分为两大块，东部以各种侵蚀切割地形为主，高地上往往因覆盖着铁壳层而难以开发利用；西部以各种冲积地形为主，上面一系列东北—西南向的古老沙丘，完全掩盖了低高原的形态，沙丘高度一般不超过 5 ～ 6 米。村庄一般只见于地下水位较浅的干涸河谷附近，其它地方地下水位很深，因而只有稀疏的萨赫勒多刺灌丛。过去人们称之为费尔洛荒漠，在地图上把这大片地方标为"完全不能住人的没有道路的地区"。其实并不尽然，大片的丘间低地适于发展畜牧业，具有很大潜力。费尔洛是塞内加尔主要牧区之一，其西部是塞内加尔扩大耕地的主要地区之一。

（6）卡萨芒斯区 上冈比亚以西地区和冈比亚共和国以南的地区。分上、中、下卡萨芒斯三部分。上卡萨芒斯地势高，海拔 100 米左右。卡萨芒斯河流在上卡萨芒斯有海潮倒灌而且含盐。因此沿着这段河流和它的下游支流，土壤经常是贫瘠的。农业利用价值差，只有少数地方适合放牧。中卡萨芒斯地势稍高，

竹子、柚木和桑树分布很广，也是卡萨芒斯主要的花生种植区和扩大稻米生产的地区，但牧业生产发展受到萃萃蝇的危害。下卡萨芒斯由于地势低平，有利于灌溉和洗盐，因此成为塞内加尔最早最著名的水稻产区。

（7）东部山丘地区　该地区从费尔洛和上卡萨芒斯起，向东向南一直延伸到马里和几内亚边境。地面为沙、粘土或砖红壤覆盖。在金属矿藏上是全国最有希望的地区。北半部称崩杜地区，指巴克尔以南的南北狭长地带，有峻峭的山丘，最高达183米。南半部称上冈比亚地区，包括塞内加尔整个东南地区。为一低高原，平均海拔92米，还有一些300～400米的高地和丘陵。除山坡与河谷以外大部分地区古老岩层裸露，贫瘠的砖红壤地很多，不宜开垦，只星星点点地生长着一些金合欢树和矮灌木。

三　行政区划

19 60年1月塞内加尔立法议会通过改变行政区划法令，对全国行政区划进行调整。殖民时期的州被合并为7个行政大区（Région），即佛得角区（Cap-Vert）、捷斯区（Thiès）、久尔贝勒区（Diourbel）、辛—萨卢姆区（Siné-Saloum）、卡萨芒斯区（Casamance）、东塞内加尔区（Sénégal Oriental）和大河区（Fleuve）。大区的界线沿着殖民时期州的界线而定，没有利用明显的自然地势。各大区在人口数量上差别不大，1963年不超过20%，[1] 但面积却差别很大。佛得角区和捷斯区面积最小，只有全国总面积的3%，却是全国主要城市和工业发达地区，同时也是人口聚集区和民族成分较复杂地区，居民人数

---

① 〔美〕T. D. 罗伯茨等合著《塞内加尔》，魏晋贤译，甘肃人民出版社，1980，第30页。

占全国 1/4 以上。[①] 久尔贝勒区、辛—萨卢姆区，农业占据优势，是全国花生产区。比较良好的铁路、公路网和考拉克的海港有利于产品的运输。卡萨芒斯区和东塞内加尔区距国家政治和经济神经中枢都很远，而卡萨芒斯区更为孤立。大河区在行政上将人口众多和肥沃的塞内加尔河谷地和一大片人烟稀少的半荒漠联结起来，谷地人们的生活都以塞内加尔河为中心。各大区下面设省（Département），相当于殖民时期行政区划中的"区"（Cercles）；省下面分区（Arrondissement）；区下面为乡（Circonscription villageoises），是基层行政单位。全国共计 28 个省，90 个区。

1984 年国家对行政区划进行调整。全国分为 10 个大区和 30 个省。大区有达喀尔、圣路易（Saint-Louis）、卢加（Louga）、久尔贝勒、捷斯、坦巴昆达（Tambacounda）、考拉克（Kaolack）、法蒂克（Fatick）、科尔达（Kolda）、济金绍尔（Ziguinchor）；基层行政单位分设 35 个城市市镇（Communes）和 284 个乡村村社（Communautés rurales）。20 世纪 90 年代初，基层的市镇和村社又分别增加为 37 个和 317 个。

2002 年 1 月，国家对行政区划再次进行调整，将曾经作为圣路易区的马塔姆省升格为马塔姆（Matam）行政区。下设三个省，即卡内尔（Kanel）、马塔姆和拉内卢费尔洛（Ranerou Ferlo），以减轻圣区东西过长带来的不便。

目前，塞内加尔一级行政大区为 11 个区，二级行政区为 34 省。11 个行政大区的首府的名称与大区名称一致。例如，达喀尔省首府就是达喀尔市，其它如圣路易、久尔贝勒、捷斯、坦巴昆达、马塔姆、考拉克、法蒂克、科尔达、卢加、济金绍尔诸市都是同名大区首府。

---

① 〔美〕T. D. 罗伯茨等合著《塞内加尔》，魏晋贤译，第 30 页。

表1-1　塞内加尔行政区划简况

行政区划	面积 （平方公里）	2001年人口 （万人）	首　府	2003年人口 （万人）
达喀尔 Dakar	550	241	达喀尔	210
久尔贝勒 Diourbel	4359	93	久尔贝勒	—
法蒂克 Fatick	7935	63	法蒂克	—
考拉克 Kaolack	16010	112	考拉克	23
科尔达 Kolda	21011	83	科尔达	—
卢加 Louga	29188	55	卢　加	—
马塔姆 Matam	25083	29	马塔姆	—
圣路易 Saint-Louis	19044	57	圣路易	15
坦巴昆达 Tambacounda	59602	53	坦巴昆达	—
捷斯 Thiès	6601	134	捷　斯	—
济金绍尔 Ziguinchor	7339	55	济金绍尔	21

资料来源：（1）塞内加尔政府网站 www.gouv.sn；（2）中华人民共和国外交部网站 www.fmprc.gov.cn。

说明：表中标"—"号者为缺乏相关资料。

著名城市：

（1）达喀尔　塞内加尔共和国的首都，最大的港口城市，三面濒海，一面背依大陆，与南部非洲、南美洲和欧洲的距离大致相当，从而成为国际交通枢纽。

"达喀尔"的名字来源有很多说法。流传最广的说法认为"达喀尔"是当地土著语对"波巴布树"的称呼。这是当地到处生长的一种高大乔木，果实汁多味甜为猴子喜爱，俗称"猴子面包树"。人们称这里的居民区为"达喀尔"，意为"猴子面包树丛中的村庄或城镇"。塞内加尔人喜欢此庞大树种，让首都名与该树名关联可以理解。

1857年，法国人来到佛得角半岛时达喀尔还只是一个小渔村。由于地理位置极具战略意义，他们一踏上这块土地就建立海

港，不久又建成铁路。法国殖民者于 19 世纪 60 年代初开始了第一期港口工程。1862 年制订计划，开始城市建设。1878 年该城有 1556 人。1898 年达喀尔作为法军军事基地，1902 年法属西非联邦总督府从圣路易迁到达喀尔，法国殖民者将达喀尔作为统治整个西非地区的桥头堡。当地中学、医院和研究机构为整个法属西非服务。1904 年人口 2.5 万人。随着达喀尔——巴马科铁路的建成通车，港口建设和港口业务的不断扩大，达喀尔不仅成为大西洋的一个中途港、"服务站"，而且成为整个法属西非内陆西出大西洋的重要海港。法国在西非的大商号、银行和工业企业几乎全部集中于此。这里是著名的花生贸易中心。20 世纪 30 年代末，达喀尔取代圣路易成为塞内加尔最大的城市，人口超过 10 万人，其中法国人近 1 万人，成为西非最大的欧洲人社区。第二次世界大战之后，由于法国加大投入，港口机场进一步扩大和现代化；很多新的工程项目都集中到达喀尔，达喀尔进入飞跃发展的时期。1955 年人口 21.5 万，1961 年为 37.5 万。

达喀尔这座美丽的海滨城市是热带非洲最大的工业和服务业中心之一，拥有食品、纺织、化学、机械、造船工业等。全国最大的公司、银行和商店，全国 90% 的工厂企业都聚集在这里。它是政府机构、国家机关、政治组织、社会机构和外国使领馆的所在地。它拥有国家最大的也是西非著名的大学达喀尔大学，有着著名的具有古老历史的公立中学和小学，设有非洲研究、海洋历史等各种研究机构，各种类型的中等技术学校和职工培训中心和全国最大的医院。著名的桑戈尔体育场、人种学和考古博物馆、青年宫、国家剧院、广播电台和电视台也都在达喀尔，从而使达喀尔成为全国文化教育中心和西非最大的文化教育中心之一。

达喀尔有优美的白细沙海滩，建有现代化旅馆。在市区的西北部，有"奶头山"。山上矗立着航标灯塔，登上塔台可鸟瞰达

喀尔的全景。达喀尔市中心有独立广场，广场中央的独立纪念碑上，画着一头威风凛凛的雄狮正在跃起，象征着塞内加尔人民的状态。

（2）圣路易 圣路易区首府。塞内加尔北方古城。至今已有300余年的历史，是西非沿海最古老的城市之一。它位于塞内加尔河口北边的一个小岛上，一条长长的沙嘴和河口的沙滩使它不易受到攻击，在陆地上又有一系列炮台便于防守。而且它还处在非洲沿大西洋海岸贸易的航线上，从而成为塞内加尔河中、上游广大地区的树胶、黄金等物产的集散地。因其地理位置极具重要的军事经济意义，曾为欧洲殖民者争夺的重要目标。葡萄牙人首先在恩达尔（Nder）沙岛进行商业贸易活动。1659年法国殖民者占领了恩达尔岛，将圣路易作为其活动的大本营。英法殖民者随后展开激烈争夺，圣路易几易其手，终成法国统治塞内加尔的政治中心，1902年以前一直是法属西非联邦总督府的所在地，之后又为塞内加尔总督府所在地，是全国最繁荣的城市。达喀尔和考拉克等城市发展起来之后，圣路易地位下降。圣路易主要是个商业城市，工业基础薄弱。

（3）捷斯 捷斯区的首府。全国第二大城市。它位于捷斯高地的东部边缘，扼守着从佛得角半岛进入内陆平原的通道，因此，历来地理位置极具战略意义。它是塞内加尔西部平原主要的经济中心，工业方面拥有铁路车辆工厂、纺织厂、奶品厂、制鞋厂等。在其郊区普特和拉姆拉姆有农具厂、大型砖瓦厂、石棉水泥厂、采石场和磷酸盐加工厂等。它是全国最大的铁路枢纽和重要的公路枢纽，因而成为重要的商业中心。

（4）考拉克 考拉克区的首府。全国第三大城市和新兴工业中心。它是穆斯林提加尼教派中心，其清真寺位于该城市中心。该城市坐落于萨卢姆河北岸，地处该河通航河段的终点，是一个河港城市。在达喀尔港建成之前，它曾是塞内加尔最主要的

花生出口港。因地处花生产区中心，拥有全国最大的花生去壳厂和最大的盐场。它生产的盐除了满足国内需要之外，还有相当数量出口国外。它还是全国重要的公路枢纽，国家公路干线通往全国各地；有一条铁路支线与达喀尔——尼日尔铁路相连。考拉克的城市建设不断发展，街道是柏油马路，旅馆、商业、邮电等服务设施齐全。

（5）卢加　卢加区首府。位于北方主要养牛区和大量消费肉类的城市圣路易、捷斯和达喀尔之间，因而成为塞内加尔主要的牛市。凭借林盖尔铁路便利的交通，它成为北部的铁路枢纽，成为花生、树胶、皮革的重要交易市场。该城市有一个农业学校和种子油研究院分院。

（6）久尔贝勒　久尔贝勒区首府。它位于花生产区的中央地带，是商业和手工业的中心。它是塞内加尔的宗教圣地，有漂亮恢弘的清真寺。

（7）济金绍尔　济金绍尔区（又称卡萨芒斯区）的首府。1888 年曾为法国占领。它位于卡萨芒斯河下游左岸，是该区唯一的港口和经济中心，是南方内地运输花生和其它产品的唯一出海口。既是水陆交通枢纽、货物集散中心，也是该区工业最发达的一个城市。它拥有罐头厂、榨油厂、饮料厂和发电厂，生产花生油、冷冻鱼和果汁。

四　河流与湖泊

塞内加尔全国河流系统由塞内加尔河与冈比亚河两大主要流域组成，都发源于几内亚富塔贾隆高原多雨的北坡，并向北向西弯曲流入大西洋。

（1）塞内加尔河（Senegal River）　它是西非主要大河之一，全长 1430 公里，在塞内加尔境内 850 公里，是到达海洋的永久性河流。塞内加尔国家就是以这条河流命名的。它还是塞内

加尔与毛里塔尼亚边界分界线。

塞内加尔河的源头是几内亚的巴芬河（Bafing River），巴芬河与马里境内东面的巴科伊河（Bakoy River）汇合以后才名为塞内加尔河。塞内加尔河在凯斯和巴克尔两地之间，进入塞内加尔境内，然后汇合了来自左岸源于几内亚的法莱梅河（Falémé River）。由此向下，成一弧形向大西洋流去，途中没有瀑布和急流，河流水量主要来自上游河段，下游为少水区。几内亚山地4月份开始出现季节性暴雨，上游洪峰6月中旬到达塞内加尔，9月中旬下游才出现洪峰，在巴克尔洪峰高出低水位约为13米，在达加纳就减小到约3米。如遇干旱则不见洪峰。达加纳以下，由于河流沉积增大和落差减小，使洪水分散开来形成分流网，大部分水量被分散，在圣路易以上河流接近海岸的地方出现河口，在河口洪峰几乎难以觉察了。由于海浪的冲刷和由北方来的强大沿岸漂流形成的长形沙洲之故，河口被迫转而向南流入大西洋。该沙洲以巴尔巴里半岛闻名，宽度不超过二分之一公里，高度很低，以致海上起了风暴时，波浪就在几个地点穿过。大西洋潮水可上溯435公里之远。河口处有400米宽的大沙嘴，横卧河口，成为航行障碍。

（2）冈比亚河（Gambia River） 从几内亚的富塔贾隆高原发源向北流，在克杜古（Kédougou）附近进入塞内加尔的东南部，该地海拔约152米，但在流经塞内加尔的最初一半流程内，海拔下降约121米。此后，落差减小，河流曲折进入冈比亚。

（3）萨卢姆河（Saloum River） 全年有水的河段受海潮控制，不是真正的河流，由于是盐水，只能用于运输。上源为几条间歇性河流。萨卢姆河道曲折，主河道可以航行的部分向内地通到考拉克下游。而且一个横断河口的沙洲把船舶吃水深度限制在3米之内。

（4）卡萨芒斯河（Casamance River） 位于该国最南部，

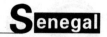

流经冈比亚河流域和几内亚几条河流系统之间的一个狭窄盆地。河长约321公里,从上源起几乎全在卡萨芒斯境内,落差很小。它的主要支流松鲁鲁河(Songrougrou River),从右岸汇入。由此向下,河流就成一个外海性河口,河口宽9公里。河口进口处有一沙洲把船舶吃水深度限制在约5米之内。济金绍尔是这个区域的海港。

塞内加尔还有盖尔湖、唐马湖和雷特巴湖三大湖泊。盖尔湖是塞内加尔最大湖泊。位于该国西北部与塞内加尔河和费尔洛河相连,为浅水湖,平均宽约13公里。在最高水位时,湖水能进一步向东南前进60~80公里到达狭窄的费尔洛河谷谷底,这样就在干燥地区形成一处水泊。由于海潮倒灌,导致该湖湖水在干旱季节含盐量很高,因此,修建堤坝使盖尔湖在雨季时储存淡水,以用于旱季时农田灌溉和城市用水。

五 气候

纬度位置、气团活动与洋流等气候因素的作用,决定了塞内加尔的气候比西非内陆国家更具多样性。

塞内加尔地处北回归线以南,昼长,太阳直辐射强烈,终年高温。境内大部分地区为冲积平原,仅东南部有丘陵,不存在任何气候上的屏障。影响塞内加尔气候时间长、范围广大的是热带大陆气团。大陆气团水分含量少,形成东北信风(大陆信风)和来自撒哈拉的干燥而多沙的哈马丹风(塞内加尔称为东风),一起给塞内加尔带来炎热和干燥。从1月份开始半年甚至更长的时间是在它的控制之下。一直到7月份,才被温暖、潮湿的热带海洋气团所取代。热带海洋气团温度高含水分多,成西南风,它带来大量的降水。由此形成了塞内加尔全年高温、干湿季节分明的热带草原气候的特点,分为旱季(11月至次年6月)和雨季(7~10月)。

塞内加尔气候也部分受到来自北面的南加那利寒流和北海洋

信风的影响。它们对塞内加尔北部沿海地区的气候有巨大的调节作用。这股寒流沿西非海岸一直延伸到佛得角半岛，然后便逐渐转向西南，远离海岸，最后变成东西向，并与赤道北部暖流汇合。这股寒流使邻近水域水温下降，因而往往产生雾，并使沿海地区气温下降，以致与内地不同，这里在旱季末并不出现高温天气。同时寒流还具有阻碍哈马丹风的作用，迫使它接近沿海地区时作上升运动。因为有这股寒流和凉爽的北海洋信风，达喀尔很少出现哈马丹风。

按照地带性规律，塞内加尔除了与西非内陆有共同的两个气候类型：热带草原气候和南撒哈拉气候之外，还有两个特殊的气候类型：西南沿海季风气候、塞内加尔海岸气候。西南沿海季风气候也叫几内亚—下卡萨芒斯气候，控制卡萨芒斯河下游地区。它雨量丰富，雨季相对较长，干湿季明显，但旱季的干燥度受到湿润的海风调节而有所缓和。塞内加尔海岸气候，控制达喀尔至圣路易的沿海狭长地带，其特点是旱季的干燥度和炎热高温都受到洋流和海洋信风的调节而明显比内陆地区缓和得多。

总体说，塞内加尔地属热带草原气候，终年高温成了它的总特点。年平均气温29℃，绝对最低气温在5℃以上，而绝对最高气温可达45℃。就气温的地区差异而言，南北变化不大，而东西之间差别却很大，从沿海向内陆，气候的大陆性越来越强，年温度差和日温度差都越来越大，日温度差最大可达25℃～30℃，而相对湿度则越来越小。

塞内加尔的降水全部属降雨。因为季风来自南方，所以降于塞内加尔南的雨量比北部多，降水量北部200～360毫米，南部1200～1800毫米。而雨季也稍长，从北向南雨季来得越来越早，持续期越来越长。年雨量南北差别很大，雨量的季节分配特别集中，年雨量的80%以上集中在夏季的几个月，有的地方甚至占年雨量的99%。

第二节　自然资源

一　矿藏

塞内加尔矿产资源据已探明的情况，金属矿资源主要有铁矿、铜矿、钛铁矿、黄金、钻石等；非金属矿资源主要有磷酸盐矿、大理石、石油、石灰岩、石墨等。就藏量而论主要有如下种类：

（1）铁矿　已知藏量约6亿吨。其中主要分布在法莱梅河左岸的崩杜地区和梅迪纳桑巴古罗地区，故叫法莱梅铁矿，矿石藏量3.91亿吨。法拉加利亚和果托（Goto）2.5亿吨。铁矿包括赤铁矿和磁铁矿。可供开采的矿床主要有两个：库鲁迪亚科赤铁矿，可采储量约3.7亿吨，矿石品位58.5%；法拉加利亚磁铁矿，可采储量1.86亿吨，矿石品位更高，达66%~67%。它们都属于开采价值高的富矿。但是开采需要发展新的电力，而且矿区所在地位置偏僻，需要建设740公里长的到达喀尔的铁路和新的港口设备。

（2）磷酸盐矿　塞内加尔的磷酸盐矿分布较广，储量也较大，是国家大力开发的矿产资源。藏量约2亿吨，[1] 目前占有世界产量的1.5%和世界出口量的3%。[2] 矿床以西部最集中，主要分布在塞比科坦及尼亚楠的南部、捷斯海滨悬崖、台巴地区、马塔姆地区以及同毛里塔尼亚交界的锡韦地区。塞内加尔的磷酸盐矿可分为两类：一类是钙磷酸盐矿，储量约为1亿吨，[3] 如台

---

①　中华人民共和国外交部网站 www. fmprc. gov. cn。

②　*Africa South of the Sahara 2004*，London，Europa Publications，2004，p. 936.
（《2004年撒哈拉以南非洲年鉴》，欧罗巴出版社，2004，第936页。）

③　中华人民共和国外交部网站 www. fmprc. gov. cn。

巴、塞比科坦、方丹等，尤其是马塔姆地区的钙磷酸盐富矿，矿石质量极佳，可直接用作化肥，储量约为4050万吨，目前已列入国家开发计划。另一类是铝磷酸盐矿，储量约为6000万吨，[①]巴罗是目前世界上唯一开采的这类矿床。

（3）石油与天然气　这是国家能源部门将重点开发的能源，已在卡萨芒斯的弗罗尔地区发现石油储量5200万吨～5800万吨。[②] 1982年加拿大石油国际援助公司（PIAC）进行开采工作。1995年塞内加尔和几内亚比绍建立合作机构共同进行石油探测、开发与开采。1997年发现天然气资源储量约100亿立方米。[③] 政府已在石油天然气开采工作上提速。

（4）黄金与钻石　黄金也是目前国家矿业部门注重开发的矿产之一。在东南部的萨博达拉（Sabodala）发现储量为30吨的沙金，目前已小规模开采。1991年发现可开采钻石储量约1000万吨。[④]

（5）各种石料　石灰石主要分布在律菲斯克附近。恩加佐比尔海滨悬崖、捷斯海滨悬崖以及费尔洛下游河谷的灰岩，是制造水泥的主要原料。凯杜古附近的石灰石是烧制优质石灰的原料，萨卢姆和下卡萨芒斯的介壳灰岩可用于铺路和烧石灰。另外塞内加尔河谷地区也有很厚的石灰岩地层。大理石主要分布在东塞内加尔的凯杜古地区，是地道的纯白色大理石，但也有黑云母大理石，储量很大，约100万吨，可采储量35万吨。石墨主要分布在班达法西附近，属含粉末状石墨的片岩，石墨的碳素含量一般为12.5%。

（6）海盐　西部沿海的很多地方都有出产，但最重要的产地是萨卢姆沿海。

---

① 中华人民共和国外交部网站 www.fmprc.gov.cn。
② *Africa South of the Sahara 2004*, p.936.
③ *Africa South of the Sahara 2004*, p.936.
④ *Africa South of the Sahara 2004*, p.936.

二 植物

塞内加尔原始森林覆盖率为 38%，此外还有 30% 的林地，林业资源丰富。共有 233 个森林保护区，拥有植物树种 2100 余种。但是由于乱砍滥伐和采矿业的发展，从 1970 年起森林退化了 60%。根据联合国粮农组织统计，1990~2000 年 10 年间，塞内加尔失去了 45000 公顷森林面积。所以，自 2000 年起政府开始实施禁止在森林保护区中开发矿产的政策。①

塞内加尔植物属热带植物。因为降雨量和气候类型不同，植物分布由北向南可划分为四个各具特点的植物带。

（1）萨赫勒带

该植物带地处从塞内加尔河到佛得角所在的纬度之间，在 300 毫米~700 毫米等雨线之间。由适宜干燥条件下生存并繁殖的一些散生的树和植物组成。树种不多，乔木很少，很少成林，树高一般不超过 6 米~7 米。以相思树属（合欢树）（Acacia）、三芒草属（Aristida）和蒺藜草属（Cenchrus）为主。典型树种为多种带刺的相思树。如阿拉伯胶树（Acacia Senegal or verek）和塞伊尔相思树（Acacia seyal），是阿拉伯树胶的重要来源，极具经济价值。当地人称为内布－内布（neb-neb）的阿拉伯相思树（Acacia arabica），被尊奉为圣树。多刺灌木有非洲没药（Commiphora africana）等。

（2）苏丹带

该植物带位于萨赫勒区以南和冈比亚之间，几乎覆盖了国土面积的 2/3。植物种类较萨赫勒区多，草类是这里最普遍的植被，以多年生禾本科为主。乔木几乎都是孤立生长，没有成丛，有广泛分枝的树冠，平均高度在 12 米，大树可高达 18 米~20

---

① 联合国粮农组织网站 www.fao.org。

米。主要乔木树种有猴子面包树、角豆木（Parkia spp.）、含油什树（Butyrospermum parkii）、微白相思木（Acacia albida）、罗望子（Tamarindus indica）和木棉属（Bombax costatum）。其中，角豆木、微白相思木、木棉等树种具有经济价值。

（3）几内亚带

该植物带位于下卡萨芒斯地区。这里沼泽洼地广，植物很丰富。但由于旱季长，加上乱砍滥伐，森林树种较贫乏。油棕广泛分布于此。原生林可拉林和昆氏辣番荔枝林（Xylopia quinttasii Engi et Dicls）是塞内加尔最有开发利用价值的森林资源。在卡萨芒斯沿海及沿河的盐渍土沼泽地带，遍布着红树林。

（4）海滨带

该植物带位于从佛得角半岛到圣路易的宽度不超过50公里的狭窄地带。这里生长着茂密的几内亚热带草原的木本植物和其他植物。具有代表性的植物有：油棕（Elaeis guineensis）、心叶山麻杆（Alchornea cordifolia）、非洲腊肠树（Kigelia africana）、扇叶树头棕（Borassus aethiopum）等。这里独特的植物是青海桐属（Scaevola plumieri）、海虾钳菜（Alternanthera maritima）和刀豆属（Canavalia obtusifolia）。

油棕和大苦油树（Carapa Procerd）是重要的油料植物；柚木（Tectona grandis）、石梓属（Gmelina）、胶质骨湃尔（Guibourtia copalifera）和雨树属（Samanea dinklagei）都是很有价值的硬木树种。

在众多树种中，猴子面包树以其独特之处被塞内加尔人民奉为国树，其花尊为国花，广为分布在塞内加尔萨赫勒带、苏丹带和海滨带等植物带。在植物分类学上，猴子面包树属木棉科落叶乔木，具有奇大的树干。它是世界上最粗的树，而且随着树龄增加，树干会越来越粗大，有时树干高不过10米~25米，但径粗可达12米，要10多人手拉起来才能合围一圈，远观形似一大腹

便便的矮胖子，整棵树显得比例极不协调。它的树杈千奇百怪，酷似树根，远看就像是树根长在了"脑袋"上。它的叶子为 3 片~7 片小叶的掌状复叶，小叶矩圆状披针形，长 7 厘米~13 厘米。花先叶开放，具有数目相当的左、右旋转花冠，花冠直径 12 厘米~16 厘米，花色雪白，有淡紫色雄蕊，十分醒目，由蝙蝠等动物为其传粉。它的果实为木质，矩圆形，不开裂，长 10 厘米~30 厘米，粗 4 厘米~12 厘米，外面密被绒毛。它的寿命长达 2000 多年，也有记载说可达 5000 岁，真可谓植物王国中阅尽人间春色的屈指可数的长寿之星。其奥秘就在于它具有独特的脱衣术和吸水法。每当旱季来临，为了减少水分蒸发，它会迅速落光身上所有的叶子。一旦雨季来临，它又依靠树干松软的木质，如同海绵一样大量吸收并贮存水分，胖胖的身躯完全代替根系吸水。它那奇大的树干，依靠叶片的脱落和储水于树干中，即使在极其干旱的季节，也能顽强地生存下来。

关于猴子面包树，在塞内加尔有古老的传说：那是在上帝创世时，因为这种树在非洲安家落户，没有秉承上帝的旨意，上帝一怒之下，把它连根拔起，倒立在地上。从此，它就以枝叶稀少、茎干粗短的怪模样在非洲的炎热中度日。塞内加尔人民却对它情有独钟，认为它那顽强的生命力是因为它有超自然的力量，于是把它视为力量的源泉和国家的象征，祝福自己的国家如它一样长寿延年。诗歌和民间传说中歌颂它为"圣树"。在该国的国徽图案中央，左边是狮子，右边就是猴子面包树，国家的印章中央也有它的形象，就连军人的肩章上也绣着猴子面包树，由此可见，其地位的确非同一般。

猴子面包树还有很多用途。树皮纤维柔软坚韧，用来织布、织绳索；果实、种子的油脂可用做燃料；干果提供制作富含柠檬酸和酒石酸的饮料。果实巨大，果肉多汁甘甜，是猴子、猩猩最喜欢的美味食品，所以有"猴子面包"的美称。该果也是当地居民的天然粮食，吃的方法很多，通常用火烤后吃起来颇有面包风味，如果再佐以咸肉、熏肉之类，便是一顿不可多得的美餐。更为讲究的吃法，是将猴子面包果切成小片油炸后撒上糖或盐，香甜脆酥，酒宴上用以招待嘉宾贵客。同时，该树的果实、叶子及树皮都可入药，有养胃利胆、清热消肿和镇静安神的功效，还含有能抵抗胃癌细胞形成和扩散的物质。更重要的是，它硕大的树干能在关键时刻为干旱地区的徒步旅行者提供水。这种树看上去粗壮，实际上外强中干，表硬里软。树干中松软的木质常被当地居民挖空成洞，成为避雨乘凉的好地方、贮存物品的"仓库"，甚至当房屋居住。树洞非常宽大，大的可藏五六十人或成群的牛羊。外国游客常要到这"神仙洞"一游。

三　动物

内加尔茂密的森林和热带草原滋养了种类繁多的野生动物。这些动物中有世界上最大的羚羊——德比羚羊、黑猩猩、狮子、豹以及美丽的鸟类。鸟类中，有珍稀的白塘鹅、紫苍鹭、非洲蓖鹭、白鹭和鸬鹚。塞内加尔目前有动物550种。[①] 政府为了保护该国动物资源，开发旅游资源，建立了保护区和国家公园。主要有尼奥科罗—科巴国家公园、朱贾国家鸟类保护区等。政府为唤起国民保护动物的意识，先后于1968年、1974年和1987年在全国发行了朱贾国家鸟类保护区纪念邮票。但是，多年的偷猎活动使猎豹和大象数量下降。今天，塞内加尔动物主要有：德比羚羊、黑猩猩、狮子、长颈鹿、大象、猎豹、野狗、野牛、河马、疣猪、非洲海牛、弯角羚、大羚羊、狒狒、绿猴、赤猴、疣猴。全部三种非洲鳄鱼：尼罗河鳄鱼、长吻鳄、

---

① 联合国粮农组织网站 www. fao. org。

侏鳄。三种龟类。白眉鸭、琵嘴鸭、针尾鸭、流苏鹬、黑尾塍鹬、火烈鸟、鹈鹕、白脸树鸭、褐树鸭、尖翅雁、紫鹭、夜鹭、各种白鹭、非洲镖鲈，鸬鹚、白胸鸬鹚、苏丹大鸨、大鸨、陆地犀鸟、战雕、短尾雕。蛇类有绿色毒蛇、蜂蛇、眼镜蛇等。海洋鱼类有旗鱼、黄尾金枪鱼、琥珀鲑和海豚等。

在诸多动物中塞内加尔鹦鹉（英名：Senegal Parro；学名：Poicephlussenegalus）非常吸引人。它们并不喧闹，偶尔会啄坏鸟舍的木质构造，尤其是在繁殖期之前。每只鸟身上的橘黄色羽毛深浅都不相同，但和雌雄并无绝对的关联。它身长 24 公分。绿色身体，头部为灰色，黄色的腹部。平均寿命约 30 年。雌雄分辨需经专业鉴定。个性友善，偶尔有些害羞，幼鸟可以学习说话。食物以一般性鹦鹉食物即可。它需要一个较深的巢箱，放置在较隐秘角落里。人工饲养的幼鸟很温顺，是一种不惹麻烦的宠物鸟，而且有学话的能力。

第三节 居民与宗教

一 人口

1. 人口规模

根据塞内加尔的人口调查，独立前的 1958 年全国人口为 232 万人，[①] 1960 年独立时为 297 万人。[②] 1960～1970 年，人口年平均增长率为 2.6%，1980～1990 年为 4.9%，1990～1998 年为 3.0%；[③] 2005 年，全国人口增至 1085 万人。

---

① 《世界知识年鉴》（1961 年），世界知识出版社，1961，第 387 页。

② 《各国概览》（1972 年），人民出版社，1972，第 367 页。

③ 世界银行：《1999/2000 年世界发展报告》，中国财政经济出版社，2000，第231 页。

这就意味着独立 40 余年来，塞内加尔人口增长了 3.3 倍。当前，塞内加尔人口增长率既高于撒哈拉以南非洲人口平均增长率，也远远高于世界平均水平。

塞内加尔人口的快速增长，主要是因为独立后社会环境、国民医疗和饮食水平的改善与提高，使得人口死亡率大大降低，特别是婴儿死亡率大大降低。1980 年塞内加尔人口死亡率 18‰，婴儿死亡率（每千例活产婴儿）117‰，而到 2003 年，人口死亡率和婴儿死亡率分别下降为 10.88‰和 57.57‰，也就是说实际存活的婴儿比以前增加 59.43 个千分点。同时，人口出生率下降的幅度却很小。1980 年人口出生率为 46‰，到 2003 年，人口出生率才下降到 36.23‰，[①] 仅下降了 9.77 个千分点。从塞内加尔人口发展趋势来看，人口规模总量在不断增加，呈现持续低速增长的特点（具体见表 1 - 2，表 1 - 3）。

表 1 - 2　塞内加尔人口发展趋势

单位：万人

年　　代	1998	1999	2000	2001	2002	2003
人口总数	900	930	950	970	980	1010
年增长率(%)	2.36	2.37	2.38	2.40	2.40	2.41

资料来源：（1）中华人民共和国外交部网站 www.fmprc.gov.cn；（2）Economic Intelligence Unit, *Country Profile 2004*：*Senegal*, p. 55.（英国经济学家情报社：《2004 年国家概况：塞内加尔》，第 55 页）；（3）African Development Bank, *Gender*, *Poverty and Environmental Indicators on African Countries*, p. 239. www.afdb.org.（非洲发展银行：《2005 年非洲国家性别、贫困和环境指数》，第 239 页，非洲发展银行网站 www.afdb.org）

---

① 世界银行：《1999 年世界发展指标》，中国财政经济出版社，2000，第 126 页；CIA, *The World Factbook 2003 - Senegal*, www.cia.gov.（美国中央情报局：《2003 年世界各国指南—塞内加尔》，美国中央情报局网站 www.cia.gov）；The World Bank Group, *World Development Indicators*, *2003*, www.worldbank.org.（世界银行：《2003 年世界发展指数》，世界银行网站 www.worldbank.org）

表1-3 塞内加尔人口动态

| | 总人口
（百万） | | | 年均人口增长率 | | | | | 粗出
生率
每千
人 | 粗死
亡率
每千
人 | 赡养率
（%） | |
| | | | | 总人口
（%） | 0~14
（%） | 15~64
（%） | 65岁以
上（%） | | | | | |
	1980	1997	2015	1980~ 1997	1997~ 2015	1997~ 2010	1997~ 2010	1997~ 2010	1997	1997	1980	1997
塞内 加尔	5.5	8.8	13.6	2.7	2.4	2.1	2.9	2.6	40	13	0.9	0.9
黑非洲	380.7	612.3	921.3	2.8	2.3	1.9	2.8	1.6	41	15	0.9	0.9
全世界	4429.9	5819.6	7101.4	1.6	1.1	0.1	1.6	1.8	23	9	0.7	0.6

资料来源：世界银行：《1999年世界发展指标》，第58、62页。

2. 人口结构

从人口年龄结构看，2003年塞内加尔15岁以下（不包括15岁）占总人口的43.7%，15~65岁人口占53.3%，65岁及以上人口仅占3%，这体现了塞内加尔人口结构年轻化的特点。

表1-4 人口年龄和性别结构（2003年）

| 年龄段 | 总人口 | | 男 性 | | 女 性 | |
	总 数 （人）	占全国人口 （%）	总 数 （人）	占全国人口 （%）	总 数 （人）	占全国人口 （%）
0~14岁	4620101	43.7	2330395	22.0	2289706	21.6
15~64岁	5637193	53.3	2707195	25.6	2929998	27.7
65岁以上	323013	3	156514	1.4	166499	1.6

资料来源：CIA, *The World Factbook 2003 - Senegal* , www.cia.gov.

3. 人口分布

塞内加尔人口分布的主要特点是：首先，人口密度大。人口密度是每平方公里47人，高于全世界人口密度和撒哈拉以南非洲的人口密度。① 其次，人口分布极不平衡。全国 3/4 人口集中在仅占全国面积 1/4 的以佛得角为中心的地区。其中以达喀尔和辛—萨卢姆两个区人口最为稠密。尤其是城市成为人口主要聚居区。城市人口比重持续增长，1980 年城市人口占全国总人口的比例为 35.7%，1990 年为 40%，2001 年为 48.1%。② 目前城市人口以每年 4% 的速度扩张，约半数的人口居住在城市。③ 特别是首都达喀尔人口增长迅猛，人口密度达到惊人程度。达喀尔刚独立时，1961 年人口 37 万人④，2003 年高达 210 万人，42 年增长 5 倍之多，达喀尔容纳了全国 1/5 的人口，这充分反映了塞内加尔人口空间分布极不平衡的特点。以至为了缓解达喀尔的人口压力，2002 年 12 月 14 日，塞内加尔政府城市和国土整治部长萨勒透露，政府已暂时选定距达喀尔 120 公里临近大西洋的梅凯作为该国未来的行政首都。还有，国内人口流动性较大，约有 20% 的人没有固定住所，⑤ 农村人口不断向城市迁移（具体变动趋势见表 1-5）。

表 1-5　塞内加尔农村与城市人口变动趋势

单位：%

年　　份	1904	1926	1936	1945	1960	1976	1988	1995	2001	2015
农村人口比例	97	95	90	85	78	66	61	58	56	44
城市人口比例	3	5	10	15	22	34	39	42	44	56

资料来源：Sheldon Gellar, *Senegal: An African Nation Between Islam and the West*, Westview Press, 1995, p. 110.（谢尔顿·加拉尔：《塞内加尔——一个介于伊斯兰和西方之间的非洲国家》，西方观点出版社，1995，第 110 页。）其中 2001 年和 2015 年的数字为估算数字。

---

① 世界银行：《1999/2000 年世界发展报告》，第 227 页。
② The World Bank Group, *World Development Indicators*, *2003*, www.wordbank. org.
③ Economic Intelligence Unit, *Country Profile 2002: Senegal*, p. 13.（英国经济学家情报社：《2002 年国家概况：塞内加尔》，第 13 页）
④ 文云朝编著《塞内加尔——资源、环境与发展》，气象出版社，1992，第 146～147 页。
⑤ 李毅夫等著《世界民族通览》，中央民族大学出版社，2000，第 33 页。

二　民族

与很多非洲国家一样，塞内加尔是个多民族的国家，但是不存在各民族之间尖锐的冲突。发展民族意识，排除部族观念是历届政府倡导的，政府一直强调塞内加尔人民首先应将自己作为塞内加尔国民。《宪法》规定：任何对种族、少数民族或宗教的歧视行动，包括旨在破坏国家安全和地区统一的地域主义宣传，均应受到法律的处罚。

塞内加尔境内共有 20 多个民族，多为苏丹语言尼格罗人。人数较多的民族有沃洛夫族、谢列尔族、富尔贝族、图库勒尔族、迪奥拉族、马林克族、索宁克族、摩尔族等。少数民族有莱布族、尼奥曼卡族、贝努克族、曼贾克族、巴朗特族、巴萨里族等。此外，还有为数不多的法兰西人、黎巴嫩人和叙利亚人等。

1. 沃洛夫族（Wolof）

属苏丹语言尼格罗人，人口 330 万，占总人口的 43.3%。[①]主要居住在塞内加尔的北部和中部的沿海地带，其分散的群体几乎遍布全国各地。沃洛夫族为该国第一大民族，多从事农业。13世纪建立沃洛夫王国，影响不断扩大，15 世纪前后为最兴盛时期，成为强大的沃洛夫帝国，还建有瓦洛王国和卡约尔王国。法属殖民军中的塞内加尔团队曾主要用沃洛夫人。今天该民族在塞内加尔商业和各行政部门中占有重要地位，经商和从政的重要人物不少是沃洛夫人。他们广泛分布在全国大部分行政区、各大城市和各级行政首府。但以其最初定居的西北部地区和中部花生产区较集中。20 世纪 80 年代起，因为强调沃洛夫的语言、社会习

[①]　以下各民族人口比例数据均来自美国中央情报局网站 www.cia.gov，*The World Factbook 2004 – Senegal.*

俗和忽视其他部族的利益而受到其他部族的指责，在城市里已有71%的人讲沃洛夫语。[①] 佛得角的沃洛夫人称莱布人，西苏丹的班巴拉人也自称沃洛夫人。

沃洛夫族的内地居民信奉拜物教。整体上多数人信奉伊斯兰教，实行一夫多妻制，男女均行割礼。长期以来其社会依据出生分为不同等级，形成种姓制度。每一等级又划分为不同范畴：最高是自由出生的人包括贵族、教士和农民；其次是工匠和格里奥人：包括木雕艺人、铁匠、珠宝匠、制革工人和皮匠、裁缝和吟游诗人等。他们的社会地位虽较低，因其拥有技能，从而在社会上得到广泛的欣赏和尊重。此外奴隶和他们的后裔地位最低。这种等级制度伴随现代化的进程正在改变，沃洛夫社会已划分为城市和乡村。城市里的沃洛夫人在政府部门和经济部门工作，农民则以生产花生为主。无论出生背景如何，如果受到良好的教育，工作薪酬高或担任重要的工作都能获得权利与地位。地位低的音乐人也能获得尊重和财富。尽管有些奴隶后裔仍然作为劳力和穷苦的农民在富有家庭的土地上劳作，但奴隶制已为法律所禁止。然而许多沃洛夫人仍然坚持社会遗俗。例如，贵族永远被认为需要在公众面前展示勇气和保持自我克制，以显示尊贵的地位，永远不能给家庭带来耻辱。沃洛夫族无论男人还是女人都渴望以他们良好的外表和穿戴而为其他民族所羡慕。尤其是沃洛夫妇女总是穿带着精心制作的头饰、许多珠宝和引人注目的流线型长袍。今天沃洛夫人是整个国家时尚的引领者。

2. 谢列尔族（Serer）

属苏丹黑人，操谢列尔语。人口 120 万，占总人口的14.7%。主要分布在塞内加尔西部和南部。为典型的农业民族，主要种植小麦、玉米、高粱、谷子、花生，饲养牛和羊。在辛—

---

① Sheldon Gellar, *Senegal: An African Nation Between Islam and the West*, p. 116.

萨卢姆区，他们创立了西非最典型的农业文明。12世纪或13世纪时建立了辛—萨卢姆王国，后被沃洛夫帝国吞并。20世纪60年代末期，因人口过于稠密导致土地不足，1968～1973年的干旱进一步加速危机，迫使其向城市移居。

谢列尔人多信仰伊斯兰教，曾按母系组织社会。传统社会存在等级制，男女均行割礼。实行一夫多妻制，每个妻子有自己的家庭，她在那里抚养自己的孩子。这些家庭组成村庄由当地首领和议事会统治，首领和议事会成员皆为男性。

3. 富尔贝族（Fulbé）

又称颇耳族（Peul）或富拉尼族（Fulani），前名是后名的复数。人口110万，占总人口的13%。以从事畜牧业为主，散居在全国各地，而以塞内加尔河中游即费尔洛东部为主。属柏柏尔人与苏丹尼格罗人的混血人种，身材修长，肤色细腻发红，与周围的非洲人相比不如他们黑。男子体态匀称较高，头部长，鹰鼻，头发短细、光滑而稍带卷曲。女子更出落得标致，富有魅力。15世纪在马里帝国内曾建立富拉尼王国，17～18世纪在该国境内曾先后建立几个王朝，一度控制整个塞内加尔和冈比亚。现在多为12世纪自塞内加尔河东迁留居在这里的富尔贝人后裔。

古代的富尔贝人是一支游牧民族，没有固定住处。他们在西非辽阔的大草原上沿尼日尔河和塞内加尔河移动，到处寻水草而居，放牧牛羊。故散居西非各国，被称为"非洲的犹太人"。现在，大部分富尔贝人过上了定居生活，但由于各种客观条件的限制，仍有大约30%的人继续过着季节性的游牧生活。

富尔贝人多信伊斯兰教，属逊尼派。实行一夫多妻制，男子行割礼。其社会曾按等级分为贵族、农民和有牛的人、工匠、奴隶。贵族中年长的男人领导村庄或游牧群体。这种等级制度已改变，但在农村仍有遗俗。

4. 图库勒尔族（Tukulor）

人口 83 万，占总人口的10%。操沃洛夫语，与富尔贝人近缘。主要分布在法莱梅河和塞内加尔河左岸。从事农业和畜牧业。但因为他们的土地不断干涸成沙漠，所以图库勒尔人不断迁移到国内各城市居住，甚至移居到西非国家和欧洲。

图库勒尔人早在 10 世纪曾建立塔克鲁尔王国。传统社会等级分明，社会按等级分为贵族、农民和有牛的人、工匠、奴隶。贵族中年长的男人领导村庄或游牧群体。现代社会使之改变，但痕迹尚存。仍实行一夫多妻制，男子行割礼。族人多信伊斯兰教，是西非最早接受伊斯兰教的民族之一，11 世纪就皈依了伊斯兰教，阿拉伯语也广为通行。

5. 迪奥拉族（Diola）

人口 74 万，占总人口的9%。肤色较黑。主要分布在境内西南部的下卡萨芒斯和福格尼地区。它同贝努克族、曼贾克族、巴朗特族等少数民族互为邻居。下卡萨芒斯所有这几个民族共占全国人口的14%。信拜物教，操迪奥拉语，长期保持氏族部落结构。19 世纪坚决反对法国入侵，他们所在地区最后被法国占领。实行一夫多妻制，男女均行割礼，曾按母系组织社会，依据职业和技术的不同分成不同等级。本族首领通常由男性担任，得到本族成员的忠诚，成员都以自己族的世系和名称为荣。现代社会许多人作为商人和工匠住在城市里，男人和女人都经商，等级制淡化，多信奉伊斯兰教，主要从事农业，种植高粱、水稻和花生，分布在沿海一带的居民则以捕鱼为生。

6. 马林克族（Mlinke）

人口 70 万，占全国总人口的8.5%。主要分布在卡萨芒斯河中游和东塞内加尔，它属苏丹草原地区的民族，与马里、几内亚交界地区的边境民族往来密切。历史上曾建立马里帝国，在西非有较大影响。多信奉伊斯兰教，属逊尼派，少数人保持拜物教

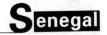

信仰。他们的社会曾依据部落组织。男人只要负得起给岳父的嫁妆，就能拥有几个妻子。主要从事农业，种植高粱、玉米、谷子、棉花和薯类，兼从事畜牧业和渔业。铁器加工和制陶也较发展。

7. 曼丁哥族（Mandingo）

属西苏丹黑人，是居住在东部富塔贾隆高原的少数民族。操曼丁哥语，为穆斯林，是跨界民族。

8. 索宁克族（Soninke）

人口 17 万，占总人口的 2%，主要分布在东北边界一带。实行一夫多妻制，女子行割礼。多信伊斯兰教。主要从事农业，也饲养少量的牛。

9. 摩尔族（Moors）

也称西撒阿拉伯人。人口 8 万，占总人口的 1%。主要分布在北部边界塞内加尔河右岸。沿河分为特拉扎、卜拉克纳、杜阿伊希三个族群。属欧罗巴人种地中海类型，肤色呈黄褐色。摩尔人在历史上是很有影响的民族，中世纪曾建立了阿尔摩拉维德王朝。信奉伊斯兰教，操阿拉伯语，传统社会存在等级制。主要从事畜牧业，饲养牛、羊和骆驼，过着半游牧的生活。图阿雷格人（Tuareg）与摩尔人混居，操阿拉伯语，二者十分相似。

其他少数民族有：莱布族（Lebu），其语言与沃洛夫人相近，长期以来被沃洛夫化。约 4 万人，集中分布在佛得角半岛，主要从事渔业。他们是佛得角半岛最早的居民，在此拥有大量有价值的产业，而且试图控制国家的海洋渔业。尼奥曼卡族集中居住在萨卢姆河口的一些岛屿上或散居于谢列尔族当中，大多是渔民。巴萨里族，约 1 万人，以种植业为主，辅以狩猎和采集，主要分布在凯杜古以西的塞—几边境地区。

此外，在塞内加尔居民中，还有不到 2% 的外国人，主要是法国人和黎巴嫩、叙利亚人。他们多数居住在城市中，操本民族的语言，部分人信奉天主教，部分人信仰伊斯兰教。黎、叙人多

数在城里经营小商品零售业，法国人则在政府和技术部门任职。独立之前，1945年法国人约16500人，20世纪50年代期间38000人，因为驻军减少、企业部门和国家部门非洲化及国家经济不景气，使独立之后的外国人数在逐渐减少，20世纪80年代减少到15000人。其中3/4集中在佛得角。①

独立时大约有30000～35000名黎巴嫩人在塞内加尔。② 19世纪末他们第一次来到塞内加尔，为塞内加尔经济发展起过作用。他们为花生生产提供现金支持，在被法国忽视的地区进行花生生产，从而扩大了花生生产地域。他们有自己的文化和宗教制度。他们试图了解沃洛夫人，与塞内加尔政治家和宗教人士都保持良好的关系，以得到保护。所以独立以来，政府反对将黎巴嫩人商店国有化。但是尽管大部分黎巴嫩人拥有塞内加尔公民权，但是仍被很多塞内加尔人看作外国人。20世纪80年代中期政府限制黎巴嫩人和叙利亚人将资金流出塞内加尔，从而引起紧张局势。20世纪80年代以来受过良好教育的黎巴嫩青年因为经济危机和政府政策而失业，因此不得不离开塞内加尔，前往欧洲和北美。

二 语言

法国殖民者入侵以前，塞内加尔的官方语言为阿拉伯语，使用的文字为阿拉伯文。殖民主义者入侵之后，才使用欧洲的语言文字。法国殖民者对塞内加尔实行同化政策，鼓励传教士教授当地人法语，法语成为殖民地官方语言，但是仅有少数受过良好教育的非洲人掌握了法语。塞内加尔宪法规定，塞内加尔共和国的官方语言为法语。但是法语只在国家行政部门

---

① Sheldon Gellar, *Senegal: An African Nation Between Islam and the West*, p. 17.
② Sheldon Gellar, *Senegal: An African Nation Between Islam and the West*, p. 118.

和技术交流时使用，非洲国家之间交流和国际关系中也使用。法语主要通行于知识阶层，约 15% 的人用法语阅读和写作。大多数人日常用本民族语言。大约 2% 的人口懂得阿拉伯语，[1] 尤其是穆斯林学者和宗教老师讲阿拉伯语。

塞内加尔民族语言众多。数量与民族数量大致相当。宪法将迪奥拉语、马林克语、富尔贝语、谢列尔语、索宁克语、沃洛夫语等定义为民族语言。这些语言属于西大西洋语（北支）和曼德语（西支）。属于西大西洋语支的有沃洛夫语、谢列尔语、富尔贝语、迪奥拉语；属于曼德语支的有马林克语、索宁克语等。摩尔人使用的哈桑尼亚语，则属闪含语系闪语族。全国有 10% 的人将沃洛夫语作为第一语言，有 30% 的人将沃洛夫语作为第二语言，可以说它也成为国家语言。[2] 沃洛夫语用拉丁文字母拼写，已被用于广播和出版书刊。

表1-6 塞内加尔主要民族语言使用人数比较（2002 年）

单位：人

语 言	人 数	主要民族
沃洛夫语	3568060	沃洛夫
富尔贝语	2387340	富尔贝、图库勒尔
谢列尔语	1154760	谢列尔
曼丁哥语	606645	曼丁哥
马林克语	340000（1998 年数字）	马林克
迪奥拉语	260000（1998 年数字）	迪奥拉
索宁克语	194150	索宁克

资料来源：Ethnologue languages of the World, 2005, www. ethnologue. com.（《世界民族语言》，2005，民族语言网站 www. ethnologue. com）

[1] Andrew F. Clark and Lucie Colvin Phillips: *Historical dictionary of Senegal*, Metuchen, N. J.: Scarecrow Press, 1981, p. 181.（安德鲁·F. 克拉克、露西·柯尔文·菲利普：《塞内加尔历史辞典》，稻草人出版社，1981，第181页）

[2] Ethnologue languages of the World, 2005, www. ethnologue. com.

四　宗教

与其他大多数非洲国家一样，塞内加尔各族最初是信仰各种拜物教的。公元10世纪~11世纪，从北非传入的伊斯兰教在塞内加尔传播开来，逐渐取代原始宗教，成为一种全国性的宗教。伴随欧洲殖民主义入侵而来的天主教，依靠殖民者的行政力量强行在塞内加尔传播。所以，宗教多元化成为塞内加尔社会的一个基本特征，主要有伊斯兰教、天主教和拜物教三种。但伊斯兰教占据绝对优势。目前全国居民中有90%的人口信奉伊斯兰教，多属逊尼派，5%信奉天主教及一些新教教派，另外5%的人信奉拜物教。[①]天主教信仰者限于城市中社会上层的少数人，主要集中在西部和南部地区。原始宗教主要集中在东部和南部地区。伊斯兰教则遍布全国。从民族分布看，信奉伊斯兰教的民族主要是一些人口众多的民族，仍然坚持原始宗教的民族主要是一些少数民族。宗教在多数塞内加尔人民中起着重要作用。不同宗教的人民都能够和睦相处，全社会对不同宗教信仰普遍持开放和宽容的态度，有和谐共存的传统。不同信仰之间通婚比较普遍，在相当多的家庭中，信仰天主教或原始宗教与信仰伊斯兰教在一起。伊斯兰教和天主教等比较大的宗教组织领袖保持公开对话，领导天主教团体的大主教和较大伊斯兰派别的哈里发几十年来主动进行不同信仰之间的宗教对话，有很多外国传教组织在活动。

1. 伊斯兰教

该教在塞内加尔已有一千年的历史。最先在北部的塔克鲁尔王国中传播开来。历史上，它曾经率领信徒进行圣战，反对塞内加尔传统的封建君主制王国的奴隶贸易和法国对塞内加尔的殖民

[①]　中华人民共和国外交部网站 www.fmprc.gov.cn。

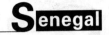

征服，从而在人民中树立了威信，扩大了影响。法国殖民者视伊斯兰教为其殖民扩张的障碍，认为，"只要伊斯兰教享有合法地位，只要马拉布特（传教士）得到尊重，只要清真寺存在，天主教就不可能有所发展；伊斯兰教的信仰狂给未来带来的危险，将成为殖民地长官和国内领导经常操心的问题。"① 20世纪伊斯兰教成为全国性的宗教。塞内加尔的伊斯兰教与其他伊斯兰教国家不同之处在于，它更加近似于神秘的泛神论主义传统。伊斯兰教活动采取宗教教派形式，由教派的创建者或者宗教领袖马拉布特领导。伊斯兰社区通常是在一个教派的周围。不同教派之间关于继承和权力问题会有一些争执，但伊斯兰下级组织中一直是和平共处而且互有合作。图巴、蒂瓦万、捷纳巴、恩迪亚桑、考拉克和达鲁克里等是塞内加尔著名的伊斯兰教圣地。图巴在塞内加尔西部，作为穆里德教派中心的图巴清真寺是塞内加尔最大的清真寺，1886年由教派创建人阿马杜·邦巴建立。高80米，规模宏伟。该清真寺设有教典大学，寺中央是邦巴墓。许多穆里德教徒认为图巴比麦加重要。每年在纪念邦巴从流放地归来的马加尔节的时候，大约有50万人从塞内加尔和冈比亚涌入图巴。蒂瓦万清真寺属于穆斯林提加尼教派，是塞内加尔第二大清真寺。考拉克是穆斯林提加尼教派宗教中心。达喀尔设有伊斯兰学院。

历届政府和反对党在重大问题上尤其是农村问题上都要与马拉布特共同讨论，以获得支持。穆里德教派影响最大，其他教派有提加尼、尼亚萨纳、卡迪里、拉耶纳等。现在出现了比传统教派更加具有明确的阿拉伯主义倾向性和更清晰地关注政治事务的改革主义者伊斯兰组织，它们在达喀尔和其他农村地区打下基础。20世纪90年代中期执政的社会党从最强有力的教派领导人

---

① 〔法〕G. G. 贝莉埃著《塞内加尔》，伍协力等译，上海人民出版社，1976，第208页。

获得支持。但是，花生产业的不景气导致许多支持者生活困难，削弱了社会党的力量。瓦德总统也是一个虔诚的穆斯林，正致力于加强自己与马拉布特的政治关系。达喀尔的伊斯兰组织和团体在一些伊斯兰学者和伊玛目领导下，向瓦德总统、议会议长和议员们发出呼吁书，呼吁政府改变法国殖民地的法律，根据古兰经和圣训实行伊斯兰法制。

伊斯兰教主要教派有：

（1）卡迪里教派　塞内加尔最早出现的教派。后来诞生的各教派差不多都是从此教派中派生出来的，其他教派的领袖都与此教派有联系。公元12世纪创建于美索不达米亚的巴格达，教派创始人是西迪·穆罕默德·阿卜杜·吉拉尼。它在非洲的第一个分支——贝凯亚分支大约于18世纪传入塞内加尔。该分支的创建人是摩尔人西迪·艾哈迈德·贝凯耶。该派传入塞内加尔后，初期的影响并不大，只限于在塞内加尔河谷各部族的居民颇耳人、图库勒尔人和萨拉科勒人。经过一个发展停滞的阶段之后，这个分支的传教活动又在一位新的教派首领西迪·莫克塔尔·凯比尔的带动下重新活跃起来。在他之后，该教派的教义在他的一位学生，特拉扎的摩尔人谢赫·西迪亚·凯比尔和其孙子西迪亚·巴巴的努力下得到广泛的传播。在他们两位的领导下，该教派一直传播到卡萨芒斯和上冈比亚地区。该派目前在塞内加尔有信徒50万人，分布在全国各地。主要集中在圣路易和佛得角区，有很多信徒是在此地定居的毛里塔尼亚人。该教派的圣地在捷斯区的思迪亚桑，现任哈里发是谢赫·西迪·叶海亚·孔塔。这个教派的特点是重视包括法学在内的伊斯兰教知识。

（2）提加尼教派　在塞内加尔出现的第二个教派。创始人是摩洛哥人阿赫默德·提加尼。据传在1781年，他在一次去麦加朝觐的活动中，梦中受到先知来访，他从此得到了新的教派——提加尼教派的教规和通向真主道路的启示，于是，他在摩

洛哥的非斯创建了此教派。此后不久，大约在 1830 年，摩尔人开始对黑非洲传播这个教派的教义。但是，此派在 19 世纪传播的主要推动力来自图库勒尔人斗士哈吉·奥玛尔·塔尔。不久，该教派在当时大部分不信教的沃洛夫人中也得到传播。这时，一位图库勒尔人的杰出的宗教领袖出现了，他的名字叫哈吉·马立克·西。他久居蒂瓦万，当时属于古代沃洛夫人卡约尔国家，他在那里后来与一位沃洛夫妇女结了婚并适应了沃洛夫人的生活。他于 1889 年在塞内加尔创建了提加尼教派。目前信徒已发展到 200 万人，是该国人数最多的教派，卸任总统迪乌夫即属于此派。该派的圣地在捷斯区的蒂瓦万，现任哈里发（自 1957 年始）是阿卜杜·阿齐兹·西。

（3）拉耶纳教派　在塞内加尔出现的第三个教派。创建于 1885 年，创始人是莱布人利玛胡·拉耶。这个教派也是从卡迪里教派中派生出来的。该派的创始人于 19 世纪晚期利用他的圣名和为人治病的名声，在他周围团结了一批信徒，创建了这个教派。拉耶纳教派对伊斯兰教义和法律做了某些重要的修改，他们认为没有必要去麦加朝觐。他们宣称，无需限制一个穆斯林娶几个妻子的规定。该派的奠基人和他儿子规定的教义还强调身体、衣着、住宅的清洁和纯洁是同样重要的。该派的圣地在约夫，该派的创始人就葬在那里。该派因与提加尼教派关系密切而被视为提派的一个支派。该派更多的是一种社会组织，是一种互相帮助的组织（互相帮忙盖房、种地、看病等），其宗教色彩很少，信徒们一般不祈祷，也不举行其他的宗教仪式。由于该教派缺乏精神支柱，所以没有多大的发展。该派目前仅有信徒 3 万人，现任哈里发为塞迪纳·伊萨·拉耶。

（4）穆里德教派　在塞内加尔出现的第四个教派。塞内加尔最有影响的教派。创始人阿马杜·邦巴。创建的时间大约在 1895～1912 年之间。与提加尼教派一样，穆里德教派也是利用

塞内加尔传统的君主体制被殖民者摧毁的机会得到发展的。但由于创始人最初对法国殖民当局的态度不同，经历的发展过程也不相同。

该派的创始人阿马杜·邦巴（1850～1927年）的家庭早在几代人之前就迁到了塞内加尔沃洛夫人的国家（在卡约尔和巴奥尔地区）。他的家庭很早就是一个穆斯林家庭，并与当时的王族家庭保持着紧密的关系。由于他父亲与拉特·卓尔君王的亲密关系，他很小的时候曾在君王周围生活了一段时间。后来离开了王宫去求学与研究宗教学问。由于他的渊博学识和崇高威望，在他的周围吸引了很多信徒。后来，他在巴奥尔创办了自己的教派，他的弟子和学生接踵而至，不仅有来自本地区的，还有来自卡约尔和朱洛夫地区的。他的信徒中常常还包括不少过去的贵族、元老及王宫的奴隶等，他们一旦不能再效忠其君王了，便改头换面，信奉伊斯兰教，投奔那些不愿与殖民者为伍的马拉布特。从此，穆里德教派的首领和一些马拉布特又成了抵抗殖民统治的某种象征。

殖民者在摧毁君主制的时候，采用了烧、杀、劫、掠等残酷手段，破坏了当地传统的社会和政治结构，使人民遭受了巨大的苦难，群众中不少人投奔马拉布特，希望在他们那里得到精神和肉体上的保护。阿马杜·邦巴无形中成了他们的精神领袖，他带领信徒对殖民者进行了非暴力的反抗。由于他对殖民当局不合作的强硬态度，殖民当局以信徒对他朝拜的热烈情景对社会构成危害为罪名，把他先后流放到加蓬（1895～1902年）、毛里塔尼亚（1903～1907年），之后，又指定他必须居住在辛—朱洛夫（1907～1912年）、久尔贝勒、巴奥尔（1912～1927年）。阿马杜·邦巴于1927年死在巴奥尔。尽管在他一生的晚期，已经与殖民当局改善了关系，但他始终没有被允许重新回到他创建的图巴清真寺，那里后来成了该教派的圣地，目前已成了塞内加尔的

国中之国，建成了闻名西非的大清真寺，城内有自己的"警察"，还设有自己的"海关"等等。该派目前约有信徒 150 万人，尽管人数没有提加尼教派多，但是在组织、教义和经济实力上是各教派中影响最大的，甚至在整个非洲也是对商业管辖组织最好的教派之一，他们控制了大量的工厂企业。

除了上述四个教派之外，塞内加尔还存在一些小的教派，如尼亚萨纳教派、巴依·法尔教派等。尼亚萨纳教派一般被看作是提加尼教派的一个支派，其所以也能独立成为一个教派，不是由于它人数众多，主要是由于他的领导人易卜拉欣·尼亚斯在国内外的声望。尼亚斯出身于地位比较低下的工匠阶层，与其他重要的教派领袖大不相同，他是通过自己的刻苦努力达到具有高深学问的地位的。该教派在塞内加尔的考拉克设有总部，在西非很多地方，特别是尼日利亚还有许多信徒，尼亚斯同摩洛哥非斯的联系不及其他提加尼教派的首领们那样密切。他鼓励信徒钻研阿拉伯伊斯兰教学问，但其信徒中也有一些人倾向狂热的宗教活动。1968 年，该教派的哈里发曾访问过中国，现任哈里发是阿卜杜拉耶·尼亚斯。巴依·法尔教派是穆里德教派的一个支派，目前约有信徒 15 万人，主要集中居住在捷斯。

综上所述，塞内加尔的伊斯兰教派虽多，但是无论从人数还是实际起的作用来讲，两大教派占据着统治地位，即穆里德教派和提加尼教派，其他的教派大都依附于这两大教派。卡迪里教派尽管创建最早，但在塞内加尔缺乏根基。卡迪里教派因穆里德教派的兴起正处在逐渐瓦解的过程之中，该派派生出来的一派正越来越接近穆里德教派，并被其逐渐吸收。

2. 天主教

天主教是伴随早期欧洲殖民者的入侵活动而传入塞内加尔的。1636 年，法国第二诺曼底公司前往塞内加尔时，卡普勤传教会的传教士一同前往向当地黑人传教。1822 年塞内加尔总督

罗歇支持教会在塞内加尔圣路易建立了第一座教堂，成立了土著神学院、教会中学和小学。1848年，当局赋予传教士有从事教化殖民地黑人工作的专有权。为了让更多的黑人皈依天主教，教会除了创办小学、中学外，还建立了农业学校和机械学校。法国主教和神父们还学习沃洛夫语、谢列尔语等，以便利传教。主教和神父们用沃洛夫语编写了一本《教义问答》，编写了沃洛夫语语法和沃洛夫语字典、沃洛夫语小型圣经，谢列尔语字典和语法。塞内加尔的基督教派主要是罗马天主教，还有一些新教教派，信仰者不多，只限于城市和社会上层中的少数人。在各民族中只有谢列尔人和迪奥拉人受天主教影响较多。

3. 原始宗教即拜物教

塞内加尔人信仰众多神灵，崇拜火和太阳；崇拜各种人们愿意崇拜的偶像，诸如巨石、树木或土地；崇拜当成祖先看待的牲畜、神秘的自然力以及某些人格化的超自然的东西等等。他们崇拜的对象或是他们所畏惧的，或是想安抚的。总之，他们崇拜的不是这些神灵的物质表现，而是寓于其中的能力和品格。这些神灵都有各自的庙宇和祭祀。

无论各种原始宗教之间在细节上存在怎样的差别，他们全部都是现世的。这些宗教认为，人们一方面一定要同这些支配力量保持良好关系，另一方面要在一定时机努力影响这些支配者。他们认为，宇宙由一种连贯的等级系统组成。其中人占有特权地位。等级的顶端是上帝，上帝是唯一的、非创造的天和雨的主宰，他对所有力量有最后的支配权。人们通过各种神灵进行祷告。这些神灵在没有物质显示方面，像上帝一样，是"神灵"，但它们都有住处。那就是说，对每个神灵的祷告和献祭都要在一个特别是属于它的地点和祭坛进行。这些祭坛的位置都以这个神灵的权限、威力和职能为转移。例如，每个核心家庭和扩大家庭都有这样一个神灵，而且它的祭坛就位于房屋或院落的某个地

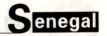

方。这种拥有广泛权限或特殊威力的神灵，例如那些要由一位祭司王向其祷告或支配割礼的神灵，都可以有一大片奉献给它的清除过的地面或林地。神灵为数很多而威力也很不同。像家庭神灵一样的某些神灵是仅有关小团体的；其他像属于祭司王的神灵，是有关所有承认祭司王的人。每位神灵都有一名祭司，有时则有一名祭司和一名献祭者。在各种神灵和能与它们交往的人们以下则是祖先。祖先可经请求去与神灵说项，而神灵接着一定要去上访上帝。这种等级之中，人以下则是动物和在某些方面活跃但却不具有意识的无生命物体。动物中最重要的是氏族标志，每个氏族都有一种特殊的动物标志，它们一个都不能杀死或吃掉。

　　塞内加尔没有国教，宪法中明确申明塞内加尔宗教与国家分立，将国家定义为世俗国。国家在公众秩序得以维持的情况下，容许实行宗教信仰自由。宪法中明确规定，塞内加尔共和国保证全体人民在法律面前，不分门第、种族或宗教，一律平等，共和国尊重一切信仰。塞内加尔历届政府普遍尊重而且从各方面全面捍卫这项权利，绝不容许它受到凌辱。宗教团体可直接从政府方面获得金钱和物质的援助。鉴于政府的补助并没有正式的制度，政府补助宗教组织维持其膜拜场所或承担特别的活动。此外，政府也通过教育部为宗教机构所开办且符合国家教育标准的学校提供拨款。在办学方面拥有成功经验的天主教学校获得拨款最多。为了推动伊斯兰现代化，政府支持在达喀尔大学建立了伊斯兰教研究中心。

　　政府不干预宗教事务，但内政部负责宗教团体的登记。任何宗教组织想获得合法地位，必须由内政部长依据民法和商法予以登记。获得合法地位的宗教组织能够进行商业活动，包括可以拥有财产，建立银行账户和从私人那里接受财政支持。政府对获得合法地位的宗教组织免除很多税收。内政部长如果拒绝登记必须说明合法理由。2002 年 10 月，政府要求小学尤其是乡村小学在课程中必须依据学生的要求开设两个小时的宗教教育课程，或者是伊斯兰教课程或者是天主教课程。政府提出私立学校和没有接受政府资助的学校可以开设宗教课程。神职人员或长期访问者必须获得内政部颁发的居留许可证。宗教组织包括伊斯兰组织经常作为非政府组织出席一些活动，这由家庭和社会活动部长负责批准登记。政府鼓励和资助穆斯林参加每年在麦加的朝觐活动，政府也资助天主教到梵蒂冈参加活动。政府没有具体的促进不同宗教信仰之间的对话制度，政府通常通过与重要的宗教组织之间保持关系来推动宗教和解。政府高级官员定期与宗教领袖讨论重要事务，政府通常派代表出席所有重要的宗教节日和重大事件活动。与此同时，政府监控宗教组织以确保他们的活动与国家目标一致。在社会中有影响的教派，都保持与政治领导人的对话。政府与教派和宗教团体领导人保持紧密联系，能够提供在法律之外的一些政治、经济保护和有利条件。

第四节　民俗与节日

一　民俗

1. 村落与家族

内加尔的沃洛夫人村庄很大，有几百人之多。其他族村庄比较小，比如马林克族，每个村庄只有一个家族。大多数村庄的中央有广场，用于跳舞和摔跤。穆斯林村庄里有清真寺。农村仍然保留大家庭的传统习惯。这种大家庭，是由家长主持的按血缘关系组成的共同体。家长享有绝对的权威，负责全家生产、生活和纳税。家长死后或因病残不能操持家务时，按沃洛夫人的规矩是由长子继承，按曼丁哥人的规矩是由其弟弟

继承。在这样的大家庭中，既包括家长的成年已婚的儿子、儿媳和孙子，往往也包括家长的兄弟，因而家庭成员一般在 15~40 人之间，甚至更多。劳动是以共同体为基础进行的。以沃洛夫族为例，家长选定一些供养全家的土地，同时也分给所属各小家庭一份土地，每天早上全家男女老少都在全家公有的地里劳动，下午每人才可以到各自的地里干活，有的地方家长还有权向各个小家庭征收一点"赋税"。在这种大家庭中，妇女受到极不平等的对待。例如在图库勒尔农村，妇女完全是男性的附属品，男人可以随意成亲或离婚，孩子要由父亲给起名字，孩子结婚只有父亲同意才算合法，结婚仪式必须父亲出席并讲了话才是最后批准。在家庭中只有男性有发言权，甚至吃饭也要等男人先吃饱之后，女人才能吃。随着现代经济和商品货币关系的发展，青年人向往独立生活，大批外出做工，使这种同堂共居的大家庭逐渐瓦解。不过其瓦解程度各民族不一，如在沃洛夫族地区，同父母生的兄弟一般仍同家长住在一起。

2. 婚姻

一夫多妻制在农村比城市更为流行，由于伊斯兰教的关系，结婚的男子中 1/4 是一夫多妻，有时家长可以有四个配偶，而一夫两妻的情况较为常见；伴随而来的另一个现象是男性结婚较晚，其中 2/3 在 29 岁还是单身汉，相反，女性结婚较早，其中一半以上在 19 岁就结婚。一夫多妻制常受到当局的认可，如现任总统瓦德在 2000 年通过宪法时讲了许多解放妇女的话，但却拒绝取消一夫多妻制，认为它是"不能禁止"的"古老传统"。至于不同民族之间的婚姻，在城市要比农村常见。

塞内加尔人的婚俗颇具民族特色，其中，又以富尔贝人的婚姻最为突出。在农村牛对富尔贝族的婚姻很重要。男女青年订婚均由父母作主，彩礼一般以牛计数，其数量往往因未婚夫财产的多寡和各地的习惯不同。男女青年一旦组成家庭，丈夫还要为年

轻的妻子准备一份财产，这份财产是一头或几头母牛，完全属妻子私有。儿子结婚后，要同父母亲脱离，单独生活。所以，父亲要分给儿子一批牲畜，通常是一些母牛，作为礼物。有些地方，相亲的时候，男子要带着15只鸡（8只公鸡，7只母鸡），在媒人的陪同下去女方家。女方父母在屋外"挡驾"，姑娘则在屋里偷看，一旦相中，就暗示自己的母亲将鸡接过来。这样，这门亲事就算定下来了。举行婚礼的那天，女方邀请一些亲友到家里来共同享用"金鸡席"。筵席从下午4点一直进行到第二天清晨。筵席快结束时，新娘要突然跑向树林，表示不愿意出嫁。女友们便紧随其后以好言相劝。等到新娘同意后，大家找一根树枝把它削成木棒，提着棒子一起陪新娘返回，并护送新娘缓步去新郎家。一俟新娘入了洞房，新郎就要在大庭广众之下象征性吃女方证婚人的棍棒。理由是，要让新郎不要忘记与自己的妻子相亲相爱，白头偕老。挨打之后，新郎方可进入洞房和新娘见面。

3. 房屋住宅

农村房屋住宅有方形和圆形，用粘土或太阳晒干的粘土砖做成，屋顶是茅屋顶或金属板。农村住宅的传统形式一般保留着大家庭的特色，好几个茅屋呈环形排列构成一套住宅，外面设有篱笆，中央是院落，院落里建有炉灶，上面往往有棚子，妇女们就在这里做饭，而富尔贝牧民的中央院落则是牲畜圈。院里面住着同一父系的若干小家庭。城市里有古老的欧洲风格的建筑、高层公寓建筑和用粘土砖做成的房屋，还有锡屋顶的混凝土房屋。

4. 服饰

塞内加尔人的穿着一般都比较简单，男子习惯穿一种白色的"布布"大袍，女子一般都穿颜色鲜艳的长裙，有的还在头上蒙着一条围巾。塞内加尔边境和偏僻地区人们，非常重视发型，而

且一个人的发型往往不是在表明他的社会地位或者身份，就是包含着某种特定的含义。例如，有些男子剃光头，又唯独在左耳上方保留一小撮头发。这说明他的社会地位很低，是主人的奴仆；如果左耳上方有一块被烙铁烫出的烙印，那么此人不是逃兵便是小偷。又如，萨拉科勒人，平时用缠头巾缠成扁平的帽子包住头发，摘掉"帽子"时，人们会在他们的光头上发现还留有三绺头发。前额的一绺表示，心中的秘密对谁也不能透露，包括自己的妻子；左耳上方的一绺表示，前人告诫我们要冷静理智，不要感情用事，要善于吸取"前车之鉴"；右耳上方一绺表示，养子不可信赖，他会成为父亲的对手。由于头发和发型对非洲人充满了神秘色彩，所以，理发行业在该国就备受推崇。在萨拉科勒人居住的村庄，理发师总是在最显眼的地方工作。不少人支起太阳伞，在大树阴下用灵巧的双手为顾客编造千变万化的奇异发型。每当梳成一种时髦而特殊的发型时，它就会给顾客的生活增添一分情趣。因为人们也都喜欢炫耀自己的头发。

5. 礼仪

塞内加尔是一个讲究礼仪的国家，居民性格爽朗，作风朴实，为人坦诚，待人宽厚，爱交朋友，乐善好施，给人留下美好印象。塞内加尔人见面通常以握手问候作为见面礼节。初次见面双方伸出手礼节地握一握，同时很有礼貌地讲一些问候的话语。塞内加尔女性对男性客人常行屈膝弯腰礼，有身份的女性有时会主动伸手同男性客人握手。塞内加尔人对男性朋友称先生，对女性朋友称夫人、女士或小姐。

6. 饮食

塞内加尔人一般是以玉米、大米、高粱等为主食，做成米饭、豆饭，也做木薯制品、花生食品等。其中稻米是塞内加尔人的主粮。2000 年每人消费 115 公斤糙米，这些糙米为每人每天提供了 750 卡热能及 21 克蛋白质。在塞内加尔有数种用大米制

作的饭食，其中鱼米饭最普遍。一首流行歌曲里有这样一句歌词来形容鱼米饭："你要给鱼放好多的调料，使你的鱼米饭有滋有味"①。其副食以牛羊肉为主，其中尤以羊肉居多。菜肴有烤全羊（用于招待贵宾）、烤羊肉串、辣椒牛肉、炸鸡块。清烧活鱼、生拌蔬菜、溜小肉丸、炸土豆片等。他们习惯吃大块的牛、羊肉，不爱吃以肉片、肉丁或肉丝烹制的菜肴。他们喜爱吃的菜有西红柿、萝卜等。在口味上，喜吃香而辛辣的食物，不怕油腻，而且一般人的饭量也比较大。有的人也爱吃法式西菜，早餐一般喜欢吃面包、黄油、浓咖啡。他们喜欢喝的一种饮料是从猴子面包树提取的味道强烈的汁液。塞内加尔人尤其喜爱喝中国的绿茶。他们习惯在饭后，一边品茶、一边聊天，以帮助消化。城镇地区吃饭时有桌椅，使用刀叉。乡村地区席地而坐，用手抓饭吃。

在塞内加尔，若有贵宾来临，他们常以烤全羊来热情款待。用来作烤全羊的都是小羊羔。烤熟后，放在金属的大盘子里端上餐桌。待客人们洗手后，一般习惯用右手先从羊的背部、胁部开始撕食。

塞内加尔人一般都忌吃虾、鸡和蘑菇等菌类以及其他形状古怪的食物，如：鳝鱼、甲鱼、鱿鱼等。他们更忌食猪肉。

7. 禁忌

伊斯兰教对塞内加尔人的生活习俗影响较大，他们多数都忌讳使用猪皮和猪内脏做的日用品，也忌讳谈论有关猪的事情。他们还尊奉伊斯兰教规，在公共场合下是禁止饮酒的。进入回教寺庙要脱鞋。

到塞内加尔人家里拜访、进主人的家门时，应注意观察主人是否穿鞋，学着主人的样子做。凡是接触入口的食品要注意用右

---

① 联合国粮农组织网站 www.fao.org。

手，因左手是接触脏物的。拿东西给他人，要用双手，或者用左手托住右手递过去。一定不要单独用左手，因用左手递东西带有侮辱人的意思。同样，接他人的东西时也用右手或用双手。

二 节 日

塞内加尔人的节日名目繁多，有的是已经延续了几百年的传统节日，有的是与宗教密切相关的宗教性节日。塞内加尔全国庆祝公历新年和"五·一"国际劳动节。伊斯兰教徒过古尔邦节、开斋节等。天主教徒和基督教新教徒过圣诞节、耶稣受难节、复活节、圣神降临节、万圣节等。另外，还有一些独特的节日（见表1-7）。

表1-7 塞内加尔国家民族节日

节 日	日 期
新 年	1月1日
签订联邦协定日	2月1日
开斋节	2月9日（希吉拉历9月斋月的最后一天）
耶稣受难日	3月28日
复活节	3月31日
国庆日	4月4日
古尔邦节（即宰牲节）	4月18日（希吉拉历12月10日）
劳动节	5月1日
耶稣升天节	5月8日
圣神降临日	5月19日
社团日	7月14日
圣母升天节	8月15日
圣诞节	12月25日

1. 国家节日

1960年4月4日，塞内加尔同法国签署"权力移交"协定

而独立。这一天被定为国庆日。在这一天全国在首都达喀尔独立广场举行隆重的庆祝活动。

2. 独特的民族传统节日

花生节就是一个著名的民族传统节日。塞内加尔盛产花生，每当花生收获季节来临之际，各地农村收获的花生便源源不断地运往各个收购点。收购完毕、外运之前，需堆垒起来存放。于是，人们进行垒"花生金字塔"的比赛活动。节日持续十余天。节日期间，家家户户要做花生蒸糕吃。这种花生蒸糕是将花生捣碎，拌上香蕉粉、玉米粉和水蒸制而成，色泽金黄、松软可口、香味四溢。人们在节日期间最重要的活动内容是观看垒"花生金字塔"的比赛。男女老少，身着盛装，从四面八方赶到堆放花生的地方，性格豪放的青年男女敲起激昂的非洲鼓，跳起节奏欢快的民族舞蹈，周围的人们则是随声高唱。这一方面是为那些垒花生的参赛者们助威，另一方面也是为了表达喜庆丰收、欢度节日的喜悦心情。"垒花生"比赛是一项十分热闹有趣的体育竞赛活动。比赛前，由一位工匠用石灰在地上画一道白线，规定花生袋堆放的位置。比赛由当地酋长主持。酋长下达开始令后，每组在一名老者指挥下，参赛者们头顶花生、哼着小曲、喊着号子、鱼贯跑步进入将花生袋放入白线内垒好，当花生袋垒到"金字塔"形的最顶端，只能放置一袋时，即算堆垒完毕。参赛者迅速将花生堆四周清扫干净，待酋长来验收。这种"金字塔"，高20多米，重500多吨，座座高矮相等，大小一样，棱角整齐，上面覆盖着绿色帆布，颇像古埃及的金字塔，因此被称之为"绿色金字塔"。比赛通常以50人为一组，获胜组每人得到一袋花生作为奖赏。这种比赛是男女青年进行社交的场合。每次比赛结束后，都有许多女青年跑上前去向获胜的男青年表示祝贺，或递上一块擦汗的手帕，或递上一罐清凉的饮料。如果男青年对女青年也有意，便在三天之内回赠一块手帕和一些蜂蜜，表

示愿意同她结合，希望婚后生活如蜜一般甜美。随后，男女双方将自己的想法告之各自父母，如果父母赞同这门亲事，便请媒人在中间牵线搭桥，订立婚约，择吉日成亲。

棒打节是颇耳人著名的传统节日。节前要举行盛大的庆祝仪式，节日期间主要举行棒打表演。棒打开始时，每30名颇耳族男青年围成一个圆圈，每人手持一根细而光滑的木棒，雄赳赳气昂昂地在场上站立。当主持仪式的酋长宣布棒打开始后，就从圈中走出一个人来"挨打"。按规定参加表演者每人须经受三人的棒打。持棒者抽打对方不得超过70下。参加棒打者不必顾及情面，要"英勇善战"。而为了显示自己的英勇，挨打的人几乎个个谈笑风生，乱棒落身，连眉头都不皱一下。如果经受不住棒打而中途退场，就会被人耻笑。棒打表演是一项相当残酷的活动，但在颇耳人眼里，棒打节却是有助于彼此增进友谊和信任、消除隔阂、选拔骁勇者的好时机。不仅如此，他们还认为，这项活动，还有助于训练本族男子勇敢坚强的性格，因此这个节日至今盛行不衰。而且，每个颇耳人的家庭，当自己家的儿子长成大人后，都要给他一根木棒让他去参加棒打节。

3. 宗教节日

伊斯兰教徒们有许多节日，除了伊斯兰教的传统节日，如开斋节、宰羊节、回历新年穆罕默德诞辰日之外，还有一些自己独特的节日。这些节日同其他伊斯兰节日一样，根据回历确定。每年没有固定日期。

宰羊节是塞内加尔伊斯兰教徒们一年中最重大的节日。按照伊斯兰教历，5月25日是伊斯兰教的宰羊节，名塔巴斯基。节日来到时，街头巷尾充满了节日的气氛，清晨达喀尔一片诵经声，当盛典结束后，许多人家院子里开始宰羊。人们把羊肉分赠亲友，把羊血洒在挖好的土坑里。

马加尔节是穆里德教派的盛大节日。最初是庆祝本教派创始

人阿马杜·邦巴被流放期满归来。他曾参与反对殖民主义的斗争，被流放至加蓬和毛里塔尼亚，1907 年 9 月返回。该教派将他归来日定为马加尔节，后改为在流放出发的日子举行。这一天，该教派所有信徒都到图巴朝圣。现在，这一活动已变成全国性的了，其他教派也都参加，甚至远在周边国家的穆斯林都来朝圣。人们如潮水般涌向清真寺广场，大哈里发高堂悬坐发表演说，总统也着民族服装参谒。次日在清真寺举办文艺演出、艺术品展览、体育竞赛、宗教专题讨论等活动。在两天的马加尔节期间，机关、学校、工厂一律放假，商店停业，全国的正常工作和生活陷于停顿。届时不少青年人也都去参加，因为他们把马加尔节看作是娱乐的好机会。

齐巴哈朝圣日是各教派信徒向其宗教领袖朝圣的日子，不定期，具体时间由伊斯兰协会建议、决定。每一个月、每季度、每年一次均可。仪式在各教派的宗教圣地举行。

第二章

历　史

第一节　古代简史

一　史前史

塞内加尔的早期历史主要是口传历史，不够准确，而且所知甚少。据说在 15 万年前塞内加尔地区有了居民。不过最早居民与现在居民没有任何关系。现在居民的起源，诸如沃洛夫人、谢列尔人、莱布人、图库勒尔人、萨拉科勒人、曼丁哥人和迪奥拉人等，是在什么时候和如何来到这个地区的都尚未定论。塞内加尔历史学家杰克·安塔·迪奥普认为大部分塞内加尔民族起源于尼罗河谷，后来移居到西非。之所以得出这个推论，是因为他认为古埃及文化和语言同塞内加尔和其它西非地区相近似。

根据考古发掘，公元前 1500 ~ 前 800 年在中西部的佛得角—捷斯地区（Vert-Thiès），用砍削和剥落方法制成工具的旧石器时代中期文化被新石器时代的磨光石制工具所代替。由于工具的改进，人们可以从较小的面积上定时获得较好的和较多的食物供应，人口因此能大大增加，人们能够居住在固定的村庄里，靠近最好的水源和土地。塞内加尔河流域便是新石器时代人们选择

55

居住的重要地区之一。公元前650年至公元一世纪新的居民到达塞内加尔,从佛得角到上塞内加尔河谷地法莱梅河发现了陶器、壁画、磨光了的红铁制的斧子和坟冢的遗址。公元前5世纪,迦太基帝国的航海家汉诺率领60只船组成的船队来到西非海岸,因遇上狂风巨浪到岬角避风。他们被空气中飘来的阵阵花香所吸引,便登陆来到现在达喀尔的地方,这是塞内加尔接触外界最早的记载。公元4世纪,在卡萨芒斯和塞内加尔东部地区铁器时代开始,炼铁遗址遍布整个东部地区。

二 古代王国的建立

从公元4世纪始,横越撒哈拉的贸易发展起来,商人用奴隶和黄金交换奢侈品。贸易的发展带动了大帝国的兴起,加纳帝国开始控制塞内加尔,使这里的历史翻开了新的一页。不过直到9世纪和10世纪从北非横穿撒哈拉的阿拉伯商人才第一次对塞内加尔进行了文字记载,开始了有史时代。又据早期葡萄牙商人的著作,塞内加尔最早居民是沃洛夫人、谢列尔人和图库勒尔人。他们为了逃避在北非强制伊斯兰化的柏柏尔人入侵者的压迫,从北方逐步向南方迁移,在中世纪到达塞内加尔。

加纳帝国、马里帝国和桑海帝国的文明影响早期塞内加尔历史的发展。塞内加尔地区先后属于这些帝国的版图。这些帝国是靠横穿撒哈拉的奴隶、黄金和其他货物的贸易发展起来的。通过强大的军事力量对贸易的控制,这些帝国能够获取对相邻部族和国家的支配权并榨取贡赋,有时还拥有很大的土地面积。

公元4世纪第一个政治实体加纳的索宁克王国(Soninke Kingdom)出现在塞内加尔河北岸。8世纪末阿拉伯商人贸易团体居住在这个国家,他们与摩尔人传教士和武士一起将伊斯兰教带入这个国家。到11世纪末伊斯兰好战者摧毁了这个国家,其宗教得以保留了下来。

10 世纪图库勒尔人在塞内加尔河谷中部地区建立了塔克鲁尔王国（Takrur Kingdom），它向加纳帝国交纳贡赋。它的第一任国王叫瓦尔·迪亚贝（Waar Diaabé），死于 1040 年。11 世纪中叶该王国的统治者瓦尔·贾比（Waar Jabi）在从北非来的穆斯林商人和传教士的说服下皈依了伊斯兰教，成为第一个信奉伊斯兰教的西非黑人国王。这里也成为伊斯兰教向西非其他地方传播的中心。塔克鲁尔王国从北非和西非的横越撒哈拉的贸易中获得利益，成为马格里布、欧洲与黑非洲之间进行小麦、黄金、奴隶和盐的贸易中心。1042 年，教士阿卜杜拉·伊本·雅辛（Abdullah ibn Yasin）在塞内加尔河口地区组建军队，从塔克鲁尔发起了被称之为阿尔摩拉维德（Almoravid）的运动，南北征讨，进行改变人们信仰的活动。1076 年征服了加纳帝国。在此期间塔克鲁尔王国作为整个塞内加尔和西非的穆斯林教士和传教士的训练基地。不过他们的征服为时很短，1087 年加纳帝国重新获得了独立。然而，加纳帝国从此未再复兴，它的衰落导致马里帝国出现。14 世纪塔克鲁尔王国成为马里帝国的附属国，从此也衰落下去。

14 世纪早期，马里帝国领土包括塞内加尔东部的 1/3 在内。当马里帝国在内陆进行扩张的时候，沃洛夫人在恩迪阿丁·恩迪埃（Ndiadiane N' Diaye）的领导下获得统一。13 世纪末，恩迪阿丁·恩迪埃征服了卡约尔（Cayor）、巴奥尔（Baol）、瓦洛（Walo），然后征服了谢列尔王国的辛—萨卢姆地区，一个被称为朱洛夫王国（Jolof）的典型的沃洛夫人国家在塞内加尔出现了。它统治了塞内加尔—冈比亚中部和北部地区，向马里帝国缴纳贡金。但到 14 世纪末，马里帝国的一个诸侯国桑海把自己的势力扩大成为一个帝国，朱洛夫王国转而向桑海帝国纳贡。尽管穆斯林教士、商人和宫廷顾问竭力传播伊斯兰教，但是朱洛夫王国抵制伊斯兰化，大多数领导人和人民坚持传统宗教信仰。15

世纪朱洛夫王国达到强盛顶点，它控制了现代冈比亚河北部的塞内加尔中心地方。16世纪中期，朱洛夫王国因所属各省瓦洛、卡约尔、巴奥尔、辛—萨卢姆要求独立建立自己的王国，他们信奉伊斯兰教并且诉诸武力，导致王国被分成几部分。尽管其核心省份朱洛夫保存下来，但从此朱洛夫削弱并成为一个孤立的小王国与其他王国并存。

三　古代社会状况

塞内加尔王国结构和社会格局一直是比较稳定的。大多数是以血缘关系为基础的等级化社会。一般分为三个等级：自由人、工匠和奴隶。自由人包括贵族、农民和平民；工匠属于世袭，以职业划分，包括金匠、银匠、铁匠、木匠、织工、皮革工、音乐人和格里奥人（griot）、巫师以及专门担当宫廷侍从或丑角的人；奴隶是社会的最底层。一些学者估计1/2到2/3的人口是奴隶，工匠不到10%。[①]

皇室成员是自由人中的最高等级。贵族出自通过婚姻与皇室联系密切的家庭，或与当地首领和军事领导人联系密切的家庭。

自由人和工匠的社会地位截然不同。因为社会是建立在自给自足的农业经济和以货易货式的贸易基础上，工匠依靠从农民那里换来粮食谋生。尽管工匠阶层给社会带来实际的利益，但在社会中却没有地位，受到自由人的轻蔑，他们要依附上层阶级才能过活，其中，有些人后来学会了制造长矛、子弹或修理枪、炮，他们常常与统治者有着密切的关系，其实际地位并不低下。世袭制与内婚制是这一阶层的一大特点，他们选择妻子十分慎重，与外人通婚的情况颇为少见。

奴隶是社会中最下层的阶级，大致可以分为两种：一种是宫

---

① Sheldon Gellar, *Senegal: An African Nation Between Islam and the West*, p. 3.

廷奴隶，一种是普通奴隶。前一种奴隶是直接为国王服务的，主要充当国王的侍臣、侍从及武士等，他们附属于国王的权力机构，其实际地位不仅高于普通奴隶，也高于普通居民（自由民）。普通奴隶又可分为三种：家奴、田奴和战俘奴隶。他们受到的待遇也一级不如一级，而以后者为最差。战俘奴隶可以自由买卖，而那些在主人家出生的奴隶不能买卖，只作为家庭中的下等人对待。主人驱使他们去劳动，一般男子去耕种或伐木，妇女从事舂米或取水，男孩照顾牲畜。主人要为男性奴隶娶妻。年长的奴隶虽然继续为主人劳动，但是有一定的独立性。奴隶的地位可以因其战功卓著或因女奴嫁给了自由人而得到改变。

塞内加尔传统社会的基层是家族或叫作大家庭，家族以上是氏族（通常可以追溯到一个共同的、但不确知的祖先），氏族以上是部族，有的部族还可分为几个次部族。氏族以上常常由各级酋长管辖，部族酋长很可能就是国王。有的部族下面又可能分为几个酋长王国，分别有自己的国王。

家族最早按母系的系制组成，后来大部分地区转变成了父系制。土地所有权属于家族，家族以集体的名义占有土地并保证其成员使用土地的权利和传给后代。家族内部，由年老的家长管理土地，家族中每个成员都有权去耕种一块属于本家族的土地。家族成员通常一起劳动，一起吃饭，共同分享劳动成果。由于刀耕火种的生产方式，一年到头，很少有剩余产品，生产力的发展水平相当低下。

两个、三个家族或三个以上的家族聚居在一起就形成了一个自然村。在村子里，除了有上述工匠阶层的人之外，还有奴隶存在。奴隶一般都依附于一些家族之中，为之做工或种田。这样的村落构成了古代塞内加尔王国的基层单位。

在几个黑人帝国崩溃以后，到殖民者入侵前，居住在塞内加尔土地上仍有约十五六个民族。每一个民族都保持着自己的语言

和习惯特征。这些民族的肤色有的纯黑，有的浅黑，有的是深铜色，有的是微红色，有的是黄褐色的。其中有沃洛夫族、谢列尔族、曼丁哥族、萨拉科勒族、富尔贝族、图库勒尔族、班巴拉族、迪奥拉族、摩尔族和图阿雷格族等。这些民族程度不同地接受伊斯兰教，阿拉伯的文化、科学技术知识连同《古兰经》、祈祷、护身符等一起进入了塞内加尔社会，塞内加尔北方成了伊斯兰教传播的发祥地，到了15世纪～16世纪，在所有的地方都有信奉者。在沃洛夫族中，至少在卡约尔王国，所有贵族阶层的人可能都已信教。据当时欧洲人的记载中有越来越多的人不吃猪肉，酒也被列为禁品。

这一时期，塞内加尔的经济和文化已经有了相当的发展。社会经济以农业为主，烛黍、稻谷、豇豆等是当地的传统作物，同时在大部分农村，织布、铁器制作及其它小手工业也相当发展，有皮鞋匠、染色匠、铁匠、首饰匠、马鞍匠等手工业艺人。另外，随着同北非贸易往来的开展，商品货币关系也发展起来。当时法莱梅河谷的黄金，汇集于塞内加尔河下游的树胶等，都是吸引商人和冒险家们从北非云集到塞内加尔的最有诱惑力的物产。当时各主要民族已有自己的语言，与民间诗歌和民间舞蹈紧密相连的口头文学和音乐艺术相当发展和普及。但是西方殖民者的殖民征服，改变了塞内加尔正常的历史发展轨迹。

四　与欧洲人的早期交往

15世纪，欧洲各国资本主义迅速发展，探索新航路，寻求宝藏的贪欲，使葡萄牙人、荷兰人、英国人和法国人纷纷航行到神秘而未知的非洲大陆，进行所谓探险活动。来到塞内加尔的第一批探险者是葡萄牙人和荷兰人。1444年，葡萄牙探险家迪尼斯·迪亚斯（Dinis Diaz）第一次看见塞内加尔河，知道了朱洛夫王国。1445年，迪尼斯·费尔南德斯到了绿色海岬——佛得角，发现了戈雷岛，当时岛上无居民。他在航海图上给这一尖角起名佛得角。然后探察了塞内加尔河右岸，看到贫苦的塞内加尔人靠吃蝗虫与喝羊奶维生。费尔南德斯想知道这条大河的名称，从渔夫听来"萨纳加"（意思是独木舟）一名，后演变为塞内加（Sénéga）载入了 15 世纪和 16 世纪的航海图志，再往后就写成塞内加尔（Sénégal）。[①] 1444 年，葡萄牙海员绕过了佛得角。次年，他们考察了塞内加尔河口。而此时在上塞内加尔河谷的朱洛夫帝国和一些王国与阿拉伯人进行的奴隶贸易很盛行，葡萄牙人很快加入这一贸易中。到 1460 年，他们已考察了整个塞内加尔海岸，并以佛得角群岛为基地建立起了奴隶、黄金和其他货物等有利可图的贸易，使塞内加尔—冈比亚地区成为整个 15 世纪和 16 世纪西非最重要的市场。葡萄牙人还沿塞内加尔河进入内地进行贸易，在塞内加尔设立贸易代理机构。到 1617年，荷兰人看中了戈雷岛在船只停泊和贸易上的价值，便用铁和铁钉向佛得角沿岸的头人买下了这个小岛。小岛东北有个小海湾，是良好的停泊所，"戈雷"这两个字即来源于荷兰语的"Goede reede"，意思是"好的锚地"。它离大陆很近，这个不足一平方公里的小岛，便成为与大陆进行贸易买卖奴隶的转运站。

第二节　近代简史

一　殖民化进程与法国征服塞内加尔

为了在西非进行奴隶、兽皮、棉花、黄金和象牙贸易，戈雷、圣路易、阿尔布雷达、圣詹姆斯等贸易中心成为欧洲人争夺的据点。16 世纪末，继葡萄牙人之后，荷兰人、

---

① 〔法〕G. G. 贝莉埃著《塞内加尔》，第 40～41 页。

英国人和法国人进入塞内加尔—冈比亚进行贸易和建立贸易基地。

1626 年，法国第一诺曼底公司船只满载棉织品、呢绒、肥料、农具以及威尼斯玻璃小装饰品等，到达塞内加尔恩达尔岛（法国人将其改称圣路易岛），与当地人进行以货易货贸易。1636 年，法国第二诺曼底公司前往塞内加尔时，卡普勒传教会的传教士一同前往向黑人传教。随后法国人又先后成立了第一塞内加尔公司、第二塞内加尔公司和第三塞内加尔公司等前往塞内加尔与黑人进行贸易。

法国殖民者对塞内加尔的入侵，最初是在 1659 年占领塞内加尔河河口的恩达尔岛，在那里建立了圣路易城。其后一个半世纪内，圣路易成为法国在西非的活动中心。1642 年荷兰人在戈雷岛建殖民据点。1677 年法国人占领了戈雷岛赶走荷兰人，使其成为一个海军基地，接着沿海岸向南逐步占据了达喀尔和律菲斯克，这样便基本控制了塞内加尔，并构成了它向西非大陆进行殖民扩张的基地。葡萄牙人撤到南部卡萨芒斯地区。17 世纪末，法国国王路易十四在其非洲殖民地建立政府。殖民地政府由一名代表国王的总督负责，由一名司法监察官和若干名为幅员辽阔的殖民地特设的省长协助他。其中，将戈雷岛和圣路易岛组成了塞内加尔省，分布在塞内加尔河—冈比亚河地区的商行构成附属地。圣路易在未被英国占领时是省长的驻地。

法国所需的主要货物是阿拉伯树胶，在塞内加尔河谷森林里开采，用于纺织品的染色。但法国人的商业活动由于管理不善、缺乏效率、代理人的腐化，贸易公司先后垮掉。1690 ~ 1720 年，安德列·布律任代理总督期间，尚能垄断阿拉伯树胶。他离开以后，问题再次出现，奴隶贸易便占主导地位。由于在美洲和西印度群岛种植园殖民地需要劳动力，欧洲人把非洲奴隶带到大西洋彼岸出售。1650 年起英国和法国政府规定殖民地的贸易完全由本国的商人和船只来经营，他们组织国家贸易公司，由本国政府授予特许状。实力强的公司有力量建筑和警卫沿海堡垒，保护奴隶贸易。因为不可能确保奴隶和船只都能准时到达海岸，就需要一种类似仓库的地方贮存奴隶以及准备用来换取奴隶的贸易货物。这些仓库需要设防和警卫，防备敌对的奴隶贸易公司或者国家武装力量前来袭击。德国诗人海涅曾以奴隶贩子的口吻描述此贩奴情景："在塞内加尔河边我换来了600个黑人，价格低廉。都像是最好的钢铁，肌肉结实，筋络强健。……我以货易货，用的是烧酒、琉璃珠、钢制器材；只要有一半给我活着，我就能获利百分之八百。"①

　　奴隶在戈雷岛上进行贸易具有优越条件，使它成为西非奴隶贸易中心之一。贩奴兴盛时期的戈雷岛每天押送来的奴隶有200～400人，据学者们研究统计从西非海岸各港口掠走的黑人达4000万，而其中从戈雷岛转运和贩卖的奴隶就有2000万之多。至今这里还保留着过去囚禁黑奴的场所，留下大批关押、拷打黑奴的罪证。

　　1794年法国雅各宾派当权时宣布废除所有法属殖民地的奴隶制和奴隶贸易，但实际上到19世纪后半期，非法的奴隶贸易才停止。1848年，在遭到各阶层人士多年反对的情况下，法国当时的临时政府终于宣布废除了法国殖民地的奴隶制，并于同年11月4日共和国宪法第6条规定了取消奴隶制的实施办法，长达200多年的奴隶贩卖活动基本上结束了。但是，塞内加尔人民并未因此而交上好运，接踵而来的是法国全面的殖民征服。

　　当法国人在塞内加尔河上建立势力的时候，英国人在冈比亚河建立自己的势力，双方展开对抗。英法在1689～1815年间，先后进行了7次较大的战争，其目标之一就是对塞内加尔地区进行争夺。1693年，英属冈比亚总督布路克海军上将突然攻占戈

① 《海涅诗选》，冯至译，人民出版社，1958，第147页。

雷岛和圣路易岛，法国贝尔纳船长于 1696 年用"敏捷号"炮艇收复了这两个岛。1756 年始的"七年战争"期间，英国夺取了法国在塞内加尔的所有商站。1763 年巴黎条约将戈雷岛归还法国，英国保留其他征服地区。法国于 1779 年趁美国独立战争夺回了圣路易以及大陆上从前大部分商站。1783 年在凡尔赛议和时，英国的势力范围被限制在冈比亚。议和条款规定，英国可以参加塞内加尔的阿拉伯树胶贸易，法国人可以参加在冈比亚的贸易。1783～1785 年和 1786～1788 年法国试图把英国人赶出圣路易及附属地，但未果。拿破仑战争中英国又一次征服了法属塞内加尔殖民地，但 1811 年议和后这些地方全部还给法国。1814 年的巴黎条约规定塞内加尔河流域的岛屿和商行，卡萨芒斯河流域的岛屿和商行都交还给法国，圣路易岛归法国所有。1815 年维也纳条约再次确认，并于 1817 年生效。1818 年英国最终撤出圣路易。随后，代理总督施莫茨与瓦洛王国缔结条约，使之成为法国保护国。1857 年，法国人与英国人签订协定，撤除法国人在阿尔布雷达的商站，英国人放弃在戈雷岛附近沿海地带的贸易权。19 世纪末英国拥有了冈比亚殖民地，法国拥有了塞内加尔殖民地。

　　19 世纪 40 年代和 50 年代，在欧洲花生的使用日益增长，为肥皂、烹调和轻工业提供油脂，因此花生超过树胶贸易成为塞内加尔—冈比亚的主要出口物。花生种植的扩大，使重要地区由原来的海岸和河谷转移到中部和西部农业地区。为了经营贸易，法国人设法侵入内陆一些民族的势力范围，以使塞内加尔河成为完全由他们控制的商业通道。因此，法国殖民者开始大规模地沿塞内加尔河而上，向内地开拓殖民地，一直达到尼日尔河流域，殖民触角伸向了马里。在法兰西第二帝国时代（1851～1870 年），法国沿塞内加尔河中、下游又建立了一批殖民据点。19 世纪 70 年代之后，特别是普法战争之后，法国资本家的扩张野心驱使殖民者向塞内加尔大举进兵，实行军事远征，并在整个西非开展殖民战争。1848 年，拿破仑三世即位之后，宣布要发展塞内加尔的贸易，必须使法国人的势力沿着塞内加尔河上游扩张到内陆地区。路易·费德尔布被任命为塞内加尔的新总督，他从圣路易出发，发动一系列战争，首先平定塞内加尔河谷的各族，包括塔拉扎（Trarza）的摩尔人。1855 年瓦洛王国被吞并。接着费德尔布在马塔姆、巴奥尔和沿塞内加尔河建立了据点，所有的沃洛夫人国家被灭亡、分割、控制。1857 年他在达喀尔的莱布村建立了军事基地，并控制了佛得角半岛，然后沿岸修建一些堡垒，运输军队和枪炮到内地保护法国贸易和确保对内地王国的统治。但直到 1886 年沃洛夫人抵抗失败后，法国殖民者才得以直接控制除卡萨芒斯以外的塞内加尔大部分地区。

1884～1885 年瓜分非洲的柏林会议鼓舞了法国在西非扩张的野心。它在塞内加尔—冈比亚建立了一支军队，以维持殖民统治。1895 年 6 月 16 日法国政府颁布法令建立法属西非联邦，法国殖民统治从圣路易向各地渗透，征服了西非大片土地：从圣路易到几内亚湾，到乍得，在乍得湖的周围把阿尔及利亚、塞内加尔和法属刚果连成一片，并兼并了毛里塔尼亚，最后建成法属西非殖民帝国，塞内加尔则是法属西非殖民帝国的中心。

二　塞内加尔人民反抗殖民者入侵的斗争

塞内加尔的伊斯兰教反对法国利用当地王国贵族势力进行奴隶贸易，法国则借助当地土著王国力量对抗伊斯兰势力。海军大臣迪科致书总督称："对于树胶买卖，我们应迫使摩尔人酋长们按照我们的意志办事。我们应取消一切贡税。我们应成为塞内加尔的主人，并保护左岸居民不受摩尔人的欺压"①。起初伊斯兰教的传播是在君王和贵族之中，群众很少有

① 〔法〕G. G. 贝莉埃著《塞内加尔》，第 186 页。

人信教。但从 17 世纪起伊斯兰的传教主要在人民中进行，并有越来越大的影响。大西洋奴隶贸易使大批内地农民作为奴隶卖给殖民者，对奴隶的争夺又引起王国之间的战争，带给人民苦难。奴隶贸易还导致粮食生产减产，带来饥荒。这一切使人民痛恨奴隶贸易，伊斯兰教反映了这一要求。17 世纪 60～70 年代，摩尔人马拉布特与沃洛夫人联合起来进行了一场反对当地王公贵族贩卖奴隶的战争。这场战争称为"杜伯南运动"（Duboin），波及除巴奥尔和富塔王国以外的所有沃洛夫人的王国。运动的组织者是纳西尔·阿尔·丁，他公开宣传"真主丝毫不允许国王掠夺、杀害自己的人民，把人民变作奴隶……人民不是为国王而生的，国王才是为人民而活的"①。随着奴隶贩卖活动的猖狂，纳西尔·阿尔·丁的思想在人民中引起了很大的反响，他有了许多信徒，凡抵制这一运动的君主都被挫败，换上了穆斯林君主。但是，胜利的时间很短暂，纳西尔·阿尔·丁在一次战斗中不幸牺牲，运动失去了领导人。法国殖民者公开支持被推翻的君主起来报复，很快又恢复了他们原先的政治地位。尽管圣战失败了，但整个事件影响很大，群众开始把宗教活动当作反抗压迫、反对君主体制的有效手段。战争过后，很多马拉布特和信徒被杀害或被卖给法国人当奴隶，伊斯兰教的传播暂时处于低潮。不过，低潮时期没有延续多长时间，到了 17 世纪末至 18 世纪初，又爆发了一场宗教起义，起因仍是反对奴隶贩卖。这次是卡约尔北部地区的马拉布特率众起来反抗，但战争不久也以穆斯林的失败而告终。这些宗教起义之所以失败主要是由于组织不够严密，力量不够强大，因而抵挡不住由法国人支持的国王以奴隶为主体组成的精锐部队。接着在原地又爆发了一场宗教起义，领导人是科奇的

---

① 杨荣甲、田逸民著《伊斯兰与塞内加尔社会》，世界知识出版社，1984，第10 页。

马拉布特——恩加戛·伊萨，他主要为反对卡约尔国王对人民的
压迫而举起义旗，起义很快发展到瓦洛，他与当地的马拉布特联
合起来行动。瓦洛地区的行动是在迪尔·法蒂姆·卡姆领导下进
行的，他成功地推翻了当地传统的君主政体，两位马拉布特得以
在该地建立了神权统治。最后，这一起义在法国人的镇压下失败
了，恩加戛·伊萨成功地逃到佛得角地区，迪尔·法蒂姆·卡姆
则被俘，后被绞死。这场战争虽以法国殖民者的胜利而告终，但
却大大削弱了当地传统的君主统治。宗教首领虽然失败了，但伊
斯兰教无形中却成了拯救人民免受苦难的象征。面对法国的殖民
入侵，伊斯兰是塞内加尔人民唯一的选择，他们用弓箭和长矛抗
击着殖民军队。卡约尔王国的抗击行动，曾有效打击了侵略军，
迫使他们不得不暂时同这个沃洛夫王国缔结和约。

　　法国殖民者沿着塞内加尔河向西非内陆扩张，遇到最大的阻
力是哈吉·奥玛尔·塔尔（Hajj Umar Tal）领导的图库勒尔国
家。奥玛尔是塞内加尔—冈比亚最有影响的伊斯兰教领袖，早年
传教，走过许多宗教圣地，使图库勒尔人和周围民族皈依伊斯兰
教，以此团结各种力量。他一方面进行社会革命反对传统贵族进
行奴隶贸易，同时也反对法国殖民者入侵。1848 年面临法国人
的扩张，他组建了一支训练有素的军队，装备了从沿海西方人那
里购买的新式火药武器。1852 年他发动圣战统一塞内加尔河流
域诸王国，建立起强大的图库勒尔帝国。1855 ~ 1858 年与法军
在河谷地区多次直接战斗，其中最大规模战役是在梅迪勒。这里
是法经营的一个重要殖民据点，借河水的周期涨落与外地联系。
1857 年 4 月旱季来临后，他组织了 1.5 万人的军队，分兵 3 路进
攻此据点，主要在晚上战斗，使法军弹尽粮绝被围 3 个月。同时
他致书圣路易的穆斯林，号召他们起来反抗法国殖民者。最后终
因圣路易的法军解围了梅迪勒，他才被迫撤退，此后在马塔姆又
与法国人激战。他长期阻挡了殖民者的扩张，同时在改革伊斯兰

教和社会传统，促进各族人民团结方面有巨大贡献，1864 年去世后其事业仍被继承者继续。

继承奥玛尔事业的并在一段时期内遏制法国殖民扩张的是马巴（Ma Ba）。他也是伊斯兰教士，被誉为青年先知。马巴在1861～1867 年间，在萨卢姆到冈比亚之间建立了政权，控制了塞内加尔南部地区。1862～1864 年马巴向沿海各国发动一次伊斯兰教传教运动，他促使沃洛夫人的卡约尔国王拉特·迪奥尔和朱洛夫国王阿尔贝里·恩迪耶皈依伊斯兰教。他们使其国家伊斯兰化，并领导了抵抗法国殖民者的战争。1862 年，拉特·迪奥尔发动了一场反对法国人的战争。是年 10 月马巴率 4000 人进攻法国人据点失败，马巴留守在萨卢姆，主宰从此到冈比亚沿海地带，建立许多石头修筑的碉堡。1864 年法军打败拉特·迪奥尔。1865 年卡约尔被并入塞内加尔殖民地，法控制了今塞内加尔 1/3 的土地。然而，斗争并未终止，到 1886 年拉特·迪奥尔在一次起义中被杀后，反抗才最终结束。马巴建立的政权不仅控制萨卢姆到冈比亚之间地区，甚至在法国的控制地区也得到发展。法国人软硬兼施，始终不能彻底摧毁马巴的势力，甚至在他死后，他的继承人和支持者仍继续战斗，尽管互相之间有矛盾，但反对法国侵略者却始终是他们的一致目标。1880 年法国企图在塞内加尔河与尼日尔河间建立交通线派出远征军，遭到当地人民袭击。图库勒尔帝国当政者是奥玛尔之子阿赫马督，他扣留了法国使者。法国以和平条件相许，实际准备进攻。1890 年法国试图夺取丁魁雷，阿赫马督领导人民进行英勇反抗。在抵抗中心乌埃勒塞布奥古展开了逐街逐屋巷战，使法军死伤数百人。1893 年法军在泽内市与军民展开肉搏战，阿赫马督逃往豪萨人国家，不久去世。

19 世纪后半期法国殖民者对塞内加尔全面征服，采用了烧、杀、劫、掠等残酷手段，破坏了当地传统的社会和政治结构，使人民遭受了巨大的苦难。他们信奉伊斯兰教，希望在这里得到精神和肉体上的保护。新的教士领袖是阿马杜·邦巴和哈吉·马立克·西，他们分别建立了至今在塞内加尔两个最有影响的伊斯兰教派——穆里德教派和提加尼教派。阿马杜·邦巴成了精神领袖，他带领信徒对殖民者进行非暴力斗争。

塞内加尔人民的英勇反抗使殖民军遭到重大伤亡，殖民者采用了"以非洲人打非洲人"的阴险伎俩，军事进攻与政治欺骗同时并用，挑拨离间，各个击破，最后于 1895 年占领了塞内加尔全境。不过塞内加尔人民没有放下武器，图库勒尔人的英勇反抗，使侵略军不得不一次又一次地发起"征讨"，卡萨芒斯地区迪奥拉部落和富卢普部落的武装反抗，一直持续到 1915 年。

三　法国在塞内加尔的殖民统治

塞内加尔是法属西非首都所在地，有着特殊地位。法属西非联邦 1895 年建立后设总督管理，塞内加尔总督也是法属西非联邦总督。1902 年联邦首都从圣路易迁到达喀尔后，法属西非联邦总督和塞内加尔总督才分设。殖民地总督府成为法国殖民主义主要象征。达喀尔设有很多法属黑非洲的最高级行政和社会服务机构。塞内加尔有自己的地区议会，有按宗主国模式建立的市议会。

塞内加尔还有四个自治市。1872 年圣路易、戈雷，1880 年律菲斯克，1887 年达喀尔先后成为自治市。在法属西非联邦内，塞内加尔享有独特地位。它的一些居民可以享受法国公民权，并通过市议会、殖民地全国议会向法国议会选派代表。该殖民领地有不少受过教育并西方化了的非洲人，这些人参加代议制政府，获得了现代政治的早期训练。

法国最初在统治上采取利用当地酋长进行的间接统治的方式，将拒不服从法国人命令的酋长废除，用能同法国人合作的酋

长取而代之。随着局势的稳定，法国人越来越采用直接统治方式，而将当地酋长贬为下级地方官员。法属西非联邦总督属殖民部领导，最后对法国议会负责。总督由一个咨询性的政府委员会和几个管理行政的部和委员会协助。作为联邦的一领地有自己的总督和预算。领地内分成若干州，由州长管理。在州的内部，州长有权选择、任命或免职酋长这一等级的官员。酋长有一个贵族委员会为其顾问，委员会由一些酋长和他任命的其他传统领袖组成。酋长的职权要从法国政府取得。假如酋长的表现不能为法国人满意，他就被免职而由别人取代。

全国共分成 15 个州，每个州由一个法国军队司令员管理。如果臣民没有纳税，抵制服劳役，没有表现出对法国政府足够的尊重，司令员不经审判就可逮捕和监禁非洲人臣民。司令员通过行政命令可以在整个乡村课以罚金或者没收村庄土地。他只向塞内加尔总督负责，执行总督的政策。

州以下行政组织是县。每个州分成若干县，由非洲人任县长，这些县长由殖民政府任命。尽管法国殖民者经常选择一些具有较高传统地位的当地酋长作为县长，但是相当地区是选择那些尽管是外来的或者社会地位较低的，却能掌握法语读写，并能获得殖民政府信任的人。县长的职责是收税和招募劳工。他们常常为从管辖地区人民那里勒索钱财而滥用职权。他们依靠法国殖民当局而获得职务，在殖民官僚体系中处于下属地位，乡村人民把他们看成是法国的代理人。

法国殖民当局还采取分而治之的统治手段。将塞内加尔殖民地分成两个截然不同的行政实体，四个自治市公民和广大乡村地区臣民的地位截然不同。早在 17 世纪法国殖民者就将沿海居民作为海外领地公民。法兰西第三共和国对出生在达喀尔、戈雷、律菲斯克和圣路易的非洲人给予法国公民权利。这里的男性"公民"能够参加政治选举，如果他们获得一定教育资格的话，

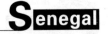

他们能够担任一定的政治公职，可以免除服役。这种公民只有极少数，不到殖民地全部人口的 5%。除了享有法国公民权以外，四个自治市因为政治选举而具有一些有活力的政治生活，是为数不多的欧洲人、接受西方教育的非洲人从事政治活动的地区。相反，在塞内加尔农村只有专制统治。

在塞内加尔议会中的公民代表由选举产生，臣民代表则由殖民政府指定。公民服从法国法院所执行的法国法律，臣民则服从由土著法院执行的习惯法或穆斯林法。公民有集会权，并有资格在行政部门中任职，臣民却不行。臣民有义务在种植园和公共工程进行劳动，作为他们纳税职责的一部分，但公民却没有。

在经济方面，法国为了自身需要鼓励当地人种植花生。花生出口在殖民统治确立前就开始了。花生区中心位于卡约尔、巴奥尔、瓦洛、辛—萨卢姆这些王国的地域之内。法国殖民者投资建设港口、铁路和公路，使花生得以从内地运输出去。交通的便利扩大了花生生产，1885 年西非第一条铁路达喀尔——圣路易线正式开通，然后铁路从达喀尔伸延到坦巴昆达直到尼日尔线，铁路形成了农业贸易的地理边界，93% 在这些地方生产的花生由达喀尔——圣路易铁路和达喀尔——尼日尔铁路运输。[1] 与此相反，在富塔多罗、东塞内加尔和卡萨芒斯的广大地区没有铁路，因此被排除在这个有利可图的经济之外。

塞内加尔由三个不同的又互相依靠的经济和地理区域组成：一是近代经济区。主要进出口公司和殖民地银行在达喀尔设有总部，在圣路易、律菲斯克和内地较大的城镇也有一些。二是主要花生产地。这是有利可图的农产品部分。三是缺乏获取利润的庄稼区。依靠向城镇或花生产区出口劳力，维持生活，这个地区包括边缘地区。

---

① Sheldon Gellar, *Senegal：An African Nation Between Islam and the West*, p. 12.

20世纪初，出口花生作为经济基础在塞内加尔稳固地建立起来，殖民地繁荣与生产和出口花生紧密联系，为市场种植花生成为大多数农民生活的主要来源。花生促进贸易增长，为殖民地征服带来更多的税收。到20世纪30年代末，将近2/3的塞内加尔农民进行花生生产。在适宜的年份中，能生产超过6万吨的花生。①

花生生产和出口使塞内加尔成为法属西非殖民地中最富有的殖民地。这种单一经济作物体制给塞内加尔带来的影响是：主宰花生贸易的进出口公司和殖民地银行获得了利润的大部分；塞内加尔种植花生的农民由于花生价格比他们所需的其他货物价格相对较低而蒙受损失；收成不好或价格低时，许多农民严重负债；花生生产的扩张造成传统农产品生产的萎缩；法国因着重于花生生产，忽视了花生产区以外的地区农业潜力的发展，使塞内加尔形成单一经济；最后导致没有发展塞内加尔农民的生产力。

法国历任总督都认为，军事占领并不能使兼并的领土成为法国的土地，想最终征服非洲人的灵魂要依赖于传教士传播天主教，因此在被征服的土地上兴建教堂和学校，力求天主教势力压过伊斯兰势力。法国实行同化当地人的政策，来治理塞内加尔，通过教会和学校来征服非洲人的灵魂。1822年教会在圣路易建立了第一座教堂，成立了土著神学院、教会中学和小学。为了控制各王国，1844年德格拉蒙代理总督开办一所"人质学校"，塞内加尔所有酋长必须送他们的儿子或侄子一人入学，作为忠于法国的保证。

伊斯兰教曾是塞内加尔人民反法斗争的精神武器，因此殖民当局最初采取镇压的对策，将伊斯兰著名领袖阿马杜·邦巴等人流放。结果流放反而提高了他在沃洛夫人民中的威望，他回归的

---

① Sheldon Gellar, *Senegal：An African Nation Between Islam and the West*, p. 13.

日子成为盛大节日。于是法国殖民当局便修改反对伊斯兰的政策，尽可能利用该教为殖民政府服务。而阿马杜·邦巴、哈吉·马立克·西等领导人也认识到依靠军事力量不能将法国人赶走，便决定与殖民当局和平相处，换取其穆斯林教派的合法地位，可以自由地宣传伊斯兰教，组织信徒，建立古兰经学校。法国只在穆斯林以外地区支持天主教传教活动。

尽管马拉布特抵制法国文化同化政策，但是他们仍然被卷入塞内加尔殖民政治当中。他们支持有公民权的塞内加尔人政治家赢得选举，作为交换条件以获得政府帮助建立清真寺，为他们的信徒争取工作和贸易许可证。马拉布特在他们居住的新地区种植花生，促进了花生产量的提高。这得到法国殖民当局的鼓励，给予穆里德教派和提加尼的马拉布特大片土地，使之变成花生庄园。当马拉布特与富尔贝游牧族争夺土地时当局支持马拉布特，这样便确立了殖民地的伊斯兰宗教体制，该教逐步被殖民当局所利用。

第三节　现代简史

20世纪初，塞内加尔的殖民化过程进入深化阶段，它已完全沦为法属殖民地，形成了现在的国界。另一方面，随着世界形势的变化，塞内加尔人民的反殖民主义斗争也步入新的阶段，掀开了历史的新一页。

一　塞内加尔民族意识的觉醒

法国的殖民同化政策促进了接受西方教育的塞内加尔知识分子的诞生。他们掌握法语，通晓法国文化和制度，并积极地参加殖民选举政治。他们为法国革命和人权宣言的平等精神所鼓励，关心结束种族歧视问题，想获得与法国人平等

的地位并紧密追踪国际事件和法国及欧洲的政治发展。

1914年，塞内加尔出现了一个政治组织"塞内加尔青年"，该组织每周集会一次，交谈有关就业、工资、津贴等社会问题，并探讨解决办法。该团体首先强调民族性，他们维护传统服饰和宗教习俗，宣传非洲特性。该组织在1914年议会选举中，选举殖民地海关官员勃莱兹·迪亚涅（Blaise Diagne）为法国议会中的第一位非洲人代表。勃莱兹·迪亚涅许诺：愿把维护塞内加尔当地人的公民权放在第一位。他的当选标志着非洲人在塞内加尔政治领导中占有了席位。

第一次世界大战爆发后，法国政府颁布战争动员令，凡法国公民都有应征入伍的义务，殖民地居民也不例外。在1915年和1916年勃莱兹·迪亚涅领导了一个大范围的征兵运动，大批塞内加尔黑人走上前线，为法国利益而战。在西非共征募181000人，仅在索姆河前线1917年就有31个塞内加尔营队。作为交换条件法国政府允诺将根据出生地而不是肤色决定公民权，四个自治市的公民可获得永久法国公民权。伊斯兰教派支持和资助了他的工作，尽管他们既没有权利选自己，也没有获得共同体居民拥有的权利。20世纪20年代早期，迪亚涅成为Bordeaux贸易公司首席发言人，与所谓的殖民地党联系起来。这是参议院法国人代表组织，宗旨是促进城市的殖民经济。迪亚涅成为法国殖民当局和贸易团体信任的人，在选举中政府支持他，他奉行让非洲人与殖民政府合作的方针。1922年以后，勃莱兹·迪亚涅的保守倾向日益显著，他于1934年去世。

加兰多·迪乌夫继承了勃莱兹·迪亚涅在法国议会中的代表席位。与勃莱兹·迪亚涅一样，加兰多·迪乌夫与达喀尔殖民当局密切合作。在这种情况下，反对派开始出现，代表人物是拉明·盖耶（Lamine Gueye）。他是塞内加尔第一个黑人律师和塞内加尔社会党的创始人，曾在1914年支持勃莱兹·迪亚涅竞选法国议会议员。此时"塞内加尔青年"改名为"塞内加尔青年共和联盟",已同勃莱兹·迪亚涅疏远的拉明·盖耶利用此组织,主张在保存非洲传统、尊重穆斯林宗教习俗的同时,尽可能在殖民体制下多为黑人谋利,多争取一点改善,要求多一点正义、多一点平等和多一点友爱。直到后来独立运动已经成为大势所趋,他才触及民族主义问题。

20 世纪 30 年代是塞内加尔历史上一个困难和动荡的时期。旱灾和大萧条使世界花生价格与产量骤然跌落,农民生活水平急剧下降。尽管法国实行保护主义政策,但是由于花生价格远低于大萧条之前,农村生活水平持续恶化。在此期间,社会主义概念出现在塞内加尔,这对知识分子极具吸引力。非洲知识分子认为资本主义是殖民主义的根源,世界大战的根源,要为大萧条、经济大崩溃负责。拉明·盖耶在 1927 年建立了塞内加尔社会党,1937 年成为"工人国际"法国支部(法国社会党前身)的一个分支。拉明·盖耶为塞内加尔社会党明确了方针,指出:社会主义意味着越来越公平和正义,意味着教育的发展。他的社会主义主张首先是争取改善当地人民的生活条件。法国社会党的民主阵线政府执政后提出限制殖民地使用强迫劳工,给予殖民地人民组织自己贸易公司的权利,给予非洲人通过单一的程序成为法国公民的机会。拉明·盖耶充分利用了这一时期宽松的政治气氛,在内地组织社会党,鼓励受过西方教育的非洲人在塞内加尔政治中起更大的作用。1938 年,法国人民阵线政府下台,殖民地的政治改革也就此停止,拉明·盖耶的政治命运也随之改变。

二 反法西斯战争与塞内加尔

第二次世界大战爆发使塞内加尔人民在政治和经济上都有明显变化。与第一次世界大战一样,法国要求塞内加尔和其他非洲殖民地为法国作战提供人力和物力支持。

　　还在 20 年代法国就规定其军队的士兵要有 1/3 是殖民地居民。所以第二次世界大战爆发后，法军中补充了许多非洲士兵入伍，从塞内加尔调入法军约 6.33 万人。著名诗人、后成为民族主义运动领导人的桑戈尔就在 1939 年入伍，但不幸被俘，后因病得到释放，而多数非洲人士兵则下落不明。

　　1940 年 6 月法国沦陷，根据停战协定，法国维希政府要支持德国法西斯的战争，此前法从塞内加尔等西非殖民地运出的战略物资储备全交给德军，法属西非殖民地要继续提供原料与粮食。这些物资大多数是从达喀尔出口，持续到 1942 年。战时塞内加尔最初是被维希政府控制。按照希特勒的意图，它曾经计划修筑从圣路易到地中海的横贯撒哈拉的铁路。以戴高乐为首的自由法国起初以法属赤道非洲为基地，1942 年末英美军在东北非、北非取得胜利后，包括塞内加尔在内的法属西非都归属自由法国接管。在此前已有不少塞内加尔士兵参加了对法西斯的战斗。1940～1941 年自由法国第一师在厄立特里亚参加对意大利军队的战斗，解放了埃塞俄比亚，第一师中就有不少塞内加尔士兵。1942 年自由法国部队约 10 万人编入英美大兵团作战，解放北非，这支军队中有许多塞内加尔士兵，他们大部分都是从维希军队中转变过来的。盟军占领马达加斯加岛，派出了叙利亚远征军，其中也包括几个营的塞内加尔步兵。1943 年 12 月塞内加尔士兵又随法国军团参加了意大利战役。1944 年法国第一军与盟军一起登陆法国本土，法军中半数是非洲人。塞内加尔士兵参加了解放法国的多次战役和战斗。不仅如此，战时还有数十万塞内加尔人充当劳工为军队和军需服务。在北非战役中，交战双方都用征集方式和强迫劳动方式迫使非洲人从事这项劳动。美军在达喀尔建立空军基地支持在北非和欧洲的战斗，基地的建筑全部使用塞内加尔劳工。

　　1941 年法国维希傀儡政府统治塞内加尔时曾设立军事法庭，

法庭根据当年 3 月颁布的"特别法"（又称"非洲土著刑法"），不需任何凭据，仅靠捕风捉影，便可依"妨害殖民地安全"或"戴高乐分子"的罪名任意捕杀非洲居民。维希傀儡政府派来的法属西非总督布瓦松将军实行种族歧视政策，在食品供应、交通运输及公共场合等方面都做出种族歧视的规定，强迫许多塞内加尔人服劳役，肆意没收非洲人的稻谷、小麦和其它原材料，支持战争需要。身为律师的拉明·盖耶经常为以各种罪名受审的塞内加尔人出庭辩护。1942 年 12 月，法属西非虽宣布归属戴高乐领导的自由法国，但维希政府的贝当分子并不立即下台，种族主义的魔影仍在塞内加尔游荡。为此，1943 年末拉明·盖耶以全体塞内加尔人的名义，上书戴高乐将军，要求结束种族歧视政策。1944 年在离达喀尔仅几公里的蒂亚洛阿兵营中，从前线归来的塞内加尔士兵由于拒绝在拿到拖欠的军饷之前离开兵营而遭到镇压，死伤无数。军事法庭决定按情节轻重给反抗者处以严刑，有人甚至将被判处十年徒刑，拉明·盖耶出庭为他们进行了辩护。拉明·盖耶改组塞内加尔社会主义联盟，力求使其具有同宗主国政党相同的地位。1945 年 4 月，他正式公开政党纲领，要求实现政治平等。拉明·盖耶说，这种要求只是一种公正的补偿，既然塞内加尔人帮助法国得到解放，法国就应该帮助塞内加尔获得自由享受政治平等的权利。

　　二战后期，自由法国政府还派了一些教师和官员到塞内加尔工作，他们中有法国社会党和共产党员。他们传播进步思想，达喀尔的威廉—蓬蒂学院成为新兴民族主义思想的培育摇篮，这里出了不少西非各国民族主义领导人。在整个二战期间，塞内加尔人民的经济状况和政治地位很糟糕，整个法属非洲殖民地国家为法国抵抗运动提供了巨大的人力、物力与财力的支持，法国新的当权者不能不重新考虑其殖民政策，做出必要的让步。1944 年11～12 月，戴高乐将军在布拉柴维尔召开法属殖民地总督会议，讨论法属非洲殖民地的未来。此次会议通过了《布拉柴维尔宣言》和《关于殖民地政治结构》的决议，强调允许各领地内部自治，扩大土著普选权，允许土著居民参加制宪会议和建立海外领地议会；在殖民地行政机构中扩大当地酋长的权力，在传统的政治机构中应吸收土著担任政治领导人，发挥土著政治机构的作用；调整殖民地的行政机构。决议公布后一个月，自由法国临时政府把"关于扩大土著居民的政治、社会和经济权利的条款"列入《全国抵抗委员会宪章》中，提出：在政治方面，增加殖民地在法国制宪议会中的席位。据此，1945 年 10 月 21 日，在第一届法国制宪议会选举中，法属黑非洲议会代表由 1 个席位增至 9 个席位。布拉柴维尔会议及其通过的宣言，表明宗主国在维护自身利益的基点上对殖民地的控制有所放松，宗主国与殖民地的关系要有进一步调整。

三　宪政改革与实现自治

为了争取参加 1945 年 10 月制宪会议的召开，非洲出现许多政治组织，它们团结在社会主义联盟的周围，以非洲集团的名义实现了统一。1945 年 9 月，非洲集团领导委员会公布参加 10 月大选的候选人名单，塞内加尔获得选派两名代表的权利。一位是拉明·盖耶，另一位是拉明·盖耶推荐的政坛新人列奥波尔德·塞达·桑戈尔。他们提出的纲领是："法国公民应属同一范畴，他们的权利应该完全一样，因为他们所尽的义务——包括为同一个祖国捐躯在内——是一样的。我们同样应该努力，为在宗主国，特别在非洲，开创一个具有社会主义精神的民主局面，以实现名符其实的经济民主、社会民主和政治民主。"①

---

① 《黎明的曙光——非洲早期的反殖民主义斗争中的风云人物》，康昭等编译，中国社会科学院西亚非洲研究所，第 66 页。

他们提出实现纲领的手段是取消土著歧视和强迫劳动，恢复地方议会，扩大选举权。两人都进入制宪议会。拉明·盖耶当选为国民议会秘书，成为议会中黑非洲议员的喉舌。桑戈尔则在议会中严厉抨击法国在殖民地实行的强迫劳动制，要求废除这一残酷的制度。

真正实施对非洲领地的政策调整是 1946 年的法国宪政改革。是年颁布法兰西第四共和国宪法，宣布成立法兰西联邦，取代原有的法兰西帝国。联邦包括法国本土、法国各个海外省、海外领地和原来的保护国。新宪法规定："法国尊重和保护土著上层的权力和利益，计划使海外人民享有自我管理以及民主管理自己事务的自由；摒弃建立在专横基础上的殖民化制度。"宪法还规定成立法兰西联邦议会的同时，将殖民地改为"海外领地"，每个领地成立由选举产生的领地议会；将大总督改为高级专员；总督改为专员；吸收非洲人进入法国政府任职。拉明·盖耶在法国议会中是最有影响的非洲代表之一。作为非洲人代表组织的领导人和法国社会党执行局成员，在讨论 1946 年法律时，他提出要消除公民和臣民之间的差别，要求给予非洲人公职人员以平等的薪水。因为在整个殖民时期非洲人公职人员与他们的法国同事相比，一直是作相同的工作，拿较低的薪水。

作为一个现实主义政治家，桑戈尔在乡村艰难地赢得 1946 年选举，他获得了穆斯林领袖的支持。因不满拉明·盖耶的专断和支持同化政策，1948 年他退出了非洲集团和法国社会党，同时领导建立"塞内加尔民主集团"。桑戈尔与以天主教为基础的法国人民共和运动密切合作，确保了他在海外独立者组织中的领导权。1951 年，桑戈尔团结反对同化政策的广大农民，终于击败了支持同化政策的拉明·盖耶，从此，他成为塞内加尔民族解放运动的主要领导人。他以海外独立者组织为政治舞台要求在法国和法属西非之间能有一个新的政治安排，使每一个非洲地区都有自己的议会和行政机关，同巴黎的联邦议会和行政机关结合为

法兰西共和国。

1946年的殖民地宪政改革使塞内加尔的政治生活发生变化。首先选举权扩大到乡村人口，结束了塞内加尔政治以城市公民为主体的局面，并且极大地提高了马拉布特的地位。塞内加尔民主集团作为多数党出现在政坛，它成功地赢得了大多数杰出的穆斯林领导人的支持，在四个自治市中也占有优势。另一个主要变化是马克思主义知识分子和大学学生作为塞内加尔政治中的一个重要角色出现了。他们更具民族主义和激进色彩，指责塞内加尔民主集团与塞内加尔社会党同法国联系太紧密。但因缺少群众基础，他们常处在塞内加尔选举政治主流之外。

由于殖民地民族主义者要求独立的呼声日益高涨，法国居伊·摩勒政府于1956年6月，被迫再次调整对殖民地的政策，制定了《海外领地根本法》。该法允许各殖民地设立领地议会、领地政府，建立半自治共和国，但政府首脑仍由法国总统任命的法兰西共和国代表担任。1957年初，根据法国《海外领地根本法》，塞内加尔获得"半自治共和国"地位。

此时一些著名的马克思主义知识分子加入塞内加尔民主集团之中，桑戈尔和马马杜·迪阿（Mamadou Dia）领导的塞内加尔民主集团开始向左转，改名为塞内加尔人民集团。桑戈尔指出，《海外领地根本法》只不过是"哄孩子的玩具和棒糖"，要求法国进一步改革。1957年3月塞内加尔人民集团在领地选举中战胜了拉明·盖耶的社会主义者，马马杜·迪阿领导了塞内加尔第一个领地政府。1958年4月，社会主义者们与塞内加尔人民集团合并组成塞内加尔进步联盟（Union Progressiste du Sénégal）。

四 走向独立的曲折进程

19 58年5月13日，戴高乐将军再度执掌政权后，为法属非洲殖民地的未来提出了三个选择：（一）与法国完全合并。（二）建立法国主导的"法兰西共同体"。"第五共和国宪法"提出建立"法兰西共同体"的主张，规定，在共同体内，各海外领地均在经济和内政方面享有自主权，可行使立法权和行政权，而外交、国防大权则仍掌握在法国手中，金融货币和中等以上教育也为法国管理。戴高乐倾向于这一选择。（三）直接独立。法国政府同意各个领地在同年9月举行公民投票，对是否留在法兰西共同体内作出决定。后两项选择在塞内加尔和整个法属非洲引起了激烈的争论，马克思主义的军人和学生及塞内加尔进步联盟左翼主张直接独立，但是马拉布特害怕激进主义者掌管政权并削弱马拉布特的权力，因此反对直接独立。桑戈尔认为直接独立将失去马拉布特的支持和遭致法国在经济上的报复，因此拒绝立即独立，并且赞同戴高乐总统的法国共同体计划，决定塞内加尔进步联盟选择在法兰西共同体内自治。一场激烈的争论之后，进步联盟分裂，左翼于1958年9月28日分离出去组建一个新的政党要求直接独立。

1958年9月塞内加尔举行公民投票，投票结果97%的人选择了在共同体内部自治，11月25日，又根据戴高乐宪法成为"法兰西共同体"内的"自治共和国"，命名为塞内加尔共和国，享有某些自治权，但国防、外交、财政经济、司法、高等教育及对外运输和通讯联络等权力由"共同体"掌握。

1959年1月塞内加尔进步联盟挫败一场由马克思主义激进派领导的总罢工而巩固了自己的权力，3月22日桑戈尔领导的塞内加尔进步联盟在国民议会选举中获得83%的选票，从而在议会中占据了全部80个议席成为执政党。

法属西非几内亚不顾法国的经济报复勇敢地选择了直接独立。这一事件宣告法国战后在黑非洲殖民政策的失败，它不得不审时度势，进一步做出政治让步。而几内亚的行动也直接鼓励了塞内加尔人民要求完全独立的信心，1959年4月4日塞内加尔与苏丹（今马里共和国）结成马里联邦（Fédération du Mali）。法国起初拒不承认马里联邦，后于 10 月 10 日在圣路易举行的法兰西共同体会议上，戴高乐表示承认马里联邦。戴高乐后来解释说：法国如果不这样做，继续保留许多殖民地"义务""是与它目前的利益和新的宏图相冲突的"。① 联邦的领袖们决定尽力脱离法国而独立，不过要求仍留在共同体内。在民族独立浪潮的推动下，1960 年 1～3 月，马里联邦与法国举行关于独立的谈判，在经过与法国长期的谈判后，最后迫使法国让步，允许马里联邦在共同体内部于 1960 年 4 月独立。4 月 4 日，同法国在巴黎签署关于把"共同体"权力分别移交给马里联邦两成员国塞内加尔和苏丹的"权力移交"协定，同时，签署了关于独立后的马里联邦加入调整后的"共同体"的协定草案，关于它在外交、国防、财经事务、司法、交通运输和高等教育方面同法国合作的 6 项临时协定草案，此外，还签订了关于仲裁问题的协定和"共同体"各国公民地位的多边协定。6 月 20 日，马里联邦宣告独立，仍留在调整后的"共同体"内。但是桑戈尔害怕周边有一个较大的邻国占统治地位，因此希望马里联邦是一个松散的联盟，从而保持塞内加尔独立的政治自治和政党组织。由于两国政治领导人对未来联邦采取的形式和发展方向有分歧，因此，8 月 20 日，塞内加尔立法议会决定退出马里联邦，废除关于移交"共同体"权力的一切法律和法令，宣布成立独立的共和国。塞内加尔国庆日为 4 月 4 日。8 月 22 日，塞内加尔部长会议通过关于塞内加尔加入调整后的"共同体"的协定草案以及与法国合作的临时协定草案。塞内加尔加入"共同体"的协定规定，塞内加尔必须将国防、外交和财经政策方面的问题提交"共同体"行政委员会解决。"合作协定"规定，塞内加尔可以建立一

---

① 戴高乐：《希望回忆录》第一卷，上海人民出版社，1973，第 108 页。

支国防军，但其物资供应和装备及技术人员只能求之于法国；在国防军组建以前，仍由"共同体"军队担任防务。为此，在达喀尔的军事基地让予法国全权支配，法军可在塞内加尔领土上自由行动，战略物资和原料的处理必须通知法国，优先向法国出口，必要时限制或禁止对其他国家出口。塞内加尔可以向一些国家独立派出外交代表，在没有外交代表的国家可请法国代表其利益，外交政策必须同法国磋商以取得协调。塞内加尔继续留在法郎区和前法属西非国家的货币和关税联盟内，可以拥有自己的货币，但目前仍通行"共同体"法郎，由西非国家中央银行（Banque Centrale des Etats de l'Afrique de l'Ouest）行使货币发行权。塞内加尔可以同第三国签订贸易协定，但必须把协定内容通知塞—法混合委员会。达喀尔大学的行政管理仍由法国负责。8月25日，国民议会通过新宪法，列奥波尔德·塞达·桑戈尔为首任总统。1960年12月底，塞内加尔拥有了自己的宪法和在联合国的席位。

第四节　当代简史

一　列奥波尔德·塞达·桑戈尔执政时期（1960～1980年）

塞内加尔独立后，桑戈尔被选为共和国总统，并蝉联四任，执政20年可分为三个时期。

第一个时期（1960～1963年）　以桑戈尔巩固塞内加尔进步联盟对国家的领导权和自己的领导地位为主要特征。国家独立之初桑戈尔和总理马马杜·迪阿之间的权力斗争使塞内加尔进步联盟和国家都经历了最大的危机。危机在1962年12月中旬达到顶点，该党分成两个阵营，大多数党员谴责迪阿，迪阿则逮捕了4名试图驱逐他的成员，桑戈尔以符合宪法名义支持4名党内成

员。最终支持桑戈尔的军队逮捕了迪阿，化解了危机。迪阿被指控企图政变受到审判，被证明有罪，判处无期徒刑。该事件结束后，桑戈尔要求修改 1960 年宪法，取消总理职务，将权力集中在总统手中。1963 年 3 月 3 日国家公民投票赞成总统制的新宪法，塞内加尔成为一个实行强有力的总统制的国家。随后桑戈尔和塞内加尔进步联盟在 1963 年 12 月 1 日大选中以压倒多数获胜。

第二个时期（1964~1975 年） 以桑戈尔实行稳健改革，努力促进国家发展为特征。他提出实现"民主社会主义"的主张，根据"民主社会主义"原则，主要进行政治民主化、经济计划化、农村村社化、实行社会主义、对外开放、相互依赖以及加强国际合作等工作。

在这一时期，塞内加尔进步联盟拥有国民议会所有席位，在国家和地方选举中都没有正式的反对党出现，塞内加尔实际上成为一党制国家。1964 年 10 月，政府宣布马马杜·迪阿的追随者和杰克·安塔·迪奥普（Cheikh Anta Diop）的联盟——塞内加尔国民阵线为非法组织。塞内加尔非洲议会党并入塞内加尔进步联盟，其领导人阿卜杜拉耶·李（Abdoulaye ly）、阿萨尼·塞克（Assane Seck）和莫克塔尔·姆博（Moktar M'Bow）成为政府部长并进入塞内加尔进步联盟政治局。在 1968 年 2 月 28 日大选中，塞内加尔进步联盟没有遇到任何政党与之竞争。

尽管没有反对党的竞争，但是 20 世纪 60 年代末期，对于塞内加尔进步联盟和桑戈尔仍为多事之秋：1967 年，有人企图暗杀桑戈尔，1968 年春天，学生与行业工会都出现不安定形势，乡村普遍存在不满情绪。为了维持执政地位，桑戈尔对学生、工人和商人的要求做出让步，增选领导人，并在必要的时候依靠军队维持秩序。1968 年 5 月至 6 月，军队粉碎学生罢课和行业工会罢工，维持了国家稳定。

独立之后党内有人提出专家治国，为了缓和这一压力，桑戈尔在 1970 年修改宪法，恢复了总理职位，任命自己的得意门生、年轻专家阿卜杜·迪乌夫出任总理。1973 年 2 月 28 日桑戈尔和塞内加尔进步联盟再次在没有受到反对的情况下赢得大选。由于政治压力的缓解，桑戈尔开始谨慎地走向政治缓和，放松控制，表面上恢复多党民主。1974 年 4 月，授权释放迪阿和其他主要政治犯，以显示政府希望和解的诚意。几个月之后，阿卜杜拉耶·瓦德领导的塞内加尔民主党重新组织，成为自 1966 年塞内加尔非洲议会党被合并后第一个合法的反对党。1975 年曾被宣布非法的非洲独立党领导人马杰姆·迪奥普（Majhemout Diop）在流放 15 年后被允许回国。政治民主化方面的成就，对稳定政局，活跃政治空气，起到了一定作用。

在宗教方面，由于塞内加尔是一个以穆斯林为主的国家，广大农民都信奉伊斯兰教，而桑戈尔却是一个天主教徒，他所属的部族只占总人口的 1/6，所以桑戈尔极为重视同伊斯兰教领导人建立亲密友好关系，为此经常参加伊斯兰教的节日活动，在办公室接见宗教领袖或他们的特使，甚至定期去宗教圣地朝拜大哈里发。在各项政策中尽量对他们给予照顾，征求他们对政府重大政策的意见，在得不到他们首肯之前决不轻举妄动，因此深得他们的信任与支持。由于能够团结全国大多数人，所以政局一直比较稳定。

在经济方面，1964 年颁布了土地国有化法令，1972 年通过了"村社法"，又开展了"合作化"运动，努力使塞内加尔恢复黑非洲原有的土地所有制和管理办法，从而恢复受殖民主义破坏而中断的古老的"社会主义"传统；在工业、贸易等主要经济部门建立了国营、私营与合营等多种所有制形式，既活跃了经济，又改变了独立前经济被完全操纵在宗主国手里的局面，使殖民地时期遗留下来的畸形经济结构发生了一定的变化。

第三个时期（1976～1980 年） 政治更加自由并向有竞争性的多党制发展，同时经济出现困难，桑戈尔准备走下政治舞台。1976 年 4 月修订宪法后，有三个反对党被允许合法存在。同年 12 月塞内加尔进步联盟改名为塞内加尔社会党。1978 年 2 月 26 日，在总统选举和立法选举中塞内加尔社会党再次获胜。塞内加尔民主党和非洲独立党抗议政府控制的广播和电视台有利于塞内加尔社会党，抗议地方行政官员在监督选举时的非中立立场。1979 年再次修订宪法，给予第四个政党塞内加尔共和运动（Le Mouvement Républican Sénégalais MRS）以合法地位。

桑戈尔尽管进行经济改革，但是为了维护社会稳定，他不得不与各方妥协，使社会经济结构并未得到根本的改造。在农业方面，由于肥沃的土地掌握在有一定社会地位和经济实力的人手中，特别是丝毫没有触动伊斯兰教派对农民的全面控制，全国六个教派的各地寺院及大小马拉布特在农村继续以各种形式对农民进行封建的、宗教的盘剥，严重地束缚着农业生产的发展。在工业、贸易方面，由于民族经济基础十分薄弱，过于依赖与前宗主国的经济联系，资本和人员的"塞内加尔化"十分缓慢，经济命脉仍然掌控在外资手中。在工业、贸易等主要经济部门中，法资仍占 3/4 以上。国家的政治稳定由于日益严重的经济萧条恶化受到威胁。为了克服困难，1978 年桑戈尔制定了财经复兴计划，要求提高农、林、牧、渔的发展速度，特别是争取早日实现粮食自给。为此，政府决定降低向农民发放种子贷款的利率，实行化肥价格补贴和提高农产品收购价格。1980 年解散了"全国合作和援助发展局"，借以缓和农民的不满情绪，同时成立了"全国农村供应公司"，负责管理和分配种子以及向农村供应生产物资。政府撤换了一些不称职、不积极的企业管理人员，整顿了管理不善和盗用公款等现象严重的企业；改革税制，以提高进口税来控制进口；对某些产品实行出口补贴，以鼓励出口。

在促进政治自由化的过程中，桑戈尔为他最终离开政治舞台奠定了基础。自从 1970 年重新恢复总理职位后，桑戈尔已选中阿卜杜·迪乌夫为其接班人并精心培养。1976 年 4 月修改宪法，允许总理在总统去世或辞职时可以自动地接任总统职务。桑戈尔也通过让迪乌夫代表国家出席重要外交事务活动以提高地位。1980 年 12 月 31 日桑戈尔自动引退，总理阿卜杜·迪乌夫自动接任总统。桑戈尔 20 年渐进式的民主改革，为塞内加尔提供了和平、稳定、宽容和自由表达意见的政治环境，这在非洲国家中并不多见。他明智地选择了放弃政治权力的时间和方式。

二　阿卜杜·迪乌夫执政时期（1981~2000 年）

迪乌夫接任总统之后，又于 1983、1988、1993、1998 年连任，共执政 19 年。

接任初期（1981~1983 年）　　迪乌夫为保持与桑戈尔政权的连续性，他留任了大部分桑戈尔时期的政府部长，任命哈比卜·锡亚姆（Habib Thiam）为总理，自任社会党总书记。为了赢得党内元老的支持，只在最关键位置上安置了自己的亲信。

迪乌夫面对的是严峻的经济和政治形势。1980 年花生大幅度减产，比 1979 年减产一半多；工业指数比上年下降约 17%；外贸赤字 130 亿非洲法郎；财政赤字 190 亿非洲法郎。[1]他宣布"要在继承中变革"，精简国家机构，大胆提拔有能力的青年官员，启用有专长的技术专业人才。在经济方面继续执行计划化、塞内加尔化，争取外资、外援，鼓励发展民族经济；对外坚持不结盟和睦邻政策，努力促进区域性合作。他压缩文化、教育投资，大幅度提高农产品收购价格，而销售给农民的农业生产资料的价格则维持不变，还免除了农民多年来积欠国家的 200 多亿非

---

① 陈公元等主编《非洲风云人物》，世界知识出版社，1989，第 216 页。

洲法郎的债款。为了解决严重的缺水问题，政府于1981年底制定了两年紧急计划，拨款100亿非洲法郎，相当于国家年度预算的5%，为150万最缺水的农村居民解忧除患。他继续与法国保持密切关系，与美国发展友好关系，积极扩大同伊斯兰国家的来往，尤其是与阿拉伯国家石油生产国积极发展经济合作关系，1981年取得的外资比1980年多300多亿非洲法郎。由于采取了以上改革措施，经济情况有所好转，财政赤字从1981年占国民生产总值的20.5%下降到1982年的15%，还偿还了于1982年6月30日到期的外债。国民生产总值从1981年下降1.5%到1982年上升13.4%。① 1981年4月，他领导修改了政党法，正式承认一切政党都可以在遵守宪法的基础上取得合法的权利，不仅取消了政党法中对成立政党数目的限制，还取消了对政党代表思潮的限制，缓和了执政党和反对党之间的矛盾，也便于政府对非执政的所有其他政党进行监督和控制。他决定小学开设宗教课，改变不准学校讲授宗教课的禁令，这博得了各教派的好评。他还召集全国教育界来讨论全民教育问题，桑戈尔时期规定通用语言是法语，但全国2/3的人不会法语。迪乌夫号召全国为使用本国语言，为扫除全国文盲而努力。他赴沙特阿拉伯参加伊斯兰最高级会议，他以阿拉伯语"以真主的名义"为开篇语，国内报刊对此广为宣传，使全国穆斯林对他充满信任与自豪。与此同时，他极力争取各教派尤其有政治、经济实力的穆里德教派，他经常前去各教派讨论请教问题。因此，在与冈比亚建立邦联和镇压卡萨芒斯的分裂活动等事件中，都得到了广大穆斯林的支持，赢得了人民认可。在1983年大选中，虽有8个反对党参加选举，但社会党仍然获得120个席位中的111个议席，在"完全多党制"的形势下迪乌夫领导社会党以压倒优势继续占领政治舞台。

---

① 陈公元等主编《非洲风云人物》，第218页。

　　第一续任期（1983～1988年）　　迪乌夫1983年通过全民选举当选总统以后重申民主社会主义路线不可更改，但也"不应变成一种僵化的教条"，要"审势而行"，[①] 继续进行政治和经济方面的整顿和改革。他首先整顿社会党，将反对变革的"元老派"排除出党的领导机构，同时开展反对贪污、非法致富活动。他还坚决改组了军队领导机构，解除了三军参谋长的职务，加强总统府的军事指挥机构，设全国机动宪兵司令部，以增强对付突发事变的力量。在经济方面，1983年在公共企业中实行"计划合同制"，如果继续亏损，将把它们交给私人经营。他在继续争取外资的同时，制定和实施了中、小企业投资法，摸索切实可行的办法保证私营部门的发展。在外贸方面，执行"全方位出口，有选择的进口"政策，由于突破了历来以西欧经济共同体和法国为主要贸易伙伴的禁区，扩大了贸易伙伴，与美国的贸易有较大的发展。迪乌夫明确其发展战略是在国家与私营部门之间重新分配经济责任，保证私营部门的发展，国家只限于在发展中起决策人、仲裁者和推动者的作用。经过努力，国内生产总值的增长率改变了连年负增长的局面，1981年为 - 1.7%，1985年为3.8%。[②] 迪乌夫在国际政治舞台上进行了卓有成效的活动，1985年被选为非统组织执行主席之后，在他的要求下，经过非统组织的一致努力，联合国先后召开了关于非洲经济形势和制裁南非的会议，促进了有关问题的讨论，得到了非洲内外的一致好评。

　　但是1983年4月，迪乌夫为强化个人统治宣布废除总理职位，恢复强有力的总统制，震惊了整个国家。1984年1月召开了社会党大会，大多数桑戈尔时期的党内元老离去，迪乌夫重用

---

　　① 　陈公元等主编《非洲风云人物》，第221页。
　　② 　陈公元等主编《非洲风云人物》，第222页。

亲信简·科林（Jean Collin）。在巩固自己权力的同时，迪乌夫在国内和党内日益孤立。1984年因为不满作为国民议会主席被减少权利的做法，哈比卜·锡亚姆从党内辞职，外交部长穆斯塔法·尼亚萨（Moustapha Niasse）也因为在内阁会议上指责迪乌夫的亲信吉博·卡而被迫辞职。政府允诺的教育改革措施未能实施，大学毕业生找不到工作，导致1984年3月出现学生抗议活动，学生对迪乌夫的支持开始减弱。

1985年8月政府以未经批准为由，逮捕了领导反对种族隔离示威活动的瓦德和劳工党运动领导人阿卜杜拉耶·巴蒂利（Abdoulaye Bathily）。由于学生罢课和街头示威活动日益严重，政府镇压行为也日益严重。1987年4月出现警察罢工活动，起因于几个塞内加尔警察因殴打囚犯致死而被判刑。这一罢工活动动摇了政府的权威，迪乌夫为此解雇了整个警察部队，用宪兵取而代之。

迪乌夫曾于1981年8月派军队进入冈比亚帮助贾瓦拉总统镇压未遂政变，塞内加尔和冈比亚组成联盟，迪乌夫任总统，贾瓦拉任副总统。但联盟困难重重，最终于1989年解散。（详见第七章）

第二续任期（1988～1993年） 1988年2月28日迪乌夫再次当选总统。选举结束第二天，计票舞弊和其他不合规定的做法在达喀尔引起骚乱，达喀尔青年示威抗议社会党当选，支持瓦德。迪乌夫逮捕了瓦德，宣布国家进入三个月的紧急状态，关闭大学，在达喀尔实行宵禁，以煽动暴乱和威胁国家安全罪对瓦德进行审判。5月，瓦德罪名成立，被判一年刑期，从而又引发了一场激烈的学生罢课，政府关闭大学，学生也因此在1987～1988年一个学年失去了学分。

选举之后，迪乌夫政权的合法性遭到质疑，出现严重的政治危机。瓦德宣布赢得大选，声明他是国家正式选出的总统。反对党加强对迪乌夫和科林的进攻，要求他们辞职进行重新大选。1988 年 7 月，社会党和 11 个反对党举行圆桌讨论会，但由于迪乌夫和社会党拒绝接受反对党关于修改选举法和更广泛地进入媒体的要求，因此讨论未果。1989 年 4 月，达喀尔和其他城市中心爆发了反对摩尔人暴乱（Anti-Moor），大学教授进行罢课。这时经济仍然非常困难。连年旱灾、通货膨胀和极快的人口增长抵消了塞内加尔经济改革的努力。1989 年 4 月塞内加尔与毛里塔尼亚爆发边界冲突，两国长期的敌意导致毛里塔尼亚的塞内加尔人被大屠杀，塞内加尔的毛里塔尼亚人也遭同样命运。数千名塞内加尔人和毛里塔尼亚人被遣送回国，财富和财产被充公，两国之间关系紧张，所有边界被关闭。1990 年 12 月，卡萨芒斯地区再次发生暴乱。政府派军队镇压，一些暴乱分子被杀死。分离主义运动领袖在达喀尔被审判与监禁。

为了应对严峻的局势，迪乌夫采取以下措施，使 1991 年的局势得以很快稳定，经济发展，成为"百业复兴"的一年。

其一，1991 年 4 月 7 日，迪乌夫总统任命哈比卜·锡亚姆为总理，组建以社会党为主的"多党联合政府"，塞内加尔民主党和塞内加尔独立劳动党两个反对党入阁。民主党有 4 名成员入阁，总书记瓦德被任命为国务部长，仅次于总理，独立劳动党总书记阿马特·当索科被任命为城建和住房部长。尽管 16 个政党中，只有塞内加尔民主党和塞内加尔独立劳动党两个反对党入阁，尽管 27 名内阁成员中，反对党仅占 5 名，但此举大大缓解了执政党与反对党之间的矛盾，改变了历届政府清一色社会党成员的传统。

其二，为促进党内团结，迪乌夫让自独立以来就担任金融和内政大臣的简·科林和长期担任国民大会主席的达乌达·索乌（Daouda Sow）辞去政府职务和党内所有职务，从而缓解了迪乌夫与党内元老及反对科林的党内领导人的矛盾。在 7 月 28～30

日党的代表大会上，迪乌夫提请党内元老担任党内派系争论的仲裁者。同时注重党内程序民主化，为妇女、青年和受欢迎的地方领导人在党内崛起提供更多的机会。

其三，为了缓和与卡萨芒斯分离主义者的矛盾，迪乌夫5月29日宣布释放被扣压的355名分离主义分子，让其返乡参加生产。5月31日，政府与反政府组织卡萨芒斯民主力量运动在几内亚比绍首都签署了一项和平协议，主要内容是停止一切武装活动，政府武装力量撤回兵营，卡萨芒斯地区人员和物资自由来往。11月13日政府又与卡萨芒斯民主力量运动达成一项协议，决定在卡萨芒斯地区建立和平管理委员会，以进一步实施和平协议条款。1992年4月17日在几内亚比绍总统的斡旋下，政府与卡萨芒斯民主力量运动签署了一项实现卡萨芒斯地区和平的协议，协议规定双方应立即无条件地停止在卡萨芒斯地区的一切违反停火的行动。

其四，缓和与邻国的紧张关系。1991年4月，与毛里塔尼亚恢复了因1989年边界流血冲突而中断的外交关系，两国重新开放边境、通航、通邮，加强了两国间的友好往来。10月，迪乌夫与毛里塔尼亚、马里两国元首共同主持了塞内加尔河上的两座水坝竣工仪式和塞河水电站奠基仪式，三国共同研究制定了开发塞内加尔河的计划。与几内亚比绍的水域纠纷也和平解决，同冈比亚关系也有明显改善。迪乌夫在国际上以第三世界代言人讲话，使塞内加尔的国际地位日益提高。

其五，修改宪法、新闻法，成立全国最高视听委员会，向反对党开放宣传舆论工具。长期以来，塞内加尔的宣传舆论工具——通讯社、报纸、电台、电视台都由执政的社会党控制，反对党不能利用国家的宣传舆论工具。迪乌夫成立全国最高视听委员会，协调各党派利用国家宣传工具的问题，以便1993年2月21日举行5年一度的总统选举。反对党在1988年总统选举中曾指责执政的社会党在大选中"舞弊",强烈要求修改选举法,增加透明度,让各政党在"平等条件下竞选"。所以1991年迪乌夫修改了选举法,规定在总统选举中,不仅要有各反对党参与,而且要有反对党监督:投票登记卡将在各政党代表面前分发,各政党将见证在投票所的选举行为;每个投票人必须出示带有照片的身份证;所有政党必须进入选举登记名单中;增设选民秘密投票室,使用无法涂改的印泥,投票人秘密投票,以摆脱当地贵族和行政官员的直接压力,让选民"真正行使自己的权利";在选民年龄上,由过去的21岁改为18岁,这为反对党争取青年提供了机遇。此外,迪乌夫政权控制的宣传工具《太阳报》、电台、电视台也将向反对党开放,各政党都可利用这些舆论工具宣传自己的纲领和主张。迪乌夫还发表讲话,欢迎外国派观察员来塞内加尔监督大选,以表示大选完全按照新选举法进行,各政党"平等竞争",选民"按自己的意愿"投票。1991年还释放了1000多名政治犯和刑事犯,大大缓解了政府与人民群众之间的矛盾。

此外巧遇1991年雨量充沛,政府提高了花生收购价,及时向农民提供各种农作物的优良品种,免除农民债务,使农业出现丰收的喜人势头。政府在1991年还降低人民生活必需品的粮、油、茶、咖啡和汽油、电力、水泥、电话费等的价格,缓解了人民的不满情绪。加之流通领域管理的加强,塞内加尔成为西非地区通货膨胀率较低,物价相对比较稳定的国家之一。

但是一些不稳定因素仍然存在:首先是失业人数多。由于实行的是世界银行和国际货币基金组织的结构调整计划,国家公职人员的工资最高限额为1250亿非洲法郎。为此,国家精简机构人员,工厂企业裁减职员,裁减工人近2万人。此外,每年大约有20万从高校、中学、技校或职业学校毕业的青年学生进入劳动市场,而就业率又低。这些失业人员是构成社会不稳定的一个

重要因素。其次是外债负担沉重。1990 年底塞内加尔外债总额为 35 亿美元，国家财政赤字居高不下，达 5.8 亿美元。第三是无法安置流亡到几内亚和冈比亚的卡萨芒斯民主力量运动分子回国。这些因素都造成塞内加尔政局随时出现不稳。随着 1993 年总统选举日期的临近，塞内加尔不稳定因素明显再增，对迪乌夫政权又构成了挑战，主要表现是：

卡萨芒斯地区恐怖暗杀活动频繁。1992 年下半年以来，卡萨芒斯地区恐怖暗杀活动不断发生，搞得人心惶惶。卡萨芒斯民主力量运动恢复了武装斗争，对抗迪乌夫政府。8 月，政府以保证卡萨芒斯地区人民的安全和保证该区 1993 年顺利举行大选为借口，派军队重新进驻卡萨芒斯地区。政府军进驻不到一个月，9 月 1 日深夜，一支政府军部队在离几内亚比绍边界约 30 公里的一个村庄，遭到武装分子的袭击，政府军进行了围剿，当场打死 50 人，伤 60 人，政府军死 2 人，伤 9 人。接着 10 月 27 日，为了报复政府，卡萨芒斯民主力量运动分子又袭击了南方一渔村，当场打死渔民 32 人。11 月初，又有 7 名渔民被杀。另外，武装分子还经常偷袭哨所，袭击宪兵和警察，搞得人心不安，百姓生命安全没有保证。卡萨芒斯地区是塞内加尔最富饶的地区，也是著名的旅游胜地，由于该地区社会动荡不安，人身安全没有保证，大批游客取消了到卡萨芒斯的旅游计划，致使该地区著名的旅游饭店、游乐场所被迫关闭，职工失业，国家旅游收入锐减，使经济遭受沉重打击。

1992 年 10 月 18 日，瓦德宣布退出"多党联合政府"，同瓦德一起退出的还有其他 3 名民主党部长。10 月 19 日，迪乌夫及时对政府进行了调整，全部由社会党内阁成员兼任，使政府工作运转正常。民主党的举动，表明社会党与民主党的矛盾又在加剧，国内政局不稳定因素在增长。

1992 年下半年，学生罢课、工人罢工时有发生，对迪乌夫政权也构成威胁。特别是 10 月下旬，电厂工人罢工，破坏供电设备，造成全国三天停水停电，致使工厂、企业被迫停工、商店饮食变质，医疗不能手术，产妇和新生婴儿、危重病人大量死亡，全国城市居民没有饮用水，夜间一片漆黑，国家的整个经济社会生活处于瘫痪，损失严重。政府与电厂罢工领导人谈判未成，便采取了强硬措施，逮捕罢工领导人，军队进驻电厂，请法国专家抢修设备，使全国的供水供电得以尽快解决，人民生活恢复正常。这次罢工是塞内加尔历史上从未有过的大罢工事件，给国家政治、经济造成的损失是无法计算的，对迪乌夫政权是严峻的挑战。

第三续任期（1993～2000 年） 1993 年迪乌夫第三次当选总统后，通过修改宪法将总统任期由 5 年增至 7 年。迪乌夫在任期的 7 年内任务是相当艰巨的。塞内加尔经济不景气，1992 年外债总额仍达 32 亿美元。如何振兴经济，解决青年就业问题，是摆在迪乌夫政权面前的两大艰巨而又紧迫的任务。迪乌夫虽然再次当选，但在人民群众中的威信明显下降。1988 年选举总统时，迪乌夫获得 73% 的选票，而这次下降为 58.40%。瓦德尽管落选，但由 1988 年得票 25% 升为这次的 32.03%，上升幅度为7.03 个百分点。从投票情况看，城市居民，特别是青年人对迪乌夫的不满在上升。迪乌夫在达喀尔得到的选票低于瓦德的选票，瓦德得票 51.91%，迪乌夫为 39.93%，这表明青年对国家经济不景气、失业人数增多极为不满。迪乌夫重新当选总统后承诺：第一，在新的任期内，将使塞内加尔的经济增长率平均每年达到 6%，争取 8%～10%；第二，每年将解决 2 万人的就业问题。此外，由于粮食自给率只有 65% 左右，每年进口大米、小麦、玉米约 50 万吨，因此他还提出争取实现塞内加尔粮食自给。他提出发展中小企业，增加城市、农村用电，改善医疗卫生条件，开发矿业等。他保证履行共和国总统职务，致力于维护各项

制度和领土完整，不遗余力地争取实现非洲团结。

1993年以迪乌夫为总书记的塞内加尔社会党一直牢牢掌握着国家政权，保持着执政党的地位，但是国家政局并不稳定。1993年5月15日在立法选举揭晓前夕，作为全国最高裁决机关的立宪委员会副主席、著名大法官、曾任圣路易市市长的巴巴卡尔·塞耶在达喀尔海滨大道，光天化日下遭枪杀，这是塞内加尔独立以来罕见的重大谋杀案件，举国上下，一片震惊，社会各界反应强烈，要求严惩凶手。5月16日晚瓦德及该党的另两名主要负责人被司法机关传讯，同时搜查了其私人住宅，拘捕了瓦德的顾问和保镖，两天后他们才被释放。

1993年的经济形势也相当严峻，国家财政恶化，财政赤字达到"不可忍受"的地步。据官方统计，1993年上半年国家的总收入为1253亿非洲法郎，而支出为1330亿非洲法郎，上半年赤字高达77亿非洲法郎。到年底，国家应支付信贷、外债总额达1150亿非洲法郎，对内对外拖欠款已高达1800亿非洲法郎，国家财政困难达到了无法"承受的地步"。另外，世界银行和国际货币基金组织从1992年6月底开始中断与塞内加尔的财政援助谈判。其原因是塞内加尔未能按它们的结构调整计划行事。如世界银行和国际货币基金组织要求塞内加尔国家公职人员的工资每年应控制在1250亿非洲法郎之内，而1993年国家工作人员工资可能突破1339亿非洲法郎，世界银行和国际货币基金组织要求塞内加尔政府必须按它们的计划执行，才能得到贷款。因此政府不得不采取紧急措施，减少开支，限期达到预定目标。总理哈比卜·锡亚姆于1993年8月16日向全国发表广播电视讲话，宣布政府将采取增收节支紧急措施，以改善国家严重困难的财政状况。紧急措施的主要内容是，从1993年9月开始，国家工作人员减薪，总统工资和补贴减少50％，部长、议员工资和补贴减少25％，6.6万公职人员工资减少15％；私营部门工作人员每月提取一天的工资上缴国库。此外，提高石油产品价格，增加印花税和增值税，同时取消减免税，以达到其增收节支的目标。他说明这些紧急措施使国家开支可以节省 514 亿非洲法郎（当时汇率为 290 非洲法郎合 1 美元）。另外，国家将关闭一些驻外机构和减少驻外人员。这项紧急措施一出台就遭到一些反对党和人民的强烈反对。8 月 22 日，亲政府的塞内加尔全国劳动者联合会、自治工会协调局、塞内加尔自由劳动者联盟和塞内加尔全国新闻职业工会四大工会组织的代表，与总统谈判，要求总统取消或延期执行紧急措施，谈判长达 5 个小时之久，但未达成任何协议。迪乌夫指出，政府没有别的选择，只有采取减薪的办法，才能改善国家财政的现状，希望大家都做出一些牺牲，以便共渡难关。否则，国家要裁减公职人员 13200 人，或者是非洲法郎货币贬值。如果这样做，国家和人民付出的代价会更大。而四大工会组织代表认为，国家的财政困难不应转嫁到百姓身上，应采取其他办法解决。代表们认为，政府有 29 名部长，机构臃肿，人浮于事，应减少部长和议员数额，部长可减少到 15 名，议会议员可由 120 名减少到 100 名之内，因为部长和议员的工资和补贴都很高，造成国家行政开支加大，每个政府议员的基本工资加各种补贴费用每月高达近 90 万非洲法郎，而普通工作人员仅 5 万 ~ 6 万非洲法郎，而且总统、部长和议员还有更多的额外收入。8 月 23 日，四大工会组织在议会门前举行静坐示威，向议会施加压力，阻止议会通过此项紧急财政措施法案。尽管人民反对，一些议会中的反对党议员反对此项财政法案，但执政的社会党在议会中占绝对多数，这项紧急财政措施法案在议会中顺利通过，人民对政府深感失望，认为迪乌夫没有实现曾向人民的允诺。

1994 年新年致词中，迪乌夫承认政府已无力还债，呼吁所有塞内加尔人团结起来一起努力克服危机。1 月 12 日非洲法郎

贬值 50%，物价随后上涨，进口商品几乎上涨一倍，生活必需品上涨 30% ～50%，药品涨价 69%（由于政府对药品进行财政补贴，药品零售价涨幅控制在 49%）。政府忙于应付抑制物价上涨和通货膨胀，1 月 20 日，议会通过一项法律，允许迪乌夫有权确定职工工资、福利待遇以及关税、食品价格和税收，以对付非郎贬值引起的后果，在国际上竭力争取世界银行和西方国家的贷款和财政援助，以消除货币贬值的负面影响。与此同时，非郎贬值引起了国内各界及反对党的强烈不满，人民怨声载道。反对党利用群众这一不满情绪，于 2 月 16 日午时，由包括民主党在内的 5 个反对党组成"塞民主力量协调局"，在达喀尔举行群众集会，矛头直指迪乌夫政权，指责它"践踏塞内加尔民主形象"。集会后，几百名群情激昂的群众涌上街头，举行示威游行，抗议政府提高物价。政府立即出动保安部队、宪兵、警察进行干预，阻止群众上街游行。愤怒的示威群众手持棍棒、锄头乃至匕首与警察搏斗，当场死亡 5 名警察，1 名示威群众，受伤者数十名。在游行示威的群众中，有些人手持凶器沿途烧汽车、砸汽车和商店，甚至连电话亭及加油站都不放过，顿时使达喀尔出现一片混乱。这是少有的打砸烧流血事件，当地新闻媒体称之为"达喀尔黑色星期三"。事件发生的当天晚上，政府立即发表公报，谴责反对党煽动暴力，制造事端，并声称要严惩肇事者。当天警察逮捕了 30 多名破坏分子进行审讯，追查幕后策划者。2 月 17 日内政部长吉博·卡以政府名义发表广播电视讲话，强烈谴责不法分子的暴力行为。2 月 18 日晚，瓦德、非洲民主和社会主义党总书记朗丁·萨瓦纳及多名宗教运动领导成员被传讯。原因是他们参加了 2 月 16 日的群众集会，在会上发表了攻击政府的讲话。骚乱后，被政权怀疑"操纵"这次活动的瓦德被关押了 5 个半月，1994 年 10 月被释放。瓦德和萨瓦纳出狱后不久联合其他反对党成立了反对党联盟，同迪乌夫政权抗衡。

1995 年面对经济和政治危机局面，为了避免再次发生抗议活动，迪乌夫不得不考虑缓和与反对党的矛盾以共同努力使国家摆脱经济困境。他分别召见各反对党领袖和工会负责人，共商国事，并邀请反对党代表进政府。经过长期反复的讨价还价，民主党同意入阁，其他反对党仍然拒绝。3 月 15 日总理哈比卜·锡亚姆根据总统令进行政府改组，吸收包括瓦德在内的民主党的 5 名成员入阁，内阁成员由原来的 30 人增至 34 人。

1996 年 1 月，迪乌夫宣布建立上议院作为另一个立法机关，作为地区化计划的一部分，地方政府机关将在国家法律框架内得到更广泛的代表性。但是，宣布废除城市、乡村和地区选举中独立候选人的资格，这一决定招致了广泛的批评。反对党谴责社会党操纵选举人名单，要求建立独立的选举委员会以确保选举的公正性。7 月内政部长阿卜杜拉哈马尼·索（Abdourahamane Sow）同 20 个反对党代表之间协商后，宣布修改选举法。9 月中旬，为了参加地方选举，民主党等三个反对党建立选举联盟，共同推出候选人与社会党在地区选举中一决胜负。11 月 24 日，地方选举开始，这次选举要选出 44000 名地方议员。选举结果显示，社会党取得压倒性胜利，反对党则提出选举无效。

1997 年 3 月局势再度紧张。民主党在内的 12 个反对党提出社会党在地方选举中获胜是因为大选是不公正的，社会党则控告反对党诽谤。反对党指社会党的控告是为了转移人民对国家经济、社会和政治困难的不满。8 月中旬，迪乌夫宣布建立一个选举检查组织以确保选举符合法律。这个新的国家选举观察机构将在内政部长领导下工作，其 9 名成员将在协商后由总统从官员、律师、大学毕业生、媒体从业者和人权活动积极分子中指定。8 月底，国民议会以压倒多数赞成建立这一组织。9 月迪乌夫指定该组织成员，任命退休将军马马杜·尼昂担任主席。因为该组织不符合反对党提出的建立完全独立的选举委员会的要求，所以此

后不久，19 个反对党组成联盟，决定采取共同行动挑战社会党的执政地位。而执政的社会党在 1997 年也出现分裂，曾先后在迪乌夫政府任发展部长、教育部长、新闻部长、外交部长、国务部长兼内政部长等要职的吉博·卡被排挤出政府。吉博·卡建立民主复兴党。1997 年初教育部门开始了持续几个月之久的骚动，教师罢工导致中学和大学学生的抗议。卡萨芒斯地区叛乱活动频频发生，也给迪乌夫政府造成难题。1997 年 8 月 19 日，政府出动近千名武装部队官兵，在地方军、警、宪的配合下，对卡萨芒斯地区的武装分子发动了一场大规模的军事清剿行动。但出师不利，在头一天的战斗中，政府军就失利，武装分子仍在卡萨芒斯首府济金绍尔城市周围频繁活动。各政党和社会团体纷纷就这次军事行动发表评论："充分表现了政府的无能"。

1998 年 5 月 24 日的议会选举之后，塞内加尔社会党、塞内加尔民主党和民主复兴党形成三足鼎立的局面。1999 年塞内加尔政局是动荡的一年，各政党围绕 2000 年 2 月总统大选展开了激烈角逐。由于国家社会经济状况不断恶化，迪乌夫的威望不断下降，影响力江河日下。渴望变革的塞内加尔选民将选票投给了瓦德。迪乌夫在掌权 19 年后下台，从而结束了社会党对政权历时 40 年的控制。人们担心可能会出现动乱，不过迪乌夫的和平移交政权，确保了国家政局稳定，得到国际社会的普遍赞誉。

2000 年 3 月，瓦德当选总统，4 月 1 日在达喀尔体育场近 10 万人参加新总统就职仪式，塞内加尔历史又翻过了一页。

第五节 著名历史人物与当代重要人物

哈吉·奥玛尔·塔尔（Hajj Umar Tal，约 1794～1864 年） 19 世纪塞内加尔—冈比亚地区最有影响的宗教领袖，反对法国殖民入侵的伟大斗士。他出生于富塔托罗省豪尔瓦尔（Halwar）的一个富拉尼族伊斯兰教长家庭，从小接受伊斯兰教育。由于富拉尼人与图库勒尔人杂居，他又长期在图库勒尔人中传教，故也有书称他为图库勒尔人。他前后在北非、西非和阿拉伯地区游历 15 年之久，完成了其伊斯兰最高教育。1820年又去麦加朝圣，获得"哈吉"尊称。朝圣归途他在埃及与爱资哈尔教长建立联系，考察了阿里的改革，又到索科托读了奥斯曼与贝洛著作，娶贝洛之女为妻，学习了圣战艺术。伊斯兰反对奴隶贸易，这与传统部落贵族有利益矛盾，所以 1848 年他定居丁魁雷后便组建军队进行社会革命和反侵略斗争。从 1852 ～1864 年他领导了一系列反对传统王国贵族和法国殖民者的圣战，他的行动直接或间接地激励了一大批提加尼派伊斯兰教士参加斗争。他善于用人，将一些有才能和作战勇敢的人提拔到重要职位，而不管其有无地位，故深受民众拥护。他们战斗的足迹北部从卡萨芒斯和几内亚的富塔贾隆到南部的塞内加尔河谷，东部穿过撒哈拉到尼日利亚的豪萨兰，建立了包括尼日尔河上游地区在内的图库勒尔帝国。奥玛尔生活朴素清苦，他的教导和领导风格在整个塞内加尔—冈比亚地区为反殖民主义抵抗运动树立了榜样。1864 年为镇压马西纳贵族叛乱而遇刺身亡。

马巴（Ma Ba，1809 ～ 1867 年）　　全名阿马瑟·巴（Amath Ba）。反对法国殖民入侵的著名宗教领袖，生于冈比亚河北岸富塔贾隆的里普（Rip，又称巴迪布 Badibu），图库勒尔人。早年跟随父亲学习《古兰经》，后来到卡约尔的沃洛夫人国家继续学习，加入提加尼教派。约 1840 年回故土从事《古兰经》教授，同时进行抗法斗争的组织宣传工作。他每宣传一个家庭都要留下一本《古兰经》、一串念珠和剃刀，以示其意念。马巴受奥玛尔影响最深，1846 年两人一起祈祷 3 天 3 夜，被奥玛尔指定为他所在地的代表。1861 年马巴被推选为穆斯林首领集团的头座。他的军队遏制了法国的殖民扩张，一时间控制了塞内加尔南部地

区。在萨卢姆到冈比亚之间他建立了一个政权，甚至在短时间内统治势力达到塞内加尔河北岸。1862～1864年马巴向沿海各地发动一次伊斯兰教传教运动，他促使沃洛夫人的卡约尔国王拉特·迪奥尔进行反法战争。但沿海的辛国王投靠法国拒绝皈依伊斯兰教，马巴与其发生冲突。1867年一个夜晚马巴军队的弹药淋湿，正在晾干之际突遭袭击，马巴在一次血战中牺牲。

拉明·盖耶（Lamine Gueye，1891～1968年） 塞内加尔著名的民族主义领袖，杰出的政治家。1891年9月20日出生于圣路易的一个望族家庭。祖父、父亲都曾在殖民当局机构中任职。6岁进入穆斯林学校接受启蒙教育，12岁时进入教会学校接受西方教育。1907年取得初级教育结业文凭后开始教员生涯，在教学中主张黑人享有同白人平等的受教育权利，反对歧视黑人的分班制和按照宗主国学校的大纲教授黑人学生，后出任小学校长。1916年赴法国里昂安培中学读书，1918年取得在法属西非境内任何学校任教的资格，1920年取得法学学士学位。1921年被任命为法属西非上诉法院及法庭辩护律师，同年获得巴黎大学法学院博士学位。1923年在法国加入"工人国际法国支部"，1925年5月当选为圣路易市市长，6月成为殖民议会议员。在1929年市长选举和1930年议会选举失败后，他感到自己需要进一步增强学识。因此，1929年取得私法结业文凭，1933年取得罗马法与法学史结业文凭。1932年被任命为留尼汪的参事，并在法学院任专座讲师。1936年作为塞内加尔社会党主席代表该党参加立法选举再次落选。后作为法官，被任命为非洲法委员会总推事。同时力促塞内加尔社会党与"工人国际法国支部"合并为"法属西非洲社会主义联盟"，使该组织在法国两院联席会议中的席位上升。1938年成为国民议会殖民委员会候补委员。第二次世界大战爆发后，反对法国傀儡政府在塞内加尔设立军事法庭，颁布任意捕杀非洲居民的"特别法"和各种种族歧视法案，作为律师为以各种罪名受审的塞内加尔人辩护。1943 年以全体塞内加尔人的名义，上书戴高乐将军，要求结束种族歧视政策。1944 年蒂亚洛阿兵营中从前线归来的士兵由于拒绝在拿到拖欠的军饷之前离开兵营而遭到镇压，他出庭为因反抗而在军事法庭受审的士兵辩护。1945 年改组塞内加尔社会主义联盟，同年当选为达喀尔市长，从此任期达 16 年之久。他还为非洲妇女争取选举权，1945 年当选为国民议会秘书。1946 年 5 月，颁布了以他的名字命名的法令：法国殖民地的一切非洲人都享有完全的法国公民权。1946 年末，被任命为法国副国务委员。1952 年出任法国驻联合国社经委员会委员。1957 年将塞内加尔社会党改组为塞内加尔行动社会党。1958 年与桑戈尔再次联合成立塞内加尔进步联盟，担任政治首领，同时出任制宪协商委员会委员和法兰西共同体参议院副议长。其政治态度迅速变化，不再只要求在宗主国统治下的权利和义务的平等，主张立即实现独立。他以政治元老身份致书戴高乐提出马里联邦独立的要求。1958 年 11 月出任马里联邦议会议长。1962 年 12 月，在总统桑戈尔和总理迪阿产生矛盾，导致国家出现政治危机时，他支持桑戈尔，化解危机，维护了国家稳定。此后 5 年期间，他一直担任国民议会议长直到逝世。达喀尔万人空巷为他送葬，桑戈尔给予他极高的评价。[①]

列奥波尔德·塞达·桑戈尔（Léopold Sédar Senghor, **1906～2001 年**） 塞内加尔共和国首任总统，非洲民族主义运动领导人，享有国际声誉的政治家，创建"黑人传统精神"学说及"非洲民主社会主义"理论的著名学者，现代西非著名的法语诗人。1906 年 10 月 9 日出生于辛一萨卢姆地区滨海小城若阿尔的一个富裕的谢列尔人家庭，父亲是花生种植园主兼商人。

---

① 《黎明的曙光——非洲早期反殖民主义斗争中的风云人物》，康昭等编译，第 57～70 页。

祖上是辛国王的姻亲，信奉天主教。幼年在法国教会学校上学，1922年小学毕业后进入达喀尔利伯曼学院，成为一名神学院学生。因抗议校方歧视黑人学生，1927年被禁止担任神职。随后转入达喀尔公立中学。1928年因成绩优异获得文学研究奖金，赴法国深造。1935年毕业于巴黎大学文学院，获得法国教员证书，成为有资格教授法语的第一位非洲黑人。他先后在图尔、巴黎的中学、大学任教，之后又成为取得法国文学博士学位的第一个黑人。1934年在巴黎参与创办刊物《黑人大学生》，提出"黑人传统精神"，发起了旨在恢复黑人价值的文化运动。1936年参加法国社会党，宣布自己是社会主义者。第二次世界大战爆发后，1939年应征入伍，作为二等兵先后在第23和第3殖民地步兵团服役。1940年被德军俘虏，在集中营曾参与组织抵抗纳粹的活动。1942年因健康原因获释后，参加了法国教育界全国阵线，利用教师身份参加抵抗运动，被授予法兰西同盟勋章。二战末期他受戴高乐布拉柴维尔讲话的鼓舞走上争取民族自决和独立的政治道路。1945年参加工人国际法国支部（法国社会党前身），同年10月当选法国制宪议会和国民议会议员，任职长达14年。在此期间，还担任法国政府国务秘书、办公厅主任、文化事务、教育与司法顾问、共同体事务顾问等职，并多次代表法国参加联合国会议。在议会中，为废除法国在殖民地残酷实行的强迫劳动制做出杰出贡献。1948年，编辑出版《黑人和马尔加什法语新诗选》一书，主张从非洲传统生活的源泉中汲取灵感和主题，展示黑人的光荣历史和精神力量，强调黑人的尊严与文化，这标志着黑人性文化运动高潮的到来。1948～1958年他在巴黎的法国国立海外高等学校任教授。1948年退出法国社会党，创建塞内加尔民主集团。1956年担任捷斯市市长。1958年合并一些小党成立"塞内加尔进步联盟"，反对法国同化政策，要求地方自治和平等权利。1959年出任马里联邦议会议长。1960年宣布塞内加尔退出联邦，成为完全独立的共和国，出任塞内加尔首任总统。随后四次蝉联，连续执政 20 年。1976 年，将塞内加尔进步联盟改名为塞内加尔社会党，正式提出实现"民主社会主义"主张。桑戈尔民主社会主义思想从 20 世纪 30 年代就开始探索，主要由黑人性、民主性、人道公正三种思想成分组成。[1]在其执政期间，致力于稳定政局和发展经济，保持与法国的密切关系。他被选为社会党国际副主席。1980 年 12 月 31 日自动辞去共和国总统和社会党总书记职务，1982 年 12 月任塞内加尔社会党名誉主席。他的第四届总统任期应到 1983 年才期满，出于对当时国内形势的考虑，他提前引退，主动让贤，在流行终身制的非洲国家中是"史无前例的"。[2]引退后移居法国，继续从事文学研究与创作，同时为扩大"民主社会主义"的影响，为非洲发展努力工作。1981 年参加创立非洲社会党国际，被推选为非洲社会党国际主席。在其执政期间，1971 年 12 月 7 日与中国建交，并于 1974 年 5 月来华访问。他一生致力于传播黑人文化和提高非洲的世界地位，早在 1945 年就出版诗集《幽灵之歌》，1963 年荣获国际诗歌大奖，被公认为非洲杰出诗人。他出版了《诗歌总集》（1983 年）；4 本论文集：《自由一集：黑人性与人道主义》（1964 年）、《自由二集：民族与社会主义的非洲道路》（1971 年）、《自由三集：黑人性与普遍的文明》（1977 年）、《自由四集：社会主义与计划化》，内容涉及政治、美学、语言、艺术、诗歌、文学等各方面；重要的文艺论文有：《半个世纪以来黑人诗歌的贡献》、《黑非洲的语言与诗歌》、《黑非洲美学》等。由于其卓越的文学造诣，1983 年 6 月 2 日被接纳为法兰西

---

[1]　张秋菊、张振国：《桑戈尔社会主义思想溯源》，《西亚非洲》1989 年第 5 期。

[2]　陈公元等主编《非洲风云人物》，第 197～213 页。

科学院院士，成为第一位入选的黑人院士。1984 年 7 月当选联合国教科文组织和平教育奖评委会主席。两次获得诺贝尔文学奖提名。2001 年 12 月 20 日在法国诺曼底家中逝世，享年 95 岁。他的遗体 27 日运抵达喀尔，29 日，塞内加尔为其举行了国葬。夫人高莱脱·于贝尔（Golette Hubert）是法国诺曼底人，其父曾为法国驻乍得总督。

阿卜杜·迪乌夫（Abdou Diouf，1935 ~ ）　塞内加尔共和国第二位总统、前社会党主席。1935 年 9 月 7 日生于卢加区一个邮局职员家庭，信奉伊斯兰教。少年时代就读于圣路易。1955 年中学毕业后就读于达喀尔大学法学院，1958 年赴巴黎大学攻读法学和政治学，同期还就读于法国国立侨民学校。1959 年获学士学位。1960 年进入政界，1960 年 9 月至 11 月任技术合作局长和计划部长。1961 年加入塞内加尔进步联盟，先后担任该联盟行政副书记兼久尔贝勒行政区总书记、政治局委员、第一副总书记。1960 ~ 1961 年任政府副秘书长，1961 年 6 月至 12 月任国防部秘书长。1961 年 12 月至 1962 年 12 月任辛—萨卢姆区行政长官。1962 ~ 1963 年任外交部办公室主任，因"工作能力强"、"工作效率高"而受到桑戈尔总统的赏识，于 1964 ~ 1968 年任总统办公室秘书长。1968 ~ 1970 年任计划和工业部长。1970 年 2 月 35 岁时担任总理。1978 年 2 月任塞内加尔社会党副总书记，1981 年起任总书记。1981 年 1 月 1 日年仅 46 岁接替桑戈尔任总统，1983 年 2 月和 1988 年 2 月、1993 年三次连任总统，在执政期间，宣布"要在继承中变革"，对内进一步开放民主，制定新经济政策；对外主张不结盟，建立国际政治经济新秩序，继续与法国保持"特殊关系"，大力发展与美国的关系。1982 年一度任塞内加尔冈比亚联邦总统。1984 年 7 月访华。1985 年被选为非统组织执行主席。因其卓有成效的工作，有人称此年为"塞内加尔迪乌夫年"。1992 年当选为伊斯兰会议组织执行主席。1997

年被接纳为法国海外科学院和法兰西科学院院士。2000 年 3 月承认在大选中失败，结束执政 40 年的社会党政权，并和平移交给反对党，受到国际社会关注。夫人伊丽莎白·迪乌夫，任塞内加尔红十字会名誉主席，有两子两女。

　　阿卜杜拉耶·瓦德（Abdoulaye Wade，1926～）　塞内加尔共和国现任总统，非洲经济问题专家。日内瓦"世界和平法权中心"非洲成员。1926 年 5 月 29 日生于塞内加尔圣路易市，信奉伊斯兰教。曾先后在法国贝臧松大学、第戎大学和格勒诺布尔大学学习，获心理学、道德与社会学高等教育学习证书，法律学士学位，政治经济学、公法大学文凭，法律与经济学博士学位。1959 年回国后从事律师工作，并先后任教于达喀尔大学、巴黎二大、巴黎一大。1974 年 6 月以法学专家身份应邀为第十届非统会议主持起草非洲经济宣言和宪章。早年曾加入塞内加尔社会党的前身塞内加尔进步联盟。1974 年 7 月创建反对派民主党，任总书记。1978 年起作为民主党候选人参加了历次总统选举，连续五次当选为国民议会议员。1988 年总统大选后爆发动乱，瓦德被捕，被判缓刑一年，后被迪乌夫政府宣布赦免。曾于1991 年和 1995 年两次参加迪乌夫领导的政府，两次都以退出而结束。1991 年 4 月至 1992 年 10 月以反对派身份任国务部长，1995 年 3 月至 1998 年 3 月又任共和国总统特别国务部长。2000年 3 月 74 岁时当选总统，4 月 1 日宣誓就职。执政后，他表示要致力于"振兴非洲和建设非洲的团结"，对内大力推进民主化进程，把增加就业、减贫作为首要目标；对外奉行全方位和不结盟政策，重视睦邻友好，积极主张维护非洲团结，推动非洲经济一体化和建立国际政治经济新秩序，继续与法国保持着传统的"特殊关系"，加强与美国的关系。他著述甚丰，主要有《西非经济：统一与发展》和《非洲的命运》等。已婚，有一子一女。

第三章

政 治

第一节　政治体制

一　独立前的政治体制

殖民者入侵前的政治体制　在 15 世纪葡萄牙人到来之前，塞内加尔社会分为两种类型：无国家社会和有国家社会。所谓无国家社会，即有些地区尚处于村社制度阶段，以血缘为纽带的大家庭是社会基础，被称作"拉曼"（Laman）的人松散地管理着这些地区。"拉曼"即酋长或大家长或头人，有权力对土地进行一定的管辖和分配，拥有颁发土地特许证的权力，还对伐木、取水等事项进行管辖。他们尚未形成一个政治权力中心。随着某一拉曼管辖地经济的发展，他建立自己的军队，加强自己的权力，并把势力扩张到其他拉曼管辖地，渐渐地形成某种初步的国家，其君主将势力范围扩展到那些拉曼管辖地，把他们变成自己下面的行政单位。当时的沃洛夫人王国，其政治体制是国王下面有内阁，内阁中包括一名首相和数名大臣。王族成员及其大臣、元老们等组成王国的政治贵族集团。国王及其下面的政治贵族集团掌握着国家的军事权，保证不受外来侵犯，同时也去国外进行征战、掠夺。他们有向人民征收赋税的财政权及司法等权力。

殖民主义入侵前，政治体制较健全的是奥玛尔创建的图库勒尔帝国。这是政教合一国家，有强大的军队，版图辽阔，行政有层次。奥玛尔集立法、行政、司法、宗教等大权于一身。为处理国家各项事务，设置一些大臣和机构分管各方面工作，另外设枢密院讨论大政方针，设秘书处起草诏令和文书。

以总督为核心的殖民地政治体制的形成　法国对塞内加尔的殖民统治没有预先的计划和政策，一切事务由法国海军部负责。为了军事征服，政治、经济控制及文化同化，逐步实行高度集权的直接统治的殖民地政治制度，很少考虑已有的各种土著政府制度。起初将塞内加尔地区分为殖民地和保护国两部分进行统治。根据 1817 年英法协议，法国在圣路易和戈雷重建殖民地，又通过与达喀尔地区酋长的协议，形成以圣路易、达喀尔、戈雷岛、律菲斯克四地为中心的塞内加尔殖民地，人口约 5 万人。在这里，欧洲人的势力是至高无上的。执行的法律是根据宗主国政府发布的命令制定的。殖民者在各区下又设州，每个州都由宗主国委派的官员治理。由于扩张极快，便设保护国利用土著政府作为他们的代理人，维护那些顺从他们的酋长的权力，设置新的酋长来代替那些因不顺从法国殖民者而被废黜或流放的酋长。传统的法律和风俗只要与殖民政府的要求不发生冲突可以保留。这些土著居民不能成为法国的公民，只是法国的臣民，地位更为低下。公民权和选举权只限于出生在四个自治市的居民。在 19 世纪 60 年代殖民地的 15 万人口中，只有 1.5 万人有公民权。臣民只有受征在种植园和公共工程进行劳动的义务，以此顶替纳税的一部分。1854 年法在戈雷单独设殖民地政府兼管几内亚湾各沿海殖民地事务。

1894 年 3 月 14 日法国建立殖民地。从 1895 年起法国在塞内加尔正式建立一套以总督为核心的中央集权的殖民制度。在殖民

势力薄弱的广大内陆地区，实行间接统治，起用效忠殖民者的当地统治者和传统势力作为执政工具。而在殖民势力强大的沿海城市，则实行直接统治，分别建立了圣路易、律菲斯克、达喀尔、戈雷四个"全权市镇"，给这四个市镇出生的人以某些特殊待遇，视其为法国公民，有选举权和被选举权，可向法国下议院派出一名代表。它们是西非仅有的"全权市镇"。但不管直接统治还是间接统治，大权都在法国委派的总督手里。总督为最高首脑，下设若干级行政区，行政长官由法国人担任。基层行政单位的官员，可选部族的贵族担任。从 1895 年起，法国还把西非各殖民地连同塞内加尔合并为"法属西非总督辖区"。其政府体制呈金字塔形状，最上层是法国殖民部，部长是政府成员，向国民议会负责。在殖民部长之下，在达喀尔设法属西非大总督，其下是西非各殖民地的总督和隶属于他们的省、区级地方官员。最下层的郡和村级官员由非洲村庄的酋长头人担任，他们由法籍地方官员任命，并且受法籍官员的管辖。普通的非洲人，除了纯粹属于其当地村庄的事务以外，对法国人的统治之道没有发言权。酋长被分为 10 个等级。法国消灭、流放和废黜了原有的酋长后，重新任命一批不同级别的大小酋长，他们领取薪金。法国还加强对酋长子女的培养，使其驯服，为殖民统治服务。

塞内加尔的总督同时兼整个法属西非洲的总督。总督府先在圣路易，后迁往达喀尔。这样便在行政体制上形成了塞内加尔在西非的特殊地位。塞内加尔成为法国在西非的殖民中心，达喀尔成为整个法属西非洲的首府。

殖民地政治体制的改革与调整 第一次世界大战使法国面临各种压力不得不检讨过去的殖民政策。对于在西非和塞内加尔的统治体制开始进行微调，主要是争取与非洲土著传统势力的契合，吸引各级酋长到行政机构中来，加强殖民统治。1920 年塞内加尔可派一名非洲人代表参加法属西非政府的议事会，到

1925 年增至 2 名。塞内加尔的行政议事会也开始吸收非洲人代表。设立贵族议事会，为非洲土著人士参政议事提供机会。为了巩固其统治基地，1916 年颁布一项法律规定"四选区"的居民及其后裔均为法国公民，各市镇可派一名代表进入巴黎法国众议院。

第二次世界大战使法国统治集团不得不进一步调整其殖民地政治体制。1944 年的布拉柴维尔会议和 1946 年颁布的第四共和国宪法就反映了这一点。其指导思想仍然是维护法兰西殖民帝国的完整性。殖民地政治体制进行了调整但变动不大，主要是扩大非洲人参与各级政府机构和议政机构的名额。不仅吸收传统的酋长势力代表参加，也吸收具有民族主义思想的新知识分子代表人物参与。

1956 年《海外领地根本法》的颁布和 1958 年"法兰西共同体"的建立标志法国按"非殖民化"方针调整其殖民政治体制。1957 年 3 月塞内加尔半自治共和国成立。政治体制有较大变化，其一，在塞内加尔不再实行两套行政制，取消"公民"与"臣民"的差别，原来只在达喀尔等四选区才能享受的政治权利也普及到其他地区，凡 21 岁以上的非洲人男女都有普选权。其二，塞内加尔与其他领地一样首次进行议会选举，成立具有立法职能的领地议会。一些新型的非洲民族主义者被选进了议会，但此议会只作为总督的咨询和辅佐机构，领地政府并不对它负责。其三，法属西非的总领地政府取消了，塞内加尔政府直接对巴黎负责，并独立行使领地职权。其四，领地总督让出了一些职权和行政部长职位给非洲籍精英式酋长担任，让他们协助总督工作。总督仍由巴黎任命，掌握最高权力和防务、外交、经济及财政等要害部门。

1959 年塞内加尔与马里组成马里联邦，并申请在共同体内独立。其政治体制无太大的变化，原由总督掌管的一些职权全交

共同体统一掌握，政府机构人员的非洲化也未立即实行。1960年6月20日马里联邦宣布成立，塞内加尔从半自治共和国过渡到独立共和国。政治体制除总督被总统取代外，其他政治机构没有什么变化。

二 独立后的共和国总统制及宪法的更替

19 60年4月4日，塞内加尔脱离法国获得完全独立，选择类似于美国的总统制政体，成为享有完全主权的共和国。这种政体的特点是其权力的合法性在于宪法规定的全民选举。1960年8月25日国民议会通过第一部《宪法》为塞内加尔设计了一个所谓的双元首体制。总统和总理都被授予广泛的职权分享行政管理权。总统是国家首脑兼掌管外交事务；总理是行政首脑，负责政府日常事务。国家权力明确划分为立法、行政、司法等部分，并设置了相应的国家机构。政府机构从属于总统，各部长由总统任命，不对议会负责。议会和总统一样都对选民负责。总统不能解散议会，议会也不能迫使总统辞职，但议会有权通过弹劾案令政府辞职。共和国总统由国民议会、市政委员会和地区议会的代表组成的选举团选出，任期7年，可连选连任。总统主持内阁会议、最高国防会议和最高立法会议，任命高级官员，并兼任全国武装部队总司令。内阁总理由总统提名，由国民议会通过任命，并对国民议会负责；如国民议会通过弹劾案，内阁即须集体辞职。修改宪法须经国民议会3/5的多数通过。

1960年《宪法》虽未明文规定实行一党制，但事实上是一党制国家，处于统治地位的是塞内加尔进步联盟，曾反对加入"共同体"的非洲联合党虽然合法存在参与政治，但不起作用。

1960年《宪法》设计的总统与总理的双元首体制引起二者权力之争，并导致1962年的政治危机，最终马马杜·迪阿被逮捕判刑。桑戈尔化解危机之后，于1963年第一次修改宪法，它取消总理职务，建立起强有力的总统制。为了巩固其政权，对持不同政见的非洲独立党进行镇压和取缔，同时对其他政党施行归并政策，使塞成为一党制的国家。尽管仍然存在反对派，诸如塞内加尔非洲议会党（African Assembly Party of Senegal-PRA-Sénégal）领袖、迪阿的支持者、杰克·安塔·迪奥普的追随者，但桑戈尔和塞内加尔进步联盟通过大选拥有国民议会所有席位，在国家和地方选举中都没有正式的反对党出现，塞内加尔实际上成为一党制国家。1963 年 3 月公民投票通过的宪法规定了一个强权的总统制度并削弱了议会的权力，规定总统是国家元首、政府首脑和武装部队最高统帅，由直接普选产生，任期改为 5 年，可连选连任，有权解散议会，并取消了议会弹劾政府的权力。1967 年的第二次宪法修正案授权总统可以把任何立法问题提交全民公决并有权决定议会日程，主要是议案审议的先后顺序，总统有权在国家安全受到威胁的情势下采取直接措施保证政府行政权力的执行。1970 年 2 月第三次修改宪法，恢复了总理职位，任命阿卜杜·迪乌夫出任总理。恢复了议会弹劾政府的权力，并规定总统不得第三次连选连任，总统继续拥有行政权并指导国家政策。1973 年 2 月 28 日桑戈尔和塞内加尔进步联盟再次在没有受到反对的情况下赢得大选。

三 从有限多党制向多党民主制的过渡

在塞内加尔进步联盟执政过程中，日益暴露出一党制弊端。执政党内派别斗争逐渐尖锐，互相争权夺利，都要另立山头，组织反对派，致使党的纪律松弛，威信下降，反对党的活动仍然存在和滋长。为了改变这一局面，桑戈尔决定允许其他政党合法存在，以便分化和争取强大起来的反对党。此外，塞内加尔进步联盟希望加入社会党国际，根据社会党国际的要求，应允许反对党的合法存在。1974 年两个反对党被承认，它

们是瓦德领导的塞内加尔民主党和马杰姆·迪奥普领导的非洲独立党。1976 年 4 月第四次修订宪法，提出三党制度，从法律上开始承认反对党的合法存在，但在数量上加以限制。宪法规定允许存在代表三种思潮的三个政党，即代表"民主社会主义"的执政党社会党，以及两个合法反对党，分别为代表"自由民主"思想的塞内加尔民主党和"马列主义"的非洲独立党。因此，1976 年宪法使塞内加尔成为多党制的总统制政体。该宪法还允许总理在总统去世或辞职后可以自动地接任总统职务。

1978 年 2 月 26 日，三个合法政党在国家总统选举和立法选举中进行竞争，这是自从 1963 年以来第一次出现的现象，群众集会和政党之间电视辩论是竞选的主要方式。最终社会党获得约 82% 的选票，瓦德和塞内加尔民主党获得将近 18% 的选票，非洲独立党在近 100 万张选票中只获得不到 3800 张。这次未参加投票的选民超过 37%，未投票率为独立以来最高，[1] 反对党认为这是人民对政府日益不满的表现和对选举的抵制。选举结束后，马马杜·迪阿和其他反对派领导人宣称社会党实际上是一个少数党，因为大多数人或者抵制大选或者投了桑戈尔和社会党的反对票。

1979 年第五次修订宪法，给予第四个政党塞内加尔共和运动以合法地位。塞内加尔共和运动是一个保守政党，主张财产私有、企业自由、尊奉伊斯兰传统和非洲家庭价值。该党领导人是拉明·盖耶的侄子布巴卡尔·盖伊（Boubacar Gueye）。这样桑戈尔以稳健的方式和娴熟的政治技巧与谋略推动多党议会民主制度平稳发展。

1981 年 1 月，迪乌夫接替桑戈尔就任总统。他表示要在"继承中实行变革"，贯彻"开放民主、开放政治"的政策，实

---

① Sheldon Gellar, *Senegal: An African Nation Between Islam and the West*, p. 23.

现"人民的和解和团结"。同年3月，议会通过了实行完全多党制的宪法条款，取消了设立政党的所有限制，反对党开始真正发挥作用。这样在桑戈尔时代已存在的一些反对党先后取得了合法地位，另有一些新党纷纷成立，并获得承认，从而使塞内加尔成为全面多党制国家。1983年修宪撤销总理职位。1984年规定总统不能履行职务时，由议长代理。宪法将议长任期由5年缩短为1年。1991年3月，国民议会特别会议再度修宪，复设总理职位，扩大反对党在议会常设局的比例。1991年4月正式吸收反对派入阁，组建多党联合政府。1993年3月，通过修改宪法将总统任期由5年延长至7年。1998年2月修宪时决定增设参议院，使塞内加尔成为两院制国家。

2000年4月瓦德上台后，在立法选举中，以民主党为核心的41个政党联盟与其他9个反对党组成国民议会，从而使参与国家决策的政党数量是迪乌夫时代不可同日而语的。为了回报这些政党对瓦德当选的支持，政府也是由多党组成。这一方面导致政治的不确定性，但另一方面使塞内加尔多党议会民主制度进一步深化。2001年1月经公民投票通过的新宪法规定实行多党制，完全实行立法、司法、行政三权分立。将国民议会议席从140席减至120席。宪法规定总统是国家元首、政府首脑和武装部队最高统帅，由直接普选产生。主要职权是：保障国家独立、领土完整；决定和领导国家政务，执掌行政权，任命总理，可任免各部长；总统任命最高法院法官，颁布法律、法令和命令，宣布赦免或减刑；在国家安全受到外来侵略或威胁时，可采取紧急措施、颁布紧急状态法；当总统不能履行职权时，由议长代理，并在三个月内举行大选。总统任期从7年恢复到5年，且只能连任一届，但现任总统瓦德的任期仍为7年。新宪法还规定，新总统必须公布个人财产。总统任命的总理的权力有所增加，如他有权颁布法规及任免文职官员等。反对党的地位也首次在

宪法中得到承认，宪法保证反对党反对政府政策的权利，承认反对党在议会中的存在。根据新宪法，1998 年 2 月修宪时增设的参议院宣布撤销。在新议会组成两年后，总统可以随时解散议会。

　　塞内加尔实行多党制在客观上活跃了国家的政治生活。执政党为维持其统治必须加强自身建设，更好地研究解决国家所面临的政治、经济和社会问题；实行多党制，让反对党公开活动，使执政党更易于了解和有针对性地对付它们，更有利于政局稳定；塞内加尔社会党因同意多党制，又加入社会党国际，受到了许多国家，特别是西方国家的赞赏。该国一度被当作非洲的民主榜样，被誉为"非洲民主的橱窗"，提高了在国际上的声望，并从中得到更多的实惠，一度是得到国际社会援助最多的非洲国家之一。

第二节　国家元首与政府机构

　　政府为塞内加尔共和国国家最高行政机构。政府的组成决定于国家元首——总统，由总理、国务部长、部长和部长代表组成。政府向议会汇报工作，各部部长有义务回答议员们提出的质询。总理辞职或不再履行职务时，政府成员必须集体辞职。

　　独立以来，塞内加尔经历了三位国家元首，政府机构的变化也可分为三个阶段：

一　首位总统桑戈尔及其政府

　　1960 ~ 1980 年，列奥波尔德·塞达·桑戈尔首任共和国总统。在 1963 年、1968 年、1973 年和 1978 年的总统选举中，桑戈尔和他领导的塞内加尔进步联盟均顺利当选。

这几次总统大选只进行一轮选举。因为第一轮选举候选人就获得半数以上选票，塞内加尔进步联盟是唯一政党，桑戈尔有崇高威望，没有竞争者。

塞内加尔独立之后，首任总理兼国防部长是马马杜·迪阿，在与总统桑戈尔权力之争失败后失去总理职务，任期为1960年8月至1962年12月。随后总理职位被取消，由桑戈尔兼任，1970年2月得到恢复。桑戈尔任命阿卜杜·迪乌夫出任总理，任期至1980年12月。

桑戈尔的第一届政府设内政部、外交部、财政部（任命法国人为部长）、司法部、农村经济部、卫生社会事务部、技术援助和技术合作部、工商业部、国民教育部、新闻广播和报刊部。

1960年1月立法议会宣布全国行政区划为7个地区（Région），各地区设一长官（Gouverneur），由中央内阁任命，除佛得角区外，各地区都设有选举产生的地区议会。地区之下分省（Département），设省长，全国共有28个省。省下分县（Arrondissement），全国共有90个县。

总理职位在1970年恢复后，1971年4月10日组成新内阁，新任总理迪乌夫还兼负责武装部队和新设的游览部。财政经济事务部已不再由法国人担任。另外新设高等教育部、工业发展和环境部、计划和合作部、公共工程、城市规划和运输部、文化部、新闻邮电部、公务、劳工和就业。总理府设维护人权的国务秘书、青年和体育事务的国务秘书、财政和经济事务国务秘书。除此以外还设经济和社会理事会作为咨询机构协助总统和国民议会工作。增设这样多的部门和职位也是适应桑戈尔的有限多党制的需要，用以安插反对党的人员进入政府。桑戈尔从1977年起提出要实行民主社会主义，政府机构的调整不断。

二 第二位总统迪乌夫及其政府

19 80 年 12 月 31 日桑戈尔自动引退，总理阿卜杜·迪乌夫 1981 年 1 月 1 日自动接任总统至 2000 年，在 1983 年、1988 年、1993 年三次总统选举中，他分别获得 83.45%、73.2%、58.4%的选票而连任。

迪乌夫执政后一直任命哈比卜·锡亚姆为总理（1981 年 1 月至 1983 年 4 月），穆斯塔法·尼亚萨一度短期出任总理（1983 年 4 月 3 日至 4 月 29 日）。1983 年 5 月总理职位被取消，至 1991 年恢复总理职位，哈比卜·锡亚姆再被任命，于 1991 年 4 月、1993 年 6 月、1995 年 3 月、1998 年 1 月连任政府总理。1998 年 7 月 4 日，由马马杜·拉明·卢姆（Mamadou Lamine Loum）出任总理。迪乌夫不断扩大政府部门，由过去的十多个部增为 23 个部和 2 个国务秘书处，后又达到 32 个部。全国行政区在其任职期间由 7 个增至 10 个，下设省由 23 个增至 32 个。

迪乌夫自执政之日起就寻找机会与反对派对话，争取他们参与国家事务，以形成执政党与反对党共商国是的局面。1988 年 6 月，迪乌夫邀请所有反对党参加全国圆桌会议，寻求国内政治、经济、社会等问题的解决方法，努力争取反对党及其工会对政府执行的重要计划给予赞同和支持。1989 年他提出"扩大总统多数"的政治主张。1991 年 2 月修改宪法重设总理职位后，决定吸收反对党入阁。4 月 8 日哈比卜·锡亚姆受命出任总理，组成由社会党、民主党、独立劳动党参加的首届联合政府，共 27 名阁员、19 名部长、7 名部级代表。在 27 名阁员中有 5 名是反对党人士，其中民主党总书记瓦德是唯一的国务部长。

在 1991 年《新年献辞》中迪乌夫答应修改选举法，5 月成立了由多党参加的《选举法》修改委员会，成立了全国最高视听委员会，解决反对党使用新闻媒体问题。1992 年联合政府应反对党要求修改了选举法，规定在总统选举中，不仅要有各反对党参与，而且要有反对党监督。迪乌夫还欢迎外国派观察员监督大选，提高透明度和真实性。关于总统候选人的提名，规定必须由一个政党或者政党联盟提名；或者得到至少1万张选民签名申请，其中包括在六个行政区中的每一个行政区至少500个选民签名申请。每个政党或者政党联盟只能提名一名候选人。选举程序规定总统的选举实行两轮绝对多数投票。如果在第一轮选举中没有候选人获得超过50%的选票，第一轮中得票数位居前两位的候选人则进入第二轮选举。总统候选人必须只能拥有塞内加尔国籍，能够流利地使用官方语言阅读写作讲话。

1992年多党联合政府运转正常，7月迪乌夫发布总统令，宣布1993年2月21日为共和国总统选举日。因为反对派的存在使1993年的总统大选有了真正意义上的竞争。总统大选按照新选举法规定，由一名法官和8名参加总统竞选的各政党代表组成全国选票统计委员会。当时共有18个合法政党，提出竞选总统的有7名候选人：塞内加尔社会党（执政党）总书记、时任总统阿卜杜·迪乌夫；塞内加尔民主党（最大反对党）总书记、律师阿卜杜拉耶·瓦德，1991年4月至1992年10月在政府内任国务部长；1992年10月18日宣布退出"多党联合政府"，参加总统竞选；塞内加尔人民解放党总书记巴巴卡尔·尼昂，律师；塞内加尔民主联盟—劳动党运动总书记、达喀尔大学历史系教授阿卜杜拉耶·巴蒂利；塞内加尔非洲民主和社会主义党总书记、人口统计学家朗丁·萨瓦纳；塞内加尔民主和爱国者公会总书记、达喀尔大学历史系教授伊帕·戴尔·锡亚姆；国家民主议会党的马迪奥·迪乌夫；无党派独立候选人、律师马马杜·洛。提名总统候选人的各政党都提出了各自的竞选纲领。社会党组成力量较强的竞选班子，多次召开基层党员及工、青、妇等群众团体会议，动员选民，争取选票。社会党凭借执政党的优势掌握着国家宣传舆论工具，

官方报纸《太阳报》、电台、电视台都由塞社会党人士掌管。

塞内加尔民主党利用人心思"变"的强烈意识，将其竞选重点放在城市青年、知识界和卡萨芒斯地区。总统候选人瓦德的竞选纲领是，实现"政府更迭"，改善与邻国的关系；实现全国和解；允诺一旦该党大选获胜，决不单独组阁，将与其他党派组成联合政府。

大选投票在 2 月 21 日进行，但在规定的 48 小时后没有公布选举结果，原因是对选举中出现的一些"不合法"做法发生争议，特别是 7 名反对党代表对选票统计委员会的权力、职能和统计选票的程序及工作方法的认识发生分歧，影响了统计工作的进程。如考拉克省的选票多出 1.8 万张，反对党认为是社会党作弊造成的。在选举当天，有些省区选举站没有经过任何法律手续，向群众发放临时选民证。直到 2 月 25 日，才公布了迪乌夫领先的 10 个省的选举结果，内部争论更加激烈。28 日又公布了其余 21 个省市的结果，迪乌夫已获 58% 以上的选票，超过了登记选民总数的 1/4，已达到了选举法规定的在第一轮获选的要求，瓦德获 32% 的选票。而 7 名反对党代表对这种做法与两次公布的结果提出异议，使该委员会陷入瘫痪。3 月 1 日，选票统计委员会把全部卷宗交给立宪委员会，立宪委员会把卷宗退回，责成选票统计委员会 3 天之内宣布临时选举结果。倾向于反对党的许多独立小报纷纷对这次选举结果提出疑义，指责执政的社会党在一些省区选举中搞舞弊，要求举行第 2 轮选举。在占全国人口 1/3 的达喀尔大多失业者和学生投了瓦德的票，他们扬言将走上街头，"打碎一切！"这期间宪法委员会副主席塞耶遇刺身亡，也引起社会震荡。选票统计委员会仍因内部分歧重新提交立宪委员会，在此情况下，由 5 名法官组成的立宪委员会经过审核各省提交的选票后，认为这次选举符合"选举法"程序，宣布选举结果有效。宣布：全国登记的选民人数为 2549699，投票人数为 1312154，占选民人数的

51.46%；无效票占选民的 1.18%；有效票占投票人数的 98.82%。
社会党候选人阿卜杜·迪乌夫得票 757311，占有效票的 58.40%。
按选举法规定，选举人数超过登记选民的半数；得票数超过登记
选民的 1/4 以上，因此宣布迪乌夫再次当选总统。参加本届总统
竞选实力最强的反对党、4 次参加总统竞选的塞内加尔民主党总书
记瓦德获 32.03% 的选票再次落选，第 2 轮选举没有举行。

1993 年 6 月 2 日社会党再次组成以锡亚姆为总理的多党联
合政府，内阁包括 30 名成员。最大反对党民主党因涉嫌宪法委
员会副主席塞耶谋杀案未被吸收入阁。1994 年 2 月发生骚乱，
瓦德被捕，不久又被释放。1995 年 3 月，迪乌夫总统对内阁进
行改组，重新接纳民主党入阁。1996 年 11 月下旬，举行首次全
国大区、城市和村社地方选举。1998 年 5 月，举行立法选举，
社会党再次获胜。7 月 4 日迪乌夫总统重组政府，除 1 名反对党
（民主党革新派）人士继续留任外，其余职位均由执政的社会党
人士担任。总理为马马杜·拉明·卢姆，国务部长兼总统事务部
长奥斯曼·塔诺·迪昂（Ousmane Tanor Dieng），国务部长兼农
业部长罗贝尔·萨尼亚（Robert Sagna），掌玺和司法部长塞里
涅·迪奥普（Serigne Diop），外交和塞内加尔侨民部长雅克·博
丹（Jacques Baudin），共 32 名成员。

塞内加尔在 1963 年、1968 年、1973 年、1978 年、1983 年、
1988 年、1993 年的前七次总统大选都只进行了一轮，唯在 2000
年大选中，因为第一轮投票没有候选人票数过半数，又进行了第
二轮投票。这次大选是十分引人注目的。大选之前，塞内加尔成
立了选举监督机构，专门负责对选举进行监督和管理。这是一个
独立性的机构，建立这个机构是为了使选举的透明度得到保证，
马马杜·尼昂将军被指定为该机构的负责人，而另一位将军、担
任内政部长的拉明·西塞负责选举的具体组织工作。

1999 年 7 月 4 日，迪乌夫组织了一个清一色的社会党政府，

在 31 名部长中，有 2/3 以上是在议会选举中涌现出的社会活动分子。这是一个纯过渡性的选举班子，主要使命是保持社会稳定和搞好 2000 年的总统选举。另外，社会党妇女和青年组织还分别成立了支持迪乌夫当选委员会，并在全国各省、区、县建立分支机构，以便为迪乌夫第四次蝉联总统摇旗呐喊。

与此同时，二十几个反对党也加紧进行活动，他们一方面四处活动招募新成员，以期扩大自己的队伍，另一方面实施纵向联合，成立政党联合体，以便加强在选举中的地位和竞争力。为准备大选，瓦德辞去政府职务。民主党提出瓦德作为反对党的单一候选人，参加 2000 年的总统竞选，但立即遭到民主复兴联盟的反对。这次选举的一个特点是，各党派都没有鲜明的施政纲领。民主党打出以要求轮流坐庄和变革为主要导向的竞选口号。面对此情此景，执政的社会党被迫打出"一旦连任也将变革"的口号。后来，其他所有党派几乎以争夺选民为目的推出类似的竞选纲领和口号。

选举前反对党揭出政府在国外秘密印制了两套选票的问题，指责社会党企图"践踏民主"。瓦德随即警告，如果他选举失败，将不惜动员支持者上街，以造成军人干预的局面。另外，双方支持者在竞选宣传大战中相互打、砸、烧对方的党部、涂改对方的宣传牌。在一些地方还发生了袭击平民、警察和外国人的事件。政府随即开始限制外国人入境，并在选举期间出动全部警力，军队和宪兵参与警戒。正式投票开始后，这一系列措施发挥了一定的作用，投票过程基本平静。

2000 年总统大选首轮投票于 2 月 27 日举行，但 8 名候选人无一获得足够的多数票，而且参选的选民人数也仅有 62% 左右。执政的社会党现任总统迪乌夫仅获 43% 的选票，主要竞选对手民主党候选人瓦德获得 30% 的选票。因此，塞内加尔选举历史上第一次出现两轮投票。第二轮投票于 3 月 19 日举行。由于以瓦德的民主党为首的几个主要反对党推出"轮流坐庄"的竞选口号，实行反对派阵营联盟，从而使第二轮投票发生戏剧性变化。由于前社会党领导人穆斯塔法·尼亚萨组成进步力量联盟的支持，瓦德获得 58.5% 的选票，迪乌夫仅获 41.5% 的选票。最终结果宣布后迪乌夫承认大选失败，从而赢得国家和国际社会的赞扬。社会党大选失败的主要原因是：首先，由于塞内加尔社会经济状况不断恶化，贫困化加深，失业现象严重，社会党威望不断下降，影响力江河日下。而且大多数失业者都是青年人，在窘迫的生活境况下，希望政治变革。其次，反对党利用在野地位可以揭短的优势，针对多年来外国援助和国企私有化后的巨额款项下落不明提出质问，并将政府官员的财产与收入不成比例、总统和政府官员亲属所办的企业公之于众，从而动摇了选民对执政党的支持。再加上选举前揭发出来的政府秘密印制两套选票的问题，令执政党难于招架。

三 第三位总统瓦德及其政府

20 00 年 4 月 1 日 74 岁的阿卜杜拉耶·瓦德就任总统。他任命持不同政见的前社会党要人、进步力量联盟总书记穆斯塔法·尼亚萨为过渡政府总理，因为他的加盟对瓦德在第二轮选举获胜起到决定性的作用。新内阁成员主要来自反对派结成的"争取轮流执政阵线"。随后，多次进行技术性调整。马姆·马迪奥尔·博耶（Mame Madior Boye）于 2001 年 3 月、5 月先后两次出任总理。2002 年 11 月伊德里萨·塞克（Idrissa Seck）出任总理。他是民主党的第二号人物。2004 年 4 月 22 日麦基·萨勒（Macky Sall）出任总理，组成新政府，后多次改组。主要政府官员名单如下：总理麦基·萨勒，外交国务部长谢赫·蒂迪亚内·加迪奥（Cheikh Tidiane Gadio），经济和财政国务部长阿卜杜拉耶·迪奥普（Abdoulaye Diop），掌玺和司法国务部长谢赫·蒂迪亚内·西（Cheikh Tidiane Sy），海事经济和国际海运国务部长吉博·莱蒂·卡（Djibo Leïty Kâ），基础设施、装

备、陆路和内海运输国务部长哈比卜·西（Habib Sy），国防部长贝卡耶·迪奥普（Bécaye Diop），内政和地方行政部长奥斯曼·恩戈姆（Ousmane Ngom），教育部长穆斯塔法·苏朗（Moustapha Sourang），旅游和空中运输部长奥斯曼·马赛克·恩迪亚耶（Ousmane Masseck Ndiaye），能源和矿产部长马迪克·尼昂（Madické Niang），贸易部长马马杜·迪奥普（Mamadou Diop），卫生和医疗预防部长阿卜杜·法勒（Abdou Fall），农业、农村水利和食品安全部长法尔巴·桑戈尔（Farba Senghor），国际和地方合作部长拉明·巴（Lamine Bâ），妇女、家庭和社会发展部长艾达·姆博吉女士（Aïda Mbodj），文化和历史遗产部长马姆·比拉梅·迪乌夫（Mame Birame Diouf），公职、劳动、就业和职业组织部长阿达马·萨勒（Adama Sall），体育部长达乌达·法耶（El Hadj Daouda Faye），城市规划和领土整治部长阿萨内·迪亚涅（Assane Diagne），建筑遗产、住房和建设部长奥马尔·萨尔（Oumar Sarr），邮政、电信和信息、通讯新技术部长约瑟夫·恩东（Joseph Ndong），工业和手工业部长比内塔·巴·桑布女士（Bineta Bâ Samb），预防、公共防疫、清洁和城市水利部长伊萨·姆巴耶·桑布（Issa Mbaye Samb），环境和自然保护部长蒂埃诺·洛（Thierno Lô），信息部长、政府发言人巴卡尔·迪亚（Bacar Dia），非洲新伙伴计划、非洲经济一体化和良政部长阿卜杜·阿齐兹·索乌（Abdou Aziz Sow），生活质量和娱乐部长迈穆娜·苏朗·恩迪尔女士（Maïmouna Sourang Ndir），中小企业、妇女企业和微观金融部长玛丽－皮埃尔·萨尔·特拉奥雷女士（Marie－Pierre Sarr Traoré），青年部长阿利乌·索乌（Aliou Sow），科学研究部长亚耶·凯纳·加萨马·迪亚女士（Yaye Kène Gassama Dia），计划和持续发展部长马马杜·西迪贝（Mamadou Sidibé），海外侨民部长阿卜杜·马拉勒·迪奥普（Abdou Malal Diop），畜牧业部长乌穆·哈伊里·盖伊·塞克女士（Oumou Khaïry Guèye

Seck），技术教育和职业培训部长乔治·滕登（Georges Tendeng），同机构关系部长阿娃·法勒·迪奥普女士（Awa Fall Diop），总理府负责地方发展的部长级代表索赫纳·杜尔·法勒女士（Sokhna Touré Fall），经济和财政部负责预算的部长级代表谢赫·哈吉布·苏马雷（Cheikh Hadjibou Soumaré），教育部负责教学的部长级代表易卜拉希马·法勒（Ibrahimn Fall），教育部负责扫盲、全国性语言和法语国家的部长级代表迪埃加内·塞内（Diégane Sène）。

第三节　立法和司法机构

一　议会制的演变

塞内加尔的议会制度源于殖民地时期。1840 年法国殖民者曾建立了法属西非议会，一直设在圣路易。另外，塞内加尔有自己的地区议会，还有按宗主国模式建立的市议会并向法国议会选派代表。1848 年，居住在达喀尔、律菲斯克、戈雷和圣路易四个塞内加尔地方行政区的居民获得法国公民权，在这些地区的非洲人可以参加法国议会选举和担任法国议会的职务。1914 年，来自塞内加尔的勃莱兹·迪亚涅成为法国议会中的第一位非洲议员。尤其是塞内加尔民族精英拉明·盖耶和桑戈尔将议会作为参与政治的渠道，为民族的解放事业而斗争。

1959~2000 年塞内加尔国民议会共经历 10 次选举。1959 年 3 月 22 日，自治政府立法议会选举议员 80 名，全部为塞内加尔进步联盟所得。独立之后，1960 年 8 月 22 日立法议会改名为国民议会。1960 年宪法规定：国民议会议员经选举产生，任期 5 年。第一届议会议长是拉明·盖耶。任期内，在桑戈尔与迪阿的斗争中，他领导国民议会支持了桑戈尔，确保了国家政局稳定。独立后，塞内加尔政府不断对立法选举制度进行修订。塞内加尔

的第一部宪法规定议会有权通过弹劾案令政府辞职，但是 1963 年修正的宪法取消了议会弹劾政府的权力。1967 年的宪法修正案授权总统可以把任何立法问题提交全民公决并有权决定议会日程，主要是议案审议的先后顺序，总统权力的集中挫伤了议会的积极性。1970 年的宪法修正案恢复了议会弹劾政府的权力。

桑戈尔领导塞内加尔时期，从 1959 年第一届国民议会到 1978 年 2 月 26 日第四届国民议会，尽管议席由 80 个增加到 100 个，但完全由塞内加尔进步联盟（后为塞内加尔社会党）占据。1976 年宪法修正案给予塞内加尔民主党和非洲独立党合法的反对党地位，实行有限多党制之后，1978 年 2 月 26 日塞内加尔民主党才第一次有议员进入第五届国民议会，占据 18 个议席，社会党占 82 个议席。但桑戈尔执政时期，塞内加尔只有三个反对党被给予合法地位，允许参加国民议会选举，反对党中也只有塞内加尔民主党能够进入议会。迪乌夫领导塞内加尔时期，在反对党的压力下，实行完全多党制，使更多的反对党能够参加国民议会选举，也曾经多次修改选举法，但反对党一直认为选举规则有利于执政的社会党。由于对选举规则的公正性存在怀疑，选民参选率一直都不高，平均只有 40% 左右的投票率，而且呈持续走低之势。随着反对党力量的发展壮大，反对党所获得的议席和参加到国民议会的数量都有所增加，尽管执政党控制着议会，但其获得的议席数量已随着时间的推移而下降。

1983 年国民议会选举中，官方承认的 14 个反对党中有 8 个反对党参加选举，社会党赢得将近 80% 的选票，在国民议会 120 个议席中占有 111 个，即 93% 的席位。民主党赢得将近 14% 的选票，在国民议会中席位降到 8 个。人民解放党赢得 2.7% 的选票，占据 1 席。[①] 1983 年 4 月 2 日，第六届国民议会成立，议员

① Sheldon Gellar, *Senegal: An African Nation Between Islam and the West*, p. 27.

人数增加到 120 人。1988 年国民议会选举中，社会党获得 71.34%
的选票，占了 103 个议席，86% 的席位。民主党获得 24.7% 的选
票，占了 17 个议席，两党议员组成第七届国民议会。但选民投票
率走低，大约 42% 的登记选民没有投票。① 1993 年 5 月 9 日进行
的国民议会选举中，有 6 个政党参加竞选 120 个议会席位。选举
结果是塞内加尔社会党获 84 个席位，占 70% 的席位。民主党获 27
个席位，其他政党获 9 个席位，组成第八届国民议会。投票率继
续走低，不超过 41%。② 1998 年 5 月 24 日，18 个政党与政党联盟
参加第九届国民议会竞选，席位增加到 140 席，其中社会党赢得
50.19% 的选票，占 93 席。民主党赢得 19.16% 的选票，占 23 席。
新成立仅半年的民主复兴联盟获 13% 的选票，占 11 席，剩余 13
席由另外 8 个小党瓜分，选举投票率只有 39%，继续走低。③

　　1991 年宪法修正案扩大了反对党在议会常设局中的比例。
1998 年修宪在议会中增加了参议院，使塞内加尔成为两院制国
家。1999 年 1 月 24 日，塞内加尔经过一周的选举产生了历史上
第一个参议院，任期 5 年。参议院由 48 名间接选举产生的议员
及 12 名总统指定的议员组成。参议院第一次大选中执政的社会
党大获全胜，获得 91.3% 的选票，囊括了全部 48 个选举产生的
议席。首任议长为阿卜杜拉耶·迪亚克。④ 瓦德当选总统后，
2001 年 1 月新修改的宪法规定塞内加尔实行一院制立法机构国
民议会，有 120 个席位，参议院被废除。国民议会有更大权力询
问政府政策和通过不信任案或要求内阁辞职。同时，增加了总统
解散议会的权力。与以前规定不同，任何议员加入到另外一党都

---

① Sheldon Gellar, *Senegal: An African Nation Between Islam and the West*, p. 29.

② Sheldon Gellar, *Senegal: An African Nation Between Islam and the West*, p. 35.

③ *Africa South of the Sahara 2004*, London: Europa Publications Limited, 2004,
　 p. 928.（《2004 年撒哈拉以南非洲年鉴》，欧罗巴出版社，2004，第 928 页）

④ *Africa South of the Sahara 2004*, p. 928.

将失去席位，这是为了确保政治更加稳定。2001 年 2 月 15 日解散了 1998 年 5 月组成的国民议会，4 月 29 日举行国民议会选举。2001 年 5 月 18 日成立第十届国民议会，共 120 个席位。其中以民主党为核心的变革联盟占 89 席，进步力量联盟 11 席，社会党 10 席，民主复兴联盟 3 席，非洲民主和社会主义党 2 席，塞内加尔自由党、进步和公民党等各 1 席。现任议长帕普·迪奥普（Pape Diop），在前任议长尤苏·迪亚涅（Youssou Diagne）辞职后于 2002 年 6 月当选。2005 年 12 月，国民议会通过延长议员任期的法案，将下届立法选举与 2007 年进行的总统选举衔接。

表 3 – 1   1978～1998 年社会党执政时期历届议会席位构成

时 间	政 党 名 称	选票比例(%)	总 席 位	所占席位
1978	社会党	82	100	82
	民主党	18		18
1983	社会党	80	120	111
	民主党	14		8
	人民解放党	2.7		1
1988	社会党	71.34	120	103
	民主党	24.7		17
1993	社会党	56.56		84
	民主党	30.21		27
	JAPPOO 联盟	4.90		3
	民主联盟—争取劳动党运动	4.13		3
	独立劳动党	3.04	120	2
	塞内加尔民主党(革新派)	1.15		1
1998	社会党	50.19	140	93
	民主党	19.16		23
	民主复兴联盟	13.2		11
	非洲民主和社会主义党	5		4

资料来源：Sheldon Gellar, *Senegal: An African Nation Between Islam and the West*, p. 27 – 35; *Africa South of the Sahara 2004*, p. 928; Economic Intelligence Unit, *Country Profile 2002: Senegal*, p. 5.

表 3 – 2　2001 年立法选举与席位构成

政党名称	选 票(张)	选票比例(%)	席 位
民主党为核心的变革联盟	931144	49.59	89
进步力量联盟	303012	16.14	11
社会党	325979	17.36	10
民主复兴联盟	68956	3.67	3
非洲民主和社会主义党	76083	4.05	2
塞内加尔自由党	17232	0.92	1
进步和公民党	17119	0.91	1
JJ 联盟	15041	0.80	1
全国民主联盟	13279	0.71	1
独立劳动党	10854	0.58	1
其　他	99137	5.28	—
总　数	1877836	100.00	120

资料来源：*Africa South of the Sahara 2004*, p. 946.

二　议会的产生程序

国民议会直接普选产生，任期为 5 年。1984 年 3 月议会通过一项法案，将议长的任期由 5 年缩短为 1 年，可连选连任。

选区共划分为 30 个。根据各个选区人口的多少，每个选区可选举产生一名或多名议员，同一选区选举产生的议员最多不能超过 5 名。

选民资格规定所有年满 18 周岁，拥有完全民事权利和政治权利的塞内加尔公民都有选举权。下列情况除外：①被宣告有罪者；②因某些犯罪而被监禁一定时间以上者；③蔑视法庭者；④未清算的破产人。

选举程序：在 1983 年以前，塞内加尔国民议会共有 100 名议员，其中 50 名按比例代表制从全国人口中选出，50 名按简单多数制从地方或部门中选出。1983～1998 年间，国民议会议员

增加到 120 名,其中 70 名按比例代表制从全国人口中选出,50 名从单一选区中选出。1998 年国民议会议员扩大到 140 名,其中 70 名按比例代表制选出,70 名由选区选出。2001 年国民议会议员再次缩减至 120 个席位。

关于候选人资格与提名,规定凡年满 25 周岁并履行所有兵役义务的塞内加尔公民以及因结婚或其他原因加入塞内加尔国籍 10 年以上的公民都享有被选为国民议会议员的权利。但下列人员除外:①被剥夺了选举权的罪犯;②省长及其代表;③法官和其他国家机关、公共机构的高级官员;④经济和社会委员会委员;⑤在外国政府、国际机构拥有职位者;⑥国有企业、政府资助的公司、储蓄和信用组织或持有政府合同的公司的经理;⑦政府部长;⑧现役军人或警察。

候选人名单必须由政党、政党联盟或无党派人士在选举日前 50 天提出。提出候选人名单的政党、政党联盟或无党派人士应按内政部要求在选举日前 180 天确定的数量存入一定的货币存款,如果其提出的候选人名单获得了一个以上国民议会议席,则该笔存款可退回。

三 议会的组织结构和权力

国民议会议长在新一届议会成立之初由议员选举并经立宪委员会确认后产生。任何议员都可以参加议长竞选,但必须在会议开始前一个小时正式通知议会。议长的选举通过两轮秘密投票进行,在第一轮投票中当选必须获得绝对多数选票,在第二轮投票中当选需获得简单多数选票。议长选举由投票时年龄最大的议员主持,会议秘书和被任命的唱票人负责监督投票,主持人在投票后当场宣布投票结果。议长是塞内加尔国内仅次于总统的第二号人物,职责是对外代表国民议会。主要职责如下:①召集会期内的全体会议;②保证本院活动遵守宪法与议事

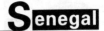

规则；③负责与外国议会的交往；④发表有关本院的声明；⑤维护议会会场秩序，必要时可采取强制手段；⑥决定发言顺序，允许或拒绝议员发言；⑦决定修正案审议顺序；⑧组织投票，在投票程序违法时宣布投票无效；⑨查点到场议员数；⑩确认议会通过的法律文本及辩论记录；⑪组织向议会提供的服务；⑫负责议会安全；⑬在议案送交总统批准前签署议案；⑭决定工作人员的录用及晋升。议长除辞职、议会解散或死亡等原因外，不因其他原因而中止任期。当议长因休假、辞职或死亡而空缺时，由第一副议长代行议长的职权。议长有投票权，在不主持会议时，有权参加议会讨论。当总统在宪法规定的期限内未颁布法律时，议长有权颁布法律，同时，议长还有权通过立宪委员会监督法律的合宪性。

表 3 - 3　塞内加尔历届国民议会议长名单

届　数	时　间	姓　名
第一届	1959～1963	拉明·盖耶(Lamine Gueye)
第二届	1963～1968	拉明·盖耶
第三届	1968～1973	阿马杜·西塞·迪亚(Amadou Cissé Dia)
第四届	1973～1978	阿马杜·西塞·迪亚
第五届	1978～1983	阿马杜·西塞·迪亚
第六届	1983～1988	哈比卜·锡亚姆(Habib Thiam)(1983年～1984年4月)；达乌达·索乌(Daouda Sow)(1984年4月～1988年)
第七届	1988～1993	阿卜杜勒·阿齐兹·恩岛(Abdoul Aziz Ndow)
第八届	1993～1998	谢赫·阿卜杜尔·卡特尔·西索科(Cheikh Abdoul Khadre Cissokho)
第九届	1998～2001	谢赫·阿卜杜尔·卡特尔·西索科
第十届	2001～	尤苏·迪亚涅(Youssou Diagne)(2001年～2002年6月)；帕普·迪奥普(Pape Diop)(2002年6月～)

资料来源：《世界知识年鉴》（1961～1999年）；中华人民共和国外交部网站 www. fmprc. gov. cn。

国民议会中有议长会议，由议长及副议长组成，副议长协助议长工作。议长会议主要负责下列事项：①制定和修改会议议程；②组织辩论和确定发言时间；③审议是否接受某一议案或修正案；④将议案交某一委员会审议；⑤讨论是否将某委员会的建议交议会审议，或决定设立调查委员会。

议会中还设国民议会委员会。委员会由议会选举产生的20名议员组成，其组成人员每年改选一次。委员会协助议长行使职权，拥有实施议长指令的各项权力，在一定情况下，还可召集国民议会会议。

国民议会的全体会议由所有议会议员参加，负责审议决定提交议会的各项事务。议会会议分常会和特别会议两种形式。常会每年召开两次，第一次常会在4~6月间召开，第二次常会在10月份的上半月召开，每次常会的会期不能超过两个月。在第二次常会期间要审议预算草案。如果多数议员向议长提出书面要求或议长自己认为有必要，议会可以召开特别会议，每次特别会议的会期不能超过15天。

塞内加尔议会的权力随着多次宪法的修正而不断发生变化，概括而言，塞内加尔议会主要有立法权、预算权和监督权等几项权力。

（1）立法权　作为国家立法机构，这是塞内加尔议会的一项重要职权。

它有权制定和批准各种法律。但议会并非独享立法权，宪法明确规定总统和议员都有立法提案权，同时，按法国的传统，宪法把法律划分为决定规则的法律和建立基本原则的法律，后者仅规定一个大的框架，有关细节问题由行政机构规定，行政机构在制定实施政策时有很大的弹性。此外，宪法授权议员和总统可以修改立法，但不允许议员提交减少公共收入、规定或增加公众义务的法案或修正案，除非其在同时提出弥补收入的办法。如果议员提出的法案或修正案不符合上述要求，总理或其他政府成员可以反对法案或修正案的提出，并由宪法法院就政府的反对作出裁决。

（2）财政权 在国家预算上，议会享有的独立于行政机构的权力非常有限。根据宪法规定，总统必须在不迟于议会第二次常会召开的第一天向议会提交年度预算草案，如因总统不能按时提交预算草案，导致议会审议预算案时间不足 60 天和不能在常会结束时通过预算，可召开特别会议来完成预算案的通过。如果有必要召开特别会议，会议必须在常会结束后立即进行，且会期不能超过预算提交后的 60 天。如果预算草案不能在其提交后 60 天通过，将由法令宣布预算案生效。同样，如果预算案不能在财政年度开始前通过，总统有权用法令更新原来的预算。这就迫使议会在审议预算时，行动要迅速，否则它就不能对预算产生影响。

（3）监督权 议会的监督主要表现在弹劾权的行使上。第一部宪法规定议会有权弹劾政府，1963 年宪法修正案取消了议会弹劾政府的权力，1970 年宪法修正案又恢复了议会弹劾政府的权力。宪法规定，弹劾提案的提出必须要有 1/10 以上的议员签名，弹劾提案的表决必须在提案提交议会办公室两天后进行，投票必须公开进行，提案的通过必须获得绝大多数票。但在实践中，议会基本上还是不能弹劾政府，令政府辞职，因为议会并不拥有解散政府所必需的政策或财政手段，而且政策性的决定倾向于由行政机构和政党内讨论，而不是在议会中讨论。

（4）议员权利 议员能够享受若干特权。宪法规定，议员不因其行使职权时发表的意见或表决而受逮捕、起诉、通缉或拘留。在会议期间，未经议会同意，除重罪外，议员不能因刑事犯罪而受逮捕或起诉。但在实践中，由于对什么是重罪没有明确定义，政府常常可以任意逮捕议员中的反对党领导人来破坏或阻碍反对党的活动，尤其是当反对党中有人的威信可以影响到现任总

统时。曾经是最大反对党的塞内加尔民主党的领导人瓦德，在1993年和1994年两次遭到警察的逮捕。

议员持有外交护照，薪金相当于达喀尔最高行政管理人员，另外每月还享受上万的非洲法郎住房津贴和汽油津贴（多少视住处与工作地点远近而定）及邮政、交通服务。议长、委员会主席、有关预算文件起草人可配备秘书、公车、公房与级别相当的特殊津贴。议长还配有私人保镖。

四　司法制度与司法机构

殖民主义者到来之前，塞内加尔和非洲其它地区一样盛行的是传统的习惯法和伊斯兰法规。《古兰经》就是法律，通常由酋长、头人组成的村议事会掌握。法国殖民统治建立后颁布的一系列法律主要是维护其殖民地统治，根本谈不上司法建设。例如，1887年颁布的总统法令允许在殖民地实行速决裁判制，即不经过法院审批就可以逮捕非洲人，随意对非洲人处以各种监禁与罚金。殖民者就是法律，可以为所欲为。只有在达喀尔等四个城市推行法国的一些城市法律，当地人可以享受"公民"权。第一次世界大战后，殖民当局认为土著法在解决司法问题、维护社会秩序方面十分有用，便允许酋长头人掌握的土著法院在殖民当局的控制下合法活动，他们可以根据伊斯兰法律和土著习惯法审理一般土著诉讼案。

1960年共和国建立后，按照宪法实行司法、立法、行政三权分立的原则，司法权独立。司法机关要对公民负责保护法律赋予的各项权益和自由。在桑戈尔时代司法权由最高法院及分院、高等法院、法官最高委员会、上诉法院行使。在迪乌夫时代司法权由最高法院、最高检察院、上诉法院、预审法庭、重罪法院和治安裁判所等各级法院行使。

1992年，塞内加尔进行司法体制改革，根据法国司法模式，解散国家安全法庭，成立立宪委员会、行政法院和最终上诉法院。塞内加尔法院系统的主要机构有：

1. 立宪委员会

该委员会有权复审立法和国际关系协定是否符合宪法，有权复审行政机关和立法机构之间的争论，国家委员会与最高上诉法院之间的争议。立宪委员会包括 5 名成员，1 名主席、1 名副主席和 3 名法官，任期 6 年，每两年可以部分更换。总统指定委员会成员，立宪委员会的决定是不可改变的。现任主席是尤索·恩迪亚耶（Youssou Ndiaye），办公地点在达喀尔。

2. 国家委员会

该委员会法官有权对行政机关提出控告，有权审理滥用职权案件，审理选举争议和公共账户违规案件。现任主席是阿卜杜·阿齐兹·巴（Abdou Aziz Ba），办公地点是达喀尔。

3. 最终上诉法院

即最高法院。该院法官有权决定法律的合法性和监督下属法院和法庭的行动。其判决为终审判决。现任院长是贾布里勒·卡马拉（Guibril Camara），办公地点是达喀尔。

4. 高等法院

其成员必须是国民议会议员。在总统犯有叛国罪时有权审判和弹劾总统，有权审判犯有渎职罪的总理和其他政府官员。

5. 审计法院

主要职能是监督公共预算。现任主席是阿卜杜·巴莫·盖耶（Abdou Bame Gueye），办公地点是达喀尔。

6. 地方法院和法庭

负责审理民事和刑事案件。

与法院系统并行的是检察院。检察院独立行使检察权。检察院系统包括最高检察院和地方检察院，最高检察院领导地方检察院。现任总检察长是阿卜杜拉耶·盖伊（Abdoulaye Gaye）。

第四节 政党与社会团体

一 政党的发展与塞内加尔民主党执政

自 1895 年沦为法国殖民地后，塞内加尔深受宗主国政治思想的影响，1927 年出现了第一个政党组织塞内加尔社会党，创建者是拉明·盖耶。1937 年该政党成为"工人国际法国支部"的一个分支。此后，由于在法国殖民地中地位的变化和第二次世界大战后民族解放运动高涨的影响，塞内加尔政治生活日趋活跃，原来仅是宗主国政党的支部或地方性政治组织相继合并改组，形成塞内加尔本国的政党组织，1958 年 9 月 25 日塞内加尔进步联盟就这样诞生。1960 年独立前夕，塞内加尔政坛上形成多党并立的局面，影响较大的政党有 7 个。除塞内加尔进步联盟外，还有非洲联合党、塞内加尔人民运动党、非洲独立党、塞内加尔团结党、塞内加尔群众集团和塞内加尔民族阵线等。

独立后，桑戈尔领导的塞内加尔进步联盟成为执政党，它使用立法、谈判和禁止的办法对付其他政党，实行一党制，自称是群众性政党，代表着国家中社会各阶层，特别是农民、各伊斯兰教派和各部族的利益，其他政党基本不能存在。20 世纪 70 年代中期塞内加尔进步联盟改名塞内加尔社会党，迫于内外形势压力，经过修改宪法放弃一党制，实行有限多党制。一方面允许合法反对党存在，另一方面限制政党的数量，并规定其活动不得违反宪法，财源要公开，并不得建立成员范围限于某族体、教派或地区的政党。1974 年 7 月 31 日塞内加尔民主党在有自由主义倾向的瓦德领导下建立，1976 年 8 月 14 日自称马列主义党的非洲独立党在马杰姆·迪奥普领导下恢复合法。1976 年开始了"三

"党制"政治，每个政党各代表一种思潮，塞内加尔社会党代表民主社会主义思潮，塞内加尔民主党代表自由社会主义思潮，塞内加尔非洲独立党代表马列主义思潮。1978 年又改行"四党制"，增加了 1979 年 2 月成立的塞内加尔共和运动，领导人是布巴卡尔·盖伊，代表保守主义思潮。1981 年 4 月，议会修改宪法，进一步实行完全多党制，即不再限制政党的数目和代表的思想意识，给予所有政党合法地位，都可以参加总统和立法选举。因此，从 1981 年起塞内加尔的合法政党增加到 12 个。除上述 4 个外，还有 8 个：全国民主联盟、人民民主运动、争取新民主革命运动、民主联盟—劳动党运动、独立和劳动党、人民民主联盟、塞内加尔人民党、社会主义劳工组织。

1991 年首届多党联合政府成立后，合法政党增加到 17 个。新增的有共产主义劳工联盟、非洲独立运动党、塞民主联盟—革新党、塞内加尔民主党（革新派）、人民解放党。为参加 2000 年大选，合法政党增至 33 个。大选后反对党民主党成为执政党。新宪法规定，保证政党反对政府政策的权利，承认议会中反对党的存在。因此，在比较宽松的政治环境中，塞内加尔众多政党越来越积极地参与国家政治。目前，塞内加尔已有 65 个合法政党。以民主党为核心的 41 个政党组成的变革联盟和其他 9 个政党在 2001 年 5 月 18 日成立的国民议会分享 120 个席位。

现在执政的塞内加尔民主党（Le Parti Démocratique Sénégalais）曾经是国内第二大党，亦是 1974 年以来国民议会中最大的反对党。1974 年 7 月 31 日成立时党员 50 万。领导人和骨干成员多来自进步联盟，因政见不同而分化出来。该党主张以民主方式取得政权，基本纲领是"劳动社会主义"，主张建立"民主社会主义"，提倡经济自由，主张加快私有化进程，削减政府赤字，从而促进商业发展、消除贫困。1978 年 2 月在国民议会中取得 100 个席位中的 18 个议席。1980 年 5 月总书记瓦德在党的第二次代表大会上作了题为《争取政治为塞内加尔和非洲服务》的报告，强调发展自由经济。1983 年在总统大选中失利，在议会中仅获 8 个议席。1991 年 4 月参加首届多党联合政府，瓦德出任国务部长，1992 年 10 月退出。1993 年参加总统大选，获 32% 的选票，1995 年再次参加多党联合政府，瓦德再次出任国务部长，1998 年 5 月退出。在 2000 年 3 月举行的总统选举中，该党候选人瓦德获胜当选。2001 年 4 月，该党与其他 40 个政党组成"变革"联盟，在立法选举中获压倒性胜利。该党在发展过程中，曾经发生过分化，原副总书记赛里涅·迪奥普丁1987 年 6 月另组革新民主党。目前，瓦德总统和萨勒总理分任总书记和副总书记。

二　塞内加尔社会党与其他在野党

1. 塞内加尔社会党

该党曾执政 40 年，2000 年 3 月沦为在野党。该党是塞内加尔历史最悠久的一个党，现有党员 200 万人。1948 年 10 月在桑戈尔领导下创建塞内加尔民主集团，作为非洲联合党的一个地方支部。1957 年扩建改名为塞内加尔人民集团，是年 3 月在半自治政府议会选举中获胜。1958 年 3 月与拉明·盖耶领导的非洲社会主义运动（作为法国社会党支部）合并，两人虽有矛盾，但都主张加入法兰西共同体，通过自治逐步谋求独立。1958 年 9 月 25 日面临举行戴高乐宪法公民投票时，宣传成立塞内加尔进步联盟，桑戈尔任总书记，拉明·盖耶任政治局负责人。1959 年 3 月参加立法议会选举获多数席位，成为执政党。1960 年 8 月塞内加尔独立后继续为执政党。1976 年该党按桑戈尔的主张放弃一党制。同年塞内加尔进步联盟加入社会党国际，桑戈尔出任该国际副主席。同年 12 月在党的特别代表大会上，决定改名为塞内加尔社会党。1980 年 12 月桑戈尔自动引退

总统职位，1981 年 1 月原第一副总书记迪乌夫任总书记，桑戈尔为名誉主席。该届中央委员会有 125 人，政治局 32 人。同年该党与突尼斯社会党联合非洲 10 个"社会主义党"在突尼斯成立非洲社会党国际，桑戈尔任主席。1989 年 3 月迪乌夫在党的特别代表大会上提出扩大多党制，1991 年 2 月中央委员会根据迪乌夫主张通过决议，修改宪法建立多党联合政府。党中央委员会扩大到 285 人，中央监察委员会为 12 人，乌斯曼·塔诺·迪昂（Ousmane Tanor Dieng）为第一书记。2000 年 2 月，因党的主席迪乌夫在全国总统选举中败北，失去了执政党地位而沦为反对党。

2. 社会党的民主社会主义

"民主社会主义"曾是社会党的政治思潮，主张在保留非洲特性的同时，建立一个开放、民主和人道主义的社会。第二次世界大战后，在民族解放运动的推动下，桑戈尔等人对非洲民族解放运动的发展方向和道路进行了积极探索。他深入研究了法国社会党创始人莱昂·勃鲁姆的社会民主主义思想，并结合"黑人传统精神"学说，撰写了《马克思主义与人道主义》、《非洲的社会主义道路》等论著。桑戈尔认为马克思科学社会主义"不适用于非洲"，推崇欧洲社会党的民主社会主义，赞同"自由、民主是社会主义的基本价值之所在"。1977 年，桑戈尔在塞内加尔社会党第九次全国代表大会上对非洲民主社会主义作了概括。桑戈尔的民主社会主义思想主要由三部分组成："黑人传统精神"（又译为"黑人性"，Négritude）思想所包含的村社公有制观念；法国社会党的民主思想；马克思主义的人道主义精神。主要内容就是寻求一个具有非洲特性的、民主的、人道的和先进的社会，桑戈尔将他的社会主义归结为"生产力＋社会主义＋非洲特性"。

首先，非洲特性是其思想的核心。他认为非洲"黑人传统精神"是社会主义的灵魂，社会主义思想渊源于非洲的文化传

统。他强调非洲社会是一种以村社为基础的集体主义和同心同德的社会，这个社会没有阶级之分，没有社会等级制度，没有剥削现象，所有社会成员都共同劳动，共同分享劳动成果，这些社会主义特征早在欧洲人到来之前，就已经在非洲存在，因此社会主义是非洲土生土长的产物。桑戈尔将"黑人传统精神"思想进一步发展与完善，使其成为桑戈尔民主社会主义理论的核心内容。桑戈尔尤其强调文化第一性的观点，提出非洲"黑人传统精神"是非洲民主社会主义的重要来源，因此，应从非洲黑人传统文化与精神价值出发，建设社会主义。"黑人传统精神"思想的实质是强调黑人的团结与统一，尤其是强调黑人文化在世界文明史中的重要地位及对世界文明的贡献；主张恢复和发展表现非洲个性的传统文化；树立民族尊严；提倡用"黑人传统精神"唤起非洲黑人对自己传统的自豪感，挽救濒于灭亡的黑人文化。

其次，民主是其思想的基础。他主要吸收了法国社会党关于民主的理论。他认为民主是社会主义的主要原则，没有民主就没有真正的社会主义，社会主义的首要目标就是建立民主，只有实现了民主，才能体现社会主义性质；民主社会主义介于科学社会主义和资本主义之间，这条中间道路适合非洲的情况，其宗旨和原则符合非洲的需要；民主历来是非洲社会的基础，是非洲黑人社会所固有的传统形式，因此，民主社会主义主张的"自由"与"民主"既是民主社会主义的基本价值之所在，也是非洲社会主义的基本价值之所在，只有民主社会主义才是一条真正符合非洲传统、理想和现实的发展道路，才能达至非洲民族特性和社会主义原则的辩证统一。

再次，建立一个人道和先进的社会是其思想的目标。他认为社会主义必须维护人的尊严和社会公正，必须保障经济发展和人民生活水平的提高，这是桑戈尔对马克思主义思想的吸收与借鉴。他公开承认科学社会主义的人、计划和社会公正三个基本思想是

其社会主义思想的来源。他认为，马克思主义以人类尊严、自由为内容的人道主义思想具有普世性，因此对非洲具有指导意义；马克思主义的辩证法思想富有有效性和创造性，因此可以用于分析与研究非洲社会；马克思主义的经济计划思想是对工业文明的重大贡献，一个国家想把理想变为现实，必须有严密的计划。①

塞内加尔社会党党章明文规定，塞内加尔要"通过将先进的科学、技术用于发展生产力，以及实现社会正义，来建设扎根于非洲特性之中的民主社会主义"，换言之，"塞内加尔要实行民主社会主义，就是将先进的科学技术用于发展生产力，提倡社会正义和扎根于非洲特性，即生产力＋社会正义＋非洲特性"。塞内加尔民主社会主义的具体实践方向是：①政治民主化，多党制是民主化的核心，有利于活跃政治空气，充分体现民主精神；②经济从计划化逐步走向市场化，进行结构调整，因此从1985年起执行国际货币基金组织和世界银行的结构调整计划；③社会方面为实现"正义"作出努力，干部要本地化，发展文化教育事业，文化教育的开支在政府每年的预算中占首位；④对外关系方面，积极开展活动，实现非洲经济一体化。

3. 其他主要合法政党

民主复兴联盟（Rassemblement du Renouveau des Dmocrates-RRD）：前身是社会党内部一些受排挤的人士组织的"民主革新潮流"，主张党内民主和革新，1998年4月正式脱离社会党另立门户，5月参加立法议会选举，取得11个议席，跻身政坛三强。其领导人吉博·卡（Djibo Ka）曾任外交、国务部长，现任国民议会文化和通讯委员会主席。

进步力量联盟（Alliance des Forces de Progrès-AFP）：由部分原社会党成员成立于1999年8月，主张建立民主政治，依靠

---

① 张秋菊、张振国：《桑戈尔社会主义思想溯源》，《西亚非洲》1989年第5期。

政治方式维护社会稳定。总书记穆斯塔法·尼亚萨（Moustapha Niasse），曾于2000年3月至2001年3月任政府总理。

独立劳动党（Parti de l'Indépendance et du Travail-PIT）：原为塞非洲独立党地下派。独立党1957年成立，自称马克思主义者，1960年被宣布非法，1976年恢复合法地位，领导人是马杰姆·迪奥普（Majhemout Diop）。1981年地下派也获合法地位，并改为现名。该党主张民主、多元化和广泛联合。总书记阿马特·当索科（Amath Dansokho），1991年、1993年和1995年参加联合政府，后退出，2000年再次参加联合政府。

人民解放党（Parti pour la Libration du Peuple-PLP）：1983年7月成立，主张建立一个"真正独立、民主、不结盟和繁荣昌盛"的塞内加尔。总书记巴巴卡尔·尼昂（Babacar Niang）。

民主联盟—争取劳动党运动（La Ligue Dmocratique-Mouvement pour le Parti du Travail）：1979年成立，自称"共产主义组织"，"信仰马克思主义"。1993年、1995年参加联合政府，1998年退出政府，2000年、2001年均参加联合政府。总书记阿卜杜拉耶·巴蒂利（Abdoulaye Bathily），现任国民议会排位第三副议长。

此外，还有非洲民主和社会主义党、塞内加尔自由党、进步和公民党、进步和正义联盟、全国民主联盟、塞内加尔非洲生态学者党、塞内加尔共和运动、塞内加尔民主联盟（革新派）、塞内加尔共和党、争取民主和联邦制联盟、非洲群众独立党等。

三 工青妇组织

1. 工会

塞内加尔实行多工会制。宪法规定所有工人有权加入或组织工会和行业组织。独立之初，塞内加尔没有统一的工会。最初主要有 1957 年 1 月成立的激进的黑非洲工人总联合会，总书记是恩迪亚耶·阿达玛（Ndiaye Adama），1959 年被迪阿政府解散。1961 年 1 月塞内加尔进步联盟领导成立了塞内加尔工人全国联合会。1962 年底，所有塞内加尔行业工会都统一到塞内加尔工人全国联合会的旗帜下，这个组织必须在保护其成员利益和支持政府经济计划之间维持一个微妙的平衡。1968 年 5 月，该工会因号召总罢工以抗议政府自 1961 年以来冻结工资的政策，遭到桑戈尔政府解散。1969 年 12 月 27 日，桑戈尔政府又成立了社会党领导下的全国性工会组织塞内加尔全国工人总联合会（La Confédération Nationale des Travailleurs du Sénégal）。迪乌夫上台后继承了桑戈尔的"有责任参与"政策，允许塞内加尔全国工人总联合会领导人在社会党和政府内担任重要职务，而且所有社会党成员必须加入工会，而工会成员可以不加入社会党，从而为工会内的反对派留下空间，为工会自治提供可能。自 1983 年以来，马迪亚·迪奥普（Madia Diop）一直担任总书记，工会会员 8 万人。在其任内，没有主动支持政府政策或组织工人罢工，他强烈反对以经济原因为借口解雇工人的劳工法。

自 1976 年以后桑戈尔政府再次允许创建不隶属于塞内加尔全国工人总联合会的行业公会，因此出现了由民主党 1976 年建立的塞内加尔自由工人联盟（L'union des Travailleurs Libres du Sénégal）等工会组织。主席是马马杜·法勒（Mamadou Fall），后为马穆·迪亚洛（Mamou Dialo）。1984 年 3 月，塞内加尔全国工人总联合会和国际自由工会联合会在达喀尔联合举行"非洲劳动者和世界经济危机"国际讨论会，发表了《达喀尔声明》，呼吁开展反对转嫁经济危机的斗争。

工会对社会党在治国理政方面的不满，这是 2000 年社会党在大选中失利的一个原因，但是瓦德执政之后，工会同样给予瓦

德政府很大的压力。罢工活动频仍，国家主要行业的工会都明确表达自己的要求，尤其当政府进行国家主要企业私有化的时候。但是，工会一些官员腐化问题严重，也导致工会领袖与工人之间矛盾颇深。

2. 青年组织

在塞内加尔进行民族独立的运动中，青年是最激进的力量，为国家独立做出了贡献。国家独立之后，青年也成为反对政府的最坚决力量。桑戈尔政府通过在社会党中建立青年和学生组织使其同反对派保持距离。该组织名为塞内加尔社会党全国青年运动（Mouvement national des Jeunes du Parti socialiste），前身是塞内加尔进步联盟青年运动，成立于1958年，受全国性青年组织塞内加尔青年委员会统一领导。1959年，塞内加尔和苏丹（今马里）组成马里联邦，该组织成为新成立的马里全国青年联盟的成员。1960年8月，塞内加尔退出马里联邦宣告独立，塞内加尔青年委员会遂脱离马里全国青年联盟，后因其内部政治分歧而解散。1962年，塞内加尔全国青年联盟成立，其成员有"进步联盟青年运动"、"全国少先队运动"、"全国青年与文化之家联合会"和"全国教育与青年活动组织"。在执政党塞内加尔进步联盟的支持下，该组织逐渐被执政党的进步联盟青年运动控制。1976年，进步联盟改名为社会党后，其青年组织改为社会党青年运动。该组织宗旨及主张是接受社会党实行的"民主社会主义"的纲领，执行党的方针政策，根据党在不同时期提出的任务动员和教育青年。社会党全国青年运动的组织机构与社会党相同，设基层支部、分支委员会、市镇支部委员会、省委员会、大区委员会。全国代表大会为最高权力机构，每两年召开一次。全国代表大会选举产生全国执行局成员。闭会期间，全国执行局为领导机关。全国执行局总书记定期直接向社会党中央政治局汇报工作。为加强党对青年组织的领导，社会党政治局和中央委员会内分别设置青年书记处和青年小组委员会。社会党全国青年运动下属组织有：社会党学生运动、社会党女青年组织、社会党阿拉伯语大学生和教师联盟、全国少年运动。社会党参加社会党国际及非洲社会和民主政党联盟，故社会党全国青年运动同上述组织成员国的青年组织均有密切联系。

其他青年组织有 1984 年成立的塞内加尔工联全国青年运动。它由工联内的青年会员组成，作为社会党青年运动的同盟军。还有 1980 年 5 月成立的塞内加尔全国青年委员会，前身是全国青年联盟。它是全国性青年统一组织，不属于任何政党。

3. 妇女组织

塞内加尔的妇女组织有塞内加尔社会党妇女运动，1964 年 6 月 13 日成立。妇女协会联合会，1977 年 3 月 15 日成立。塞内加尔妇女解放运动，1984 年 1 月成立，是全国非政治性妇女团体。

第五节 国旗 国徽 国歌 国花

一 国旗

绿、黄、红三色的竖条排列，类似法国国旗的风格。绿、黄、红色是传统的泛非颜色，这一选择表达了塞内加尔对非洲统一的拥护与支持，他们希望联合海水和泉水，联合草原和森林，建立一个自由、团结、平等的大非洲。绿色象征农业、植物和森林，农田与森林披着绿衣；黄色象征丰富的自然资源，聚敛着资源和财富；红色象征为独立自由而斗争的战士鲜血，记载着国家曾经历过的苦难、付出的努力。国旗中央的绿色五角星是原执政党塞内加尔社会党的徽章，象征着非洲的自由。

二　国徽

塞内加尔国徽分左右两部分，盾面左边为红地，绘有一只体现力量和国家尊严的金狮；右边的黄地上绘有一棵塞内加尔的国树猴子面包树，她的枝叶茂密而伸展，果实养育了当地人民。树下面绿色的波纹带里流淌着塞内加尔河水。盾徽周围环绕着棕榈枝叶，她象征着国家的经济作物。棕榈树叶连接之处是共和国国家勋章。一条白色绶带与枝叶缠绕，诉说着塞内加尔人民的心愿："一个民族，一个目标，一种信仰"（法文），这是国徽的格言。上端是绿色五角星，是原执政党塞内加尔社会党的徽章，象征着非洲的自由。

三　国歌

《**塞**内加尔共和国国歌》：把科拉弹起来，把鼓儿敲起来，红狮在怒吼，驯狮者已经跳出丛林冲上前，散布着忧愁。要认清敌人，要看到希望，起来吧，兄弟们，眼望着全非洲。肩并肩，向前进，塞内加尔人民，对于我，你们比兄弟还要亲，联合海水和泉水，联合草原和森林。万岁，非洲，母亲。

四　国花

猴子面包树的花。该树属木棉科落叶乔木。该树枝叶稀少，茎干粗短，高约 20 米，干的周长约过 50 米。寿命长达 2000 多年，也有记载说达 5000 岁，为树中屈指可数的长寿之星。塞内加尔人民认为它那顽强的生命力是因为它有超自然的力量。经济价值极高，其种子、果实、树叶、树枝可以食用、药用，作为天然纤维原料，被形容为"全身无废物"。当地人把它视为力量和财富的源泉、国家的象征，祝福自己的国家如它一样长寿延年。

第四章

经　济

第一节　经济概况

一　经济的基本结构与发展水平

塞内加尔是一个经济困难较多的发展中国家，虽然有一定的工业基础，但基本仍属于农业国。不过在西非地区尽管它国土面积较小，其经济却处于该地区比较发达的行列。独立以前它是法国对西非地区进行殖民统治的桥头堡，法国在西非的投资主要集中在这里。1948～1957年，法国在塞内加尔的官方投资和私人投资分别占其在整个西非投资总额的67.3%和78.2%。[①] 这一方面使塞内加尔的经济在法属西非联邦各殖民地中领先，同时也导致塞内加尔成为法国廉价原料的供应地和法国商品的倾销市场，原料和市场严重依赖于其他殖民地。在法国长期的殖民统治下，塞内加尔已经形成单一花生种植的畸形发展的殖民地经济。1959年独立前夕，塞内加尔输出的花生占出口总额的87%，而进口的消费品占进口总额的68%，这是畸形发展的殖民地经济的生动写照。[②] 1960年

---

① 文云朝编著《塞内加尔：资源、环境和发展》，第56页。
② 文云朝编著《塞内加尔：资源、环境和发展》，第58页。

独立以来，塞内加尔与科特迪瓦、喀麦隆一起成为西非国家中经济状况较好的国家，但同时长期殖民统治造成的畸形经济结构也为其经济发展带来严重的困难，发展速度一直比较缓慢。

在产业结构中，第三产业一直领先，是国内生产总值的主要贡献者。还在殖民时期塞内加尔产业结构就呈"三一二"模式，即首位是第三产业，次位农业，再次为工业。独立以后，政府进行产业结构调整，大力发展工业。因此，到 1993 年工业占国内生产总值的比重超过农业，产业结构成为"三二一"模式。此后，农业占国内生产总值比重不断下降，工业一直呈上升趋势，而且制造业所占比重一直较多。主要产业占国内生产总值的比例 1983 年分别为：农业占 21.5%，工业占 15.5%（其中制造业占 10.6%），服务业占 63%；1993 年分别为：农业占 19%，工业占 19.1%（其中制造业占 13%），服务业占 61.9%；2003 年分别为：农业占 16.8%，工业占 21.2%（其中制造业占 12.8%），服务业占 62%。[①] 渔业、旅游业、花生和磷酸盐成为四种出口创汇的产业和产品，也是国家的四大经济支柱。

但是，就业结构与产业结构不相一致，尽管第一产业占国内生产总值不足 20%，但它仍然是国家经济的基础，大约 3/4 的劳动人口在第一产业中就业。[②] 2002 年，三大产业就业人口比例为 77.2:7.3:15.5。[③]

---

① The World Bank Group, *Senegal at a glance*, *9/29/04*, www. worldbank. org. （世界银行：《塞内加尔一览》，2004 年 9 月 29 日，世界银行网站 www. worldbank. org）

② Economic Intelligence Unit, *Country Profile 2004*：*Senegal*, London：EIU, 2004, p. 28. （英国经济学家情报社编《2004 年国家概况：塞内加尔》，伦敦，英国经济学家情报社，2004，第 28 页）

③ UEMOA, *BANQUE DE FRANCE-Rapport Zone franc-2003-SÉNÉGAL*, p. 183. www. uemoa. int. （西非经济金融联盟：《法兰西银行法郎区－塞内加尔，2003 年》，第 183 页；西非经济金融联盟网站 www. uemoa. int）

表 4 - 1 1999 ~ 2003 年塞内加尔 GDP 的部门构成

单位：十亿非洲法郎

	1999 年	2000 年	2001 年	2002 年	2003 年
第一产业	544.3	563.1	581.9	461.9	553.4
农 业	297.9	320.0	329.6	223.6	304.8
牧 业	152.8	162.0	169.3	158.5	165.2
渔 业	71.0	58.0	59.3	55.5	58.3
林 业	22.7	23.0	23.7	24.2	25.2
第二产业	560.6	585.7	611.0	670.9	713.9
矿 业	40.3	44.5	44.8	49.9	63.8
工 业	346.6	355.7	377.3	420.8	426.7
炼油业	6.8	9.2	9.8	8.1	6.8
能 源	57.9	61.7	65.8	64.0	75.8
建筑及公共工程	109.0	114.5	113.3	127.4	140.7
第三产业	1894.9	1940.9	2041.7	2138.8	2218.3
运输电信服务业	187.9	206.9	236.0	249.7	267.2
商业服务业	555.5	552.1	561.6	594.8	619.8
政府服务业	589.6	602.0	647.3	667.0	681.8
其他服务业	562.0	579.9	596.8	627.2	649.5
国内生产总值(按 1999 年价格)	2999.8	3089.7	3234.7	3271.6	3485.6

资料来源：IMF, *Senegal: Selected Issues and Statistical Appendix*, IMF Country Report No. 05/155, May 2005, p. 35. www. imf. org. (国际货币基金组织：《塞内加尔：问题与统计附录》，国际货币基金组织国家报告第 05/155 号，2005 年 5 月，第 35 页。国际货币基金组织网站 www. imf. org)

产业结构的不协调不合理造成经济发展的迟缓，国内生产总值年均增长率 1965 ~ 1980 年为 2.1%，[①] 1980 ~ 1994 年为

---

① *New African Yearbook*, *Senegal*, *1999 ~ 2000*, London, p. 397. (《1999 ~ 2000 年新非洲年鉴：塞内加尔》，伦敦，第 397 页)

2.8%。1994年非洲法郎贬值，实行经济结构调整以来，经济发展速度开始增长，国内生产总值年均增长率20世纪90年代为5%左右,[1] 1997～2001年为5.5%左右。[2] 2002年严重的旱灾使塞内加尔经济形势再度恶化，2003年人均收入为550美元，低于全非洲650美元的平均水平，高于低收入国家450美元和萨赫勒国家490美元的平均水平。[3] 2001年被联合国正式划入世界49个最不发达国家行列。

二 独立后的经济发展战略和政策

1. 桑戈尔的经济发展方针和计划

塞内加尔独立后最初20年，在桑戈尔领导下实行"民主社会主义"，即生产力＋社会正义＋非洲特性，其宗旨是在维持与加强同法国经济联系的同时，改造殖民地经济体制和发展民族经济。为实现这一战略目标，桑戈尔政府十分注重国家干预和内向型经济战略，根据国情制定了优先发展农业和创建民族工业的基本政策，为此将外资企业及合资企业国有化和塞内加尔化；鼓励和支持本国中小企业和民族资本的发展；对国民经济实行计划化，强化国家对主要经济部门的控制，对外开放、积极争取外国援助。

桑戈尔认为，制定与实行有效的国家经济计划是贯彻非洲民主社会主义方针的重要步骤，为此先后实行了5个经济发展计划。确定了优先发展农业、增加粮食生产、在保证经济作物花生发展的前提下，进行多种经营；减少粮食进口，缩小外贸逆差；在工业方面利用本国资源，满足国内市场等一系列符合民族利益的方针。

---

① *Africa South of the Sahara 2004*, p. 934.

② Economic Intelligence Unit, *Country Profile 2004：Senegal*, p. 36.

③ The World Bank Group, *World Development Indicators database*, April 2004. www.worldbank.org.

第一个四年计划（1961～1965年）　　该计划以查清国家资源和潜力为目的，其主要内容是：制定大量经济目标和结构调整措施，希望通过实现这些目标以结束边缘地区的孤立状态，将它们统一于市场经济；农业方面，改变过分依赖花生生产与出口单一的农业现状，使农业生产多样化；工业方面，开采矿业资源，推进炼油业、纺织业等的发展；建立国家发展乡村机构，动员乡村人口，向他们提供技术援助。该计划总投资920亿非洲法郎，[①]其中36%用于工业，13%用于农业生产，8%用于商业，其余部分则用于社会管理和公共行政等非生产性部门。[②]计划在这四年中生产每年提高8%。[③]该计划在实施过程中取得一定成绩：花生产量大幅增加；道路建设便捷了雨季时进入弗罗尔（Fleuve）和卡萨芒斯地区；国家建立的乡村发展局能顾及大部分乡村地区。但是不足的是，生产性投资只完成计划的60%，[④]其中只占整个财政开支预算13.4%的农业投资，只完成预定指标的58%；国民生产总值的年平均增长率不到计划指标（8%）的一半。[⑤]农业多样化的进展状况乏善可陈，由于失去许多从前的西非市场阻碍了工业的发展。

第二个四年计划（1965～1969年）　　该计划继续以查清国家资源和潜力为目的，更加强调提高生产和生产力。在农业方面，很少提及第一个计划中提到的非洲民主社会主义，而是要求乡村发展更具生产力，降低了第一个计划中为促进非洲民主社会主义和经济发展而建立和开展的乡村发展中心、提高乡村活力和

① 中国社会科学院西亚非洲研究所编《非洲经济》（一），人民出版社，1987，第342页。
② 〔美〕T. D. 罗伯茨等著《塞内加尔》，第147页。
③ 《世界知识年鉴》（1961年），第391页。
④ 〔美〕T. D. 罗伯茨等著《塞内加尔》，第147页。
⑤ 文云朝编著《塞内加尔——资源、环境与发展》，第58～59页。

合作运动的作用，而是主要由法国技术援助机构负责帮助提高生产花生地区的生产力和引进棉花作为经济作物。工业方面，建立高关税壁垒保护大量的为法国拥有的进口替代工业。

第三个四年计划和第四个计划 从 1969 开始结束于 1977 年。这两个计划对国民经济发展规定具体的指标和措施。由于 20 世纪 70 年代出现持续的严重旱灾，政府努力实行经济多样化，以降低旱灾带来的影响，主要还是减少对花生生产与出口的过分依赖。这两个计划要求内容是：建立免税自由区促进出口企业发展；发展炼油业和石油化工业服务整个西非地区；加快发展达喀尔港口设施以停泊大型油船，并建立油船修理工业；扩大磷酸盐生产和出口，进一步勘探石油资源，开采东部地区的铁矿石资源；建立旅游业。这一计划要求大量外资援助。但是由于财政经济困难，投资计划没有实现。例如，第三个四年计划投资总额从原计划的 1454 亿非洲法郎，降为 1170 亿非洲法郎，减少 20%。其中以农业投资缩减得最多，比原计划减少 30%，从 415.5 亿非洲法郎（占总预算的 29%），降为 292.9 亿非洲法郎（占总预算的 25%）。[1]

第四个四年计划 开始于 1977 年结束于 1981 年。该计划主要是恢复和巩固发展成果。总投资为 3900 亿非洲法郎。[2] 道路和通讯建设完成了目标的 94%，但是由于财政紧缩，整个计划仅完成 73%。[3]

桑戈尔时期在执行四年计划的同时，还制定了第一个中期复兴计划。该计划执行时间为 1977～1985 年，规定每年生产增长速度为 5.6%。[4]

① 文云朝编著《塞内加尔——资源、环境与发展》，第 59 页。
② 中国社会科学院西亚非洲研究所编《非洲经济》（一），第 342 页。
③ *New Africa Yearbook*, Senegal, 1995～1996, p. 356.
④ 中国社会科学院西亚非洲研究所编《非洲经济》（一），第 343 页。

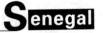

2. 迪乌夫的经济发展方针和计划

1981 年迪乌夫执政后，经济政策从非洲社会主义向经济自由主义过渡，推行新农业新工业政策，减少国家干预，开启国家企业私有化进程，努力引进外资和技术。世界银行、国际货币基金组织和其他主要债权国向塞内加尔政府施压，要求其快速改变经济政策，塞内加尔成为接受国际货币基金组织结构调整计划（SAP）的首批非洲国家之一。国际货币基金组织和世界银行强调应以巩固经济增长作为政策改革的主要目标，并提出许多措施实现这一目标。国际货币基金组织和世界银行将能否实现这一目标作为塞内加尔获得特别提款权贷款和重新设定债务的条件。为此，迪乌夫政府需要降低预算赤字、外债和通货膨胀率。这些目标需要削减政府开支，减少政府工作人员规模，制定更加严格的信贷政策和促进出口。合理的财政政策应该使政府具有偿付能力并且营造一个能够促进私人部门投资的良好的商业氛围，为此，迪乌夫提出要把政府建成"小政府，好政府"。

迪乌夫执政时期继续实行第一个中期复兴计划，并制定了第二个中期复兴计划和长期发展规划。第二个中期复兴计划执行时间为 1985～1992 年，计划投资 6500 亿非洲法郎，但是政府自己直接投资只能满足计划所需的 25%。[1] 长期发展规划执行时间为 1985～2001 年，要求每年生产增长速度为 8.9%。[2]

迪乌夫政府在 20 世纪 80 年代继续实施四年发展计划。**第五个四年计划（1981～1985 年）**，主要目的是恢复和巩固发展成果，强调优先发展农业，提倡多种经营，争取粮食自给；减少国家干预，逐步实行国营企业私有化，鼓励企业间自由竞争；积极发展中小企业；重视对生产项目的投资，提高工业生产水平，增强出

① *New Africa Yearbook, Senegal, 1995～1996*, p. 356.
② 中国社会科学院西亚非洲研究所编《非洲经济》（一），第 343 页。

口创汇能力；在财政方面实行紧缩政策，强调投资要直接面向生产；改善公共财政，创造就业机会，争取国际货币基金组织进一步援助，要求债权国重新安排塞内加尔的债务。迪乌夫宣布减少公共部门雇员的数量，减少对国家公司的帮助，冻结政府工作人员的工资，减少由于价格上升而提供的补助。该计划总投资 4648 亿非洲法郎。[①]

1983 年严重旱灾导致农业大幅度减产，经济面临严重困境。为了走出困境，1984 年迪乌夫政府实行新农业政策，政府继续从农业生产活动中脱离出来，促进农业市场化。作为该项计划的一部分，政府解散了两个地区发展局，减少了现存地区发展局的工作人员数量。曾经被用于资助种子、化肥分配和通过合作运动进行其他农业投入的乡村信贷计划也被废除，化肥赞助被停止，化肥分配私有化。由于政府农业信贷计划和化肥赞助的取消，导致生产花生地区使用化肥减少，花生和谷子减产。因此，20 世纪 80 年代末期和 90 年代初期，政府重申继续执行新农业政策，但是为了避免可能出现的不利后果，提出改革必须审慎进行。

迪乌夫政府**第六个四年计划（1985～1989 年）**总投资 6450 亿非洲法郎，预计经济增长率为 3.2%。[②] 政府进一步实行国营部门私有化，以增强私人部门的作用，减少政府投资；增强企业竞争力，减少国家保护；减少行政部门；放宽劳动法，进一步降低关税。政府拥有的农业支持公司全部废除，农业生产者被赋予更多责任；1986 年宣布 63 个国营公司中，除了 30 个公司继续保持国有以外，17 个公司售予私营部门，13 个公司部分私有化，3 个公司宣布破产。

1986 年 2 月，政府实行新工业政策，主要目的是政府减少对工业部门的控制和管理，提高本国企业同低关税进口的货物的竞

---

① 中国社会科学院西亚非洲研究所编《非洲经济》（一），第 342 页。
② 《世界知识年鉴》（1987 年），第 257 页。

争力。通过出口援助和放宽劳动法，便利雇主自由解雇工人，鼓励企业发展。1986～1988 年将基本关税从 40% 降至 10%，致使进口税急剧减少，威胁到本国纺织业的生存，导致国家工业劳动力减少。1989 年 8 月，经国际货币基金组织同意，将基本关税从10% 提高到 15%。新工业政策遭到企业家和工会的批评，企业家认为政府事先没有同他们商议，工会则指出放宽劳动法会导致大量工人失业，从而导致失业率上升。但是，新工业政策通过提供廉价的物品、原材料带来通货膨胀率降低和价格稳定，从而使消费者受益。

进入 20 世纪 90 年代以后，为减少非洲法郎贬值的负面影响，振兴国家经济，塞内加尔政府先后 3 次与国际货币基金组织签订协定，实行结构调整计划。

第一个结构调整计划（1994 年 8 月至 1998 年 1 月） 该计划有效期原定于 1994～1997 年 6 月，但最终完成于 1998 年 1月。塞内加尔与国际货币基金组织签订《强化结构调整的优惠措施》协议，国际货币基金组织向塞内加尔提供总额为 13079 万特别提款权（18730 万美元）的贷款[1]，分 3 次支付。国际货币基金组织要求塞内加尔通过加强管理和进行结构调整，来保持经济持续发展和改善财政状况。1995 年要求年均经济增长率达到4.5%，人均收入年均实际增长至少 1.5%，通货膨胀率维持在2%～3% 的水平；到 1999 年外贸往来账户不包括官方转让占国内生产总值 5.5%，通过增加税收和控制支出使整个财政收支平衡，争取在 1999 年消灭赤字，略有结余。支出重点领域是公共投资、基础健康和教育服务。[2]

同时，政府提出加速私有化进程，扶持私营企业，尤其是中

---

① Economic Intelligence Unit, *Country Profile 2004: Senegal*, p. 29.

② IMF, *IMF Approves Third Annual Loan for Senegal Under ESAF*, Press Release Number 97/2 January 13, 1997. www.imf.org.

小企业发展；加强市场作用，创造宽松的投资环境；促进出口产业发展。1994～1997年期间，政府在放开物价、国内贸易和国际贸易等方面进行了结构改革，打破了昔日垄断局面和束缚经济的各种条条框框。此外，在能源、运输和农业等领域也进行了一些改革。但经济改革计划实施缓慢，致使外国投资者不愿再投入资金。处在进退维谷境地的塞内加尔政府1995年3月又提请国民议会先后通过了关于国家自来水公司和17家国营宾馆、度假村私有化两个法案，加速了国营企业私有化的进程。1995年8月中旬，国民议会又通过了国家电信公司私有化法案；另一家老牌国有企业——国家电力公司也已列入私有化计划之中。该计划最终于1998年1月完成，国际货币基金组织承诺的资金也全部到位。

第二个结构调整计划（1998年4月至2002年4月） 塞内加尔政府与国际货币基金组织签订了《强化结构调整的优惠措施》协议，后更名为《降低贫困和促进发展计划》。主要目标是解决第一个计划执行后经济仍然存在的问题。国际货币基金组织给予塞内加尔10701万特别提款权（14400万美元）的援助。第一笔援助款（2400万美元）在协议签署后立即拨给了塞内加尔，第二笔金额相同的资金将在塞内加尔全部达到既定目标时拨付。此外，欧盟和法国也将提供援助。同时，塞内加尔政府提出整顿国家财政，减少公共部门和准公共部门的开支并使行政机构现代化；对开支进行调整，将重点放在教育、卫生、司法基础设施的维护以及投资上，工资以及非优先项目的开支则可以适当下降，预算开支占国内生产总值的比例应当保持在16.5%，也就是说预算赤字占国内生产总值的比例应控制在1%以内；[1] 加快并深

---

[1] 米里埃尔·德韦一马卢·马卢：《塞内加尔：宏观经济形势令人满意，但结构性的问题仍然存在》，《热带与地中海市场》周刊（法国）1998年7月3日。

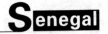

化能源、运输和农业等部门的改革；为私营部门的发展提供便利条件；完善税制，尽可能减少免税项目；开发人力资源。国际货币基金组织为塞内加尔在经济方面确立的目标是：国内生产总值的年增长率保持在 5% ~ 6% 左右，通货膨胀率控制在 3% 以下，日常收支的赤字在国内生产总值中所占的比例 2000 年达到 7% 以下。[①] 但该计划进展并不顺利，直到 2002 年 4 月中旬才最终完成。国际货币基金组织实际落实 9647 万特别提款权贷款。

3. 瓦德的经济发展方针和计划

瓦德总统上台后，完全实行经济自由主义，进一步加速私有化、自由化进程，同时把增加就业、减贫作为经济政策中的首要目标，努力扩大税源，保持积极的财政平衡。瓦德执政后继续执行第二个结构调整计划，又同国际货币基金组织签订了**第三个结构调整计划（2003 年 4 月至 2006 年 4 月）**，也称《降低贫困和促进发展计划》协议。国际货币基金组织提供 2427 万特别提款权（3300 万美元）的贷款支持塞内加尔政府经济改革方案，立即划拨 347 万特别提款权（500 万美元）的贷款，同时给予塞内加尔额外的临时债务豁免权。这项计划支持塞内加尔政府三年的宏观经济持续发展和债务偿付能力，支持政府处理阻碍经济发展的主要问题和降低贫困。2004 年 2 月，国际货币基金组织公布这项计划第一部分已经完成，并且支付了 694 万特别提款权的贷款。3 月 19 日，国际货币基金组织宣布塞内加尔已经达到世界债务负担严重贫困国家标准，因此给予塞内加尔 160 万美元额外临时援助。[②] 瓦德政府经济改革主要集中在四个领域：巩固财政并增加财政透明度；进一步推行私有化；减少贫困和失业；促进和鼓励国内外私人投资。2004 年新《投资法》出台，宗旨是引导

① Economic Intelligence Unit, *Country Profile 2004*：*Senegal*, p. 30.
② Economic Intelligence Unit, *Country Profile 2004*：*Senegal*, p. 35.

投资者投资于成长性行业和塞内加尔有优势的经济部门，创造就业机会。

三 独立后的经济状况综述

1. 1960～1980 年

戈尔执政时期，尽管政府确立了经济多样化、民族化和现代化的目标，努力发展农业、渔业和旅游业，并吸引大量外援。但是，客观上自然资源的贫乏，工业基础差，缺乏必要的资金投入，又多次出现严重旱灾，再加主观上过分依赖花生单一经济作物和国际援助，制定的发展计划不切实际，管理不善，因此导致经济发展徘徊不前甚至呈负增长态势。人均收入自独立后呈下降趋势（见表 4－2）。

表 4－2　塞内加尔人均收入状况（1960～1994 年）

单位：美元

年代	1960	1980	1981	1982	1983	1984	1985	1986	1987	1988	1989	1990	1991	1992	1993	1994
数额	900	530	500	490	420	360	370	440	570	720	690	720	710	780	720	590

资料来源：www. afdb. org（非洲发展银行网站）；Sheldon Gellar, *Senegal：An African Nation Between Islam and the West*, p. 56.

20 世纪 60、70 年代，在贸易和工业方面有过适度增长，每年大致以 2%～7% 的速度增长，然而人口增长超过了经济增长，加之持续地通货膨胀导致收入持续下降。农业在国民经济中的比重与独立前相差无几，一直占国内生产总值的 1/4 以上，[①] 塞内加尔仍是一个以单一经济作物花生出口为主的农业国。工业产值增减波动很大，发展极不稳定。1966～1973 年的严重旱灾，

----

① 陈公元等主编《非洲风云人物》，第 209 页。

1967 年法国放弃了对塞内加尔的价格支持，20 世纪 70 年代初期油价的提高，世界范围的通货膨胀，都使塞内加尔陷入困难的经济环境之中。20 世纪 70 年代中期花生价格下降，导致花生产值大幅度下降，1978 年 90.2 万吨，到 1980 年只有 19.4 万吨。同时谷子、高粱等主要粮食作物产量也连年减产，造成全国 3/5 的人口缺粮。独家控制农产品购销的"全国合作和援助发展局"大量贪污舞弊，侵吞公款，压低收购价格，拖延付款，农民怨声载道。由于农业受损，国内生产总值平均年增长率 1970～1981 年已从独立后的头 10 年的 2.5% 下降到 2%，1980 年全国的出口值只占进口值的一半。[①]

2. 1981～1994 年

1981 年迪乌夫总统执政后，经济仍然处于农业经济极度恶化和承担大量外债负担的困境当中，很多计划项目无法付诸实施，只有旅游业的发展接近预期目标。由于磷酸盐的世界价格低廉，导致磷酸盐生产与出口增长缓慢。大型炼油厂和石油化工产业因伊朗巴列维国王的下台而援助中止。达喀尔港口的扩大和修船业的发展也由于苏伊士运河的重新开通而下降。农业合作运动失败，尽管沿塞内加尔河的稻米产量有提高，但由于生产成本过高与进口稻米相比缺乏竞争力。

1983～1984 年的严重旱灾，导致花生产量从 1983 年的 100 万吨下降到 1984 年的 57 万吨，其他谷物亏空 30 万吨，必须进口大量食品特别是稻米和小米才能维持人民的基本生活。同年底外债已达 12 亿美元。[②] 1984 年 10 月 8 日，为了做到食物自给，政府提高了各种基本食物的价格。

1985 年 7 月 1 日政府出台 1985～1986 年的财政预算，紧缩

---

① 陈公元等主编《非洲风云人物》，第 211 页。
② *New African Yearbook*，*Senegal*，*1999～2000*，p. 398.

财政，加快私有化，以减少政府投资。1985 年 3 月政府实行新农业政策，要求生产者承担更多的个人责任，各种政府支持的农业公司被解散。尽管 1985～1986 年雨量很好，而且农产品价格增长 50%，但是日益增长的私有化和资金从农业部门退出，导致花生产量从 1984～1985 年度的 67 万吨减少到 1985～1986 年度的 60 万吨。[①] 尽管花生价格上涨，但是仍然赶不上黑市价格的上涨，而且与购买新种子和肥料的费用不能相抵。因此，政府宣布不再负责分配种子。这打乱了原来的秩序并导致农民没有种子可播种。与此同时，石油加工厂也出现亏损，贸易赤字严重，债务负担沉重。1988 年出口额 8.54 亿美元，只占进口额 70%，进口价值 12 亿美元，贸易赤字 3.46 亿美元。1990 年外币储备只有 910 万美元，还不够三天进口所需外币。[②] 但是，塞内加尔仍然被国际货币基金组织认为是最成功地实现其设定的宏观经济稳定目标的国家。到 1988 年塞内加尔已经将预算赤字占国内生产总值从 1981 年的 8.8% 减少到 2.5%，贸易赤字占国内生产总值从 18.4% 减少到 10.2%，通货膨胀率从 9% 降至 2.5%。到 20 世纪 80 年代末期，政府支出占国内生产总值从 1981 年的 32% 降至 21%。[③]

进入 90 年代后，经济没有快速增长的迹象而是进入了更加困难时期。1987 年和 1988 年经济增长率各自为 4.2% 和 4.4%，到 1992 年降至 2%。[④] 因为管理不善，棉花出口降低，磷酸盐因放射性太强不符合欧洲的标准也影响出口；卡萨芒斯分离主义活动导致旅游业不景气。而且政府机构臃肿，公务员 65000 人，每

---

① *New African Yearbook*，*Senegal*，*1999～2000*，p. 398.

② *New African Yearbook*，*Senegal*，*1999～2000*，p. 399.

③ Sheldon Gellar，*Senegal：An African Nation Between Islam and the West*，p. 72.

④ Andrew F. Clark and Lucie Colvin Phillips，*Historical Dictionary of Senegal*，p. 53；*New African Yearbook*，*Senegal*，*1999～2000*，p. 399.

年需要 1400 亿非洲法郎。[①] 这一时期经济发展的积极因素是 1993 年 3 月，塞内加尔石油公司在距离达喀尔 30 公里的赛比科塔奈地区发现了天然气储备，经检验证实每天能生产 50 万立方米天然气，能够满足达喀尔电力所需的 10%。

1993 年 8 月政府制定了经济紧缩计划，削减公职人员 20% 的工资，增收节支。但引起国内工薪阶层的强烈不满，引发了 9 月 2 日总罢工，只好推迟实施工资削减计划。工会进一步以罢工回应政府。迪乌夫只能乞求外援。

1994 年 1 月 12 日在达喀尔召开的非洲法郎区 14 国最高首脑会议上，法国和世界银行、国际货币基金组织迫使非洲法郎与法郎保持了 45 年之久的 50∶1 的固定比价调整为 100∶1，使非洲法郎实际贬值 100%，这使塞内加尔的困难雪上加霜。2 月中旬出现大量反对货币贬值和通货膨胀的动乱。尽管政府增加工资 10% 并允诺控制基本消费品价格，国际货币基金组织与其他债权国也允诺援助 533 亿非洲法郎以缓解货币贬值带来的影响，并允诺减少塞内加尔债务，但是塞内加尔经济一直为外债、财政赤字、通货膨胀、银行紊乱、尤其是中学和大学毕业生高失业率所困扰。1992 年失业率为 10.29%，[②] 1993 年国内生产总值为负增长（-2.1%），1994 年国内生产总值增长率虽增为 2.9%，[③] 但政府财政赤字仍为 411 亿非洲法郎，截至 1994 年底，外债高达 17140 亿非洲法郎（约合 35 亿美元），因偿还能力低下，被世界银行列入享受减免部分外债的贫困国家。[④]

---

① *New African Yearbook, Senegal, 1999~2000*, p. 399.

② 《世界知识年鉴》（1998/1999 年），第 432 页。

③ IMF, *IMF Approves Third Annual Loan for Senegal Under ESAF*, Press Release Number 97/2 January 13, 1997. www.imf.org.

④ 中国国际贸易促进委员会/中国国际商会：《国别数据库—塞内加尔》，宁波经济指南网站 www.chinaningbo.com。

3. 1994～2001 年

1994 年，塞内加尔政府与国际货币基金组织签订了《强化结构调整的优惠措施》协议，开始在国际货币基金组织规定的框架内进行调整，协议有效期为 1994～1997 年 6 月。其他债权国也宣布在两年期间向塞内加尔提供 15 亿美元的贷款，法国同意减少一半与塞内加尔的双边债务，1995 年巴黎俱乐部也同意重新设计 870 亿非洲法郎的债务。在此期间，为减少非洲法郎贬值的负面影响，政府继续修订新的经济发展战略，并进一步深化结构调整计划。在放开物价、国内贸易和国际贸易等方面进行结构改革，打破昔日垄断局面和束缚经济的各种条条框框，同时加速国营企业私有化进程。1995 年 7 月，政府对 60 个国营企业进行私有化，重点在能源、水利、通讯等方面。10 月一些美国公司宣布打算投资农业尤其是水稻种植。12 月政府废除了自 1976 年建立的达喀尔自由贸易区，因为其业绩不佳，只有 10 家公司在此经营。废除后重建新的自由贸易区，主要服务于那些以出口为主的公司。经过一系列改革，塞内加尔经济出现了复苏迹象。经济增长率由 1994 年的 2.9% 上升为 1997 年的 5.0%，超过了人口的增长率（平均年增长率为 2.7%）；[①] 通货膨胀也得到了很好的控制，价格指数由 1994 年 32.1% 下降为 1997 年的 1.8%；[②] 投资额几年来基本持平，投资额占国内生产总值 1994 年为 16.0%，1997 年为 15.8%；[③] 1993 年 8 月开始实

① IMF, *Senegal: Statistical Appendix*, IMF Country Report, No. 03/168, June 2003, p. 5. www.imf.org. （国际货币基金组织：《塞内加尔统计附录》，国际货币基金组织国家报告第 03/168 号，2003 年 6 月，第 5 页；国际货币基金组织网站 www.imf.org）

② IMF, *Senegal: Statistical Appendix*, IMF Country Report, No. 99/5, June 1999, p. 25. www.imf.org. （国际货币基金组织：《塞内加尔统计附录》，国际货币基金组织国家报告第 99/5 号，1999 年；国际货币基金组织网站 www.imf.org）

③ IMF, *Senegal: Statistical Appendix*, IMF Country Report, No. 03/168, June 2003, p. 6.

行的国家财政稳定政策在整个结构调整期间得到了认真贯彻，从而使国家财政状况明显好转，国家财政收入有所增加，财政收入在国内生产总值中所占的比例由 1994 年的 14.9% 上升为 1997 年的 16.9%；[①] 财政支出在国内生产总值中的比例则持续下降，从 1994 年的 15.8% 下降为 1997 年的 12.4%。[②] 随着财政收入的增加以及支出的控制，政府财政赤字在国内生产总值中所占的比例逐年下降：1994 年为 9.9%，至 1997 年出现财政盈余，占国内生产总值 0.6%。[③] 外债也保持在一个可以承受的水平上，外债总额占国内生产总值的比例从 1994 年的 86.2%，下降为 1997 年的 77.7%，[④] 其中长期外债总额占国内生产总值从 1994 年的 76.9% 下降到 1997 年的 70.2%。[⑤] 在对外贸易方面，虽然逆差依然存在，但收支状况有所改善，外贸逆差占国内生产总值由 1994 年的 6.4% 降至 1997 年的 5.8%，[⑥] 国家经济活动的发展使得税收收入有了增加，占国内生产总值的比例由 1994 年的 13.2%，上升至 1997 年的 15.7%。[⑦] 总的来说，国家收入从 1994 年的 3015 亿非洲法郎上升至 1997 年的 4322 亿非洲

[①] IMF, *Senegal: Statistical Appendix*, IMF Country Report, No. 03/168, June 2003, p. 26.

[②] IMF, *Senegal: Statistical Appendix*, IMF Country Report, No. 03/168, June 2003, p. 26.

[③] IMF, *Senegal: Statistical Appendix*, IMF Country Report, No. 03/168, June 2003, p. 26.

[④] IMF, *Senegal: Statistical Appendix*, IMF Country Report, No. 03/168, June 2003, p. 59.

[⑤] IMF, *Senegal: Statistical Appendix*, IMF Country Report, No. 03/168, June 2003, p. 59.

[⑥] IMF, *Senegal: Statistical Appendix*, IMF Country Report, No. 99/5, June 1999, p. 5.

[⑦] IMF, *Senegal: Statistical Appendix*, IMF Country Report, No. 03/168, June 2003, p. 26.

法郎。①

但依然存在着严重问题，1997 年经济增长的速度便有所放慢，各个行业的情况不同。经济增长的主要是渔业（增长 12.0%）、养殖（5%）、矿产（8.9%）、建筑（14.8%）以及运输和电信业（12.0%），农业生产却下降了 10.6%。农业中，不仅面临花生减产，而且产品的附加值也越来越低。发展较快的行业也面临新问题，例如，渔业中章鱼等鱼类资源越来越稀少；能源、水、运输等行业的生产成本居高不下，基础设施严重不足，行业改革严重滞后；在运输领域，道路设施的日常维护没有保障。另外，正式部门主要被外国企业（尤其是法国企业）所控制，由塞内加尔人自己创办的中小企业数量仍然不多；对外国援助依赖性很强，而外国投资数量不多；国家机构过于庞大，效率低下；外债仍占国内生产总值的 2/3 以上。②

尽管存在不少问题，但总体上看，已经从 1994 年非洲法郎贬值带来的最初混乱中走出来，到 1997 年取得了不错的成效。因此国际货币基金组织于 1998 年 6 月与塞内加尔政府又签订了一个新的《强化结构调整的优惠措施》（后改名为《降低贫困和促进发展计划》）协议，有效期为 1998 ~ 2000 年，主要目标是解决上述存在的问题。世界银行也提供 5 亿美元贷款。迫于经济形势的要求和国际货币基金组织等出资人援助计划的压力，政府对国家经济继续进行整顿，实行经济自由化政策，通过采取一些刺激性措施，创造有利于扩展私人经济活动的氛围，使企业获得赢利，从而增加国家税收；对国家债务进行控制，继续努力解决

---

① IMF, *Senegal: Statistical Appendix*, IMF Country Report, No. 03/168, June 2003, p. 25.

② IMF, *Senegal: Statistical Appendix*, IMF Country Report, No. 03/168, June 2003, p. 58.

表 4 – 3 1994～1997 年塞内加尔基本经济指数

	1994 年	1995 年	1996 年	1997 年
经济增长率(%)	2.9	5.2	5.1	5.0
价格指数(%)	32.1	8.1	2.7	1.8
投资额(占国内生产总值的比例%)	16.0	14.7	16.3	15.8
财政收入(占国内生产总值的比例%)	14.9	16.4	16.6	16.9
日常开支(占国内生产总值的比例%)	15.8	14.2	13.2	12.4
政府财政赤字(占国内生产总值的比例%)	-9.9	-2.7	-0.1	0.6
外债总额(占国内生产总值的比例%)	86.2	76.9	79.9	77.7
外债总额(亿非洲法郎)	17435	17186	19007	19848
中长期外债总额(占国内生产总值的比例%)	76.9	68.3	72.0	70.2
外贸逆差(占国内生产总值的比例%)	6.4	6.1	5.9	5.8
税收(占国内生产总值的比例%)	13.2	14.8	15.6	15.7

资料来源：IMF, *Senegal：Statistical Appendix*, IMF Country Report, No. 03/168, June 2003, p.5, 6, 26, 59; IMF, *Senegal：Statistical Appendix*, IMF Country Report, No. 99/5, June 1999, p. 25.

国债问题。5 月，塞内加尔外汇交易自由化。1997 年旅游业成为仅次于渔业的第二大创汇产业，这一年超过 46 万人次来到塞内加尔观光旅游。[①] 但是由于亚洲金融危机的影响，1998 年 10 月达喀尔三个鱼类罐头厂倒闭，这是因为泰国由于货币贬值其鱼类罐头在欧洲占据大部分市场，从而导致塞内加尔鱼类罐头失去欧洲市场。

2000 年瓦德政府上台后，继续实行经济自由化政策，把增加就业、减少贫困作为经济政策中的首要目标。同时努力扩大税

[①] *New African Yearbook*, Senegal, *1999～2000*, p. 400.

源，保持积极的财政平衡。经过不懈的努力，到 2001 年经济终于走向稳定。经济增长率由 1997 年的 5.0% 上升为 2001 年的 5.6%；[①] 投资额占国内生产总值从 1997 年的 15.8% 上升至 2001 年的 17.8%；[②] 国家财政收入继续增加，财政收入在国内生产总值中所占的比例由 1997 年的 16.9% 升至 2001 年的 17.8%；[③] 外债占国内生产总值的比例继续呈下降趋势，从 1997 年的 77.7% 降为 2001 年的 65.8%；[④] 中长期外债总额占国内生产总值从 1997 年的 70.2% 下降为 2001 年的 61.3%。[⑤] 国家税收收入继续稳步增加，税收收入占国内生产总值的比例由 1997 年的 15.7% 上升至 2001 年的 17.1%。[⑥] 总的来说，国家收入从 1997 年的 4322 亿非洲法郎上升至 2001 年的 6027 亿非洲法郎。[⑦] 这一时期经济有所发展主要归因于第三产业的发展，特别是运输、通讯、贸易和管理，60% 的国内生产总值来源于第三产业。

4. 2002 ~ 2003 年

2002 年是经济形势再度恶化的一年。经济恶化的主要原因

[①] IMF, *Senegal: Statistical Appendix*, IMF Country Report, No. 03/168, June 2003, p. 28.

[②] IMF, *Senegal: Statistical Appendix*, IMF Country Report, No. 03/168, June 2003, p. 6; Economic Intelligence Unit, *Country Profile 2004: Senegal*, p. 56.

[③] IMF, *Senegal: Statistical Appendix*, IMF Country Report, No. 03/168, June 2003, p. 26.

[④] IMF, *Senegal: Statistical Appendix*, IMF Country Report, No. 03/168, June 2003, p. 59.

[⑤] IMF, *Senegal: Statistical Appendix*, IMF Country Report, No. 03/168, June 2003, p. 59.

[⑥] IMF, *Senegal: Statistical Appendix*, IMF Country Report, No. 03/168, June 2003, p. 26.

[⑦] IMF, *Senegal: Statistical Appendix*, IMF Country Report, No. 03/168, June 2003, p. 25; Economic Intelligence Unit, *Country Profile 2004: Senegal*, p. 567.

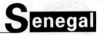

是恶劣的天气导致农业减产 32%，① 第一产业农业、渔业、畜牧业发展缓慢，占用了国家一半以上的劳动人口，但是在国内生产总值中的比重却只占 20%，农业生产和农产品贸易活动尤其是花生生产与产品销售表现不佳，导致第一产业部门下滑 7% ~ 8%。渔业是国家主要创汇收入来源，但是由于设备陈旧投资不足而发展缓慢。花生、渔业的发展缓慢影响了出口创汇。

由于 2002 年的恶劣收成严重影响了农民的收入，影响了 2003 ~ 2004 年的播种，特别是花生种植，同时遏制了经济活动的步伐，因此政府 2003 年中期实行了紧急措施。经过努力，再由于 2003 年下半年乃至 2004 年天气的好转，农业产量有所恢复。加之公共基础设施建设和化工生产有较高的增长。2003 年经济增长率上升至 5.9%。② 消费品的充足供应和紧缩财政政策，使价格指数 2003 年呈负增长（ - 0.05%）。③

表 4 - 4　近年来塞内加尔国内生产总值（1998 ~ 2003 年）

	1998 年	1999 年	2000 年	2001 年	2002 年	2003
总额(10 亿非洲法郎)						
按当前价格	2746.0	2925.0	3114.0	3342.7	3472.7	3729.7
年均增长率(%)	5.7	5.0	5.6	5.6	1.1	5.9

资料来源：Economic Intelligence Unit, *Country Profile 2004：Senegal*, p.55；UEMOA, *BANQUE DE FRANCE-Rapport Zone franc-2003-SÉNÉGAL*, p.184. www.uemoa.int.

① IMF, IMF *Country Report*, *No.04/131*, May 2004, p.8.

② IMF, *Senegal：Statistical Appendix*, IMF Country Report, No.03/168, June 2003, p.5；Economic Intelligence Unit, *Country Profile 2004：Senegal*, p.28.

③ IMF, *Senegal：Statistical Appendix*, IMF Country Report No.99/5, June 1999, p.25；Economic Intelligence Unit, *Country Profile 2004：Senegal*, p.28.

第二节　农林牧渔业

一　农业发展概况

农业是国民经济的重要组成部分，是劳动力就业的主要部门。2003 年，农业产值占国内生产总值的 20%，[①] 2002 年务农人口 322.4 万，占劳动力人口的 73%。[②] 由于干旱和土地大量沙漠化，导致农业发展缓慢。根据联合国粮农组织公布的资料，至 2003 年底，土地使用面积 1925.3 万公顷，其中可耕地 815.7 万公顷，占土地使用面积的 42.37%；已耕地 246 万公顷，占土地使用面积的 12.78%。[③] 可见，用于耕地的资源是十分有限的。

独立后，历届政府为了解决粮食短缺问题，都实施了优先发展农业的发展战略，并制定了在保证经济作物花生生产的前提下实现作物多样化，争取粮食自给的农业政策。20 世纪 60 年代至 70 年代桑戈尔执政时期具体的农业政策是：实行土地国有化，将私人占有的土地全部收归国有，并交给乡村社团去经营管理；政府鼓励农民在自愿参加的原则下建立合作社，国家通过合作社改革昔日法国殖民主义的经营管理方式，解决生产资料、资金、水利等问题，提高农业生产力，大力帮助农民发展生产。20 世纪 80 年代至 90 年代迪乌夫执政时期，于 1984 年实行"新农业政策"，改革农村管理体制和经营方式。主要内容是减少国家财政补贴，提高农产品收购价格，鼓励私人经营。1995 年政府进

---

① 中华人民共和国外交部网站 www.fmprc.gov.cn。

② *Africa South of the Sahara 2004*，p. 934.

③ 联合国粮农组织网上统计数据库，2005 年，联合国粮农组织网站 www.fao.org。

一步实施新农业政策，实行农业部门自由化，减少对农业产品私人贸易的限制，取消国家稳定农产品价格的作用；取消政府在种子、化肥和购买工具方面的信贷。2000 年瓦德执政后，继续坚持农业部门私有化和农业市场自由化，也强调政府要投资于乡村基础设施建设和公共计划实施，以保护农民应对变幻莫测的市场和天气；进一步致力于农业多样化，减少对花生生产与出口的过分依赖；给农民在出口棉花等经济作物时更多的灵活性；采取规范农业品产销体制，稳定花生和棉花等主要经济作物的价格。

尽管如此，农业生产仍发展较慢，在国内生产总值中也呈下降趋势。农业产值占国内生产总值比重已经从 1970 年的 24% 下降到 2003 年的 20%。[①] 粮食仅能满足 40% 的需求，因此每年需要大量进口粮食。但是从总体上看，农业还是呈发展趋势，其年均增长率已由 1983 ～ 1993 年的 1.2% 升至 1993 ～ 2003 年的 2.4%。但是由于严重的旱灾，2002 年农业呈负增长，下降了 19.9%，2003 年出现良好天气，再经过政府采取紧急措施进行调整，增加化肥使用和扩大播种面积，增长了 19.2%。[②]

二 种植业

1. 粮食作物

主要粮食作物有谷子、高粱、玉米、水稻、木薯、豇豆等，46% 的已耕地用来种植谷物。[③] 谷物产量受气候影响较大，在良好季节里一般总收获 100 万吨以上，遇到恶劣的天气会大量减产。从 1999 年以来连续四年持续减产，尤其是 2002 年由于严重的旱灾导致减产到最低点，2003 年才开始有所

① *Africa South of the Sahara 2004*，p. 934；中华人民共和国外交部网站 www. fmprc. gov. cn。

② The World Bank Group，*Senegal at a glance*，9/29/04，www. worldbank. org.

③ Economic Intelligence Unit，*Country Profile 2004*：*Senegal*，p. 39.

恢复。谷子是最重要的粮食作物，适合塞内加尔的气候和土壤条件，是人民的主要食粮，主要产于中部和北部地区。但是，由于天气和很少使用化肥等原因，谷子的生产徘徊不前。尽管2003 年的单产为 732.9 公斤/公顷，高于 1993 年 671 公斤/公顷的水平，但是收获面积为 85.75 万公顷，低于 1993 年 97.39 万公顷的水平，产量为 62.84 万吨，低于 1993 年的 65.35 万吨。[①]

水稻是仅次于谷子的第二大粮食作物，以其产量高、味道好受到人民的欢迎，主要生长在塞内加尔河谷地和卡萨芒斯南部地区。近年来政府比较重视水稻的生产，利用灌溉，引进高产量良种，水稻生产发展比较平稳。近 5 年来产量最高的年份是 2001 年，产量为 24.39 万吨，收获面积为 9.79 万公顷，单产为 2773.4 公斤/公顷，而 1961 年独立的时候，产量仅为8.31 万吨，收获面积为 7.25 万公顷，单产为 1146.2 公斤/公顷。[②]

玉米是国家独立后才发展起来的新兴粮食作物，其种植要求水分条件好而较肥沃的土壤，因此塞内加尔河谷地带，尤其是南部河谷平原是种植玉米的良好地区。政府重视玉米生产，投资90 亿非洲法郎，[③] 使用进口杂交种子、化肥、除莠剂、农药，使得玉米生产发展较快。2003 年的产量为 40.09 万吨，是 1984 年的 4 倍多（1984 年为 9.85 万吨），是 1961 年的 14 倍多（1961年为 2.83 万吨）。2003 年的收获面积为 17.56 万公顷，是 1984年的近两倍（1984 年为 8.27 万公顷），是 1961 年的 5 倍多

---

① 联合国粮农组织网上统计数据库，2005 年，联合国粮农组织网站 www. fao. org。

② 联合国粮农组织网上统计数据库，2005 年，联合国粮农组织网站 www. fao. org。

③ Economic Intelligence Unit, *Country Profile 2004*: Senegal, p. 39.

（1961 年为 3.2 万公顷）。2003 年的单产为 2283.4 公斤/公顷，是 1984 年的近两倍（1984 年为 1190.7 公斤/公顷），而 1961 年单产更是仅为 885.7 公斤/公顷。[①]

高粱也主要产在中部和北部地区，其生产平稳发展。2003 年，高粱的收获面积 20.83 万公顷，比 1961 年国家独立时增加了一倍（1961 年为 10.26 万公顷），单产为 910.8 公斤/公顷，比独立时单产高出 170 余公斤（1961 年为 739.8 公斤/公顷）。因此，2003 年的产量为 18.98 万吨，而 1961 年只有 7.59 万吨。[②]

木薯是人民的主食之一，对自然条件适应性强。近年来木薯单产几乎没有增长，甚至有所下降。1999 年单产为 5100 公斤/公顷，但是 2003 年仅为 5039.3 公斤/公顷。收获面积却从 1999 年的 2.04 万公顷增至 2003 年的 3.6 万公顷，所以产量从 1999 年的 10.4 万吨增至 2003 年的 18.17 万吨。[③]

豇豆是主要的豆类作物，它对土壤条件和降水量的要求不高，适应性比较强，主要分布在久尔贝勒区和大河区。近年来豇豆生产下降，1999 年是近年来产量最高的年份，为 6.8 万吨，至 2003 年已降至 3.47 万吨；收获面积从 1999 年 17 万公顷降至 2003 年 14.55 万公顷，单产从 1999 年 400 公斤/公顷降至 2003 年 238.5 公斤/公顷。[④]

① 联合国粮农组织网上统计数据库，2005 年，联合国粮农组织网站 www. fao. org。

② 联合国粮农组织网上统计数据库，2005 年，联合国粮农组织网站 www. fao. org。

③ 联合国粮农组织网上统计数据库，2005 年，联合国粮农组织网站 www. fao. org。

④ 联合国粮农组织网上统计数据库，2005 年，联合国粮农组织网站 www. fao. org。

表4-5 近年来塞内加尔主要粮食作物产量

单位: 万吨

	1999 年	2000 年	2001 年	2002 年	2003 年
谷 子	67.50	60.02	47.01	41.48	62.84
高 粱	14.74	14.38	14.03	11.69	18.98
玉 米	6.61	7.86	10.64	8.04	40.09
水 稻	23.98	20.23	24.39	17.24	23.18
木 薯	10.40	13.29	13.82	10.70	18.17
豇 豆	6.80	4.73	3.17	1.28	3.47
总 量	130.03	120.51	113.06	90.43	166.73

资料来源: 联合国粮农组织网上统计数据库, 2005 年, 联合国粮农组织网站 www. fao. org。

2. 经济作物

塞内加尔最重要的经济作物是花生。为了减少经济上对花生生产与出口的过分依赖, 政府一直倡导农业多种经营。经济作物甘蔗产量 2002 年已经超过花生, 芝麻等经济作物的发展也表现不俗。其它经济作物有棉花、甘蔗、油棕果、椰子、芝麻等。花生是农民现金收入的主要来源, 32% 的已耕地被用来种植花生, 仅次于所有谷物种植的面积。[①] 花生主要产在中部地区。因为花生是地上开花入土结果, 所以对花生生长发育最为适宜的土壤是疏松、透气的沙土和沙质土, 它有利于果针扎入和坚果成熟。而塞内加尔土壤多为沙土和沙质土, 很适宜种植花生。但是, 花生在开花结实期需要很高的温度和充足的雨水, 因此, 花生的产量受气候影响较大, 出现严重旱灾时, 花生产量就会急剧下降, 从而影响农民的收入和购买力, 导致国家经济出现困难。花生生产

① Economic Intelligence Unit, *Country Profile 2004*: *Senegal*, p. 39.

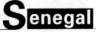

近十年来波动不定，从 1995 年产量 79.06 万吨，收获面积 84.14
万公顷，下降到 1998 年产量 57.91 万吨，收获面积 55.55 万公
顷。1999 年产量终于达到 101.43 万吨，收获面积 91.69 万公顷。
但是，2002 年产量又降至 50.13 万吨，收获面积 84.18 万公
顷；单产更是从 1999 年的 1106.2 公斤/公顷降至 2002 年的
595.5 公斤/公顷，几乎下降了一半。2003 年产量进一步降至
37.50 万吨，收获面积 57 万公顷。[1] 花生生产上下波动的原因是
气候的反复无常和农民必须通过官方渠道，按照国家规定的价
格销售花生，也引起农民强烈不满，影响了农民种植花生的积
极性。

棉花主要在南部种植，是独立后发展起来的经济作物。20%
的已耕地被用来种植棉花，在经济作物中的种植面积仅次于花
生。[2] 从事棉花种植业的人员约有 8 万人。所种植的棉花全部由
棉花交易公司（SODEFITEX）负责销售，大部分外销，内销仅
占 15% 左右。棉花产量经常取决于天气的变化，如降雨量及害
虫多寡，因此棉花品质及产量极不稳定。从独立以来至 20 世纪
90 年代 30 年中，棉花生产有了长足的进步。1961 年产量仅 460
吨，收获面积 500 公顷，单产 920 公斤/公顷；到了 1991 年产量
已达 5.06 万吨，收获面积 4.42 万公顷，单产 1145.2 公斤/公
顷。但是，由于世界市场棉花价格低廉，收购棉花的国营公司难
以收购，棉农投入生产资金少，他们不得不放弃种植棉花，从而
导致棉花产量急剧下降，1998 年尽管收获面积为 4.84 万公顷，
基本与 1991 年持平，但是产量仅为 1.16 万吨，单产为 241 公斤
/公顷。棉花生产一直徘徊不定，直到 2003 年由于政府加大投入

[1] 联合国粮农组织网上统计数据库，2005 年，联合国粮农组织网站 www.
fao.org。
[2] Economic Intelligence Unit, *Country Profile 2004*：*Senegal*，p.39.

和良好的天气，棉花生产发展才恢复到 1991 年的水平，并有所超越。2003 年棉花产量 5.5 万吨，收获面积 4.61 万公顷，单产 1190.7 公斤/公顷。棉花生产发展，主要不是依靠生产技术的改造和单位面积产量的提高，而主要是靠播种面积的不断扩大。例如，1971 年棉花产量为 2.12 万吨，20 年后，1991 年产量为 5.06 万吨，增长了一倍多，但是单产 1991 年为 1145.2 公斤/公顷，比 1971 年的 1154.8 公斤/公顷要少。1991 年产量增长的主要原因是扩大了收获面积，1991 年收获面积是 4.42 万公顷，而 1971 年收获面积仅为 1.83 万公顷。[①]

其他经济作物还有甘蔗、油棕果和椰子、芝麻，产量一直比较稳定。甘蔗是最主要的糖料作物，主要供国内消费。从 1972 年开始种植甘蔗，由于水利工程不断修建，甘蔗生产一直平稳增长。1972 年产量 200 吨，收获面积 200 公顷，单产 1000 公斤/公顷。2003 年产量 89 万吨，收获面积 8000 公顷，单产 111250 公斤/公顷。[②] 适宜甘蔗种植的土壤是肥沃的河流冲击土，塞内加尔河三角洲附近的里夏尔托勒（Richard Toll）是非洲最好的甘蔗种植区之一。油棕果生产从独立以来到今天一直保持稳定。1961 年产量 7 万吨，收获面积 7000 公顷，单产 10000 公斤/公顷，2003 年仍然维持在这个生产水平。椰子生产从 1987 年以来至今一直保持在产量 4700 吨，收获面积 1550 公顷，单产 3032.3 公斤/公顷。[③] 芝麻生产在 2003 年第一次超过了 1 万吨。[④]

---

① 联合国粮农组织网上统计数据库，2005 年，联合国粮农组织网站 www.fao.org。

② 联合国粮农组织网上统计数据库，2005 年，联合国粮农组织网站 www.fao.org。

③ 联合国粮农组织网上统计数据库，2005 年，联合国粮农组织网站 www.fao.org。

④ 联合国粮农组织网上统计数据库，2005 年，联合国粮农组织网站 www.fao.org。

从生产技术上看，农业灌溉尚不发达，2003 年农业灌溉面积 12 万公顷，仅占已耕地面积 4.88%，而同期非洲农业灌溉面积占整个可耕地面积的 6.96%。① 塞内加尔河谷地带有 24 万公顷耕地需要灌溉，但 2003 年只灌溉了 3.6 万公顷，2003 年灌溉了 7 万公顷。② 另外，农业生产中机械化程度较低，2003 年仅使用农业拖拉机 700 台，收割—脱粒机 155 台。③ 农业投入也不足，2003 年化肥消费 3.35 万吨。④

表 4 - 6 主要经济作物产量

单位：万吨

	1999 年	2000 年	2001 年	2002 年	2003 年
花生（带壳）	101.43	106.15	94.38	50.13	37.50
棉 花	1.46	2.04	3.42	3.92	5.50
甘 蔗	88.9	85.0	89.0	89.0	89.0
油棕果	6.4	6.5	6.5	6.5	7.0
椰 子	0.47	0.47	0.47	0.47	0.47
芝 麻	0.3	0.07	0.36	0.25	1.60
总 量	198.95	200.23	194.13	150.27	141.07

资料来源：联合国粮农组织网上统计数据库，2005 年，联合国粮农组织网站 www.fao.org。

---

① 联合国粮农组织网上统计数据库，2006 年，联合国粮农组织网站 www. fao. org。
② Economic Intelligence Unit, *Country Profile 2004*: *Senegal*, p. 32.
③ 联合国粮农组织网上统计数据库，2006 年，联合国粮农组织网站 www. fao. org。
④ 联合国粮农组织网上统计数据库，2006 年，联合国粮农组织网站 www. fao. org。

3. 蔬菜与水果

蔬菜与水果生产主要在达喀尔、捷斯等交通便利、需求旺盛的城市周围，主要有干洋葱、新鲜蔬菜、番茄、青豆、马铃薯、辣椒等蔬菜品种和西瓜、芒果、橙、香蕉等水果。1971 年，政府开始大力推动蔬菜与水果生产，经过最初的困难之后，一直稳步发展。干洋葱 1971 年产量上万吨，收获面积 600 公顷，单产 16666.7 公斤/公顷。到 2003 年产量已达 9 万吨，收获面积 5000 公顷，单产 18000 公斤/公顷。马铃薯 1971 年产量也升至 1 万吨，收获面积 1100 公顷，单产 10000 公斤/公顷，2003 年产量达 1.5 吨，收获面积 1500 公顷，单产与 1971 年同。① 芒果 1971 年产量为 2.7 万吨，收获面积 5000 公顷，单产 5400 公斤/公顷，2003 年产量已达 7.5 万吨，收获面积 1.1 万公顷，单产 6818 公斤/公顷。从以上数字可以看出，产量提高的主要原因是扩大了收获面积。但是，近些年来产量停滞不前。

表 4 - 7   主要蔬菜产量

单位：万吨

	1999 年	2000 年	2001 年	2002 年	2003 年
干 洋 葱	8.96	9.00	9.00	9.00	9.00
新鲜蔬菜	4.50	4.50	4.50	4.50	4.50
番 茄	1.77	1.55	1.32	1.50	1.50
青 豆	0.84	0.80	0.80	0.80	0.85
马 铃 薯	0.78	0.75	0.75	0.75	1.5
辣 椒	0.50	0.50	0.50	0.50	0.54

资料来源：联合国粮农组织网上统计数据库，2005 年，联合国粮农组织网站 www.fao.org。

---

① 联合国粮农组织网上统计数据库，2006 年，联合国粮农组织网站 www.fao.org。

表4－8　主要瓜果产量

单位：万吨

	1999 年	2000 年	2001 年	2002 年	2003 年
西瓜	28.32	11.05	12.73	22.09	39.85
芒果	7.52	7.00	7.30	7.30	7.50
橙	2.80	3.10	3.10	3.10	3.50
香蕉	0.55	0.60	0.60	0.60	0.70

资料来源：联合国粮农组织网上统计数据库，2005 年，联合国粮农组织网站 www.fao.org。

三　林业

森林及林地面积约占土地总面积 1/3，但林业不发达，长期以来林业产值占国内生产总值比例极小，而且呈下降趋势。1994 年林业产值为 113 亿非洲法郎，占国内生产总值的 0.74%，2001 年产值虽为 123 亿非洲法郎，但在国内生产总值中比例下降到 0.57%。[1]

1. 林业政策法规

20 世纪 60 年代早期，塞内加尔政府已经规划出 213 个森林保护区，其中包括 20 个森林—畜牧保护区。面积为 623.77 万公顷，占国土面积 31.7%。[2] 1965 年政府制定《林业法》，规定只有政府拥有采伐国家森林的权力，林业事务由政府林业机构负责。《林业法》束缚和阻碍了地方社区管理当地资源和当地森

---

[1]　中华人民共和国外交部网站 www.fmprc.gov.cn。

[2]　UNEP, *Economics of Greenhouse Gas Limitations Country Studies Series-Senegal*, *2001*, p.37. www.unep.org.（联合国环境规划署：《2001 年温室气体限制国家经济研究系列报告—塞内加尔》，第 37 页，联合国环境规划署网站 www.unep.org）

林保护区的积极性的发挥，使当地居民不再将当地资源作为自己的财产；再加上政府管理不善，导致非法采伐，损失数量难以估计；花生种植面积不断扩大，也毁坏了相当数量的森林资源。除了人为因素之外，由于雨水量减少，导致地下水位降低，土壤盐化和酸化严重，还有灌木林火的毁坏。在人为因素和自然因素的合力作用下，森林面积日益缩小，森林资源严重退化。1981 年森林和林地面积共有 1270 万公顷，但到 1991 年下降为 1190 万公顷，十年间年均减少 8 万公顷。① 尽管政府推行植树造林政策，但每年植树仅有 2 万公顷，只相当于每年毁林面积的 1/4。② 为了改变这种状况，政府先后于 1993 年和 1995 年修改《林业法》。修改后的法令规定由政府和地方社区共同管理森林资源。根据法律第 11 条和第 16 条，政府将根据发展计划，给予地方社区采伐当地森林资源的权利；当地森林资源由地方社区管理。该法案还规定，采伐者将费用交给地方社区；森林拥有者和使用者要用合理的方式和适宜的林业技术管理森林资源。

2. 林业资源与生产

塞内加尔森林资源比较丰富，2000 年森林面积 620.5 万公顷，占全国土地总面积的近 32%，③ 全国 12% 的林地被列为保护林区。④ 但是森林退化问题仍然十分严峻。1990～2000 年森林

---

① UNEP, *Economics of Greenhouse Gas Limitations Country Studies Series-Senegal*, *2001*, p. 37.

② Japan International Cooperation Agency, *Country Profile on Environment-Senegal*, November 1999, p. 16. www. jica. org. （日本国际协力事业团：《国家环境概况—塞内加尔》，1999 年 11 月，第 16 页，日本国际协力事业团网站 www. jica. org）

③ Earthtrends, *Country Profiles-Senegal*, p. 7. earthtrends. wri. org. （地球趋向网站：《国家概况—塞内加尔》，第 7 页，地球趋向网站 earthtrends. wri. org）

④ Economic Intelligence Unit, *Country Profile 2004：Senegal*, p. 22.

面积退化7%，其中自然林退化9%，人工林只增长5%。[①] 森林资源主要在卡萨芒斯、辛—萨卢姆和东部地区。红树林覆盖了塞内加尔南部河岸，环绕着卡萨芒斯河口。森林资源中，天然林面积为594.2万公顷，人工林仅有26.3万公顷。[②] 人工林主要用于提供薪柴和饲料。林产品主要有原木、薪柴、木炭和成材，产量一直徘徊不前。采伐和生产主要用于满足国内需要，只有木炭和成材少量出口。木炭每年出口500万立方米，出口金额11万美元，成材每年出口800万立方米，出口金额27.3万美元。[③] 工业用木材主要依靠进口，进口木材主要用来制作火柴、乐器或者由为数不多的锯木厂加工成木板。

表4-9 主要林产品生产数量

单位：万立方米

	1999 年	2000 年	2001 年	2002 年	2003 年
原木(非针叶)	587.73	590.76	593.94	597.16	600.41
包括：					
薪柴(非针叶)	508.33	511.36	514.54	517.76	521.01
其他工业用原木(非针叶)	75.4	75.4	75.4	75.4	75.4
锯材原木＋胶合板材	4	4	4	4	4
木 炭	11.07	11.02	11.02	11.02	11.02
成 材	2.3	2.3	2.3	2.3	2.3

资料来源：联合国粮农组织网上统计数据库，2005 年，联合国粮农组织网站 www.fao.org。

---

① Earthtrends, *Country Profiles-Senegal*, p. 7. earthtrends.wri.org.

② Earthtrends, *Country Profiles-Senegal*, p. 7. earthtrends.wri.org.

③ 联合国粮农组织网上统计数据库，2005 年，联合国粮农组织网站 www.fao.org。

四　畜牧业

牧业在第一产业中对国内生产总值的贡献仅次于种植业。全国永久草场面积 565 万公顷，占土地总面积的 29.3%。[1] 饲养的牲畜主要是牛、羊、猪、马以及家畜等，其牲畜饲养量呈逐年增加之势。但是萃萃蝇的危害和严重旱灾的影响，阻碍了畜牧业的进一步发展。因此，尽管产值稳步增长，在整个国民经济中的比重却呈下降趋势。1994 年产值 1098 亿非洲法郎，占国内生产总值 7.2%，2001 年产值 1404 亿非洲法郎，占国内生产总值的 6.41%。[2] 需要进口肉类以满足国内人民生活需要，近年来进口数量激增，1999 年进口 1351 吨，到 2003 年达到 14564 吨，增长近十倍。[3] 畜牧业主要有三类生产方式。一是现代畜牧业。建立了一些大畜牧场，或者在畜牧场建立饮水点和饲草储藏库，合理利用草场；或者实行集约经营，以农产品加工的副产品作为基本饲料。这些大饲养场主要饲养大牲畜。二是定居畜牧业。在农村，农民以家庭为单位散养一些肉牛、山羊、猪、家禽等。三是迁徙畜牧业。畜牧业的主要生产者富尔贝人常年追逐水草，进行放牧。

养牛业一直是畜牧业中最重要的部门。肉、皮、奶的供应量一直占绝对优势，是居民肉、奶食物的主要来源。但是养牛业的发展水平不高。1965 年以后绝对头数就被山羊和绵羊超过。牛的饲养主要以家庭为主。养羊业在畜牧业中发展最快，1961 年国家刚独立时，绵羊 110 万头，2004 年达到 470 万头，山羊从

① Economic Intelligence Unit, *Country Profile 2004: Senegal*, p. 42.

② IMF, *Senegal: Statistical Appendix*, IMF Country Report No. 03/168, June 2003, p. 4. www. imf. org.

③ 联合国粮农组织网上统计数据库，2005 年，联合国粮农组织网站 www. fao. org。

90 万头增加到 400 万头，分别增长了三倍之多。牛 1961 年 150 万头，2004 年 310 万头，只增长一倍。屠宰数量山羊 1961 年 36.6 万头，2004 年 138.5 万头，绵羊 1961 年 22.05 万头，2004 年 202.1 万头，分别增长了 278.4% 和 816.6%；牛 1961 年 20.7 万头，2004 年 38.2 万头，只增长了 84.5%。肉、皮、奶的产量，山羊 1961 年分别为 0.33 万吨、0.092 万吨、0.62 万吨，2004 年为 1.66 万吨、0.35 万吨、1.68 万吨，分别增长了 403%、280.43%、170.96%；绵羊 1961 年分别为 0.64 万吨、0.14 万吨、0.18 万吨，2004 年为 1.55 万吨、0.32 万吨、1.62 万吨，分别增长了 142.19%、128.57%、800%；牛 1961 年分别为 2.59 万吨、0.52 万吨、6.94 万吨，2004 年为 4.78 万吨、0.96 万吨、9.61 万吨，只分别增长了 84.56%、84.62%、38.47%。[①] 养

表 4 - 10　牲畜存栏数

单位：万头（只）

	2000 年	2001 年	2002 年	2003 年	2004 年
牛	298.6	306.1	299.69	301.75	310
绵羊	454.2	467.8	454.04	461.35	470
山羊	387.9	399.5	390	396.87	400
猪	26.9	28	29.15	30.34	31.5
鸡	4500	4500	4500	4500	4600
马	47.1	49.2	49.61	50.02	50.45
驴	39.9	40.7	39.95	39.95	40.6
骆驼	0.4	0.4	0.4	0.4	0.4

资料来源：联合国粮农组织网上统计数据库，2005 年，联合国粮农组织网站 www. fao. org。

---

① 联合国粮农组织网上统计数据库，2005 年，联合国粮农组织网站 www. fao. org。

羊业发展最快的主要原因是山羊易于繁殖，出肉率高，对恶劣的气候和草场条件的耐受力强。羊在居民的肉食和奶食中占有重要地位，羊皮在游牧生活中也起着重要作用，是制造皮囊、袋子、马具、皮带、垫子的主要原料。其他牲畜发展较好的还有禽类，近几年来一直稳步发展。猪、马、驴、骆驼数量则极少。

五　渔业

内加尔濒临大西洋，拥有 500 公里海岸线、21033 平方公里的大陆架、11495 平方公里的领海、147221 平方公里专属海洋经济区，① 其大陆架和临近海域是南大西洋重要渔区的组成部分，这里海洋鱼类资源丰富，种类多，数量大。主要捕捞对象有沙丁鱼、金枪鱼、鲱鱼、鲐鱼、鲔科鱼、黄花鱼、比目鱼等，以及甲壳类和贝类，如虾和牡蛎，其中沙丁鱼、金枪鱼、虾是主要出口产品。塞内加尔还拥有 4190 平方公里河流面积，② 塞内加尔河与卡萨芒斯河蕴藏着丰富的淡水鱼类资源。

渔业生产规模约占国内生产总值30%，2003 年生产总值为583 亿非洲法郎。③ 但是，从 1986 年起，渔业超过花生产业成为塞内加尔最大的出口创汇部门（1994 年除外），2002 年渔业出口总额占商品出口总额 23.6%，出口金额 1822 亿非洲法郎，④

① Earthtrends, *Country Profiles, Coastal and Marine Ecosystems-Senegal*, p. 1. earthtrends. wri. org.（地球趋向网站：《国家概况：塞内加尔沿海和海洋生态系统》，第 1 页，地球趋向网站 earthtrends. wri. org）
② wikipedia. the freedictionary. com.（维基百科网站 wikipedia. the freedictionary. com）
③ IMF, *Senegal*：*Selected Issues and Statistical Appendix*, IMF Country Report No. 05/155, May 2005, p. 46. www. imf. org；中华人民共和国外交部网站 www. fmprc. gov. cn。
④ Economic Intelligence Unit, *Country Profile 2004*：*Senegal*, p. 43.

主要销往非洲国家、北美、欧共体和日本。渔业也是该国第二大
吸纳劳动力的就业部门，在渔业部门就业的劳动力大约 60 万人，
占全国就业总人口的 15%，[1] 主要从事捕鱼和鱼类加工。渔民主
要是沃洛夫人和莱布人，重要渔港有达喀尔、圣路易、卡亚尔、
姆布尔、若阿勒和济金绍尔等。

渔业分为海洋渔业和淡水渔业两种。海洋渔业是渔业的主
体。独立以来，海洋渔业发展很快，1965 年捕获量仅 5 万吨，
到 2002 年增加到 36.12 万吨。[2] 海洋渔业的发展主要得益于政府
的有力措施，包括面向出口，建立和发展国营工业性渔船队，发
展现代海洋渔业；改造传统渔业，实现捕鱼装备机械化；发展港
口基础设施和其他渔业基础设施等。

渔业面临的最大问题就是过度捕捞。独立以来至今，捕获量
持续上升。年均捕获量 1961~1971 年为 10.72 万吨，1971~
1981 年为 20.58 万吨，1981~1991 年为 25.41 万吨，1991~
2001 年为 38.86 万吨。1997 年 45.74 万吨，为捕获量最高峰，
此后有所下降。[3]（近年来渔业产量见表 4 - 11）过度捕捞极大
破坏了海洋环境，严重制约了渔业发展，今天手工业捕鱼每次捕
获量仅是 20 年以前的 1/3。[4] 渔业的衰退还引起了社会和经济问
题，渔业作为国家出口创汇第一大部门出口的减少，严重影响
了国家的收入，渔民收入也减少了。而且渔民为了生存，纷纷

① Economic Intelligence Unit, *Country Profile 2004*: *Senegal*, p. 43; *Senegal Integrated Coastal and Marine Resource Management*, p. 5. www.worldbank.org.（世界银行网站：《塞内加尔海岸与海洋资源管理》，第 5 页，www.worldbank.org）

② 联合国粮农组织网上统计数据库，2005 年，联合国粮农组织网站 www.fao.org。

③ 联合国粮农组织网上统计数据库，2005 年，联合国粮农组织网站 www.fao.org。

④ *Senegal Integrated Coastal and Marine Resource Management*, p. 5. www.worldbank.org.

进入渔业资源比较丰富的周边国家捕鱼，从而引起了这些国家的不满，影响了国家之间的关系。

表4-11　近年来塞内加尔渔业捕获量

单位：吨

	1997	1998	1999	2000	2001	2002
鲜海鱼	396850	352995	319900	352059	359020	323884
鲜淡水洄游鱼	33030	22326	35467	24088	22006	22097
鲜甲壳类、软体类、头足类	27560	28574	56913	26004	22281	29992
总　计	457440	403895	412280	402151	403307	375933

　　资料来源：联合国粮农组织网上统计数据库，2005年，联合国粮农组织网站www. fao. org。

　　上世纪70年代在反对海洋霸权的国际浪潮中，塞内加尔于1970年宣布把领海范围从6海里扩大到12海里，1972年又宣布扩大到110海里。1975年1月1日生效的渔业法中，规定塞内加尔海岸110海里半径以内的海域为塞内加尔的捕鱼区，同时还规定，外国渔民只有在他们的国家同塞内加尔签订特别协定时才允许在划定海域内捕鱼。为此，塞内加尔每年发放捕鱼许可证，并规定外国渔民捕获的鱼应运往塞内加尔的一个港口卸货，而对被发现的任何非法捕鱼者和不按规定卸鱼者则处以罚款并没收所捕之鱼和渔网。1976年，塞内加尔进一步确定其领海宽度为150海里，大陆架宽度为200海里。1987年《海洋渔业法》和随后制定的其他渔业法令对本地和外国船只捕鱼活动进行了更为详细的规范。法令规定：（1）外国船只在塞内加尔水域捕鱼必须要有与塞内加尔方面签订的协定。（2）塞内加尔本地船只至少51%的所有权为塞内加尔国民所有；要在塞内加尔进行官方登记；船长和大多数负责人必须是塞内加尔国民。（3）外国船只申请捕鱼许可证的条件包括船只的技术特征、船具描述和船员基

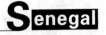

本资料。（4）渔船禁止使用炸药、毒药和其他有害物质，拖网捕鱼禁止1500吨以上。（5）沿海捕捞规定级别和范围，如沙丁鱼捕捞船50吨位以下，可在离岸3海里以外的塞内加尔所有水域中捕捞，51吨~250吨位可在离岸3~12海里的渔场捕捞，250吨位以上可在离岸6~12海里的渔场捕捞，等等。（6）租赁船只吨位不能超过1500吨，船龄不能超过十年，必须接受塞内加尔政府监督。（7）所有得到许可捕鱼的渔船必须有详细捕鱼记录，归来后上交。（8）许可捕捞中上层海鱼、公海中上层海鱼、近海底层虾和贝类及鱼、最底层的虾和鱼的费用标准不同。

塞内加尔政府还同外国签订了渔业协定，规定了捕鱼数量和品种，以便更好地保护本国的渔业资源。1997年，塞内加尔与欧盟正式签订协定。根据该协定，欧盟船只捕捞的部分鱼类将在当地上岸加工，作为补偿，欧盟于1997~2001年向塞内加尔支付4800万欧元。2000年欧盟成员国约有78艘渔船被准许在塞内加尔捕鱼。2002年6月，塞内加尔与欧盟签订一项新的协定，根据协定，每年有两个月禁止捕鱼期，以保护渔业资源，2002~2006年欧盟给予塞内加尔6400万欧元的资金补偿。[1]

海洋渔业可分为手工业捕鱼和现代工业性捕鱼。手工业捕鱼是渔业的基础，能够提供4/5的捕获量。几个世纪以来，从事手工业捕鱼的渔民承担着国内市场和传统地区市场的供应。最初捕鱼工具是独木舟和简陋的渔具，仅限于沿海作业，产量有限。20世纪70年代开始使用日本生产的发动机和联合国粮农组织推广的渔业技术，捕鱼范围和捕鱼量急剧扩大。从最初能够捕捞营养价值低的中上层海鱼例如沙丁鱼、鲱鱼、鲐鱼等，到能够捕捉营养价值高的原来仅限于出口的底层海鱼，例如鲭科鱼、小须鲸、

---

① Economic Intelligence Unit, *Country Profile 2004*: *Senegal*, p. 43.

比目鱼等。独木舟的数量成倍增长，从事渔业的劳动力越来越多。20 世纪 80 年代，从事手工业捕鱼的渔民基本控制了中上层海鱼的市场供应，到 20 世纪 90 年代早期，他们直接与现代工业性捕鱼船只竞争底层海鱼的市场供应。截止到 2000 年手工业捕鱼的渔民已经控制了中上层海鱼 85% 的市场供应，底层海鱼 40% 的市场供应。[①] 只有金枪鱼、虾和深海底层鱼的市场尚未占领。目前，手工业捕鱼拥有 1.2 万只独木舟，5 万至 7.5 万名渔民，占有 85% 在塞内加尔上岸的捕获量和整个海洋渔业产值的 60%，手工业捕鱼的产品附加值是 48% ~ 86%，为现代工业性捕鱼附加值的 2 倍多（22% ~ 36%）。[②] 另外，手工业捕鱼还带动了很多人从事渔业和其他服务的传统和现代加工和销售。但是，渔业资源下降严重威胁了手工业捕鱼的发展，为了获得更大的捕获量，渔民远离海岸捕鱼，导致很多安全事故发生，而且也经常同现代工业性捕鱼船只发生冲突。与此同时，渔民也进入周边国家捕鱼，据估计在塞内加尔上岸的 30% ~ 40% 的底层海鱼来自于几内亚、冈比亚和毛里塔尼亚。[③] 但是这些国家通过改进本国渔业政策和增强本国手工业捕鱼能力，对塞内加尔手工业捕鱼构成越来越大的压力。

现代工业性捕鱼业是独立之后发展起来的。1962 年成立了塞内加尔渔业公司（SOSAP），其主要职责是组建金枪鱼船队和沙丁鱼船队，从国外公司进口渔船。1965 ~ 1975 年，10 年间建起了非洲第一个金枪鱼船队，也是非洲最大的金枪鱼船队，共有

---

① *Senegal Integrated Coastal and Marine Resource Management*, p. 5. www. worldbank. org.

② *Senegal Integrated Coastal and Marine Resource Management*, p. 6. www. worldbank. org.

③ *Senegal Integrated Coastal and Marine Resource Management*, p. 6. www. worldbank. org.

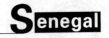

渔船 28 条，吨位在 235~300 吨，发动机 600~950 马力，后来
又新增 3 条 1850 吨、2300 马力的渔船。到 1983 年这种国营渔船
队拥有渔船 165 条，[1] 2001 年发展到 200 条。[2] 船队最初供应当
地小规模的中上层海鱼市场，后来主要捕捞底层海鱼由当地加工
成鱼片或冷冻，出口到欧盟和日本。现代渔船队的捕获量虽然只
占总捕获量的 1/5，但是它提供了出口水产品的绝大部分。直到
20 世纪 90 年代初期还能够赢利，日益增长的出口价格抵消了减
少的捕获量。但是由于过度捕捞导致渔业资源减少，渔船型号过
时、老化，管理不善，捕获量日趋下降。2001 年除了属于联合
加工公司的捕捞金枪鱼和虾的船只以外，其他的船只都不再赢
利。许多船只老旧不堪，停泊在达喀尔港口不能继续作业。船队
作业范围包括整个西非海岸。据估计 30% 在塞内加尔上岸的捕
获量来自海外。[3] 根据与周边国家的协定，周边国家以较低的费
用向塞内加尔出售捕鱼许可证。然而这些国家对这种协定日益不
满，正在考虑更改这一协定。从长远来看，这些国家以较高的价
格出售捕鱼许可证和要求更多捕获的鱼在本国上岸，将不可避免
地影响到塞内加尔在国外的捕获量。

　　主要供出口的沙丁鱼、金枪鱼和虾，都加工成罐头食品和冷
冻食品，这可增加渔业部门的利润。2000 年整个渔业产量靠岸
价值只有 870 亿非洲法郎，但是渔业出口价值却达到 1860 亿非
洲法郎。[4] 以达喀尔和其周围为中心的渔业加工业主要加工成冷

---

[1] 文云朝编著《塞内加尔：资源、环境和发展》，第 97 页。

[2] *Senegal Integrated Coastal and Marine Resource Management*, p. 6. www. worldbank.
org.

[3] *Senegal Integrated Coastal and Marine Resource Management*, p. 6. www. worldbank.
org.

[4] *Senegal Integrated Coastal and Marine Resource Management*, p. 6. www. worldbank.
org.

冻食品和鱼片。渔业出口公司数量从 1994 年的 25 家增加到 1997 年的 55 家。[①] 然而，渔业资源减少和与周边国家竞争罐头制品的原料，导致渔业加工规模的严重缩小。国内金枪鱼罐头企业由 1980 年的 7 家减少到 2001 年的 3 家，而且其中一家还严重依赖政府资金补贴。塞内加尔的渔产品在欧盟和日本市场面临着多方面的竞争，渔业出口日益萎缩，1997 年渔业产品出口量 10.3 万吨，2001 年降至 7.8 万吨，[②] 金枪鱼罐头出口从 20 世纪 80 年代初期占世界市场的 10% 以上降到目前的 3%。[③]

第三节　工矿业

工矿业在国民经济中占有重要地位。塞内加尔是西非地区工业最发达的国家之一，2003 年工业产值占国内生产总值的 21.2%，在三大产业部门中位居第二，[④] 而且在三大产业部门中发展最快。据世界银行统计，1983 ~ 1993 年，工业增长率为 3.3%；1993 ~ 2003 年为 6.7%。[⑤] 全国有 500 多家企业，85% 的工厂企业集中在达喀尔。主要工业门类有农产品加工、食品、化工、纺织、皮革、炼油、建材工业、水电工业、建筑和公共工程等。自从 1986 年实施新工业政策改革以来，除了磷酸盐、水电工业增长，石油产品、肥皂、化肥、水泥产量较快恢复以外，其他工业部门尤其是轻工业部门的产量严重下降，纺织业和鞋业在与进口产品竞争中始终处于下风。

①　*Africa South of the Sahara 2004*, p. 935.

②　*Senegal Integrated Coastal and Marine Resource Management*, p. 2. www. worldbank. org.

③　Economic Intelligence Unit, *Country Profile 2004*：*Senegal*, p. 43.

④　The World Bank Group, *Senegal at a glance*, 9/29/04, www. worldbank. org.

⑤　The World Bank Group, *Senegal at a glance*, 9/29/04, www. worldbank. org.

一 工矿业发展政策

1. 工业发展法律与政策

法国殖民统治时期，西非联邦中的工业几乎都集中在塞内加尔，特别是达喀尔，从而使其工业相对最为发达。法国通过其"海外领地经济和社会发展投资基金"及其后的"援助与合作基金"向塞内加尔提供发展工业资金。与此同时，法国资本控制了塞内加尔的工业命脉，塞内加尔工业严重地依赖法属各殖民地的原料和市场。因此，独立以前，塞内加尔只是法国在西非的一个原料加工基地，除了供应宗主国消费之外，还出口到法属其他地区。独立前，法国资本主要控制纺织、制鞋、酿酒、制糖、炼油、汽车装配、化肥、水泥等部门，企业中的主要技术人员和管理人员全部是法国人。独立后，塞内加尔政府新的工业发展方针是：（1）实行对外开放，保护和鼓励外资。独立初期，政府将水、电、交通等部门的企业收归国有，一度引起外资转移国外。1962 年政府制定了《投资法》，从法律、税收等方面明确了保护和优待外资的宗旨，并对减税、免税、资本自由汇出等都作了详细的明文规定。如果开办工厂投资在 10 亿非洲法郎以上，将减免税收 25 年。为了进一步吸引外资，发展出口企业和促进就业，1974 年政府在达喀尔建立"自由工业区"。该工业区占地 650 公顷，位于达喀尔近郊，距达喀尔港 11 公里。1976 年正式对外出租，土地归国家所有，租赁期为 99 年，总投资约为 60 亿非洲法郎。在工业区的企业主要从事医药、假头套、塑料鞋、皮鞋、轮胎、方糖、箱包、海鲜、罐头等产品的加工生产。（2）发展民族经济，保护本国资本，推动干部和资本"塞内加尔化"。政府积极鼓励民族资本兴办中小型企业，为此对本国国民开办的工厂给予免除营业税、部分原料进口税和提供贷款方便的优惠待遇。1972 年修订的《投资法》将开办工厂最低投资额降为 5 亿非洲法郎，

1977 年修订的《投资法》更是降低为 2000 万非洲法郎，以此鼓励
中小企业发展。为了提高塞内加尔人的管理水平和增加本国人民
的就业机会，规定在外国企业中本国干部应占 85%，工人必须在
当地雇用。塞内加尔的私人资本和国家资本可向外资企业投资。
(3) 改变工业企业的不平衡布局。政府为改变工业企业集中在达
喀尔的不合理工业布局，鼓励工业企业向国内各地分散建设。为
此，1981 年的《投资法》规定，向内地投资的外资工厂，除了可
将资金自由汇出外，还可享受免除原料进口、赢利、注册、生产
等税收的优惠待遇。(4) 政府成立工业和手工业发展部（MDIA）
和促进工业国家公司（SONEPI），对地方企业提供各种帮助和增
加企业投资。促进工业国家公司建于 1969 年，资金 1.5 亿非洲法
郎，国家占有 28% 的股份，任务是推动中小企业发展。

　　1986 年政府又出台新工业政策，将进口替代转变为出口导
向，降低贸易壁垒，减少关税和非关税保护；制定了一系列促进
出口计划：出口企业享受出口退税、临时准入、出口补助和特惠
关税制；推动国有企业私有化，减少政府对工业部门的控制与管
理，提高本国企业的自主竞争力；鼓励私人和外国投资；进一步
鼓励发展中小型企业；修改劳动法，放宽雇主雇佣工人的限制。
但是改革的结果令人失望，出口企业互相竞争，大多数进口替代
企业破产；为了回避风险，这些企业的经济活动从制造业转移到
种植园和小规模贸易。

　　1994 年非洲法郎贬值，政府实行新措施试图鼓励私人投资
工业。新措施主要包括取消进口许可证，取消一些大公司的垄断
地位，进一步修改劳动法，使雇主在雇佣工人方面更具灵活性。
将政府拥有或者受政府控股与保护的一些公司私有化，包括主要
生产花生油的塞内加尔国家油料商业公司（SONACOS）。

　　为了鼓励外国投资，1998 年建立的工业高级委员会制定工
业战略，优先发展高附加值和有出口潜力的工业部门，例如化

工、纺织、农产品加工、皮革、金属加工和机械制造业。2000年建立重要工程国家投资促进局（APIX），帮助重大工程投资事宜。2001年又建立中小企业环境发展局（ADPME），宗旨是帮助中小企业建立与运作。

2002年，瓦德总统强调，要进一步推动手工业转型，提高质量、附加值，加强手工业品的出口创汇。工业和手工业部长朗丁·萨瓦纳表示，振兴手工业对创造就业机会有着举足轻重的作用。目前，已有10多个手工业村，有40多万人从事手工业，政府将投资兴建更多的手工业村，成立培训中心，加强各手工业村之间的信息交流，多参加国际展览，加强宣传，以开拓国际市场。为提高产品质量塞内加尔标准协会汇集国际上现有产品的品质和安全资料，制定自己的标准，作为产品进入国际市场的保证。

2. 矿业发展法律与政策

矿业法令包括：1988年8月26日第88-06号《矿业法》；1986年4月14日实施并在1988年修改的第86-13号《石油法》；1987年7月30日第87-25号《投资法》等。采矿业政策规定：（1）在塞内加尔从事采矿的矿业发起人需要签订一份协议，确定特定许可证中公司与国家之间的合同关系。（2）勘探许可证期限4年，可延长2次，每次3年。在勘探阶段，许可证持有者可以免除销售税和设备进口税，并在勘探活动中享受必要的服务，以及在工程中安装设备所使用的燃料。（3）一旦勘探项目成功，许可证持有者就要与国家签订一份新的协议，规定在采矿阶段双方之间的关系。（4）采矿许可证期限5年，可延长；而采矿特许证期限25年，同样可以延长。（5）在建设和试运行期间，许可证持有者享受以促进塞内加尔矿业发展为目的的特殊税制。 （6）独资经营的矿业公司可把所获利润汇回本国。（7）在矿业领域从事活动的公司可以享受投资法的优惠。（8）许可证申请最长在30天内完成。所有行政表格都要在同一

个地点办理。（9）除常见的向投资者授予的一般保证外，对投资和项目工程还保证资金自由流动（外国人和本国人同等对待）。

二　采矿业

采矿业是最重要的重工业部门，尽管在整个国家经济生活中所占比重不大，但对出口具有重大意义。2002年，采矿业不到国内生产总值的 2%，但是磷酸盐和其相关产品的出口估计占国家整个出口产品的 17%。[①] 主要开采活动是有关磷酸盐、黄金和石油。其他矿产资源还有粘土、铁矿石、大理石、泥炭、盐、钛、铜、钻石、硅藻土、铀。20 世纪 90 年代以来矿业雇佣工人 2500 名。[②] 政府还发布 40 个以上勘探许可证，反映了外国资金对塞内加尔东部地区的黄金、铜和其他矿物质的潜在储藏量的兴趣日增。

塞内加尔矿业严重依赖外国资本和技术，采矿业主要由以下公司组成：（1）台巴磷酸盐塞内加尔公司（CSPT）主要从事磷酸盐的开采，由国家控股 50%，拥有达喀尔东北部 100 公里的磷酸盐矿区。（2）捷斯磷酸盐塞内加尔公司（SSPT）位于台巴磷酸盐塞内加尔公司的西南部，1948 年建立。主要生产磷酸盐和铝磷酸盐，制造磷肥。[③] 1998 年 3 月，该公司由塞内加尔政府拥有的 50% 的股份为西班牙托尔萨矿业公司（Tolsa）以 10.25 亿非洲法郎购得。[④]（3）塞内加尔国家石油公司（PETROSEN）

① Economic Intelligence Unit，*Country Profile 2004*：Senegal，p. 43.
② USGS，*Mineral yearbook*，*The Mineral Industries of the Gambia*，*Guiner-Bissau*，*andSenegal-1994*，p. 761. www. usgs. gov. （美国地理调查网站：《矿业年鉴：冈比亚、几内亚比绍和塞内加尔的采矿业》，1994 年，第 761 页，www. usgs. gov）
③ *Africa South of the Sahara 2004*，p. 953.
④ Economic Intelligence Unit，*Country Profile 2004*：Senegal，p. 43.

由政府控制，负责矿业燃料开发，还可以销售小数量的天然气。

1. 磷酸盐

磷酸盐矿石由国家负责开采，然后在国内进行加工，制成肥料和磷酸。主要生产两种磷酸盐，即铝磷酸盐和钙磷酸盐。20世纪90年代以来，铝磷酸盐和钙磷酸盐储量估计分别为5000万~7000万吨和1亿吨，占磷酸盐世界产量的1.5%和世界出口量的3%。[①] 磷酸盐由捷斯磷酸盐塞内加尔公司和台巴磷酸盐塞内加尔公司进行开采，然后由塞内加尔化学工业公司（ICS）进行加工。1996年9月，台巴磷酸盐塞内加尔公司和塞内加尔化学工业公司宣布合并，目标是在七年之内化学肥料成两倍增长，合并后的新公司名为塞内加尔化学工业公司。

铝磷酸盐主要分布在捷斯附近，从1949年开始开采，到1959年产量不到10万吨，但到1985年产量达到35.5万吨，包括粗铝磷酸盐和熟磷酸盐，还有磷肥和磷酸。[②] 1956年法国对台巴的钙磷酸盐进行勘探和开采设计，于1960年正式投产。台巴磷酸盐矿由法国、美国和德国资本合资的台巴磷酸盐公司合营。1960年产量仅为19.8万吨，到1981年增加到180万吨。[③] 磷酸盐总产量猛增，1971年总产量达到164万吨，在非洲仅次于摩洛哥、突尼斯、南非和多哥，居第五位。其中钙磷酸盐为145万吨，占89%，铝磷酸盐为19万吨，80%以上供出口，余下部分作为达喀尔磷肥厂的原料。1971年磷酸盐的出口量为121万吨，主要销往英国、日本、荷兰、法国、希腊等国。[④] 1988年磷酸盐产量达到最高峰，为230万吨。随后逐年下降，到2002年最低

---

① *Africa South of the Sahara 2004*, p. 936.

② 文云朝编著《塞内加尔：资源、环境和发展》，第117~118页。

③ *Africa South of the Sahara 2004*, p. 936.

④ 文云朝编著《塞内加尔：资源、环境和发展》，第117~118页。

为 154.7 万吨，2003 年略有增长达到 191.9 万吨。① 政府希望通过减少磷酸盐原材料出口，扩大磷酸盐加工产品即肥料的出口而增加外汇收入。近年马塔姆地区拥有的最具开采价值的磷酸盐矿被发现，钙磷酸盐储量为 4050 万吨。塞内加尔化学工业公司计划在该地区建立新的磷酸盐矿。但是，由于需要投资 1.1 亿美元和市场前景不好，因此在一定时期内该地区的磷酸盐不可能得到开采。

表 4 - 12　磷酸盐矿石和相关产品生产情况

单位：千吨

时　　间	1998	1999	2000	2001	2002
钙磷酸盐为基础的肥料	224	178	115	203	201
粗磷酸盐矿石（铝磷酸盐）	20	31	182	190	4
粗磷酸盐矿石（钙磷酸盐）	1478	2000	2000	1700	2000
磷　酸	333	299	295	359	581
凹凸棒石	80	136	131	130	176
磷酸盐总计	1542	1797	1845	1708	1547

資料来源：Economic Intelligence Unit, *Country Profile 2004*：*Senegal*, p. 44.；Economic Intelligence Unit, *Country Profile 2002*：*Senegal*, p. 45.；USGS, *Mineral yearbook*, *The Mineral Industries of the Gambia*, *Guiner-Bissau*, *and Senegal*, 2003, 2004.（美国地理调查网站：《矿业年鉴：冈比亚、几内亚比绍和塞内加尔的采矿业》，2003 年、2004 年，www. usgs. gov）

2. 黄金

塞内加尔东南部地区存在前寒武纪变质岩，许多外国公司拥有在该地区进行勘探黄金许可证。但是，黄金生产数量极少，估计 1997 ~ 2001 年每年生产黄金 550 千克。② 2002 年产量为 600

① Economic Intelligence Unit, *Country Profile 2004*：*Senegal*, p. 44.

② USGS, *Mineral yearbook*, *The Mineral Industries of the Gambia*, *Guiner-Bissau*, *and Senegal*, 2001, www. usgs. gov.

千克。[①] 黄金生产为手工作业。在东南部萨博达拉（Sabodala）地区拥有丰富的黄金储量，为了勘探和开采该地区的黄金储备，1982年塞内加尔政府与法国矿业地质研究局（BRGM）共同投资建立萨博达拉矿业公司（SMS），塞内加尔政府拥有49.4%的股份，法国矿业地质研究局拥有50.6%的股份。1993年末期，澳大利亚帕格特（Paget）矿业有限公司支付25万美元获得对萨博达拉有开采价值的黄金地区的主要选择权。根据帕格特与法国矿业地质研究局签订的协定，帕格特可以在萨博达拉矿业公司获取50.7%的利益，还可以从塞内加尔政府获取更多的有开采价值的黄金地区的选择权。萨博达拉矿业公司从1997年5月开始正式生产，1997年在萨博达拉生产出100千克黄金。目前该公司总资金18.75亿非洲法郎。[②] 2001年，英国克鲁夫（Cluff）矿业公司、南非兰德（Rand）黄金资源有限公司等被授予在塞内加尔东南部勘探黄金的许可证。2001年11月，兰德公司与塞内加尔政府签订勘探协议。该公司已初步证实萨博达拉南部卡诺梅岭（Kanoumering）地区拥有3个有开采价值的黄金储备地区，为此准备在以后4年中每年投资700万~1000万美元进行勘探工作。[③]

表4-13 黄金产量

单位：千克

时 间	1998	1999	2000	2001	2002
产 量	550	550	550	550	600

资料来源：USGS, *Mineral yearbook*, *The Mineral Industries of the Gambia*, *Guiner-Bissau*, *and Senegal*, 2003, 2004.

[①] USGS, *Mineral yearbook*, *The Mineral Industries of the Gambia*, *Guiner-Bissau*, *and Senegal*, 2002, www. usgs. gov.

[②] *Africa South of the Sahara 2004*, p. 953.

[③] USGS, *Mineral yearbook*, *The Mineral Industries of the Gambia*, *Guiner-Bissau*, *and Senegal*, 2002, www. usgs. gov.

3. 油气产业

（1）石油立法

1998年1月8日第98-05号法令对碳氢化合物的勘探与生产作出了详细的规定。根据法令，碳氢化合物勘探授权，必须在授予开采许可证与行政部门合同的范围之内，可以得到为期不超过两年的勘探授权。在同一地区可以同时授予几家勘探权。勘探授权并不授予它的持有者获得其它特权，不能在勘探期间对发现的碳氢化合物进行生产和处理。碳氢化合物勘探许可证可以通过法律手续更新两次，延长期不超过3年。第二个更换期可以根据需要延长时间，许可证持有者还可得到拥有授权，液体碳氢化合物拥有权不超过3年，气体碳氢化合物不超过8年。勘探许可证持有者如果申请，也可以得到开采许可权，期限不超过两年。开采许可权可以通过法律转让，授予拥有者所有权利进行全部开采活动。开采转让期不超过25年，可以通过法令延长10年，更换一次。

（2）石油和天然气

石油主要分布在卡萨芒斯海岸的多麦弗洛尔油田（Dôme Flore），储量估计为5200万~5800万吨。[①] 但是由于大部分储藏量为重油，所以发展石油业长期以来被认为在经济上是行不通的。国有石油公司塞内加尔石油公司负责所有勘探工作。1995年中期，塞内加尔与几内亚比绍签署协定，两国在共同水域共同合作勘探石油。随后塞内加尔政府授予美国投资者勘探权利与塞内加尔石油公司合作共同进行勘探工作。2001年在塞内加尔勘探石油的公司有：澳大利亚洛克（Roc）石油有限公司，英国壳牌勘探有限公司，澳大利亚伍德赛德（Woodside）石油有限公司等。

塞内加尔天然气资源估计30亿立方米，主要位于陆地。最

---

① *Africa South of the Sahara 2004*, p. 936.

初在律菲斯克附近的迪亚姆尼亚迪奥（Diam Niadio）发现5000万立方米的天然气储量，主要为比切斯角（Cap des Biches）发电站提供燃料，但是每天产量只有约4.2万立方米，1992年末停止生产。随后，一个更大的资源储备在附近被发现，1993年再次向比切斯角发电站提供燃料。1997年初，塞内加尔石油公司宣布在捷斯地区发现一个储量约为100亿立方米的天然气储备，能够在30年内为电力生产提供燃料。2001年3月，美国伏特萨（Fortesa）国际公司与塞内加尔石油公司签订了一项关于捷斯气体的生产—分配许可证的协定，给予该公司7年开采期；投资1630万美元，用于采集数据、钻井和建设管线。[1] 2002年10月，该公司在加迪亚加（Gadiaga）发展区进行天然气生产，每天生产天然气56600立方米。该公司拥有加迪亚加发展区70%的利益，另外30%为塞内加尔石油公司所有。

在塞内加尔经营石油业的外国公司有：（1）英国石油公司塞内加尔有限公司（BP Sénégal SA）。该公司建立于1951年，主要从事进口、贮藏和分配石油产品，生产润滑油。[2]（2）塞内加尔美孚石油公司，为美国埃克森美孚石油公司下属公司，销售原油和石油产品。2001年销售额1.06亿美元，2002年雇工80人。[3]（3）塞内加尔壳牌公司建立于1961年，销售石油和天然气。2002年雇工193人。[4]

4. 铁矿石

与马里接壤的法莱梅地区拥有质量很好的铁矿石储量，估计3.91亿吨，在法兰加里亚（Farangalia）和果托（Goto）储量为

[1] USGS, *Mineral yearbook*, *The Mineral Industries of the Gambia*, *Guiner-Bissau, and Senegal*, *2001*, www. usgs. gov.

[2] *Africa South of the Sahara 2004*, p. 953.

[3] *Africa South of the Sahara 2004*, p. 953.

[4] *Africa South of the Sahara 2004*, p. 953.

2.5 亿吨。[①] 塞内加尔东方矿业公司 （MIFERSO） 一直为法莱梅矿业计划寻求国际资金援助。该公司由塞内加尔政府和法国矿业地质研究局及加拿大、德国公司共同投资，预计每年可生产 1200 万吨铁矿石，它需要修建一条长达 740 公里的到达海岸的铁路，改进达喀尔附近港口设备和发展新的电力供应，而马里的马南塔里大坝是提供电力的最可行的资源。由于世界市场铁矿石供应过剩，产量已经从最初的每年 1200 万吨削减到 2003 年的 600 万吨，[②] 修建计划也未实现。

表 4-14　塞内加尔其他矿产品生产情况

单位：千吨

	1999	2000	2001	2002	2003	2004
水　泥	898	1341	1539	1653	1694	1700
盐	145	124	110	172	235	240
粘　土	—	—	—	19	21	20
红　土	—	—	—	112	304	300
沙　子	—	—	—	860	2168	2170
石灰石				1461	1588	1600

资料来源：USGS, *Mineral yearbook*, *The Mineral Industries of the Gambia*, *Guiner-Bissau*, *and Senegal*, 2003, 2004. www.usgs.gov.

说明：2004 年数字为估计数字。

三　制造业

塞内加尔是西非地区制造业较发达的国家之一，仅次于科特迪瓦。2003 年，制造业产值占国内生产总值的

[①]　Economic Intelligence Unit, *Country Profile 2004*：*Senegal*, p. 44.

[②]　*Africa South of the Sahara 2004*, p. 936.

比重达到 12.8%，[1] 年均增长率 1983～1993 年为 3.3%，1993～2003 年则上升为 5.9%。[2] 但是，由于生产成本高，规章制度繁琐，国内市场狭小等因素，导致竞争力比较低。制造业部门结构主要以轻工业为主，多为中小企业，而且分布极不均衡，企业几乎都集中在达喀尔。门类主要有农产品与食品加工、纺织、化工、水泥、机械等，产品多销往西非国家。从生产指数来看，农产品与食品加工、化工、机械、纸业、木材加工等门类发展较快，而纺织发展较慢。

表 4－15　工业生产指数（1999＝100）

	1999	2000	2001	2002	2003
农产品与食品加工	100	91.9	90.3	97.3	104.5
纺　织	100	107.4	120.3	61.0	86.2
木制品	100	100.8	94.9	132.7	113.9
纸　业	100	104.9	96.7	149.8	112.7
化　工	100	88.0	106.5	156.0	145.7
机械装配	100	54.1	55.7	90.2	92.7

资料来源：IMF, *Senegal*: *Selected Issues and Statisticat Appendix*, IMF Country Report No. 05/155, May 2005, p. 46. www. imf. org.

1. 农产品和食品加工业

农产品和食品加工业是最重要的工业部门，占整个工业生产附加值的 40%。[3] 主要有花生加工、水产加工、畜产加工、面粉加工、饮料和烟草加工、食糖加工等几大门类，主要产品有

---

[1]　The World Bank Group, *Senegal at a glance*, *9/29/04*, www. worldbank. org.
[2]　The World Bank Group, *Senegal at a glance*, *9/29/04*, www. worldbank. org.
[3]　*Africa South of the Sahara 2004*, p. 937.

花生油、面粉、饮料、卷烟、食糖、鱼类罐头、蔬菜油等。尽管花生榨油是农产品和食品加工业中最重要的部门，但发展缓慢。

表 4 – 16   农产品和食品加工生产指数（1999 = 100）

	1999	2000	2001	2002	2003
鱼罐头	100	74.2	94.0	75.7	72.3
榨　油	100	110.5	103.2	112.3	87.4
制　糖	100	49.4	64.1	80.5	83.6

资料来源：IMF, *Senegal: Selected Issues and Statistical Appendix*, IMF Country Report No. 05/155, May 2005, p. 46. www.imf.org.

由政府控制的塞内加尔国家油料贸易公司（SONACOS）是农产品加工的最重要部门，设在达喀尔，1975 年建立，现资金为 48 亿非洲法郎，国家拥有 80% 的股份，2002 年该公司雇用了 2271 名员工。[①] 它在达喀尔、考拉克、济金绍尔和久尔贝勒进行花生榨油。该公司共有 5 个工厂，主要从事加工和出口食用油、动物饲料、漂白剂和醋。塞内加尔政府制定的花生销售价格高于世界市场价格，国际货币基金组织便强迫塞内加尔国家油料贸易公司降低收购数量，这导致 1999 年以来该公司收购花生的数量持续下降，2001/2002 年度该公司只收购了 33.5 万吨花生，占当年产量的 35.5%。为了摆脱困境，塞内加尔国家油料贸易公司实行产品多样化，现在已经从主要供国内消费的肥皂和黄油中取得收入。1995 年，该公司第一次被列入私有化名单，但直到 2003 年 7 月才正式出售。花生油产量要依赖花生的生产情况，而天气的变化又决定了花生的产量。因此，花生油产量随气候的

[①] *Africa South of the Sahara 2004*, p. 953.

变化起伏不定。例如，1968 年未精炼花生油产量达到历史顶点，为 19.8 万吨，30 年以后，1997 年仅有 3.81 万吨。[①] 除了榨油业外，塞内加尔还有一些花生去壳企业，其中著名的是（达喀尔）非洲莱修（Lesieur）公司的花生去壳厂，每年生产量为 35 万吨。

表 4 - 17　塞内加尔国家油料贸易公司购买的花生数量

单位：千吨

时　　间	1998/1999	1999/2000	2000/2001	2001/2002
产　量	579.1	1014.2	1061.5	943.8
购买量	319.7	551.4	537.1	335.0
比例(%)	55.2	54.4	50.6	35.5

资料来源：Economic Intelligence Unit, *Country Profile 2002：Senegal*, p. 26；Economic Intelligence Unit, *Country Profile 2004：Senegal*, p. 41.

水产加工主要是金枪鱼、沙丁鱼和鲜虾罐头。由于渔业资源相对减少和与周边国家罐头制品的竞争，国内金枪鱼罐头企业由 1980 年的 7 家减少到目前的 3 家，而且其中一家还严重依赖政府资金补贴。近年来金枪鱼罐头产量逐渐减少。从事生产冷冻鱼和海洋食品出口的主要公司是海洋非洲公司。该公司设立于达喀尔，2001 年销售额 1700 万美元，2002 年雇佣 2700 名员工。[②]

畜产加工主要有奶品、肉类和皮。近年来，畜产品加工产量一直徘徊不前。

---

① 文云朝编著《塞内加尔——资源、环境与发展》，第 10 页；IMF, *Senegal：Statistical Appendix*, IMF Country Report No. 03/168, June 2003, p. 16. www. imf. org.

② *Africa South of the Sahara 2004*, p. 952.

表 4-18　主要初级畜产品产量

单位：万吨

	2000	2001	2002	2003	2004
奶	13.34	13.30	11.80	12.49	12.91
包括：					
鲜牛奶	10.15	10.01	8.60	9.23	9.61
山羊奶	1.63	1.68	1.64	1.67	1.68
绵羊奶	1.56	1.61	1.56	1.59	1.62
皮	1.66	1.67	1.55	1.52	1.63
包括：					
鲜牛皮	1.00	0.99	0.90	0.87	0.96
鲜山羊皮	0.34	0.35	0.34	0.34	0.35
鲜绵羊皮	0.32	0.33	0.31	0.31	0.32
肉	16.60	16.73	16.49	16.19	16.86
包括：					
牛　肉	4.98	4.84	4.51	4.33	4.78
山羊肉	1.63	1.68	1.63	1.65	1.66
绵羊肉	1.53	1.57	1.49	1.47	1.55
猪　肉	0.78	0.93	1.12	0.99	1.00
马　肉	0.65	0.68	0.68	0.69	0.69
鸡　肉	6.41	6.41	6.41	6.41	6.53
驴　肉	0.24	0.24	0.24	0.24	0.24
骆驼肉	0.008	0.007	0.009	0.01	0.01
其他肉	0.37	0.37	0.40	0.40	0.40
禽　蛋	3.30	3.30	3.30	3.30	3.30

　资料来源：联合国粮农组织网上统计数据库，2005 年，联合国粮农组织网站
www. fao. org。

农产品和食品加工还有谷物加工即碾米和磨粉、制糖业和卷烟生产。从事农产品和食品加工的企业还有：

（1）塞内加尔糖业公司（CSS）。该公司设在达喀尔，成立于1970年。该公司成立前，制糖业只限于达喀尔，而且主要是糖果生产，制糖厂的产量每年只有3万吨，该公司建成后，在里夏尔托勒进行大规模的甘蔗种植与提炼蔗糖，使塞内加尔有了自己的原糖生产，生产能力达到每年10万吨，既满足国内需要还能提供出口。2001年销售额489.56亿非洲法郎，2002年雇用5222名员工。[①]

（2）塞内加尔罐头食品公司（SOCAS）。该公司设在达喀尔，1963年建立，2002年4月资金7.26亿非洲法郎。主要生产蔬菜罐头，出口新鲜蔬菜，2001年雇用89名员工。

（3）（达喀尔）非洲莱修（Lesieur）公司。该公司建立于1942年，拥有两个工厂。一个是花生去壳工厂，每年生产量为35万吨；另一个是蔬菜油精炼厂，每年生产量为3万吨。

（4）达喀尔大磨粉厂（GMD）。该厂建于1946年，进入新世纪后资金为11.8亿非洲法郎。主要生产面粉和动物食品，2000年销售额为5430万美元，2002年雇用300名员工。

（5）森塔纳克（Sentenac）磨粉厂。该公司设于达喀尔，1943年建立。2002年4月资金达到10.56亿非洲法郎。主要从事磨粉以及小麦、小米面粉和其他食品加工。2001年雇用134名员工。

（6）西非制烟厂（MTOA）。该工厂设于达喀尔，1951年建立，主营烟草产品。2000年销售额为4280万美元，雇佣300名员工。

（7）西非啤酒公司（SOBOA）。该公司设于达喀尔，1928

---

① *Africa South of the Sahara 2004*, p. 953.

年建立。现资金为 8.2 亿非洲法郎，主要从事啤酒和软饮料生产。

表 4 – 19　农产品和食品加工产品产量

单位：千吨，特殊情况表中标明

	1999	2000	2001	2002	2003
糖	46.6	36.3	27.2	19.8	23.2
烟草制品(吨)	1846	2195	2132	2245	2218
花生油(未精炼)	71.7	132.6	125.3	98.1	39.2
精炼蔬菜油	81.4	76.2	70.6	78.5	75.7
金枪鱼罐头	14.4	11.9	12.1	10.7	6.9

资料来源：IMF, *Senegal*: *Selected Issues and Statistical Appendix*, IMF Country Report No. 05/155, May 2005, p. 47. www. imf. org.

2. 水泥业

长期以来，塞内加尔只有一家水泥制造企业，就是法国所有的塞内加尔水泥贸易公司（Sococim）。该公司 2001 年后的生产能力为每天 5000 吨，一年约 150 万吨，而且还在努力扩大自己的生产能力。[1] 2002 年 11 月，在捷斯附近基雷奈（Kirène）的塞内加尔萨赫勒（Sahel）水泥公司建成开工。它是 1994 年非洲法郎贬值后该国最大的工业投资，截止到 2003 年中期该公司生产能力为每年约 60 万吨，并计划最终达到 120 万吨。[2] 该项计划由丹麦出口信贷基金、世界银行国际金融公司和其他国际和区域发展银行赞助。政府希望水泥出口到周边国家，并且使塞内加尔成为继南非和尼日利亚之后撒哈拉以南地区最大的水泥生产商之一。

---

[1]　Economic Intelligence Unit, *Country Profile 2004*：*Senegal*, p. 45.
[2]　Economic Intelligence Unit, *Country Profile 2004*：*Senegal*, p. 45.

表4-20 水泥生产与销售情况

单位：千吨

	1997	1998	1999	2000	2001
国内产量	854.0	846.5	1013.6	1342.8	1539.0
国内销售量	819.4	952.4	1108.2	1293.6	1405.7

资料来源：Economic Intelligence Unit, *Country Profile 2004：Senegal*, p. 60.

3. 纺织业

纺织业是非技术劳动密集型产业，属制造业部门中表现最不佳的行业之一。纺织业占整个制造业产量5%。塞内加尔生产棉花，因此纺织品中无论是布或者成衣大部分以全棉为主，且多数纺织品印有非洲文化特色的图案。主要外销到欧美地区，购买者多为远离祖国的非洲人。目前，有数家纺纱、织布、印染厂，成衣厂大部分为小型加工厂。由于订单情况不好，纺织厂开工率不足，大约只有2~3成。纺织厂雇工约2000人，每年布料产量约4000万米。近年来塞内加尔纺织业每况愈下，主要原因是政府主管部门未能提出有效地发展纺织业的政策。资金缺乏、融资困难、机器老旧，行销人才短缺，二手成衣走私进口猖獗、纺织品成衣每年约进口8000吨，严重打击了国内纺织工业的生存。为了摆脱困境，政府与联合国工业发展组织进行合作，共同研讨振兴纺织工业的策略，成立纺织促进中心，调查、研究与推动纺织业的发展。棉花生产和销售主要由纺织发展公司（ODEFITEX）负责。该公司建立于1974年。政府拥有77.5%的股份，法国达格雷(Dagris)公司拥有20%的股份。[1]

从事纺织业的公司还有：

（1）非洲染色、漂白和印刷公司（SOTIBA-SIMPAFRIC）。该公司设于达喀尔，1951年建立。现资金为26亿非洲法郎。该

---

[1] *Africa South of the Sahara 2004*, p. 951.

公司为印度两家公司拥有，主要从事纺织品的漂白、染色和印刷，雇用 1100 名员工。

（2）考拉克纺织公司（SOTEXKA）。该公司设于达喀尔，1977 年建立。现资金为 86.28 亿非洲法郎，政府拥有 63% 的股份，正处在私有化过程中。主要从事纺织原料和成衣生产。

表 4 – 21　棉纱产量

单位：吨

时　间	1997	1998	1999	2000	2001
产　量	1272	1107	814	635	411

资料来源：IMF, *Senegal: Selected Issues and Statistical Appendix*, IMF Country Report No. 05/155, May 2005, p. 47. www. imf. org.

4. 化工业

化工业行业繁杂，包括石油化工、化肥、制皂、农药、塑料加工、火柴、制药等。其中，石油化工、肥料和农药、塑料加工发展比较平稳。

表 4 – 22　化工产品生产指数（1999 = 100）

	1999	2000	2001	2002	2003
精炼石油	100	92.5	94.4	103.5	135.8
肥料和农药	100	98.9	120.3	186.6	163.6
塑料和橡胶材料	100	97.5	91.4	132.6	153.2

资料来源：IMF, *Senegal: Selected Issues and Statistical Appendix*, IMF Country Report No. 05/155, May 2005, P. 46. www. imf. org.

石油化工产业主要是炼油业和润滑油生产，每年生产能力 140 万吨。[①] 非洲炼油公司（SAR）坐落于达喀尔，建立于 1963

①　*Africa South of the Sahara 2004*, p. 937.

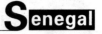

年，法国的托塔尔（Total）公司有多数股份。每年加工进口原油大约 77 万吨，炼油能力每年 140 万吨，主要提供国内消费。2001 年销售额 3.46 亿美元，2002 年雇工 220 人。[1] 达喀尔以南的姆博炼油厂（M'bao）是其唯一的炼油厂。

最大的化工厂是塞内加尔化学工业公司（ICS）。该公司建于 1975 年，主要从事混合化肥生产，1984 年正式生产。该公司使用进口的硫和本国的磷酸盐在达洛科多斯（Darou Khodous）生产硫酸和磷酸，在姆博生产化肥。该公司 52% 的股本为政府控制，2000 年以来每年生产 62.5 万吨硫酸、47.5 万吨磷酸、25 万吨铵磷和特号磷酸盐 25 万吨，在本国和马里销售 18 万吨化肥，其他都用于出口，主要出口到西非国家，每年赢利 240 亿非洲法郎。销售和基础设施全部价值 3.12 亿美元，[2] 从而成为国家最重要的工业项目。1996 年，该公司与台巴磷酸盐塞内加尔公司合并，政府拥有新公司 47% 的股份，其他股份为印度农民化肥合作社等国际合作者所有。1998 年资金 1150 亿非洲法郎，2001 年雇工 2000 人。[3] 根据西非经济货币联盟统计，由于价格下降，该公司磷酸盐产品生产量从 2000 年的 184 万吨减少到 2002 年的 154.7 万吨，但在法国和德国的资助下，该公司正在安装新的设备，力求使磷酸的产量每年达到 66 万吨。[4] 该公司投资者主要是非洲发展银行、欧洲投资银行、国际金融公司、法国和阿拉伯机构，包括在非洲的阿拉伯经济发展银行。另外，尼日利亚、科特迪瓦、喀麦隆和印度等国政府在该公司都有股份。其他从事化工的企业有：

---

① USGS, *Mineral yearbook*, *The Mineral Industries of the Gambia*, *Guiner-Bissau*, *and Senegal*, 2001, www.usgs.gov; *Africa South of the Sahara 2004*, p. 953.

② *Africa South of the Sahara 2004*, p. 937.

③ *Africa South of the Sahara 2004*, p. 953.

④ Economic Intelligence Unit, *Country Profile 2004*: *Senegal*, p. 45.

（1）塞内加尔工业贸易公司（CCIS）。该公司设于达喀尔，建立于1972年。现资金为19.7亿非洲法郎，主要生产PVC管和制鞋用的塑料。

（2）非洲现代塑料工业公司（SIMPA）。该公司设于达喀尔，1958年建立。现资金为5.51亿非洲法郎，主要生产铸型的针剂和挤压成型的塑料商品。

（3）塞内加尔化学制品和化肥公司（SSEPC）。该公司设于达喀尔，1958年建立。现资金为7.27亿非洲法郎，主要从事肥料、农药和家畜食品生产。

（4）工农产品公司（SPIA）。设于达喀尔，1980年建立。现资金为6.4亿非洲法郎，主要从事以植物为基础的药品生产。

5. 机械工业

机械工业主要包括船舶修理、汽车和自行车装配、金属加工等。达喀尔港船舶修理厂于1981年建成，能够修理6万吨级过往的货轮。2003年9月，第一个机动车装配厂在捷斯开工，为国内和地区市场生产公共汽车。该工厂投资者是本国投资者和印度塔塔国际公司。塞内加尔卡诺德金属盒厂设于达喀尔，1959年建立。现资金为9亿非洲法郎，72%股份为法国卡诺德金属盒厂所有，主要生产金属盒。

塞内加尔制造业还有海盐生产、造纸、制鞋等，但是产量均呈下降趋势。辛—萨卢姆海盐新公司（SNSS）设于考拉克，1965年建立。法国米底（MiDi）海盐公司拥有其51%的股份，塞内加尔政府拥有49%的股份。主要从事生产和销售海盐。达喀尔罗歇特纸张及纸板用品厂（LRD）建于1946年，现资金为5亿非洲法郎，主要从事造纸和纸盒生产。塞内加尔纸业公司（SIPS）设于达喀尔，1972年建立。现资金为7.5亿非洲法郎，主要生产纸制品。

表 4 – 23　部分制造品产量

	1997	1998	1999	2000	2001	2002	2003
鞋(百万双)	0.7	0.7	0.6	0.6	0.6	—	—
肥皂(千吨)	40.5	38.6	40.9	43.3	38.6	34.8	33.4
金属罐(百万个)	132.8	147.9	105.0	127.4	113.2	185.2	182.2

资料来源：IMF，*Senegal*：*Selected Issues and Statistical Appendix*，IMF Country Report No. 05/155，May 2005，p. 47. www. imf. org.

四　电力工业

独立以来，水电工业一直发展很快。不过一半以上的能量消费来自于传统燃料，例如木柴和木炭，这导致长期以来森林严重退化。矿物燃料生产数量极少，国家工业部门不得不进口大量石油和天然气以满足工业需求。与周边国家相比，塞内加尔电价很高，输送服务质量很低，已经严重影响了该国工业发展。1995～1996 年塞内加尔平均电价每千瓦小时 0.11 美元，而科特迪瓦每千瓦小时只有 0.07 美元。国家电力公司（SENELEC）是唯一的电力公司，生产能力为 45 万千瓦，低于总需求。另外所需的 3 万千瓦最初由 2003 年中期马里的马南塔里水力发电厂提供。随后，2003 年 6 月，比切斯角发电厂两部新的内燃发电机投入使用，又为国家发电能力增加了 3 万千瓦。在尼阿德卡博（Niade Kabor）还有小规模的天然气田，提供塞内加尔国家电力公司所需要的 20% 电力供应。1997 年在捷斯附近的加迪亚加发现了大约 100 亿立方米的天然气，矿物燃料前景极为看好。

塞内加尔国家电力公司建于 1983 年，现有 1800 名员工，2001 年总收入 1.52 亿美元。该公司存在的问题是发电能力和分配布局极不科学，运作效率很低，损失很大，公司已计划投巨资改善输送。尽管已有一半的城镇与国家电力网连接，但是乡村这一比率只有5%。1999年加拿大魁北克水利公司（Hydro-Québec of Canada）领导的国际合作者购买了塞内加尔国家电力公司的34%的股份，并接管了该公司管理工作。然而，2000年9月，由于塞内加尔政府对公司经常性的为了经济利益而停电等问题不满，双方协定被废除。2001年政府重新进行谈判，准备将公司大部分股份卖给法国的维文迪（Vivendi）集团，但是，由于世界能源市场的不确定性和资金困难，谈判最终破裂。为此，2002年7月政府将国家电力公司的私有化暂时搁置。随后，政府请求世界银行对国家电力公司提供帮助，国际货币基金组织也同意暂时搁置国家电力公司的私有化，要求塞内加尔政府对电力部门进一步进行改革，包括允许私人建立新的发电厂。

表 4 - 24　水电工业生产指数（1999 = 100）

	1999	2000	2001	2002	2003
水　电	100	104.0	118.1	114.9	135.7
电　力	100	96.8	117.1	115.6	144.7
水　力	100	119.6	120.2	113.5	116.2

資料来源：IMF, *Senegal: Selected Issues and Statistical Appendix*, IMF Country Report No. 05/155, May 2005, p. 46. www.imf.org.

五　建筑和公共工程

　德总统执政以来，为了加速经济发展大力加强基础设施的建设，如铁路、港口、水电站和机场等。政府规划了一系列建设项目：达喀尔至马里首都巴马科之间1200公里标准轨宽的铁路工程；兴建达喀尔新国际机场；达喀尔港现代化及扩建工程；兴建国际商业中心；兴建达喀尔—捷斯的收费高速

公路；兴建巴格尼（Bargny）矿产港口等。建筑和公共工程发展速度较快，2003 年，建筑业产值为 1407 亿非洲法郎，占国内生产总值的 10.5%，在第二产业中名列第二，仅次于工业产值。[①]

第四节 旅游业与商业服务业

一 旅游业的发展概况

塞内加尔优越的地理位置，宜人的气候，丰富的旅游资源，便利的交通及灵活的旅游开发战略，使之成为西非地区乃至整个非洲旅游业发展较好的国家之一。1966 年政府大力提倡发展旅游业，旅游业作为一种产业部门开始兴起。20世纪 70 年代以后作为国家的优先发展部门，旅游业进入了快速发展时期。迪乌夫强调，要充分利用海滩、阳光这两大潜力发展旅游业，努力把塞内加尔建设成为人们到"黑非洲旅游的第一站"。

首先发展旅游硬件。旅游部门对海岸、沙滩和海水浴疗养地进行整治，建立一些专门机构。政府还建立有特色的旅游区和保护自然资源。四处景观被联合国教科文组织世界遗产委员会列入《世界遗产目录》，成为世界著名的旅游胜地：戈雷岛（1978年）、尼奥科罗—科巴国家公园（1981 年）、朱贾国家鸟类保护区（1981 年）、圣路易（2000 年）。

同时，旅游部门十分注重从业人员的职业培训，以提高接待水平。达喀尔设有旅馆学校，专门培训高级服务人员，学习成绩优异者可到国外实习。采取灵活务实的旅游宣传策略，制作精美

---

① IMF, *Senegal: Selected Issues and Statistical Appendix*, IMF Country Report No. 05/155, May 2005, p. 35~36. www.imf.org.

的旅游风光影片在 20 多个国家和地区放映，引起了日本、美国、英国和西班牙等国游客们的极大兴趣。政府积极承办大型的国际会议和文娱体育比赛活动，来促进旅游业的发展。如承办了 1992 年非洲足球大赛和世界小姐的选美比赛等多项活动。自 1979 年起每年一届的达喀尔汽车拉力赛，终点站就是达喀尔的玫瑰湖。

政府为游客出入境尽可能提供方便。下列各国公民可豁免签证：英国、加拿大、美国、日本、比利时、卢森堡、意大利、荷兰、法国、德国、贝宁、布基纳法索、科特迪瓦、冈比亚、加纳、几内亚、几内亚比绍、以色列、利比里亚、马里、毛里塔尼亚、尼日尔、尼日利亚、塞拉利昂、多哥。因公务申办入境签证或过境签证，不论持何种护照，应用法文填表 2 张，交照片 2 张，并提供邀请单位名称、地址和电话及邀请函电，提前 1 周申请签证，便可发给 3 个月有效的一次入境签证。入境检查：所有外币须在入境时申报，并证实其旅行支票是在塞内加尔使用。入境须出示免疫证书，检疫规定：霍乱、疟疾、伤寒（以上三种建议注射预防针），黄热病（必须注射预防针），另外建议注射肝炎、小儿麻痹及破伤风预防针。18 岁以上的游客可随身携带 200 支香烟或 25 支雪茄或 250 克烟草，个人使用的合理数量的香水，享受免税，价值不超过 5000 非洲法郎的礼物，携入酒类须纳税。出境时所有外币须在出境时申报，携出外币不能超过等值 50000 非洲法郎，无出境税和机场税。

旅游业已经成为国家经济四大支柱之一，成为仅次于渔业的第二大创汇产业，约占国内生产总值的 3%。[①] 旅游业总收入已从 1990/1991 年的 400 亿非洲法郎增加到 2001/2002 年的 1030

---

① 中华人民共和国外交部网站 www. fmprc. gov. vn。

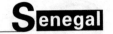

亿非洲法郎。① 1988～1990 年平均每年接待外国游客 30 万人次左右。② 1994 年的非洲法郎贬值，在一定程度上刺激了旅游业发展。1994 年游客人数 28.16 万人，2000 年 44.3 万人，2002 年46.5 万人。③ 2002 年为社会直接提供了 8000 个和间接提供了16000 个就业机会。④ 旅游业面临的主要问题是传统旅游地区卡萨芒斯山区分离主义活动严重，使这一地区游客锐减，给旅游业发展带来了阴影；另一问题是投资不足，影响旅游业盈利水平，这是政府亟须解决的问题。

二 自然景观旅游地

1. 海滨旅游资源

塞内加尔自然景观旅游资源中，以海滨旅游资源最具特色。气候最佳季节是 12 月至翌年 2 月。塞内加尔拥有漫长的海岸线，有三种类型：沙质海岸、沼泽海岸和岩质海岸，每种海岸都有其独特的海滨风光。从圣路易到桑给马尔角为占整个海岸 76% 的沙质海岸，沙滩平缓，沙质细软清洁，岸上椰林掩映，是海滨度假的良好场所；佛得角半岛为岩质海岸，千姿百态的岩石耸立海边，是观海、游憩的绝佳之地；沼泽海岸主要分布在萨卢姆河口和卡萨芒斯河口附近，遍布的水网沼泽鸟禽麇集，素有"水禽王国"之称。塞内加尔拥有充足的阳光，正好构成欧美旅游者的"三 S"——阳光、沙滩、海水旅游环境的理想选择。为此，旅游部门成立了"阿尔迪亚"、"斯基林角地中海"等多个俱乐部，专门从事达喀尔至桑给马尔角的旅游开

① Economic Intelligence Unit, *Country Profile 2004*：*Senegal*, p. 47.

② 1994 年 10 月 20 日《经济参考报》。

③ IMF, *Senegal*：*Statistical Appendix*, IMF Country Report No. 03/168, June 2003, p. 20. www. imf. org; *Africa South of the Sahara 2004*, p. 938.

④ *Africa South of the Sahara 2004*, p. 938.

发，有效地利用海滨旅游资源，改变了过分集中在达喀尔、圣路易等海滨城市的状况。与海水浴项目并行，政府还大力发展民俗、文化、体育及商务旅游。

2. 玫瑰湖

最著名的自然景观是坐落于达喀尔市郊的玫瑰湖。玫瑰湖是一个盐水湖，从12月份到翌年3、4月份湖水是红颜色的，与玫瑰花的颜色一模一样，极为漂亮，玫瑰湖因此而得名。当劲风吹来，波翻浪卷，如同一片红色的火焰，蔚为壮观。该湖与外界没有水源相通，但颇为神奇的是，湖水不涨不落，当地居民每天都能在湖中向外捞盐。世界顶级赛事和世界上规模最大的洲际拉力赛巴黎——达喀尔汽车拉力赛，终点站就是达喀尔的玫瑰湖。车手们从巴黎出发，穿越撒哈拉沙漠和戈壁草原，历经千难万险，终于在达喀尔成千上万争睹英雄风采的市民们的夹道欢迎中，到达胜利的终点——阳光下美丽的玫瑰湖，一路上的艰辛与苦难，化作了胜利的喜悦与自豪。车手们走过的是地狱之路，到达的却是天堂，玫瑰湖成为车手们难以忘怀的结束巴黎——达喀尔拉力赛的理想地点。

3. 尼奥科罗—科巴国家公园

该公园地跨坦巴昆达行政区和上卡萨芒斯地区，位于冈比亚河畔。长130公里，宽70公里，面积约8500平方公里，西南以几内亚边境为边界，东南和西北以冈比亚河为边界，是西非面积最大的自然保护区之一。有几列200米高的丘陵，由洪泛平原分隔开来，这些平原在雨季被洪水淹没，整个地区表层土壤是红土和覆盖在寒武纪砂岩河床上面的沉积物，很多地方这些砂岩裸露出地面。冈比亚河及其两条支流穿越公园而过。气候属于苏丹型，雨季是6～10月，其余时间为旱季，年均降水量为1000～1100毫米。参观的最佳时节是10月到翌年4月。

这里多样的地形，湿润温和的气候，非常适合植物的生存和

繁衍。已有记录的植物种类 1500 多种，并还在增多。植物种类
从南部的苏丹型到热带草原为主的几内亚型，主要植物有野稻、
塞内加尔乳突果和沟儿茶。高的河岸处有金合欢、树头菜、柿树
和枣树。河流沿途地区草木繁茂，乔木、灌木各异。植物依地势
和土壤的变化具有不同特点，河谷平原地带长有大片的岩兰草，
热带稀树草原则被须芒草占据，偶尔也能见到黍类，旱地森林由
苏丹类植物构成，如紫檀。在斜坡和丘陵地带，以及突出地面的
岩石处，冲击沙地和铁盘地，植物形态各异。河边每年都会长出
半水生植物，水位上升则消失，周期性洪水沙地也有。在沼泽地
和周围地区，这类植物大多生长在干涸的河床上或天然堤后面。
植物的差异取决于洼地的深浅、水位高低、产地、土壤和下层土
结构。水塘周围是旱地森林或热带草原。有时沼泽中心被茂密的
含羞草刺灌木占据。

这里的海边森林和热带草原保护着种类繁多的动物。公园中
约有 80 种哺乳动物，330 种鸟类，36 种爬行类动物，20 种两栖
类动物，60 种鱼类，以及大量无脊椎动物。食肉动物有猎豹、
狮子、野狗。还有野牛、弯角羚、德比大羚羊（大约 1000 头）、
狒狒、绿猴、赤猴、疣猴。全部三种非洲鳄鱼：尼罗河鳄鱼、长
吻鳄、侏鳄。龟类、河马常在公园内的三大河流中出没。公园还
是长颈鹿和大象的最后避难所。由 400 多头非洲象组成的非洲数
量最稳定的象群在这里自由活动，大约有 150 只黑猩猩生活在公
园的河谷森林和山上。鸟类有大鸨、陆地犀鸟、尖翅雁、白颊树
鸭、战雕、短尾雕。1926 年设立狩猎保护区，1951 年成为森林
保护区，1953 年 4 月 19 日成为动物保护区，1954 年成为国家公
园。1962 年、1965 年、1968 年和 1969 年通过数项法律扩大了
疆界。成为联合国教科文组织人与生态圈计划中的一个生态保护
区后，得到国际公认。1981 年联合国教科文组织世界遗产委员
会根据自然遗产遴选标准将其列入《世界遗产目录》。世界遗产

委员会的评价是：尼奥科罗—科巴国家公园位于冈比亚河沿岸的湿地地区，茂密的森林和热带草原滋养了种类繁多的野生动物，这些动物中有世界上最大的羚羊——德比羚羊、黑猩猩、狮子、豹以及美丽的鸟类，还有爬行动物和两栖动物。

每年3月到5月之间是游览观赏动物的最佳时节，游客乘飞机、汽车、火车都可以到达这里。该公园禁止游客步行参观，公园里设有宿营地和旅游村供游客休息。

4. 朱贾鸟禽国家公园

朱贾国家公园是世界第三大鸟禽公园，位于塞内加尔河流域三角洲地带，毗邻毛里塔尼亚的贾乌灵国家公园。溪流、池塘和逆流环绕着湖泊，湿地面积达16000公顷，是150万种鸟类的栖息之地，这些鸟中有珍稀的白塘鹅、紫苍鹭、非洲蓖鹭、白鹭和鸬鹚。

朱贾只是三角洲的一小块，饱受洪水侵扰。多年来当地一直在修建水利系统，这些水坝使朱贾盆地可以更长时间地保留淡水，各种水禽从中受益。这里气候属于雨季旱季轮替的撒哈拉型。旱季，朱贾是整个地区最湿润的地方。

朱贾地区对鸟类极为重要，这里养育了300多万只水禽，是西非地区主要的迁徙鸟类保护区之一，也是鸟类飞跃撒哈拉沙漠后到达的第一个淡水供应源地。特别值得一提的是，朱贾国家公园位于塞内加尔北部，距塞内加尔河口很近，处于撒哈拉沙漠南缘，得天独厚的位置为无数由北向南和反方向的迁徙鸟类提供了食宿地，是大量鸟类的中途停留地。从9月到翌年4月，估计有300万迁徙鸟类经过此地，包括白眉鸭、琵嘴鸭、针尾鸭、流苏鹬、黑尾塍鹬，这里还可以看到成千上万的火烈鸟。大约5000只鹈鹕常年筑巢于此，还有白脸树鸭、褐树鸭、尖翅雁、紫鹭、夜鹭、各种白鹭、非洲镖鲈、鸬鹚、白胸鸬鹚、苏丹大鸨。哺乳动物有疣猪、非洲海牛。该地区还陆续成功引进了几种鳄鱼和羚羊。公园中的大水塘是一处真正安宁的绿洲，庇护着 300 多万只鸟类。游客可以目睹目前还未命名的西非鸟类在此筑巢产卵。

1971 年 4 月 14 日根据 71 - 411 号法令建为鸟类保护区，1975 年根据 75 - 1222 号法令朱贾面积从 13000 公顷扩大到 16000 公顷，1980 年被确定为具有国际意义的湿地，1981 年被列入世界遗产名录。

参观公园的最佳季节是 11 月到翌年 4 月之间。公园年游客量超过 5000 人，有一处宿营地，从 9 月中旬开放到翌年 4 月中旬。最重要的水面附近有十几处鸟类观测台，可租用独木舟、马车、骆驼车、小艇等，圣路易自然俱乐部建有小型生态博物馆。

5. 巴尔巴里国家公园

巴尔巴里国家公园在大西洋和塞内加尔河中间呈一狭长沙地地带，位于塞内加尔河口，圣路易市附近，游客可以从圣路易乘船出发到达这里。它是鸟禽和海龟的乐园。

6. 萨卢姆三角洲国家公园

该公园坐落于萨卢姆三角洲，位于考拉克以西 80 公里，面积为 72000 公顷，从桑给马尔角及其附近沼泽地往南一直延伸到冈比亚境内，包括沿海一些岛屿和法塔拉森林。这里布满小岛、沙丘和沼泽，成为观赏和研究红树林的绝佳之地。这里是各种海鸟绝佳栖息地，特别是鹈鹕、粉红色的火烈鸟、苍鹭，还有许多猴子。该公园全年对游客开放，游客可以从达喀尔或者冈比亚班珠尔陆路进入。政府在下卡萨芒斯河两岸、尼奥科罗—科巴国家公园等地区采取民办公助的形式建立旅游点，旅游点建在乡村，由农民承担旅游接待设施的建设、装备的置办及经营管理，建筑风格体现当地的农村风貌，屋内却陈设各种日常生活所需的现代化设备。这种旅游村为游人提供了一种不同于城市的度假、休息

及游乐环境，使旅游者能够深入村民日常生活当中，既可沐浴田园风光，又可体验农家生活的乐趣，了解地方民俗风情，而且生活舒适，收费低，可灵活接待小批游客，因而深受旅游者欢迎。①

7. 马德伦群岛国家公园

该公园坐落于达喀尔以西，距海岸 3 公里，面积 480 公顷。这个群岛为火山岩，成为各种海鸟的世界。这里也保存有史前遗址。

三　人文景观旅游地

1. 戈雷岛上的奴隶堡

这是塞内加尔最著名的历史遗迹。戈雷岛位于佛得角半岛正南，坐落于烟波浩渺的大西洋中。戈雷岛以其黑人奴隶贸易血泪历史而闻名于世，它是欧洲殖民主义者开拓的殖民据点之一，18 世纪末以前为大西洋上奴隶交易的中心之一。戈雷岛由隆起的玄武岩形成的山丘组成，面积仅有 0.27 平方公里，长约 900 米，宽约 300 米，东北部细长，中间宽，最宽处约 1000 米。据说原名为"比尔岛"，意思是"深井岛"，因为岛上有一个很深的泉源。1455 年，葡萄牙侵占了这个小岛，开始了在岛上贩卖黑奴的罪恶行径。1617 年，荷兰人从葡萄牙人手中夺走该岛，并给它取名为"戈雷岛"，意思是"好的锚地"。后来它又先后落入法国和英国殖民者的魔爪。岛上，地堡林立，战壕纵横，炮台高耸。1776 年，奴隶贩子在岛上修建了第一座"奴隶屋"，作为关押和转运黑奴的"仓库"和"码头"。奴隶贩子从此岛出发深入西非内地，猎获奴隶。

戈雷岛的中部海岸一带，是昔日的奴隶贸易市场，"奴隶

---

① 文云朝编著《塞内加尔：资源、环境与发展》，第 156~157 页。

屋"就坐落在这里。它是一个规模可观的建筑，外墙涂成赭色，
斑斑驳驳，仿佛是当年黑人奴隶的血迹，令人目不忍睹。该建筑
仿佛一个四合院，院子的面积约有 30～40 平方米，正面是一栋
两层楼房，上层是奴隶贩子们的居室。两条露天楼梯通向楼上。
楼上房间的布局和风格是斯堪的纳维亚式的，中间是大厅，厅前
是 4 根柱子支撑的长廊，长廊的两端是镶着宽大窗子的耳房。大
厅有两扇大门直通楼梯，门房还有两扇宽大的窗户。楼下的布局
则与楼上天壤之别。如果说楼上是奴隶贩子享乐的"天堂"，那
么楼下就是奴隶们痛苦的"地狱"。楼下关押黑奴的牢笼"奴隶
屋"被分割成十几个房间，房间低矮狭小，仅长 2.34 米、宽
2.28 米，但要关押近 20 名奴隶，门非常小，没有窗户，里面阴
暗潮湿。在这些斗室之间，直通后面有一扇小门，门口几乎同波
涛汹涌的大西洋相衔接，门两旁矗立着防止奴隶逃跑的岗楼。贩
奴船可以直接停靠在门前，装上奴隶，运往美洲。"奴隶屋"在
戈雷岛上有数百所。奴隶贩子以极其残暴野蛮的手段在西非捕捉
黑人，然后把他们集中在这里等待转运、出售。运来的奴隶每批
450～500 人，关押期一般为 3 个月到 3 个半月。奴隶被关进院
子之后，马上编号，从此编号就取代姓名成为奴隶的称谓。奴隶
像商品一样被分为成年男子、已婚妇女、少女、儿童和"不合
格的乌木"（指体重不足 60 公斤的成年男子，需"育肥"后才
能售出），被分别关押在不同的小屋里。大批的黑奴塞满阴暗潮
湿的牢笼，拥挤程度就像沙丁鱼罐头，只能立或坐，无法躺卧。
为了防止逃跑，奴隶贩子把他们捆绑起来。那些敢于反抗和试图
逃跑的黑人，被带上手铐和脚镣，然后被扔进地洞，只能像猪狗
一样地蜷曲在里面。惨无人道的折磨，使奴隶们病死者不计其
数，瘟疫流行导致更多的人丧生，其尸体抛入大海，葬身鱼腹。
幸存者则根据年龄、性别、身高、体重划分等级，按级论价，身
强力壮的男子和少女售价最高，儿童则按照牙齿生长状况分等论

价，然后被贩运到美洲和欧洲等地。奴隶被押送上船之前，都被烧红的烙铁在脸上打上印记，套上镣铐，防止逃跑。全家人一起被猎获却被卖往不同的国家者不计其数，生离死别的凄惨景象比比皆是。据估计，在持续 4 个世纪的奴隶贩卖中，戈雷岛上的奴隶或病死或跳海自杀达 606 万人，从戈雷岛运走的黑奴达 2000 多万人。戈雷岛记录了西方殖民主义者对非洲人民犯下的滔天罪恶，是他们摧残人权的有力见证。因此，独立后，塞内加尔政府十分重视戈雷岛的独特教育价值，专门成立了"保护戈雷岛国际协会"，当年的"奴隶屋"被很好地保存下来，成为参观点。1976 年正式向旅游者开放，昔日许多非洲黑奴的后裔今天从世界各地回到戈雷岛寻根，戈雷岛已成为让后代记住自己祖先悲惨血泪历史的教育基地。1981 年联合国教科文组织世界遗产委员会根据文化遗产遴选标准，将其列入《世界遗产目录》。该委员会认为：戈雷岛上隐陋的奴隶居住区和装饰华丽的奴隶贸易场所形成鲜明的对比，使得戈雷岛的建筑极具特色。旅游部门还在戈雷岛附近建立了一个 3 公里宽的海上渔场，定期进行捕鱼比赛，捕鱼活动变成一种娱乐形式，让游客从中得到乐趣，又锻炼了身体。

2. 圣路易

这是塞内加尔另一著名历史遗迹。圣路易是第三大城市和第二大港口，距离达喀尔北部 270 公里，距离毛里塔尼亚南部边境只有 10 公里之遥。该城市 1683 年由法国商人建立，1659 年作为奉献给法国国王路易十三的礼物被命名为圣路易。圣路易最初是作为法国在非洲的殖民地而发展起来的，是塞内加尔的第一个法国固定殖民点。18 世纪的圣路易是一个活跃的港口和重要的商业中心区（包括奴隶交易），其居民人口总数已经达到 10000 人。这一时期，在圣路易可以看到非洲人、欧洲人和许多欧亚混血儿，不同种族间的通婚非常常见，甚至成为圣路易的传统。英语曾经一度是圣路易的官方语言，但 1817 年又恢复法语为官方语言。

圣路易的建筑富有浓郁的殖民地风格。殖民地时代的总督府是一座建于 18 世纪的城堡。城堡南北两边的房屋历史都可以追溯到殖民地时代，还完好地保留着木制的阳台和精美的铁制围栏，游客可以步行或乘传统马车游览圣路易。2000 年联合国教科文组织世界遗产委员会根据文化遗产类型遴选标准，将其列入《世界遗产目录》。世界遗产委员会公布评选的理由是：圣路易历史古城是西非教育和文化发展、建筑、手工工艺和服务等方面相互交流和彼此影响的重要枢纽，它是一座在当地独特自然环境下发展起来的典型殖民城市，展现了该地区殖民统治的发展历史。它在整个西非的文化和经济发展方面扮演着重要的角色，岛屿位于塞内加尔河入口处，其整齐的城市布局、有秩序的码头系统和殖民地风格的建筑赋予塞内加尔独特的魅力。

3. 达喀尔

达喀尔是塞内加尔自然景观与人文景观有机结合的旅游胜地，有非洲的小巴黎之称。三面为优美的海滩所环绕，风光秀丽，气候宜人，交通通讯发达，是一座美丽的海滨城市。豪华的现代化旅馆依海而建，旅馆的前面，椰林高耸，草地茵茵，花香四溢，后面是覆盖着像野百合花一样洁白细沙的海滩。沿着海岸运动爱好者能够进行水上运动、高尔夫球、网球、赛车等多项运动。当西欧、北美国家寒风凛冽、雪花飞飘的季节，达喀尔却进入了气候宜人、阳光灿烂、风和日丽的旱季。在这个季节里，大批游客纷至沓来，饱享日光浴。达喀尔人由此将旅游业称为"太阳工业"。在市区的西北部，并列着两个圆形山头，形似少女的两个乳房，故名"奶头山"。右边的山头高 311 米，是全市的制高点；左边的山头高 105 米。右边的山头上矗立着航标灯塔，从 1864 年起就放射出光芒，为过往大西洋的船只指引着航

向。登上塔台鸟瞰，达喀尔的全景尽收眼底。市区内标志性建筑是落成于1979年的西非国家中央银行大楼。建于1960年的独立广场位于达喀尔市的中心，它标志着塞内加尔独立成为一个民族国家；广场中央的独立纪念碑上，画着一头威风凛凛的雄狮正在跃起，象征着塞内加尔人民再不受殖民者的欺凌了。每年4月4日国庆节和"五一"劳动节，人们都在这里集合，举行纪念活动。达喀尔还是西非地区最大的文化中心之一，拥有西非著名的文化教育设施——达喀尔大学、出版社、博物馆、艺术画廊。达喀尔还是展示塞内加尔那充满活力的音乐的最佳舞台，游客能够看到达喀尔的许多俱乐部和聚会场所演出的节目，乡村也经常为游客演出音乐节目。

传统与现代特色有机结合的达喀尔蜿蜒的海岸、整齐宽阔的热带林荫道、伊斯兰的圆顶清真寺、欧洲风格的教堂、风格各异的花园别墅、现代化的高层建筑等，使达喀尔成为塞内加尔的旅游胜地。尤其是达喀尔的"工艺村"是国外游客情不自禁驻足的地方。走进小村，犹如置身于非洲艺术的殿堂。各种传统工艺品纷呈眼前：用鳄鱼皮、蟒皮、巨蜥皮、骆驼皮精制的各式包、袋悬挂亭檐下，大大小小的木雕、石雕、角雕以及金银首饰等摆满柜台。

达喀尔的许多旅馆都有游泳池，近海有良好的潜水基地，2月到4月是潜水最好的时节。达喀尔还提供了很好的划水设施，有非洲著名的水上运动俱乐部。从5月到11月，塞内加尔进入全世界最好的钓鱼时节，箭鱼、旗鱼、梭鱼等大量出现，达喀尔、萨利旅游胜地、萨卢姆岛和卡萨芒斯都有设备良好的钓鱼中心，钓鱼中心和海滨旅馆能够组织游客进行很好的钓鱼运动。在达喀尔还可以进行高尔夫球运动，全国有达喀尔高尔夫俱乐部等7个著名的高尔夫俱乐部。从12月到翌年4月是打猎季节，游客可以狩猎狮子、羚羊和一些小动物、小海鸟。

4. 图巴（Touba）

塞内加尔著名的伊斯兰教圣地之一，位于塞内加尔西部，离达喀尔 194 公里，人口 2 万。位于市中心的规模宏伟的图巴清真寺是塞内加尔最大的清真寺，创建人是穆里德教派领袖阿马杜·邦巴。1927 年邦巴逝世后按其遗愿修建图巴清真寺，由塞内加尔建筑师设计，它按照麦加清真寺的样式又借鉴现代建筑成果而建成，呈长方形，长 96 米，宽 62 米，高 86 米。寺中央是邦巴墓，墓堂外大厅金碧辉煌，庄严肃穆，雕梁画栋。沿着台阶登上寺之塔顶，图巴市容尽收眼底。

四　商业与服务业

国内商业是以零售业为主，属于非正式部门，从业人员以妇女为主力。由于销售的主要是进口商品，其销售状况和价格变化受外贸影响极大。国内的大型商场除政府控制的公司外，多为外资所有。旅游业为餐饮、娱乐、百货零售业提供了良好的商业机会。达喀尔是西非服务业中心，商场、超级市场已有相当规模。市内有 3 个市场能够满足游客购物的需求：位于港口附近的凯尔梅市场，以贩卖花生和盐制品为主；位于市中心的美蒂那市场以经营食品、纺织品和陶器等商品为主；摩尔市场经营宝石买卖。

旅游也带动了旅馆、酒家、饭店等服务业的发展。塞内加尔共有 116 家旅馆，四星级旅馆主要分布在达喀尔和部分行政区的首府，其他更普遍的是乡村提供的宿营地。政府鼓励外国投资者对旅游宾馆进行投资，因此在达喀尔，现代化的高档宾馆和简易的家庭式旅馆随处可见。现代化的旅游宾馆不少，家庭式的简易旅馆似乎更多一些。离达喀尔不远处，连绵若干公里的海岸上，经常可见外国游客住茅草棚，划独木舟，野外聚餐。塞内加尔人认为，塞内加尔虽不是"天堂"，但已成为旅游者向往的"绿色乐园"。有 15 个地点建立了乡村小屋，接待旅游者。旅游者在这里经历真正的乡村日常生活：收获、周末市场、传统烹调和准备食物、家庭仪式、田间劳动。

表 4 - 25 旅馆分布情况

单位：家

地　名	四星级	三星级	二星级	一星级	无级别	总　数
达喀尔	12	12	3	3	6	36
捷　斯	6	6	—	—	14	26
济金绍尔	6	6	2	2	16	32
圣路易	1	3	1	—	1	6
考拉克	—	—	—	—	1	1
法蒂克	1	2	—	—	—	3
坦巴昆达	—	1	—	—	1	3
科尔达	—	1	—	3	1	5
久尔贝勒	—	—	—	—	2	2
卢　加	—	—	—	—	2	2
总　合	26	31	7	8	44	116

资料来源：www. senegal-tourism. com（塞内加尔旅游网站）。

塞内加尔服务业从 20 世纪 80 年代起有明显的发展。1982～1992 年间，服务业增长率为 2.2%，1992～2002 年增长率为 4.8%。[1] 2003 年服务业增加值占国内生产总值的 62.4%，高于萨赫勒国家 56.8% 的水平。[2] 随着经济全球化的到来，银行、保险等金融活动也成为服务业的组成部分。（详见本章第六节）

---

[1] The World Bank Group, *Senegal at a glance*, 9/29/04, www. worldbank. org.

[2] The World Bank Group, *Senegal Date Profile*, *Sub-Saharan Africa Data Profile*. www. worldbank. org.（世界银行：《萨赫勒非洲数据概况：塞内加尔数据概况》，世界银行网站：www. worldbank. org）

第五节 交通与通讯

一 交通运输业

法国殖民者在塞内加尔初步建立了水路、公路和铁路运输网络。独立之后，塞内加尔成为非洲地区交通较发达的国家之一，达喀尔作为国际海空航线必经的中转站。

1. 公路运输

公路运输在塞内加尔占第一位，90%的民众使用公路运输，70%的商品也由公路运输。截止到 2005 年，全国公路总长14576 公里，其中，一级公路 3361 公里，二级公路 1194 公里，[①] 柏油路为 4271 公里，[②] 连接达喀尔和该国各大城市及旅游景点。从达喀尔出发，对外联系主要有三条道路：中间一条高速公路通往马里边境的吉达港；南部道路通往冈比亚和卡萨芒斯地区；北部道路通往毛里塔尼亚，并沿着塞内加尔河谷。但是，目前大多数地区还没有实现互相连接，而且除了毛里塔尼亚以外，塞内加尔与其他邻国之间的公路连接也较差。大多数公路建于达喀尔地区，或者建于从达喀尔到北部和东部的花生产地之间，达喀尔交通严重堵塞。1986 年中期，经济调整计划中提出暂时终止政府所有的新的道路建设项目，而是集中资金修缮现有的公路，因此连接马里和冈比亚等主要公路修缮工程经常进行。1996 年 3 月，开始修建迪阿拉科托（Dialakoto）和凯杜古（Kédougou）之间长达 163公里的道路，该条公路是横穿非洲大陆公路的一个组成部分。

---

① 中华人民共和国外交部网站 www.fmprc.gov.cn；*Africa South of the Sahara 2004*, p. 954.

② 中华人民共和国外交部网站 www.fmprc.gov.cn。

1999 年东部地区连接坦巴昆达、吉达和巴克尔的新高速公路完工。

1999 年有各种机动车 12 万辆。[①] 1999 年 12 月，达喀尔公共运输公司佛得角运输公司（SOTRAC）被清理财产，随后政府建立了一个新公司达喀尔双程公司（Dakar Dem Dikk），该公司全部由政府控股，一直改进从佛得角运输公司继承过来的老旧的出租车和公共汽车。达喀尔公共汽车运输公司（Dakar-Bus），建立于 1999 年。在达喀尔市内从事公共运输服务，由法国公司和塞内加尔公司共同拥有。

2. 铁路运输

截止到 2005 年，铁路总长 1300 公里，有两条主要干线。一条从达喀尔，穿越马里边界到巴马科，该铁路 2001 年运送货物 26.26 万吨，[②] 这条铁路一直为塞内加尔和马里两国政府共同所有。另一条从达喀尔，经过捷斯到圣路易。铁路运输面临的主要问题是基础设施老化，运输缓慢而缺乏效率。1998 年世界银行给予资金援助修复东部地区部分铁路。

达喀尔至巴马科铁路原为塞内加尔国家铁路公司（SNCS）管理。该公司建于 1905 年，归政府所有。1995 年末期，塞内加尔和毛里塔尼亚政府同意建立一个私营公司运行达喀尔至巴马科一线。2003 年两国政府给予加拿大公司 Canac Getma 25 年经营特许权，该公司为此支付了 2670 万美元。该公司宣布 5 年期间投资 400 亿非洲法郎购买新的车辆、更新设备和进行其他方面的改进。此后，货物运输量得到大幅提高，2004 年运送货物 42 万吨。[③]

3. 海洋运输

达喀尔港位于西非门户，从而成为非洲地区乃至国际的中

---

① 中华人民共和国外交部网站 www.fmprc.gov.cn。
② 中华人民共和国外交部网站 www.fmprc.gov.cn。
③ Economic Intelligence Unit, *Country Profile 2004：Senegal*, p. 24；中华人民共和国外交部网站 www.fmprc.gov.cn。

转站。它是西非第二大港，是天然深水良港，有现代化的大型港口设施，40个泊位，10平方公里的码头面积，53000平方米的仓库和65000平方米的露天货场。[①] 境内及对非洲与欧洲的货运往来频繁。航线有达喀尔至北欧、西欧、地中海、美国西岸、纽约、休斯敦、曼谷、香港和西非各主要港口。但是由于竞争力日益减弱，2000年吞吐量仅为730万吨，2001年为810万吨。而2001年科特迪瓦的阿比让港以快速、便捷、廉价的优势，使其吞吐量达到1450万吨。[②] 达喀尔港管理部门达喀尔自治港（Port autonome de Dakar）正在进行设备现代化并扩大设施，还要建立一个新的谷物集散地，提高管理集装箱船的能力，最终要扩大港口面积。其他港口还有圣路易港和济金绍尔港。

达喀尔拥有一些海运公司和船舶修理厂。塞内加尔航海公司1979年建于达喀尔。该公司的股份由塞内加尔政府拥有26.1%，塞内加尔私人投资者拥有65.9%，法国、德国、比利时私人公司拥有8%，主要从事河流和海洋货物运输。达喀尔海运公司由达喀尔造船厂和葡萄牙的一公司所有，负责塞内加尔船坞。

表4-26　达喀尔港运输状况

单位：千吨

	1997	1998	1999	2000	2001
货运总量	4290	4575	—	7367	8110
卸载货物量	2894	3196	—	5307	5906
装载货物量	1396	1379	—	2060	2204

资料来源：Economic Intelligence Unit，*Country Profile 2004*：*Senegal*，p. 55.

① *Africa South of the Sahara 2004*，p. 954.
② Economic Intelligence Unit，*Country Profile 2004*：*Senegal*，p. 23.

4. 内河运输

有 3 条内河航运河流：塞内加尔河、萨卢姆河和卡萨芒斯河。其中最为重要的是塞内加尔河。该河流全年通航距离为 220 公里，汛期可通航 924 公里，① 一年中有 3 个月可通航到马里的凯耶斯（Kayes），有 6 个月可通航到毛里塔尼亚的凯埃迪（Kaédi），全年可通航到卢索（Rosso）和颇多尔（Podor）。萨卢姆河主要为许多花生产区运输花生产品。20 世纪 90 年代，从达喀尔至济金绍尔之间的航运服务重新建立，为横越大陆旅行提供了另一条路线。然而，一起塞内加尔历史上最为严重的海难事故使得人们认识到这种运输缺少安全性。2002 年 9 月 26 日深夜，塞内加尔国营客轮"乔拉号"从济金绍尔返回达喀尔，途中遭遇暴风雨，在冈比亚附近海域倾覆。这次海难共造成 1863 人死亡，只有 64 人生还。塞内加尔是冈比亚河开发组织和塞内加尔河开发组织的成员，两个组织都依托达喀尔。主要宗旨是分别以塞内加尔河和冈比亚河为基础，发展航运设施、灌溉和水力发电。

5. 空运

境内有 3 个国际机场：达喀尔列奥波尔德·塞达·桑戈尔机场、斯基林角、圣路易和 12 个二级机场。与欧洲各大城市有 7 条航线，经由欧洲转接全球各地；与美国、中东及非洲各国有 13 条航线，商务旅行、考察甚为便捷。达喀尔列奥波尔德·塞达·桑戈尔机场每年运送 120 万乘客，2001 年运送 27000 吨货物，超过了 20 世纪 90 年代的运输水平，达到了 2002 年以前阿比让机场的运输水平。② 20 世纪 90 年代斯基林角和济金绍尔两个机场的设施也在升级。自从 1998 年以来，圣路易有包机飞往

---

① Economic Intelligence Unit, *Country Profile 2004*：Senegal, p. 24.
② Economic Intelligence Unit, *Country Profile 2004*：Senegal, p. 24.

法国。1998 年伊斯兰发展银行同意资助在卡萨芒斯的托波尔（Tobor）建立一个新国际机场。2000 年开始扩展圣路易机场的跑道，以容纳更大的飞机。12 个二级机场在主要的行政区的中心，其中较重要的是济金绍尔机场。1999 年根据政府运输部门整个发展战略，国有塞内加尔航空公司部分私有化，将 51% 的股份出售给摩洛哥皇家航空公司。2003 年该公司股份减少到 31%，塞内加尔政府成为最大的股东，拥有 46% 的股份，被重新命名为塞内加尔国际航空公司。该公司主要从事国内、地区和国际服务，2001 年客运量为 12.5 万人次，2004 年上升至 42 万人次。2003 年被评为非洲最佳航空公司。[①] 另一个航空公司西非航空公司建于 1993 年，服务于西欧和巴西。1999 年客运量 108 万人次，年均运送乘客 77 万多人次，货物 2 万多吨。[②]

表 4 - 27　空运状况

	1997	1998	1999	2000	2001
乘客(千人)	968	805	773	1136	1208
货物(千吨)	114	20	21	28	23

资料来源：Economic Intelligence Unit, *Country Profile 2004*: *Senegal*, p. 55.

瓦德总统执政不久就提出要在距达喀尔 50 公里的恩迪亚斯（Ndiass）修建一个新的国际机场，新机场将比老机场增加两倍的运输能力。这项计划被认为是瓦德制定的重大计划之一。新机场在 2003 年开始建设，将在 2006 年底完工，计划建设费用为 1730 亿非洲法郎（2.94 亿美元）。设计方案允许进一步进行扩张。瓦德强调这个大型、现代化的机场使塞内加尔有能力进行较

---

① 中华人民共和国外交部网站 www. fmprc. gov. cn。
② 《世界知识年鉴》（2002/2003 年），第 507 页。

大规模的国际贸易，进一步发展旅游业，使以恩迪亚斯为中心的周围地区成为工业和商业发展中心，减缓达喀尔的压力。上述这些规划对塞内加尔未来的经济是至关重要的。新机场属于建设—经营—转让项目（BOT），全部建设费用都来自于私人部门，投资的私人部门将获得为期 22 年的机场经营特许权，然后为政府所有。

二 电讯业

塞内加尔拥有比较完善的电讯设施。电信交换系统使 70% 的用户可与世界各地直接联络。该国还有国际卫星通讯系统、海底电缆通讯中心及国际电报中心。为使用户能够获得更多服务，不少重要的现代化通讯设备相继引进，电话用户已可使用全套专业服务，包括国家及国际资料库。

1997 年中期，塞内加尔国家电讯公司（SONATEL）实行部分私有化。政府将 33% 公司的股份出售给法国电讯公司，10% 的股份出售给公司雇员，18% 的股份通过以阿比让为基地的证券交易所出售给公众。1999 年，通过资金重组，法国电讯公司在塞内加尔国家电讯公司的股份增加到 42%，政府股份减少到 30%。政府增加固定电话主线的项目，其中特别强调扩大在乡村的电话覆盖面。根据联合国国际电信协会（ITU）统计，1995 年，塞内加尔拥有 8.2 万条电话主线，每百人中有 0.98 条，2002 年达到 22.46 万条，每百人中有 2.29 条，大部分分布在达喀尔。①

移动电话网络由塞内加尔国际电讯公司管理。1995 年，移动电话用户仅 1 万人，到 2003 年底超过 80 万人，增长了近 80 倍，每 100 人就有 8 部移动电话，3/4 的电话用户也是移动电话

---

① Economic Intelligence Unit, *Country Profile 2004：Senegal*, p. 25.

用户。塞内加尔国家电讯公司的子公司移动公司拥有 58 万用户。第二大公司是塞内加尔电讯公司（Sentel）。该公司共 25 万用户。[①] 使用费用普遍较高，2003 年塞内加尔农民为推销茄子使用手机，其价格比中间商的价格要高出两倍。

塞内加尔是非洲信息化程度较高的国家之一，据联合国教科文组织的统计，每千人拥有 7.2 台电脑，每百万人口拥有 342 名工程师及 467 名高级技术人员。在 1999 年消灭电脑"千年虫"方面，政府对此较为重视，成立了由总理牵头的"2000 年指导委员会"，具体指挥和协调全国的"灭虫"工作。因特网在塞内加尔首次出现于 1995 年年底。2003 年，有 672 个网站，22.5 万因特网用户，21.7 万台个人电脑。[②] 政府拥有大量网址，显示一些经常过时的信息和统计。

第六节　财政与金融

一　货币与汇率

第二次世界大战以后，法国在西非殖民地确立了以非洲法郎为流通货币，非洲法郎与法国法郎挂钩。独立后，塞内加尔依然留在法郎区，非洲法郎继续作为该国货币，由西非国家中央银行发行。塞内加尔的国际储备长期处于低水平。非洲法郎一直由法国央行和国库担保，法国法郎与非洲法郎的比价固定，即 1 法郎 = 50 非洲法郎。但是，20 世纪 80 年代中期以来，由于非洲法郎汇率偏高，使法郎区国家出口商品的竞争力下降，法国对法郎区国家的援助负担日益加重。世界

---

① Economic Intelligence Unit, *Country Profile 2004：Senegal*, p. 25.

② 中华人民共和国外交部网站 www. fmprc. gov. cn。

银行与国际货币基金组织以中止财政援助计划要挟，迫使非洲法郎区 14 国首脑于 1994 年 1 月 12 日在达喀尔宣布，即日起非洲法郎贬值 50%，使非洲法郎对法国法郎的实际比价变成 100∶1，从而使非洲法郎在流通 46 年之后，实行了大幅度贬值。非洲法郎的贬值帮助了塞内加尔国际储备的建立，截止到 2002 年底，国际储备已达 63740 万美元，额度为 3 个月的进口费用，2003 年 11 月底，进一步上升为 78820 万美元。额度相当于 4.1 个月的进口费用，甚至超过了国际通行的 3 个月的标准。[1] 非洲法郎的贬值虽然在改善对外贸易状况等方面起到了积极作用，但也带来了通货膨胀、进口商品价格上涨、债务负担加重等负面作用。

1999 年 1 月 1 日，欧洲单一货币正式发行，法郎区各国财政部长一致呼吁法郎区的运转机制保持不变。2002 年 1 月 1 日欧元自动成为非洲法郎的担保货币。法国与法郎区国家以往所达成的协议维持不变，法国将继续保证非洲法郎与欧元的无限制兑换。非洲法郎对欧元实行固定汇率制对法郎区国家包括塞内加尔的经济会产生一些积极影响，有利于吸引更多的欧盟国家企业到法郎区国家投资。但是，非洲法郎与欧元的固定汇率也将导致非洲法郎区国家在政府预算、宏观经济政策的统一和达标等诸多问

表 4 - 28　非洲法郎变化趋势

	1999 年	2000 年	2001 年	2002 年	2003 年
1 美元	615.7	712.0	733.0	697.0	581.2
1 欧元	655.957	655.957	655.957	658.2	657.2
1 特别提款权	896.2	918.5	935.4	850.4	771.8

资料来源：Economic Intelligence Unit, *Country Profile 2004*：*Senegal*, p. 52, 64.

---

[1]　Economic Intelligence Unit, *Country Profile 2004*：*Senegal*, p. 51.

题方面受到欧盟左右。由于投资者对美国经济尤其是美国财政赤字感到忧虑，因此，从 2002 年起，美元与非洲法郎的汇率持续下降，这反映出美元在与欧元的竞争中处于下风。

二 政府财政

政府财政收入可分为两部分：一是一般收入，包括进口税、所得税、营业税，其中进口税为大宗，占一般收入的 40%。二是特殊收入，即借贷和援款。财政支出由两大项构成：一是行政支出，其中行政费用占大部分，其次是国民教育和国防开支；二是建设支出，主要是用于社会经济发展计划的公共投资。

1993 年 8 月，政府开始实行国家财政稳定政策，并在整个结构调整期间得到了认真贯彻，从而使国家财政状况明显好转，国家财政收入有所增加，财政收入在国内生产总值中所占的比例由 1994 年的 14.9% 提高到了 1997 年的 16.9%，日常开支在国内生产总值的比例由 1994 年的 15.8% 降至 1997 年的 12.4%，下降了 3.4 个百分点。随着财政收入的增加以及支出的控制，预算赤字占 GDP 的比重由 1994 年的 9.9% 到 1997 年出现财政盈余。[①] 瓦德政府上台后，实行财政紧缩政策，减少公共开支，努力扩大税源，例如，增收新关税，提高货物附加值税等，保持积极的财政平衡。因此，政府财政保持基本稳定。外汇储备（不含黄金）2000 年为 3.81 亿美元，2001 年为 4.38 亿美元，2002 年为 6.37 亿美元，[②] 2003 年政府财政有少量盈余，但仍未摆脱财政赤字的重压。

[①] IMF, *Senegal：Statistical Appendix*, IMF Country Report No. 03/168, June 2003, p. 26, 59.

[②] 《世界知识年鉴》（2002/2003 年），中华人民共和国外交部网站 www.fmprc. gov.cn。

表 4 - 29　财政收支状况

单位：亿非洲法郎

	1998 年	1999 年	2000 年	2001 年	2002 年
总收入	5419	5684	6156	6644	7319
其中：税收	4601	5068	5623	6027	6620
借贷和援款	818	616	533	617	699
总支出	5506	6099	6231	7330	7193
其中：经常项目支出	3101	3511	4110	5166	4656
薪水	1626	1666	1758	1773	1994
债务还本付息	348	425	453	303	396
资本项目支出	1969	2423	1932	2172	2763
国内投资	785	1113	1066	1185	1488
纯借贷	436	165	189	- 8	- 226
政府收支差额	- 87	- 415	- 75	- 686	126

资料来源：Economic Intelligence Unit, *Country Profile 2004*：*Senegal*, p. 57.

三　金融业

塞内加尔金融体系包括诸银行、股票交易所和保险公司。这些金融机构属政府或私人，提供各类金融服务。

20 世纪 80 年代中期，银行体系曾出现严重危机。1988 年政府进行改革，重组银行部门，减少政府在银行的股份，最多只能达 25%，加强银行监管。金融机构数量 3 年内，从 16 个减少到 9 个。根据以塞拉利昂弗里敦为基地的西非银行协会统计，塞内加尔共有 19 个银行。其中，塞内加尔工商国际银行（BICIS）、西方非洲银行公司（CBAO）和塞内加尔银行总公司（SGBS）拥有整个塞内加尔 2/3 的存款。[①]

---

① Economic Intelligence Unit, *Country Profile 2004*：*Senegal*, p. 46.

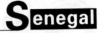

1. 中央银行

塞内加尔是西非经济金融联盟（前身是西非货币联盟）（UEMOA）的成员国。该联盟的成员国有贝宁、布基纳法索、科特迪瓦、马里、尼日尔、塞内加尔、多哥和几内亚比绍。其下设银行为西非国家中央银行（BCEAO），建于1962年，发行非洲金融共同体法郎（简称非洲法郎），行址设在达喀尔。因此，塞内加尔没有本国的中央银行。现任西非国家中央银行塞内加尔分行行长是塞义尼·恩迪亚耶（Seyni Ndiaye），该行在考拉克和济金绍尔设有分支机构。2001年，西非国家中央银行资金和储备金总额为8505亿非洲法郎，资产总额为51577亿非洲法郎。[①]

2. 商业银行

塞内加尔有9家商业银行，分别是：（1）塞内加尔非洲银行成立于2001年，注册资金为15亿非洲法郎。（2）塞内加尔工商国际银行成立于1962年，是股份制银行，海外金融公司持有28%的股份，政府持有25%的股份，法国一公司持有22%的股份。截至2001年12月，该行资金总额为50亿非洲法郎，存款总额为1458.83亿非洲法郎，有17个分支机构。（3）塞内加尔城市银行成立于1975年。截至2001年12月，该行资金为16.26亿非洲法郎，资产总额为848.64亿非洲法郎，有一个分支机构。（4）西方非洲银行公司成立于1853年，是股份制银行，米兰（Mimran）集团拥有65%的股份，政府持有10%的股份。截至2001年12月，该行资金为90亿非洲法郎，资产总额为1625.95亿非洲法郎，有8个分支机构。（5）西非信贷公司（LOCAFRIQUE）截至1999年12月，资金和储备金总额

---

① 以下各金融机构的相关数字未特别注明者均出自 *Africa South of the Sahara 2004*，pp. 950 ~ 951。

为 14.81 亿非洲法郎,资产总额 17.8 亿非洲法郎。(6)塞内加尔里昂信贷银行(CLS)成立于 1989 年,是股份制银行,法国的里昂信贷银行持有 95% 的股份,塞内加尔政府持有 5% 的股份。截至 2001 年 12 月,该行资金为 20 亿非洲法郎,储备金为 47.36 亿非洲法郎,存款为 894.77 亿非洲法郎,有一个分支机构。(7)塞内加尔国家信贷银行(CNS)成立于 1990 年,为股份制银行,政府持有 87% 的股份。截至 1996 年 12 月,资金为 19 亿非洲法郎,资产总额为 20.32 亿非洲法郎。(8)塞内加尔经济银行股份中,泛国家合作经济银行持有 50% 的股份,科特迪瓦经济银行持有 20% 的股份,贝宁经济银行持有 20% 的股份,多哥经济银行持有 10% 的股份。截至 2001 年 12 月,资金为 24.125 亿非洲法郎。(9)塞内加尔银行总公司成立于 1962 年,为股份制银行。法国的总公司持有 50.6% 的股份,塞内加尔个人投资者持有 38.2% 的股份。截至 2001 年 12 月,资金为 45.27 亿非洲法郎,资产总额为 2816.05 亿非洲法郎。

3. 发展银行

塞内加尔有 4 家发展银行:(1)塞内加尔居民银行(BHS)成立于 1979 年,为股份制银行。22.73% 的股份为地方居民持有,9.09% 的股份为政府持有,9.09% 的股份为西非国家中央银行持有。截至 2001 年 12 月,该行资金为 16.5 亿非洲法郎,资产总额为 1157.65 亿非洲法郎,有两个分支机构。(2)塞内加尔人—突尼斯人银行(BST)成立于 1986 年,是股份制银行,非洲投资公司持有 41.6% 的股份,塞内加尔政府持有 6.4% 的股份。截至 2001 年 12 月,资金为 21 亿非洲法郎,储备金 9.32 亿非洲法郎,存款 430.5 亿非洲法郎,有 3 个分支机构。(3)塞内加尔农业信贷国家基金(CNCAS)成立于 1984 年。政府持有 24% 的股份。截至 2001 年 12 月,该机构资金为 23 亿非洲法郎,资产总额为 744.18 亿非洲法郎。（4）设备金融公司（SFE）股份中，西方非洲银行公司持有 59% 的股份。截至 1999 年 12 月，资金和储备金 3.88 亿非洲法郎，资产总额为 66.53 亿非洲法郎。

4. 伊斯兰银行

塞内加尔伊斯兰银行（BIS）成立于 1983 年，为股份制银行。瑞士的一伊斯兰银行持有 44.5% 的股份，沙特阿拉伯的伊斯兰发展银行持有 33.3% 的股份，塞内加尔政府持有 22.2% 的股份。截至 2001 年 12 月，资金为 27.06 亿非洲法郎，存款 117.04 亿非洲法郎。

5. 股票交易所

动产证券交易所（BRVM）成立于 1998 年 9 月，其前身是阿比让证券交易所（BVA）。该所最初资金为 15 亿美元，为西非经济金融联盟的 8 个成员国提供服务。塞内加尔电信公司私有化之后，进入新世纪后它是在股票交易日成交量最大的公司之一。

6. 保险公司

塞内加尔主要保险公司有：（1）塞内加尔保险总公司（AGS）成立于 1977 年，资金总额为 29.9 亿非洲法郎。（2）资本累积生存保险公司（La Nationale d'Assurances-Vie）成立于 1982 年，资金总额 8000 万非洲法郎。（3）塞内加尔保险与再保险公司（CSAR）成立于 1972 年，政府持有 49.8% 的股份。资金总额为 9.45 亿非洲法郎。（4）洲际人寿保险公司（ILICO）成立于 1993 年，主要从事人寿保险服务。（5）塞内加尔运输保险互助会（MSAT）成立于 1981 年。各地均有分支机构。（6）国民保险公司成立于 1976 年，主要从事火灾、海运、旅游和事故保险，该公司为私人所有。（7）国民生命保险公司主要从事人寿保险。（8）塞内加尔安保公司（ASS）

成立于 1984 年，资金 5 亿非洲法郎。（9）非洲保险公司成立于 1945 年，资金总额为 900 万非洲法郎。（10）互助保险国家公司（SONAM）成立于 1973 年，资金总额为 14.64 亿非洲法郎。

第七节　对外经济关系

塞内加尔独立后，由于粮食不能自给，工业基础薄弱，国计民生及日用消费品大部分依赖进口。因此，对外部市场的严重依赖是塞内加尔经济的一个重要特点，对外贸易以及与其相适应的商业销售非常重要。

一　对外贸易政策与制度

塞内加尔曾是"关贸总协定"（后改为"世贸组织"）、"洛美协定"（后为科托努协定取代）、"西非国家经济共同体"等国际经济组织成员国，其产品不仅可以自由在西非及非洲国家销售，也可自由销往欧洲市场，不受配额限制。在经济贸易活动中除享受欧美等发达国家给予的"普惠制"外，还可享受不同程度的减免税待遇等。塞内加尔实行贸易进口自由化，但外汇管制很严，尚需要财政部门批准的进口用汇许可。1984 年以来，政府在对外贸易上实行了一系列新的政策：取消保护关税，放手让各种产品包括进口产品在市场上自由竞争；对大部分产品取消配额和许可证限制，简化进口手续；降低进口关税。政府还规定，可自由进口欧盟商品，但应遵循通常规定，列在禁止进口清单上的商品需要进口许可证。许可证有效期一般为 6 个月。申请许可证需提交专项发票。专项发票内容应包括日期、离岸价、供货日期、法律上有效的签字。发票无需公证。

1. **外贸管理机构**

塞内加尔贸易部主管塞内加尔对外贸易事务，该部下设主管外贸业务的贸易总局，负责管理下属的外贸公司业务。贸易部还下设一个国有公司——塞内加尔外贸国际中心（CICES），该外贸中心的宗旨是促进贸易和投资。另有塞内加尔商会作为对外贸易的咨询和协调机构。

2. **进口贸易主要法规及措施**

除药品外，其它商品不需要进口许可证，只需申请外汇许可。对某些商品如浴巾、拖鞋、蜡烛等，征收从量或从价税来限制进口，以保护当地的民族工业。对粮食等有关国计民生的大宗产品，采取垄断方式控制进口。对绝大部分的日用消费品、轻纺产品、机电产品等，均可由私商自由进口。政府还利用国际银行的贷款，通过招标的方式进口大型机械设备，对这部分产品不征收进口税。对当地工厂生产所需要的原料、半成品均征收20%～30%的低关税。

1981年，塞内加尔与所有贸易伙伴国建立了最惠国待遇的原则。对某些进口实行配额限制，并要求事先审批。审批是根据产品种类，而不是根据产品的出产国或转口国家。配额限制可能涉及多种原因，例如：农业政策、环境卫生、某些产品的贸易保护政策（如水泥、化肥、小麦、番茄）。价值超过50万非洲法郎（包括塞内加尔境内的费用或到岸价格）的所有进口贸易必须通过指定银行办理。外汇管理部门允许进口商购买必要的外汇，如果商品已经到货，则在结算日购买。

3. **关税制度**

塞内加尔是西非经济共同体（CEAO）的成员，成员国之间实行关税互惠，凡来自其他西非经济共同体成员国的进口免除海关关税。共同体成员保持以协调为基础的关税体制。关税由两种

基本进口税组成,一种是财政进口关税(财政税),另一种是海关关税。海关关税以所有进口货物的非洲法郎值的 15% 计算。对来自西非经济共同体以外的所有国家的进口,实行无差别财政关税。对于大多数进口物品,税率是财政关税的 20%;但某些项目的进口,如纸制品、棉花制品、包装材料都必须付 30% 的税率;食品、奢侈品、珠宝和手表则需付 50% 的税率。某些进口,包括药品、杀虫剂、药剂、瓶装气体等,则免除财政关税。所有的关税和税收应该用地方货币支付,对于进口货物按重量付关税时,关税是以货物的净重为基准。大多数关税都是以从价非洲法郎为基准,包括购买价格、运输费、出口关税和没有分开付关税的包装价格,保险、佣金、船运费及将货物运至入境港所涉及的所有其它费用。从欧共体和法郎区国家进口的货物免除海关关税,但必须付财政进口关税。西非经济共同体内部贸易只付财政进口关税的 50%。从其他与西非经济共同体成员有贸易协议的国家进口付最少的关税。除了财政关税和海关关税外,塞内加尔实行增值税,为普通税率的 30%,增值税的确定是根据整个产品价值,包括海关关税和财政关税。另外所有的进口都必须付3% 的服务费。

1992 年 4 月 16 日,对部分进口商品的关税做了较大的调降,平均下调 30%。进口税分为 5 种:关税(DD)、财政税(DF)、增值税(TVA)、海关印花税(TD)和报关税(COSEC),这五种税以到岸价为基数来计算。累计总额为实际进口税额。

1994 年 1 月 12 日非洲法郎贬值后,塞内加尔进口商品价格翻番,通货膨胀加剧。为了稳定物价,控制局势,政府于 1994 年 2 月 15 日,宣布大幅降低关税。进口关税税率由关税、财政税、增值税和海关印花税 4 项组成。关税由 15% 降低到 10%,对从欧共体及西非经济共同体国家进口的一般商品只征收 5% 的关税。海关印花税为 5%（原为 6%～12%），并降低海关印花税的税基，把过去按商品到岸价加上进口关税计算海关印花税的做法，改为直接按商品到岸价计算。进口税率因商品而异。进口商品按其不同作用划为四类：第一类分两部分：药品、教科书和文化用品，其税率由原 21.9% 降为 5%，免征财政税、增值税和海关印花税；进口大米和小麦的税率为 15%，免征财政税和增值税。第二类是工业原材料和设备物资等，增值税由 20% 降为10%，免征财政税，累计税率为 26%。第三类进口商品分两部分：日常消费品税率为 48%，其中财政税由 30% 降为 20%，增值税由 20% 降至 10%；塞内加尔能生产的同类产品税率为59%。第四类是指前两类以外的所有进口商品，其增值税率由30% 降为 20%，累计税率为 73%。对于奢侈品，加征 20% 的附加税，其累计税率为 97%。另外，对进口商品征收 5% 的平均税，如进口商品的增值税为 10% 的低增值税时，平均税为 3%。取消某些商品的特别税，如对水泥取消 2.5% 的特别税，烟酒特别税调为 30%，可乐特别税由 65% 降为 30%。政府降低关税旨在限制进口欧美高档消费品，鼓励消费品塞内加尔化和进口价格较便宜的中国等亚洲国家的产品。

　　塞内加尔关税仍然远高于邻国，因此，国内外走私集团和不法商人走私活动屡禁不止。大量走私不仅使国家收入大大减少，同时也严重扰乱市场，使民族工业得不到发展。1998 年，政府实行新关税税则。新税则对一类产品免税，主要包括用于发展社会、文化和科技的设备和材料及煤气和煤油。二类产品税率为5%，主要包括工业用粮和石油。三类产品税率分别为 10% 和25%，主要包括轿车、货车和卡车等实用车辆。但所有产品原定的印花税率不变。2000 年，西非经济金融联盟达成共同关税政策。将关税种类由 7 种改为 4 种，并将税率以 0，5%，10% 及20% 计算。海关印花税则由 5% 减为 1%，关税平均税率由

24%降为12%。西非经济金融联盟成员国境内，货物自由流通不课税。

4. 外汇管理制度及许可证

塞内加尔的外汇管制由经济、财政和计划部的货币和信贷管理局负责管理。所有的涉及国外的外汇交易必须通过官方银行、中央银行和邮政管理局。所有涉及国外进口交易价值超过10万非洲法郎时都必须经过官方银行。外汇管理局赋予进口商购买必需外汇的权力，购买时间为在船运前8天之内，条件是已开信用证。如果还没开信用证，可以用装船单购买外汇。然而不能在海关清货前对进口货物进行支付。

塞内加尔的外汇管理不适用于：法国（及其海外领地）、摩纳哥以及与法国财政部发生联系的国家（以下简称业务账户国家），如：贝宁、布基纳法索、喀麦隆、中非共和国、乍得、科摩罗、刚果、科特迪瓦、赤道几内亚、加蓬、马里、尼日尔、多哥。这些国家可以自由支付，其他国家均被视作外国。凡从法国、摩纳哥及业务账户国家收取的非贸易外汇收入均可以全部保留，也可以自由支付非贸易款项。对其他国家的非贸易收入和支付款则要经外汇部门审批。如果属于已经批准或无需批准的基本贸易，那么与此项贸易有关的非贸易支付可以自由办理。

居民到法国、摩纳哥、业务账户以外的国家旅游，每人每年可批给相当于20万非洲法郎的外汇（10岁以下儿童为10万非洲法郎），返回塞内加尔时剩余的外汇必须结汇。到国外旅行的居民和非居民，除批给的外汇外，可将相当于2万非洲法郎的西非国家中央银行现钞、法国法郎现钞和业务账户国家现钞携出国外。

5. 黄金管理

在塞内加尔，居民可以自由持有、购买和使用任何形式的黄金。从任何国家进口或向任何国家出口黄金（黄金首饰和黄金材料）均须经过财政经济计划部批准。经营贵重金属的经纪人要事先请求财政经济计划部批准方可办理自己的业务。进口黄金要向海关申报，经纪人从国外购买非货币性黄金须缴纳 25% 的从价税。商业性进口黄金首饰须事先得到工商及手工业部的进口批准。进口装饰用品要事先征求手工业理事会和工商及手工业部对外贸易理事会的意见。

二 对外贸易规模、结构及主要对象

对外贸易规模，主要指进出口商品的数量和价值额。塞内加尔对外贸易在国民经济中起重要作用。1997～2003 年，货物和劳务进出口贸易额占国内生产总值的比率基本上为 50% 左右。塞内加尔外贸最突出的特点就是连年的贸易逆差。1994 年非洲法郎贬值之前，由于非洲法郎估价过高，刺激了进口，限制了出口，因此外贸逆差长期存在。非洲法郎贬值后，又由于过度依赖进口维持国计民生，因此，外贸逆差仍然长期存在 1994～2003 年增长了一倍。

表 4-30 塞内加尔商品进出口贸易额

单位：亿非洲法郎

	1997 年	1998 年	1999 年	2000 年	2001 年	2002 年	2003 年
出口额	5280	5829	6447	6549	7353	7434	7627
进口额	6864	7555	8453	9516	10471	11179	11784
贸易差额	-1584	-1726	-2006	-2967	-3118	-3745	-4157
贸易总额	12144	13384	14900	16065	17824	18613	19411
占国内生产总值比例(%)	47.57	48.74	50.97	51.59	53.32	53.59	52.05

资料来源：Economic Intelligence Unit, *Country Profile 2004*; *Senegal*, p. 61; UEMOA, *BANQUE DE FRANCE-Rapport Zone franc-2003-SÉNÉGAL*, p. 189. www. uemoa. int.

在对外贸易结构方面，为了改善外贸平衡，减少贸易逆差，促进民族经济的发展，政府改变了过分依赖花生产品出口的做法，努力增加出口产品种类。目前，主要出口产品为鱼类、花生产品和磷酸盐产品。2002 年，上述三种产品的出口额总计3610 亿非洲法郎，占其出口总额的 46.7%；其中，鱼类出口额为 1820 亿非洲法郎，磷酸盐产品 1310 亿非洲法郎，花生产品480 亿非洲法郎。[1] 从以上数字看，三宗最主要的出口产品出口额不到出口总额的一半，这说明政府通过出口产品多样化，力争缩小贸易逆差。而且，鱼产品已经超过花生产品成为最主要的出口商品。其他出口商品还有棉制品、石油产品、盐、肥料、磷酸等。

进口商品主要是资本货物（生产工业品所需的生产资料）、原油和精炼油及粮食。2002 年，塞内加尔进口资本货物 2020 亿非洲法郎，原油和精炼油 2000 亿非洲法郎，粮食 2980 亿非洲法郎。[2] 塞内加尔其他进口商品还有饮料和烟草等。

关于对外贸易伙伴，独立以前，塞内加尔进出口贸易几乎为法国所垄断。独立以后，塞内加尔实行外贸多元化，与世界其他国家积极发展贸易往来。因此，法国在塞内加尔外贸中所占比重不断下降。1959 年独立前夕，塞内加尔向法国的出口占其出口总额的 83.1%，由法国的进口占其进口额的 65.6%；1971 年分别下降到 51.8% 和 47.4%；1989 年又分别下降到 28.5% 和36.6%。[3] 2002 年更进一步分别降到 13% 和 25.5%。[4] 法国失去了对塞内加尔外贸的支配地位。不过按所占比重来看，法国仍然占据第一位。

---

[1]　Economic Intelligence Unit, *Country Profile 2004*: *Senegal*, p. 48.

[2]　Economic Intelligence Unit, *Country Profile 2004*: *Senegal*, p. 48.

[3]　文云朝编著《塞内加尔——资源、环境与发展》，第 141 页。

[4]　Economic Intelligence Unit, *Country Profile 2004*: *Senegal*, p. 48.

表 4 – 31 塞内加尔主要出口商品

单位：亿非洲法郎，千吨

		1999 年		2000 年		2001 年		2002 年		2003 年	
		出口额	出口量	出口额	出口量	出口额	出口量	出口额	出口量	出口额	出口量
花生产品	花生油	330	67.1	477	100.5	574	123.1	371	83.2	217	39.1
	花生饼	47	76.4	110	132.7	144	155.8	102	108.8	35	38.6
	花生种子	10	2.9	9	2.5	14	3.7	9	3.1	0.0	0.1
磷酸盐		210	770.4	147	513.9	137	510.4	122	486.0	53	203.9
鱼类	鲜 鱼	231	8.7	310	11.4	263	9.9	291	9.3	344	7.2
	冷冻鱼	1394	98.8	1184	63.304	1364	60.882	1311	63.443	1092	71.6
	罐头鱼	172	11.8	130	8.8	131	10.6	137	9.1	137	9.5
棉 花		37	4.5	44	6.7	59	7.3	97	14.3	124	16.8
盐		46	107.5	50	119.9	65	146.3	72	157.2	68	149.4
肥 料		143	115.5	95	84.7	159	116.8	175	155.7	228	195.5
磷 酸		455	225.0	475	232.7	562	284.8	917	506.2	693	439.9
石油产品		136	128.8	285	153.1	165	187.0	234	146.1	335	197.3

资料来源：IMF, Senegal: Selected Issues and Statistical Appendix, IMF Country Report No. 05/155, May 2005, p. 84. www.imf.org.

表4-32 塞内加尔主要进口商品

单位：亿非洲法郎；千吨

		1999 年		2000 年		2001 年		2002 年		2003 年	
		进口额	进口量	进口额	进口量	进口额	进口量	进口额	进口量	进口额	进口量
粮食	水稻	1014	646.4	949	632.1	1039	696.9	1304	866.4	1264	890.0
	小麦	217	199.1	264	237.3	291	234.0	303	247.9	285	250.9
石油	原油	765	890.5	1384	890.7	1449	960.1	1143	863.4	1589	1179.2
	精炼油	519	540.8	1042	570.5	876	557.7	836	556.9	718	462.6
饮料和烟草		78	—	200	—	232	—	270	—	329	—

资料来源：IMF, *Senegal：Selected Issues and Statistical Appendix*, IMF Country Report No. 05/155, May 2005, p. 85. www. imf. org.

表4-33 主要贸易伙伴

贸易额比重：%

	1999 年	2000 年	2001 年	2002 年	2003 年
出口对象国：					
法 国	17.9	18.4	16.8	13.0	12.2
意大利	13.0	11.0	6.0	4.4	8.5
马 里	5.2	6.2	6.9	8.9	9.5
西班牙	5.5	6.3	4.0	3.2	5.0
非 洲	25.8	28.2	29.9	32.7	37.3
亚 洲	18.0	14.5	13.8	22.1	15.9
进口来源地：					
法 国	30.2	29.0	27.8	25.6	24.9
尼日利亚	7.1	13.9	9.8	8.7	12.2
美 国	4.1	3.9	4.2	5.4	3.6
西班牙	4.0	3.6	4.3	4.0	4.3
亚 洲	16.0	14.5	14.6	14.5	14.3
非 洲	13.8	20.8	17.4	16.3	20.5

资料来源：IMF, *Senegal：Selected Issues and Statistical Appendix*, IMF Country Report No. 05/155, May 2005, p. 86. www. imf. org.

上世纪末以来，塞内加尔出口主要还是以非洲国家为主，占到总出口额的 25% 左右，其中向邻国马里出口最多，占到 5% 以上。法国是出口最多的国家。亚洲作为塞内加尔第三大出口伙伴，近年来出口比例在下降。法国虽仍是塞内加尔主要进口国，但是所占进口比例不断缩小。塞内加尔从非洲国家进口的比例却在扩大，其中以尼日利亚表现突出。塞内加尔主要从欧洲进口二手汽车、衣服和高档用品，从亚洲进口水稻，从中国进口大众消费品。

三 外援与外债

1. 外援

塞内加尔长期接受国外的援助，外援对平衡塞内加尔内外财政起到了关键性作用。但是，外援在逐年减少。1997 年，官方发展援助及其它官方和私人援助为 5.661 亿美元，2001 年下降到 4.189 亿美元。[1] 同期得到的捐赠款也在减少。1999 年为援助的最高峰，此后开始减少。法国是援助资金最大的国家，其次是日本。法国所占官方发展援助的比例由 1999 年的 54.4% 降到 2001 年的 24.4%。[2] 美国援助额增长很快。世界银行的国际开发署（IDA）是历史上对塞内加尔援助最大的赞助者，借款额从 2000 年 7720 万美元提高到 2001 年 11700 万美元。[3] 列于第二、第三位的欧盟和非洲发展基金会近年援助数额都在下降。国际货币基金组织的援助资金在有些年份甚至呈倒流之势。

---

① Economic Intelligence Unit, *Country Profile 2004*：*Senegal*, p. 51.

② Economic Intelligence Unit, *Country Profile 2004*：*Senegal*, p. 51.

③ Economic Intelligence Unit, *Country Profile 2004*：*Senegal*, p. 51.

表4-34　塞内加尔接受官方发展援助情况

单位：百万美元

	1996年	1997年	1998年	1999年	2000年	2001年	2002年
双　边	392.0	292.0	289.0	416.2	288.4	223.7	242.8
其中:法　国	177.6	142.2	142.3	226.4	147.2	102.4	104.5
日　本	58.0	25.4	33.6	59.1	48.5	22.4	37.8
美　国	43.0	30.0	14.1	23.2	22.9	28.8	37.1
德　国	35.8	34.2	34.7	26.4	16.8	16.7	13.2
荷　兰	9.7	12.0	14.1	5.8	5.9	12.0	10.4
多　边	176.8	121.6	211.1	95.7	139.7	189.4	195.4
其中:国际开发署	102.9	52.9	74.3	37.2	77.2	117.0	109.3
欧　盟	42.1	45.0	95.7	57.0	41.6	27.5	58.5
非洲发展基金	12.5	4.7	17.1	5.6	3.1	20.1	20.9
国际货币基金组织	-9.9	2.3	9.1	-27.3	-3.7	3.6	-15.3
联合国儿童基金会	5.0	2.3	2.3	1.5	2.3	2.5	1.9
总　　额	579.9	423.1	501.3	516.0	423.5	412.6	448.8
其它捐赠款	504.9	392.4	385.3	502.3	370.3	306.0	368.0

资料来源：Economic Intelligence Unit, *Country Profile 2002*：Senegal, p. 50；Economic Intelligence Unit, *Country Profile 2004*：Senegal, p. 64.

2. 外债

从20世纪70年代末期起，塞内加尔以加强基础设施建设、发展采矿业和旅游业为主的发展计划要求大规模举借外债。债务日积月累，规模不断增大。1970年全部外债总额仅为1.03亿美元，1982年增到20亿美元，1987年又升至43亿美元。政府通过严格执行财政紧缩政策和其它措施，到1992年外债总额减少到30亿美元，债务利息也从80年代4亿美元减少到2亿美元。①

---

① Sheldon Gellar, *Senegal*：*An African Nation Between Islam and the West*, p. 64, 65.

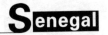

表 4 – 35 外债结构

单位：百万美元

	1998 年	1999 年	2000 年	2001 年	2002 年
长期债务总额	3318	3186	3027	3033	3372
公共的和得到公共担保的长期债务	3295	3172	3014	2982	3339
官方信贷	3285	3163	3006	2972	3326
多边信贷	1967	1903	1850	1893	2180
双边信贷	1317	1259	1156	1079	1147
私人信贷	11	9	8	10	13
没有担保的私人长期债务	22	14	13	51	33
短期债务	273	308	147	201	293
长期债务利息拖欠	2	2	2	2	2
国际货币基金组织信贷基金	293	272	255	248	253
全部外债总额	3883	3766	3428	3482	3918
本金偿还	215	161	144	142	147
利息支付	106	76	74	63	72
其中短期债务	15	17	15	6	5
债务还本付息	321	237	217	206	219
外债占国内生产总值比率(%)	84.4	80.8	80.0	77.0	80.0
偿债率占货物和劳务出口比率(%)	20.6	14.3	14.5	13.1	12.9
短期债务占整个外债比率(%)	7.0	8.2	4.3	5.8	7.5
特许长期贷款占整个外债比率(%)	72.1	71.9	76.3	75.7	76.2
多边债务占整个外债比率(%)	50.7	50.5	54.0	54.4	55.6

资料来源：Economic Intelligence Unit, *Country Profile 2004*: *Senegal*, p. 63.

1998 年 4 月 20 日，国际货币基金组织与塞内加尔签署了一项为结构调整提供援助的协议，协议金额为 850 亿非洲法郎，分

3 年提供。欧盟拿出 180 亿非洲法郎来补偿塞内加尔海关收入方面的损失。巴黎俱乐部 1998 年 6 月 17 日同意减少塞内加尔欠的债务。但塞内加尔外债一直高居不下，2001 年底外债总额仍高达 34.82 亿美元，2002 年外债总额 39.18 亿美元。[①] 2004 年 4 月 19 日，国际货币基金组织宣布塞内加尔符合严重负债国家债务减免计划，这将使塞内加尔把债务缩减到 8 亿美元。[②]

从塞内加尔外债结构来看，其外债几乎都是长期债务且绝大部分为官方债务。2002 年，长期债务占外债比例为 86.1%，其中官方债务占外债比例为 84.9%。[③]

四　外国资本

内加尔实行开放政策，一贯重视吸引外资。1987 年，该国设立对外商一条龙服务的"单一窗口"，规定外商投资的一切行政手续须在 10 天内办完。随后，政府又决定成立"塞内加尔投资和出口促进局"，这是一个介于政府和投资者之间的中介机构，其作用是为投资者提供一切必要的信息与服务，帮助外商在塞内加尔顺利立足。政府还制定了投资优惠政策，外商投资领域不设任何限制，并在税收、外汇、用工制度等方面享受优惠。凡投资额在 500 万非洲法郎（5 万法国法郎）、当地雇员在 3 人以上的外资企业便可享受有关外企的优惠待遇，当地资源利用率达到 65% 的企业即可免征营业税。

塞内加尔投资法规为境内已核定的国外投资提供各种便利条

---

① Economic Intelligence Unit, *Country Profile 2004：Senegal*, p. 50.
② Economic Intelligence Unit, *Country Profile 2004：Senegal*, p. 50.
③ Economic Intelligence Unit, *Country Profile 2004：Senegal*, p. 63.

件和优惠，主要有：（1）投资者可自由汇出本金及利润，对外籍劳工的雇用没有限制；（2）投资计划中必需的机器等设备免进口关税，执行阶段提供税务优惠；（3）对在落后地区开办中小企业、发展新科技和在达喀尔以外地区开办企业的投资者提供优惠税率；（4）80%产品外销的工业或农业，其设备全部免关税及海关印花税，免所得税、贸易执照税、地价税及其他相关的登记印花税等。公司税固定为15%。

政府制定的资本输出输入政策，对同法国、摩纳哥和业务账户国家间的资本流动不受外汇管理限制；对所有其他国家的资本转移必须经过财政经济计划的批准，但从上述国家接受资本可以自由办理。

塞内加尔居民的所有境外投资要经过财政经济计划部批准。此类投资75%的资金必须是在国外筹措资金。在办理和结算直接投资和其它各类投资时，不管此类投资是塞内加尔向境外投资，还是外国在塞内加尔投资，均须在20天内呈报财政经济计划部和西非国家中央银行。直接投资是指对企业具有控制权的投资。向境外贷放款项须得到财政经济计划部的批准。

从1985年起，政府就将基础建设、教育训练、卫生、农业、新资讯技术、环保、能源开发、政府优良管理、发展私人经济、开发先进国家市场作为政府十大工作，其中基础设施建设处于重中之重的地位。政府希望国际组织全力支持，同时鼓励外国公司对这些项目进行投资。也鼓励外国公司携资进行磷矿、金矿、铁矿、天然气、大理石、石油等资源开发或参与企业私有化进程。于是，外国直接投资流入量有所增长，1985～1995年间年平均为1500万美元，2003年上升至7800万美元。不过，外国直接投资比例占整个固定资产投资的比重仍很小。

表 4 – 36　外国直接投资

单位：百万美元

	1985~1995 年	1998 年	1999 年	2000 年	2001 年	2002 年	2003 年
外国直接投资	15	71	142	62	39	54	78
占固定资产投资总额的比例(%)	2.1	—	15.1	8.2	4.8	5.2	—

资料来源：UNCTAD，*Country Fact Sheet*：Senegal，04/09/03，02/09/04，www.unctad.org.（联合国贸易和发展会议：《国家情况说明书：塞内加尔》，2003 年 4 月 9 日，2004 年 2 月 9 日，联合国贸易和发展会议网站 www.unctad.org）

　　政府为了吸引外资，赚取外汇，于 1974 年建立了达喀尔自由工业区。该工业区占地 650 公顷，位于达喀尔市近郊，距达喀尔市中心 18 公里，区内分设海关、宪兵队、劳工局、消防队、邮电、银行和保险等管理和服务机构，并自成体系。工业区隶属于法郎区，区内的企业可以享受免税待遇，特别是：（1）所得税和红利分成所得税；（2）工资税基税；（3）有碍生产的国内间接税；（4）注册税、企业组建税和企业延期税；（5）营业税、地皮税和不可转让的法人财产税。工业区设有负责办理项目审批手续的"单一窗口"，规定从提出申请到批准，一个月内完成，免收申请、审批项目手续费。工业区内的企业所进口的设备、材料、成品、半成品均享受免税待遇。对这些企业所生产的出口成品不征收出口税。有 25 种产品可享受离岸价 15% 的出口补贴。企业可以将生产的 40% 的产品在当地市场销售，同时支付有关税费。另外，工业区的企业属于从事贸易活动的资金可以自由转汇，享受西非经济共同体内部使用的优惠税率。企业可自由招聘、解雇本国和外籍员工。但是，自由工业区设立 25 年来，前来投资的厂家仅十余家，投资额约为 8 亿法国法郎。这一数字与当初设立自由区时确立的 100 家企业的目标相去甚远。按照最初的设想，自由工业区的每家企业可雇用员工 150 名左右，而

实际上这 10 多家企业没有一家的雇员超过 100 名。到 1995 年，达喀尔自由工业区实际运行的企业仅剩 5 家，其出口额仅占塞内加尔出口总额的 1.4%。为此，塞内加尔政府决定对自由工业区进行改革，同年通过的一项法律提出了设立"出口自由企业"的概念。新法律规定，无论在塞内加尔任何地方设立的企业，只要其产品出口比例超过 80%，便可算作"出口自由企业"，此类企业可按 15% 的优惠税率征税。由于发展一直不景气，达喀尔自由工业区在 1999 年 1 月被议会取消。行政手续繁杂，劳动力价格相对较高，自由区离市区较远以及企业经营环境差（如缺少配套服务企业）等是导致达喀尔自由工业区失败的原因。

第八节　国民生活

一　劳动就业

国家独立以来，严重的失业问题一直存在，影响人民生活和社会稳定。2002 年贫困人口占全国总人口的 26.3%。城市失业率为 27.7%[1]。失业问题严重的主要原因是经济长期不景气；很多农村人尤其是农村青年流入城市，但是缺乏在城市工作的技能，因此难以找到工作；国家加快私有化进程之后，新兴企业出现的并不多，私营经济部门创造的就业机会很少。从劳动力就业分布看，从业人员主要在农业部门就业。1996 年，在三个产业就业的劳动力约占劳动总人口比例分别为农业部门 76%，工业部门 8%，服务业 16%。[2] 2001 年中期，劳动就业

---

[1] 中华人民共和国外交部网站 www. fmprc. gov. cn。
[2] *New Africa Yearbook*，*Senegal*，*1999/2000*，p. 399.

总人口为 429.4 万，其中在农业部门就业的人口为 315.1 万，[1]
占到 73.4%。[2]

二 工资与物价

1. 工资

政府为了保护劳动者的利益，规定了最低工资限额。但由于经济的原因，实际上最低工资限额呈缓步下降趋势。同样，从政府薪金支出占财政总支出的数额来看，呈逐年缓步上升之势，但是从占财政总支出的比例来看，则有所下降。

表 4-37　塞内加尔名义与实际最低工资

单位：非洲法郎/每小时

	1994 年 12 月	1995 年 12 月	1996 年 12 月	1997 年 12 月	1998 年 12 月	1999 年 12 月	2000 年 12 月	2001 年 12 月
名义最低工资	201.1	201.1	209.1	209.1	209.1	209.1	209.1	209.1
实际最低工资（1980＝100）	60.6	57.4	58.3	57.2	57.5	56.5	56.4	54.8

资料来源：IMF, *Senegal: Statistical Appendix*, IMF Country Report No. 03/168, June 2003, p. 24. www.imf.org.

说明：实际最低工资是使用达喀尔的塞内加尔家庭平均消费价格指数算出。

表 4-38　塞内加尔政府薪金支出情况

单位：10 亿非洲法郎，%

	1994 年	1995 年	1996 年	1997 年	1998 年	1999 年	2000 年	2001 年
薪资数额	148.9	157.5	160.6	155.9	159.7	166.6	175.8	177.3
占预算支出比例	46.7	49.7	51.4	49.1	51.5	47.5	42.8	34.3

资料来源：IMF, *Senegal: Statistical Appendix*, IMF Country Report No. 03/168, June 2003, p. 29. www.imf.org.

---

[1]　*Africa South of the Sahara 2004*, p. 940.

[2]　*Africa South of the Sahara 2004*, p. 934.

2. 物价

塞内加尔通货膨胀率长期控制在 3% 以下,[①] 1988 年 2.3%,[②] 1991 年 1.3%。[③] 自 1994 年非洲法郎贬值后，法郎区国家的物价普遍剧烈振荡，塞内加尔也未能幸免。1994 年上半年，国内物价飞涨，通货膨胀率高达 35% ~40%。[④] 此后，在国际货币基金组织的帮助下，政府重新实行许多控制价格的措施。1995 年，通胀率降至 7.9%。[⑤] 1998 ~2002 年，消费物价年均通胀率保持在 1.6% 左右。[⑥] 2003 年，通货膨胀率为负增长（ -0.05% ）。[⑦]

三 社会保障状况

桑 戈尔曾提出建立一个公正、人道、先进的社会是塞内加尔实现"民主社会主义"的目标。在这一思想指导下，独立以来，政府十分重视改善人民的工作与生活条件。《劳动法》规定，非农业劳动每周工作时间为 40 小时，农业劳动每年 2352 小时，超过这个限额所完成的劳动一定要按照高出规定工资的比例进行补助。雇主必须允许工人每周休息一天。政府还建立了比较完善的社会保障制度。主要包括：

1. 养老社会保险制度

2002 年塞内加尔人均寿命 52.7 岁。[⑧] 养老社会保险立法始于 1975 年，政府采用社会保险的形式，通过雇主和雇员缴纳的

① Economic Intelligence Unit, *Country Profile 2004*：*Senegal*, p. 38.

② 《世界知识年鉴》（1992/1993 年），第 371 页。

③ 《世界知识年鉴》（1993/1994 年），第 353 页。

④ 《世界知识年鉴》（1995/1996 年），第 387 页。

⑤ Economic Intelligence Unit, *Country Profile 2004*：*Senegal*, p. 38.

⑥ Economic Intelligence Unit, *Country Profile 2004*：*Senegal*, p. 38.

⑦ Economic Intelligence Unit, *Country Profile 2004*：*Senegal*, p. 28.

⑧ 中华人民共和国外交部网站 www. fmprc. gov. cn。

保险金作为养老资金来源，政府不负担保险费用。

养老保险的对象是所有雇员，包括家务工人、季节工和打日工的工人。政府雇员另有单行制度。养老保险的基金来源多方面：受保人交纳收入的 3.5%，属于管理雇员的另为受供养人加 1.6%。雇主交纳工薪总额的 5.3%。属于管理阶层者尚需以每月 60 万非洲法郎为上限交纳收入的 2.4%，作为受供养人补助。交纳保险费和享受年金待遇的收入最高限额为一月 20 万非洲法郎。

养老保险的种类有：

（1）养老金。必备条件是年满 55 岁才能领取养老金。

（2）经济收入调查津贴。支付给虽不符合养老金条件者，但至少受雇 10 年的家务工人或者 5 年的日工、季节工。

（3）伤残抚恤金。必备条件是无能力工作，年满 50 岁者且交纳保险费 1 年。

（4）遗属抚恤金。受保人曾经是年金领取者。抚恤金支付给遗孀或年满 55 岁的鳏夫或伤残者及年龄在 18 岁以下的父母双亡的孤儿。

2. 疾病与生育社会保险制度

生育现金补助的立法始于 1973 年，政府采用社会保险方式，通过雇主和雇员缴纳的保险金、政府从特定销售税收入支出一部分作为资金来源。疾病与生育保险的对象和医疗补助的对象为所有雇员，包括学徒及其供养家属。临时工除外。医疗补助保险的基金来源为根据医疗补助基金的情况，受保人至多交纳收入的 3%；雇主至多交纳工薪总额的 3%。政府不负担。生育现金补助的基金来源为雇主从工薪总额抽 6%。政府从特定销售税收入拨出一部分，约占费用的 1/3。

疾病与生育保险的种类有：

（1）生育补助。支付收入的 100%。产前支付 6 周，产后 8

周。综合症另可延长 3 周。

（2）医疗补助。无期限限制。补助部分医疗费用，包括住院、配药、医生应诊。补助费用由健康保险协会的管理委员会确定。

（3）供养亲属的医疗补助，与受保人同。

3. 工伤社会保险制度

现行的工伤保险法规颁布于 1973 年，政府采用社会保险的方式，通过雇主缴纳的保险金作为资金来源。工伤社会保险的对象包括所有雇员、学徒、接受培训人员和有专业技能的学生。基金来源是，雇主视行业风险程度，支付工薪总额的 1%、3%、5%。

工伤社会保险的种类：包括临时残疾补助、永久残疾抚恤金、遗属抚恤金、丧葬费等。

4. 家属补贴制度

政府对有子女的家庭发放补贴，1973 年立法执行。由雇主交纳的保险金和政府支出特定销售税的一部分作为资金来源。享受家属补贴的条件是，子女年龄必须在 15 岁以下（学徒为 18 岁，学生或残疾者 21 岁）；父母必须曾经受雇 3 个月，而且当前每月工作 18 天。

政府设有专门机构对社会保障制度进行监督和管理，劳工和就业培训部对整个社会保险制度的运行行使监督职能，社会保障基金会具体管理疾病与生育方案、工伤补助、家庭补贴方案。养老保险则由塞内加尔退休保险协会管理年金方案，由雇员雇主联合组成的理事会进行领导。对疾病与生育保险管理，法律规定拥有 150 名雇员的公司方能参加，较小的公司可以联合组成协会进行管理。

经过几十年的实践，塞内加尔的社会保障制度取得了一定的发展。残疾人、病人、老人、孤儿、妇女等社会弱势群体能够得

到数量不等的补助，穷人家庭的子女也能享受初等、中等教育，这些都使人口的质量有所提高。例如，1970～1975年，塞内加尔人口预期寿命平均为41.8岁，到2000～2005年，这一指标提高到平均52.9岁；2000～2005年，塞内加尔人自出生时可活到65岁的女性占同群组人口的52.5%，男性占40.0%。[①]

---

① UNDP, *Human Development Report 2004*, p. 171. www. undp. org. （联合国开发计划署：《2004年人类发展报告》，第171页，联合国开发计划署网站www. undp. org）

第五章

军　事

第一节　军队与国防体制的演变

一　法国殖民统治时期的军队

非洲传统的土著军队在塞内加尔早已有之。近代意义军队的出现在塞内加尔也早于西非其它地区，可以追溯到 19 世纪上半期，这与法国的殖民政策有关。1815 年维也纳会议通过了取缔黑奴贩卖的国际宣言，此后法英等国在非洲的殖民活动转向了领土的占领。1817 年法国在圣路易和戈雷重建殖民地，以此为基地派军队向陆地扩张。但到非洲的法军官兵水土不服，疟疾等热带疾病使法军死亡率极高。1819 年法国海军部下令征募"有色人小分队"，充当军事劳工，弥补军力的不足，但远远不能满足需要。1857 年 7 月 21 日总督费德尔布向拿破仑三世建议正式组建塞内加尔步兵团（Tirailleurs Sénégalais）作为法军的一部分，这样便开始了法属非洲的土著兵制度。步兵团是一支雇佣兵队伍，与过去的军事劳工不同，他们是战斗人员，有军服，服役期与欧洲士兵相同，军饷则大大低于欧洲士兵。军饷由殖民地总督府发给，非洲人只能当兵不能晋升军官，军官必须是法国人。兵源可以来自塞内加尔以外的殖民地，服役地点也常在

塞内加尔以外地区。但不论在何处都称塞内加尔军团，它成为法国殖民统治的一种工具。

1905年法兰西殖民帝国在非洲确立后，这支军队成为殖民者的治安警察部队，当地非洲人民称他们为"帝国的黑色看门狗"[1]。由于需求量日益增大，塞内加尔军团便从雇佣兵制转变为普遍征募制，特别是在第一次世界大战期间凡18～35岁的男子都要服兵役2～4年，由当地酋长按土著习俗负责征募。酋长们可得报酬，应征者可豁免赋税，并为其家庭提供津贴。仅1915年就征到3万人，1916年募到5.1万人。塞内加尔军团派往欧洲作战，正是这些非洲士兵帮助法国打赢了第一次世界大战。在第二次世界大战期间更是如此。二战期间，在抗击纳粹德国占领和解放法国的战役中，塞内加尔士兵牺牲4.5万名，受伤7万名。1944年8月23日，由塞内加尔狙击手组成的第六军团率先攻入法国土伦并解放了这座城市。[2] 所以在两次世界大战后，法国殖民者都在塞内加尔强化普遍征兵制，这些军队一直由法国军官控制，常被派往士兵们陌生地区服役，使他们不能转化为反殖民统治的力量。

第二次世界大战后，法国将塞内加尔纳入了北大西洋公约集团的防御体系。在美国帮助下，法国在塞内加尔的海军基地和空军基地得到加强。非洲士兵的服务也不限于步兵，在其他兵种也有。法国在达喀尔、捷斯、圣路易的军事基地经常驻有2500～3000人的军队。由于塞内加尔的独立是通过和平过渡方式完成的，因此独立后的武装部队便在原殖民军的基础上进行改编和组建。

① 转引自郑家馨主编《殖民主义史·非洲卷》，北京大学出版社，2000，第503页。

② 《塞内加尔举行仪式纪念二战非洲老兵》，2005年8月24日新华网 www.info. xinhua. org。

二 独立后的军队建制和国防体制

19 58 年 11 月 25 日，塞内加尔获得法兰西共同体内的半自治共和国的地位。根据戴高乐宪法规定，该共和国的自治权不包括军队，共和国的国防、外交、对外联络及运输等权力仍由"法兰西共同体"掌握。1959 年 4 月 4 日马里联邦成立，塞内加尔获得独立地位，但根据其与"共同体"的合作协议，其国防军事权仍归"共同体"，法军可以合法地驻在塞内加尔。1960 年 8 月 20 日塞内加尔立法议会宣布退出马里联邦，成为独立共和国。8 月 22 日塞内加尔部长会议通过了关于加入调整后的"共同体"的协议，同时还与法国签订军事、防务合作协议。根据这些"合作协定"，独立后的塞内加尔共和国可以组建一支国防军，但必须由法国协助组建。军官最初都是法国人，军事装备和军用物资及技术人员皆由法国提供，军队的建制也学自法军。协定还规定为了确保塞内加尔局势的稳定，达喀尔等地的军事基地继续由法国全权支配，允许法国驻军，法国军人可在塞内加尔领土上自由活动。塞内加尔的战略物资和原料的处理需通过法国，优先向法国出口，必要时要限制或禁止对其他国家的出口。

1960 年 8 月 25 日塞内加尔国民议会通过的宪法规定，总统兼任新建的全国武装部队总司令。设总统私人的特别参谋长职位，下设武装力量部（国防部）和总参谋部，统领海陆空三军与各军区。由于陆军比例特大，又专设陆军参谋长一职。1963 年 5 月，行使维护公共秩序和国内安全的警察宪兵队及共和国总统卫队，也成为军事机构的一部分，设宪兵司令一职。后又建立了警察部队和机动干预部队。

整个国防体制是：总统为武装力量统帅。总统通过武装力量部和总参谋部对全国武装力量实施领导和指挥。最高国防决策机

构为国防委员会，由主要内阁部长和高级军事首领组成。武装力量部是最高军事行政机关，武装力量总参谋部为最高军事指挥机构。武装力量由正规军、预备役和准军事部队组成，正规军分为陆、海、空3个军种。

总统还有权任命所有军事高级官员，主持最高国防委员会。在严重威胁到国家安全、独立或领土完整的事件中，总统可行使各种紧急权力和采取除修改宪法以外的任何必需行动。他可宣布为期12天的紧急状态或戒严，但逾此界线，一定要在他请求下由国民议会予以延长。任何事件，如果议会闭会，要立即召集会议并在15天内依法批准总统已采取的任何行动。宣战一定要由国民议会授权。

总统的各种国防政策由武装力量部行使。他通过军事指挥链条监督它们的执行。武装部队设总参谋部，总参谋长是最高军事官员，指挥陆军、海军和空军，他在国防部长的直接命令下负责指挥军事行动。

自1963年开始，武装力量部部长领导下的武装力量部由三个主要部分组成：总参谋部、军政管理部和国家退伍军人局。总参谋部在它的军事防御职责以外，还负责处理有关国际防御协定和军事援助计划等问题。军政管理部包括三个主要部门：行政事务处担任全部行政并负责立法与军事审判。财务和计划处处理计划和军事预算。还有一个人事处，对于立法事务、预算和人事的责任使得这一部门成为同政府的立法部门进行接触的主要机构，这样它也成了影响军事建设的一个特别重要的军政管理链条。退伍军人局处理旧军事人员、管理档案、养老金、一般福利和对贫困和残废军人提供援助和医疗照顾等事务。

塞内加尔的指挥官员：2003年，武装力量部部长贝卡耶·迪奥普（Bécaye Diop）；现任武装部队总参谋长阿卜杜拉耶·法勒（Abdoulaye Fall）少将；宪兵部队司令帕瑟·谢克（Pathé Seck）上将。

塞内加尔最初分为 5 大军区，隶属总参谋部领导。大军区的军队首长根据上级机关的指示，具体组织本军区的防务，并与行政区区长和省长协同管理和指挥军队。五大军区分布如下：西部军区主管佛得角和捷斯区，司令部设在达喀尔；中部军区管辖辛—萨卢姆区，司令部设在考拉克；北部军区管辖沿河区、久尔贝勒区、卢加区，司令部设在圣路易；东部军区，主管东塞内加尔区，司令部设在坦巴昆达；南部军区管辖卡萨芒斯区，司令部设在济金绍尔。迪乌夫执政末期改为 7 大军区。

塞内加尔实行义务兵役制，凡年满 18～60 岁的男性公民都有义务服兵役，服役年限为 50 年，现役期为 2 年，现役期以外的服役只在特殊情况下进行。据估计，2005 年，18～49 岁的男性公民数量为 2443840 人，其中符合兵源招募条件的男役数量为 1558175 人[①]。

第二节　军事实力与兵种

一　军队数量与各兵种的发展

军队数量自独立以后不断增加。据统计，桑戈尔执政时期的 1963 年，共有约 2700 名现役军人，其中陆军 2600 人，海军、空军极少，还不成为有效的力量。国家宪兵队和共和国卫队有近 2500 人，用以补充国家防卫力量之不足。[②]

---

① CIA, *World Factbook 2005*, *Senegal*, www.cia.gov.（美国中央情报局：《2005 年世界年鉴：塞内加尔》，美国中央情报局网站 www.cia.gov）

② 〔美〕T. D. 罗伯茨：《塞内加尔》，第 204 页。

经过大力进行军队建设，20世纪70年代末，桑戈尔执政末期武装部队总数增至5900人，其中，陆军人数增至5500人，组成三个步兵营、一个工兵营、一个装备营、两个伞兵连、两个突击连、一个重武器连、一个侦察连。海军200人，空军200人，宪兵队有1600人。①

桑戈尔总统虽为文人，但十分注重与军队的关系。他担任武装力量的最高统帅，牢牢控制军队，使军队在稳定政局、巩固政权方面发挥无可替代的柱石作用。另外他同意法军在塞内加尔驻有1300人，与法国驻军保持良好关系，这也有效地抑制了国内不稳定因素的增长。

1981年1月迪乌夫执政后继续桑戈尔的政策，十分注重扩建军队。据统计，他上台伊始，海陆空军和宪兵部队的总兵力增到1.26万余人，还有一支2500人的警察部队和一支600人的机动干预部队。5年后总兵力又增至1.53万人。迪乌夫下台时，塞内加尔军队的总兵力高达1.74万人，其中陆军1.2万人，编有步兵部、工兵营、总统卫队、炮兵群、侦察中队、伞兵连等。海军700人，空军650人，准军事部队4000人。另有宪兵6800人，警察部队2500人，机动干预部队600人。② 这是该国军力最强的时期。

迪乌夫比桑戈尔更重视军队建设和改造。一方面，指示政府对军队提供普遍的优厚待遇，并向高级军官提供更为优厚的物质生活条件，即使在国家财政极为困难时，亦是如此，这使广大官兵在维护政权稳定方面能与政府同心同德。毋庸讳言，国家经济长期困难难免殃及军队，一些官兵时而也流露出对政府不满的意向，但没有对政局构成明显的威胁。另一方面，根据稳定政局的

① 《各国概况》（1979年），世界知识出版社，1979，第470页。
② 《世界知识年鉴》（1998/1999年），第432页。

需要和军内实际情况，迪乌夫坚决改组了军队领导机构，解除了三军参谋长和总统私人参谋长的职务，任命了在其任职期间擢升为将级的军官，调整了过去三军总参谋长过于集中的职权，同时加强了总统府的军事指挥机构，并把原宪兵司令部分为全国地方宪兵司令部和全国机动宪兵司令部。这样，军队进一步被置于迪乌夫绝对统帅和严密控制之下，有效地抑制了军队内部的离心倾向和不稳定因素，并加强了军队对付国内突发事变的作用。迪乌夫与法国保持着密切的军事关系，严守两国之间订有的防务协定，法国在达喀尔驻军1200人，塞内加尔军队中仍有数百名法国顾问，军事装备和军用物资亦由法国提供。如果塞内加尔军队内部有异常之举，法国顾问和驻军也会应塞内加尔政府要求，防止军事政变。

　　2000年3月瓦德执政后，在军队建设方面并未改变前任迪乌夫的方针。2000年总兵力为1.52万人，其中陆军8000人，海军600人，空军800人，准军事部队5800人。[①] 2004年总兵力13620人，其中陆军11900人，海军950人，空军770人，准军事部队5000人。[②] 陆海军比过去有明显增加。法国与塞内加尔的防务协定依然有效，法国在达喀尔仍设军事基地，2002年驻军1150人，[③] 数百名法国顾问仍旧任职。塞内加尔的军官大都由法国军事学院培养，由法国顾问负责培训。1982年塞、法两国举行大规模联合军事演习，塞内加尔海陆空三军和法军共约5000人参加。1998年2月和1999年11月、12月及2001年6月塞内加尔分别与法军单独或者参加由法军及一些非洲国家举行的联合军事演习。1997年7月，美国、塞内加尔和马里这三国在马里举行了军事演习。美国还向塞内加尔派遣60名军事教官帮

①　《世界知识年鉴》（2002/2003年），第507页。

②　中华人民共和国外交部网站 www. fmprc. gov. cn。

③　*Africa South of the Sahara 2004*，p. 954.

助培训非洲危机反应部队。

从总体上看,塞内加尔武装人员(包括准军事人员)占劳动力总人数的 0.4%。与周边国家相比,低于毛里塔尼亚(0.9%)、几内亚比绍(1.4%),高于冈比亚(0.2%)。①

各军种的编制和性能并没有因为政治体制的变化及塞内加尔民主党的上台而改变。陆军是维护国家安全与稳定的主要力量,在军队中人数最多,驻扎在 4 个军事基地,兵种包括 3 个装甲兵营、6 个步兵营、1 个突击空降兵营、1 个炮兵营、1 个工兵连、1 个总统卫队(骑兵)、3 个建筑连。② 海军人数较少,其首要职责是根据航海法监视领海,确保国家海洋权益安全,军事基地在达喀尔和卡萨芒斯,有 5 支海上巡逻队和 5 支沿岸巡逻队。③ 空军只有一支中队,主要用于侦察、人员运输和空降训练任务。

二 武器装备与军费开支

塞内加尔的武器装备主要依赖法国援助及对外采购。现陆军主要装备有装甲车 99 辆,牵引炮 18 门,迫击炮 16 门,高炮 33 门,反坦克炮 4 门;海军的主要装备有舰艇 12 艘;空军的主要装备有飞机 20 架,其中作战飞机 18 架。另有直升机 5 架。④

① 世界银行:《1999 年世界发展指标》,第 308～310 页。
② The International Institute for Strategic Studies, *The Military Balance 2002/03*, Oxford Press, October 2002, p. 211. (战略研究国际学院:《军事平衡》,2002/2003,牛津出版社,2002 年 10 月,第 211 页)
③ The International Institute for Strategic Studies, *The Military Balance 2002/03*, p. 211.
④ The International Institute for Strategic Studies, *The Military Balance 2002/03*, p. 278～279.

表 5-1 陆军武器与装备

	名称、代号	类　别	数　量
装甲车辆	M8 型	装甲侦察车	10
	M20 型	装甲侦察车	4
	AML60 型	装甲侦察车	30
	AML90 型	装甲侦察车	27
	M3 型"庞阿尔"	装甲人员运输车	16
	M3 型"半履带式"	装甲人员输运车	12
炮兵武器	75 毫米 M-116 型	牵引炮	6
	105 毫米 M-101/HM-2 型	牵引炮	6
	155 毫米法国 50 型	牵引炮	6
	81 毫米"布兰特"	迫击炮	8
	120 毫米"布兰特"	迫击炮	8
反坦克武器	"米兰"	反坦克炮	4
	89 毫米 LRAC 型	无后坐力炮	31
防空武器	20 毫米 M-693 型	高射炮	21
	40 毫米 L/60 型	轻型高射炮	12

资料来源：The International Institute for Strategic Studies, *The Military Balance 2002/03*, p. 211.

表 5-2 海军武器与装备

	名称、代号	类　别	数　量
海上巡逻装备	富塔 Dk Osprey 型	巡逻艇	1
	恩贾姆布尔法国 SFCN59 型	巡逻艇	1
	圣路易法国 48 型	巡逻艇	3
沿岸巡逻装备	塞内加尔 II 型	快速巡逻艇	3
	Alioune Samb 型	巡逻艇	2
	Edic700 型	两栖登陆舰艇	2

资料来源：The International Institute for Strategic Studies, *The Military Balance 2002/03*, p. 211.

塞内加尔

表5-3　空军武器与装备

名称、代号	类别	数量	名称、代号	类别	数量
EMB－111 型	海上侦察/搜救	1	SA－314H 型	直升机	1
F－27－400M 型	运输机	6	CM－170 型	教练机	4
波音 727－200(VIP)型	运输机	1	R－235Guerrier 型	教练机	4
DHC－6Twin Otter 型	运输机	1	Rallye 160 型	教练机	2
SA－318C 型	直升机	2	R－235A 型	教练机	2
SA－330 型	直升机	2			

资料来源：The International Institute for Strategic Studies, *The Military Balance 2002/03*, p. 211.

表5-4　1994～2003 年军费预算

年　份	军费预算 （十亿非洲法郎）	国内生产总值 （十亿非洲法郎）	占国内生产总值的 百分比(%)
1994	36.5	2022.3	1.80
1995	36.6	2234.0	1.64
1996	39.6	2371.8	1.67
1997	40.2	2553.2	1.57
1998	41.9	2746.0	1.53
1999	46.1	2999.8	1.54
2000	47.1	3089.7	1.52
2001	48.0	3234.7	1.48
2002	52.8	3271.6	1.47
2003	54.5	3485.6	1.43

资料来源：IMF, *Senegal: Selected Issues and Statistical Appendix*, IMF Country Report, No. 05/155, May 2005, p. 35, 59; IMF, *Senegal: Statistical Appendix*, IMF Country Report, No. 03/168, p. 29, 51.

军费开支一直稳步增长，国防预算 1980 ~ 1981 年度为 141 亿非洲法郎，1982 年为 180 亿非洲法郎，[①] 1985/1986 年度为 284 亿非洲法郎，[②] 2001 年为 480 亿非洲法郎，2003 年为 545 亿非洲法郎，[③] 但在国内生产总值中的比重呈下降趋势。

第三节　主要的军事活动

一　卡萨芒斯内战

自建国以来，塞内加尔在国内最大的军事行动是对卡萨芒斯分离武装的持久内战。卡萨芒斯是塞内加尔南部的一个地区，面积 28350 平方公里，占塞内加尔总面积的 1/7，人口 80 多万，南与几内亚比绍和几内亚毗邻，北被冈比亚与塞内加尔其它地区隔开。该地区土地肥沃，雨量充沛，物产丰富，风光秀丽，是著名的鱼米之乡和旅游胜地，是塞内加尔最富饶的地区，南方的稳定对塞内加尔的经济发展将会产生重大影响。但自 1982 年以来南方反对派卡萨芒斯民主力量运动（简称卡民运）发起独立运动，在卡萨芒斯地区进行武装斗争，要求卡萨芒斯地区从塞内加尔独立出去，成立"焦拉共和国"。卡民运要求独立是因为其领导人迪亚马库纳·森戈尔向该地区人民说，法国在 1960 年同意塞内加尔独立时，曾许诺 20 年后卡萨芒斯地区可独立。从地理位置上，卡萨芒斯地区被冈比亚拦腰从中截断，冈比亚犹如一宝剑，插入塞内加尔腹地，将塞内加尔南北分隔开，造成南北方交通不便，交往困难。首府济金绍尔与首都达喀

---

① 《世界知识年鉴》（1982 年），第 357 页；（1983 年），第 169 页。

② 《世界知识年鉴》（1990/91 年），第 388 页。

③ IMF, Senegal：Selected Issues and Statistical Appendix, IMF Country Report No. 05/155, May 2005, p. 59.

尔相距480多公里。特殊的地理位置，为卡民运要求独立提供了借口。另外，塞内加尔90%以上的人们信仰伊斯兰教，而卡萨芒斯地区信奉天主教的人口超过信奉伊斯兰教的人数。为此，北方的伊斯兰教在南方扩大影响，引起南方人民的不满。其总司令西迪·巴吉在谈到南方人为何要独立时，讲述三条理由：一是南方人在政府中没有重要职位，受冷落；二是南方经济发展缓慢，国家投资少；三是南方大片土地被北方移民占据，南方人称北方人是"侵略者"。塞内加尔政府的态度是，愿与卡民运谈判，什么问题都可以谈判解决，唯独"领土完整和民族团结不容谈判。"

自1982年起，独立分子在南方经常组织示威游行，散发传单。是年12月在首府济金绍尔举行示威之后，卡民运的几个领导人都被逮捕。1983年12月又一次示威被镇压，死亡上百人。1988年后暴力活动逐步升级，骚扰政府武装部队并发生武装冲突，还经常搞恐怖和暗杀活动，致使数百人死亡，几万人流落到邻国。政府对这支反政府武装力量一直实行高压围剿的政策，法办首恶，但收效甚微。卡萨芒斯的动荡不安长期困扰着迪乌夫当局，政府多次表示要与卡民运对话或谈判的愿望。在几内亚比绍的斡旋和担保下，迪亚马库纳·森戈尔走出丛林，回到济金绍尔与政府谈判。1991年5月31日，政府与卡民运在几内亚比绍首都签署了一项和平协议，其主要内容是停止一切武装活动，政府武装力量撤回兵营，卡萨芒斯地区人员和物资自由来往。1991年11月13日，政府又与卡民运达成一项协议，决定在卡萨芒斯地区建立和平管理委员会，以进一步实施和平协议条款。为了缓和与南方独立分子的矛盾，迪乌夫政府1991年5月29日宣布释放被扣压的355名独立分子，并对他们既往不咎，让其返乡参加生产。1992年4月在几内亚比绍总统的斡旋下，塞内加尔政府与卡民运于17日签署了一项实现卡萨芒斯地区和平的协议。协议规定双方应立即无条件地停止在卡萨芒斯地区的一切违反停火的行动。

但 1992 年下半年起，卡民运又恢复了武装斗争，进入丛林，对抗迪乌夫政府，要求地区独立。1993 年 3 月 12 日至 14 日，在离济金绍尔大约 33 公里卡民运大本营处，政府军与卡民运分子发生 6 次武装冲突，致使卡民运 80 多人死亡，政府军 3 人死亡，16 人受伤。据不完全统计，1992 年 8 月至 1993 年上半年，卡萨芒斯地区大约有 500 多人死亡，其中有不少是无辜的平民百姓。白色恐怖笼罩着卡萨芒斯地区，造成学生不能上课，农民无法种田，大片良田荒芜，许许多多的村民被迫离乡背井，逃难他乡。

因为卡民运从游击战争发展到城市袭击治安部队，卡萨芒斯地区形势恶化。1993 年 3 月 20 日，在法国和几内亚比绍等国的斡旋下，迪亚马库纳·森戈尔在得到本国政府人身安全保证的情况下，暂停武装斗争，来到济金绍尔进行对话。4 月 10 日双方全面停火。6 月 2 日政府声明，除 "领土完整和国家统一" 不容谈判外，其它问题都可与卡民运和谈。1993 年 7 月 8 日，政府与卡民运在济金绍尔达成第三个停火协议。文件第 3 款规定，首先由法国当着双方的面对卡萨芒斯在历史上归属问题作出澄清，而后双方立即进行谈判。政府为了表示诚意，签署停火协议后的第 13 天在济金绍尔释放了首批 152 名独立分子，然后又在达喀尔释放了第二批 104 名独立分子。

1993 年 4 月，迪亚马库纳·森戈尔发表声明，要求法国出面对卡萨芒斯的归属问题作出历史的公正裁决。几个星期后，他和迪乌夫都先后写信给密特朗总统正式提出了上述请求。法国政府委托已退休多年、年已 68 岁的雅克·沙尔皮就卡萨芒斯在历史上的归属问题进行考证并拟定一份证明报告。沙尔皮 1951～1958 年在达喀尔法属西非档案馆工作过 8 年，精通西非国家的历史。他经过几个月往返达喀尔和巴黎，查阅了大量历史资料，

深入分析研究了从 1817 年法国把塞内加尔从英国人手中接管过来起到 1960 年塞内加尔宣布独立 143 年间卡萨芒斯的历史地位，写出了一份共分 5 个部分的详情报告。报告包括：（1）前言；（2）卡萨芒斯的领土构成；（3）卡萨芒斯抵抗法国入侵；（4）卡萨芒斯的地位；（5）塞内加尔的统一。

1993 年 12 月 21 日，作证会在济金绍尔召开，出席作证会的有以法国驻达喀尔大使勒内·阿拉率领的法国代表团，以负责农业的国务部长罗贝尔·萨尼亚率领的由另外 6 名部长组成的塞内加尔政府代表团，以迪亚马库纳·森戈尔为首的卡民运代表团，以及担保人几内亚比绍国防部长桑巴·拉明·马内。雅克·沙尔皮在会上宣读了长达 32 页的考证报告。他在报告中指出，卡萨芒斯在法国殖民统治时期根本不存在自治领土的问题；在塞内加尔准备独立时，没有任何人提出要重新划分领土的建议，任何地区也没有表示过享有自治权的愿望。这就是说，在法国殖民统治时期，卡萨芒斯并未曾是自治地区，也不是法国的保护领地，卡萨芒斯地区从殖民主义时期始，就由塞内加尔管辖，卡萨芒斯地区"历来就是塞内加尔领土的一部分"，从而打消了卡民运试图从历史上寻找根据，要求该地区从塞内加尔独立出来的念头。

尽管法国的公开作证对塞内加尔政府有利，新闻媒体也称这是历史性的转折，给卡萨芒斯的和平与经济发展带来了希望。但迪亚马库纳·森戈尔在作证会上宣称，"拒绝卡萨芒斯的独立就是迫使卡萨芒斯人民重新拿起武器"，并高喊"卡萨芒斯民族独立万岁"等口号。卡萨芒斯地区的局势短暂地恢复了平静后，1995 年 1 月 22 日，一些卡民运游击队武装分子向驻守在济金绍尔附近的政府军发起攻击。交火中，有两名政府军士兵和数名武装分子被打死。2 月初，卡民运游击队再次袭击了距济金绍尔不远的几个村庄。他们殴打村民，抢走牲畜和粮食。为了保证这一地区民众生命和财产的安全，政府军向游击队发起了反击，动用了重型火炮，甚至还派出军用飞机向游击队的一些据点发射了火箭弹。在反击行动中，有 10 多名游击队员被打死，政府军方面也有数人伤亡。4 月 13 日，法国和塞内加尔官方分别正式对外宣布，4 名法国游客自 4 月 6 日起在卡萨芒斯地区失踪。从消息宣布之日，塞内加尔政府调集上千名军人、警察和宪兵在那一地区展开了大规模的搜寻行动，法国驻达喀尔空军基地也派出飞机帮助进行空中巡视，以期尽早找到这 4 名法国游客。然而，搜寻行动一无所获。塞内加尔政府之所以大规模动用军队参加搜寻工作，是因为新闻媒介和社会舆论普遍认为这 4 名法国游客是被卡民运绑架。卡民运则发表声明称游客失踪事件与它无关，并反过来指责政府策划了一场阴谋，故意藏起那 4 名法国人，然后以他们被绑架为借口向游击队发动军事围剿。塞内加尔政府断然驳斥了卡民运的这种说法。在搜寻行动中，政府军与游击队又交过火，双方均有伤亡，周围地区的村民也有伤亡。4 月 27 日，塞内加尔军、宪、警三方采取联合行动，在卡萨芒斯地区逮捕了105 名持有武器和窝藏反政府文件的卡民运成员。

1996 年 5 月，迪乌夫到济金绍尔提出将给卡萨芒斯地区更多的自治权，但脆弱的和平进程只维持了 18 个月。1997 年，卡民运连续制造事端，不仅抢劫村民，而且到处杀人、纵火、袭击军事设施，严重干扰了当地的社会秩序。8 月 19 日，政府出动近千名武装部队官兵，在地方军、警、宪的配合下，对卡民运发动了一场大规模的军事清剿行动。但出师不利，在第一天的战斗中，就有 25 名政府军官兵在济金绍尔市郊因中了卡民运游击战士设置的埋伏而丧生，数十人受伤。政府军击毙武装分子 30 名。

卡民运在初期系地区性政治派别。但随着时间的推移，一批批来自西非利比里亚、塞拉利昂等国的难民、被通缉的重大刑事犯罪分子以及冈比亚 1996 年政变未遂的在逃军人，先后越过边界进入卡萨芒斯地区。卡民运为了扩充实力同这些人纠集在一

起，逐渐形成一个达数百人的武装组织。这是政府军屡遭挫折的原因之一。卡萨芒斯地区地理环境复杂，到处沟渠纵横，森林密布，调动军队困难，不适于大兵团作战；武装分子与老百姓混杂在一起，重武器和远射武器难以发挥威力；武装分子对环境熟悉，出没无常，善于打伏击战。卡萨芒斯地区又处于冈比亚和几内亚比绍、几内亚之间的一块狭长地带，每遇政府军清剿，游击队则待机而动，能打则打，不能打则跨越边界潜入邻国，政府军鞭长莫及。

1997年10月初政府军3000名士兵重入卡萨芒斯地区，目标直指游击队在济金绍尔西南的基地。10月末，18名士兵、80名卡民运武装分子被打死。卡民运出现分裂，政治派别声明继续维持和平协议，而武装派别则开始攻击行动。卡民运内部分裂使和平进程更加复杂化。

1998年1月中旬，迪亚马库纳·森戈尔呼吁卡民运支持者停止战斗，指出卡民运将永远放弃独立的要求，作为交换条件政府要制定措施保证卡萨芒斯地区在经济上和社会上有较大的发展。政府则指出谈判将以给予卡萨芒斯地区更大的自治权为基础。此后几个星期中相对平静。但在5月议会选举前形势又紧张起来，30名卡民运武装分子被打死，6名平民被卡民运分子打死。

1999年初迪乌夫到济金绍尔发表讲话希望寻求和平，并与迪亚马库纳·森戈尔进行会谈。2月政府释放了123名被拘押的卡民运分子。4月卡民运各派组成代表团，在迪亚马库纳·森戈尔的率领下，去冈比亚首都班珠尔访问，试图在与政府谈判前达成一致立场。代表团还与冈比亚总统叶海亚·贾梅进行会谈。5月初，迪亚马库纳·森戈尔给卡民运各派写信要求他们停止暴力活动，遵守和平进程。当月，政府允诺在卡萨芒斯地区实施大规模的投资计划。6月卡民运各派谈判在班珠尔进行。一些军事领导人和被流放的一些派别没有参加。在会谈公报中卡民运重申寻求和平并与政府进行谈判，谴责政府军的行动并要求政府军从卡萨芒斯地区撤军。政府随即同意卡民运要求，对迪亚马库纳·森戈尔解除软禁，然而他的行动在以保护的名义下继续受到限制。但停火只维持了一段时间，在 2000 年 2 月和 3 月之间，冲突再次发生。卡民运领导层谴责了暴力升级。

2000 年 3 月大选瓦德获胜后，宣布将继续迪乌夫已经开始的谈判活动。但他要与卡民运直接对话。瓦德宣布给予迪亚马库纳·森戈尔完全的行动自由，同时强调要在卡萨芒斯地区维持稳定。由于瓦德公开谴责利比里亚武装力量得到冈比亚和几内亚比绍支持以后，与冈比亚关系恶化，之后安全部队和卡民运武装分子之间冲突加剧。作为回应，冈比亚政府宣布推迟定期在冈比亚召开的塞内加尔政府和卡民运之间的会议。5 月，几内亚比绍总统库姆巴·亚拉与瓦德会谈后，宣布希望与塞内加尔保持良好的关系，几内亚比绍在卡萨芒斯问题上保持中立。8 月末，两国首脑进一步会谈后达成协议，塞内加尔和几内亚比绍将共同承担军事边界巡逻以控制卡民运武装分子的活动。随后几内亚比绍在境内逮捕了许多卡民运分子。10 月 16 日，瓦德在济金绍尔主持了政府官员和卡民运大部分派别之间进行的新的正式谈判，但主战派军事领导人萨迪奥和巴吉被排除在外。

2001 年 2 月，迪亚马库纳·森戈尔宣布撤掉萨迪奥和巴吉的职务，以促进和平进程。随后政府宣布在 3 月与卡民运签署两个新的和平协议。但此项协议不久在卡民运各派之间争论不休，5 月开始在卡萨芒斯地区又出现杀戮、不安定和盗匪活动，这导致谈判再次延期。和平进程举步维艰的主要原因是卡民运存在不同派别。8 月，迪亚马库纳·森戈尔被撤掉主席一职，成为名誉主席，取代他的是卡民运中以法国为基地的派别领袖简－马里·弗兰克斯·比阿古依（Jean-Marie Francois Biagui）。

从 2000 年开始，卡萨芒斯地区人民要求和平的运动开始出现。一个妇女示威运动持续在济金绍尔进行，她们要求和平，并宣布暴力冲突的直接后果是：6 万人被迫离开家园，231 个村庄被毁坏，34 所学校遭到破坏，19 个健康中心被迫关门。[①] 瓦德政府坚持和平谈判的解决方针。

塞内加尔军队为维护国家政治和社会的稳定，除了在卡萨芒斯地区行动外，凡遇重大事件也常常出动。例如，1992 年 10 月，塞内加尔发生了规模空前的大罢工，全国停水、停电长达三天，整个经济生活处于瘫痪。政府与电厂罢工领导人谈判未成，为此，军队进驻电厂，并在法国协助下，很快地解决了全国的供水供电问题，使人民的生活恢复了正常，国内局势转危为安。这证明了塞内加尔军队在维护国家政治和社会稳定方面起着重要的作用。

二　在国外的军事行动

塞内加尔与邻国冈比亚于 1965 年签订过共同防务协定。1971 年 3 月共同举行过防御与安全会议，关系较好。因此，1980 年 11 月和 1981 年 7 月冈比亚两次发生政变时，塞内加尔都派军队前往干预，支持贾瓦拉政府平息叛乱。1998 年 6 月，几内亚比绍发生兵变，塞内加尔应邀出兵支援几内亚比绍政府军。到 1999 年 1 月西非维和部队进驻后，塞内加尔军队才撤出。

塞内加尔政府还把军队作为国家实施外交政策的一个得力工具，常常派军队参加非洲统一组织和联合国的维和行动。例如，参加了联合国 1994 年在卢旺达、1998 年在中非共和国、1998 年在刚果民主共和国、1997 年在利比里亚的维和行动，1998 年还

---

① *Africa South of the Sahara 2002*, p. 849.

派警察到塞拉利昂参加联合国的维和行动。

　　塞内加尔一向奉行与大国进行军事合作，以期得到大国在军事上援助的政策。塞内加尔与法国有传统的军事防务关系。近年来又加强了与美国的军事合作。1991年在海湾战争期间，塞内加尔曾派兵参加了反对伊拉克的多国部队。瓦德政府执政后继续这一参与方针。

第六章

教育、科学、文艺、卫生

塞内加尔独立以来，教育、科学、文艺、卫生等各项事业均有不同程度的发展。人类发展指数（HDI）[①] 不断上升，1975 年为 0.311，1980 年为 0.339，1985 年为 0.375，1990 年为 0.403，1995 年为 0.421，2000 年为 0.444，2003 年为 0.458，但仍居世界第 157 位，[②] 属于较低的人类发展水平。

第一节　教育

一　教育发展概况

1. 独立前的殖民教育

在殖民主义者到来之前，塞内加尔人主要通过口头传承方式，进行文化教育的传播与承继。17 世纪始，法

[①] 人类发展指数（HDI）是联合国开发计划署每年对人类发展成就进行的概括衡量。它衡量一个国家（地区）在人类发展的三个基本方面的平均成就：健康长寿的生活，用出生时预期寿命来表示；知识，用成人识字率（占三分之二的权重）以及小学、中学和大学综合毛入学率（占三分之一的权重）来表示；体面的生活水平，用人均 GDP（PPP 美元）来表示。指数高于 0.80 是高人类发展水平、0.50 ~ 0.79 之间是中等人类发展水平、低于 0.50 是低人类发展水平。

[②] UNDP, *Human Development Report 2005*, www.undp.org.（联合国开发计划署：《2005 年人类发展报告》，联合国开发计划署网站 www.undp.org）

国殖民主义者利用传教士将教育作为殖民征服的手段之一。1816年他们在圣路易建立了塞内加尔的第一所小学，专门吸收酋长和翻译的子弟入学，1843年建立了塞内加尔的第一所中学。19世纪50年代末期，费德尔布担任法属西非殖民地总督期间，为西方教育在塞内加尔发展打下了基础。1857年费德尔布在圣路易建立"人质学校"，费德尔布和后来的总督要求战败的酋长将子弟送入该校，完成殖民教育课程后被殖民政府指定为管理者回到自己领地。塞内加尔教育体制被设计为训练当地非洲人服从殖民管理和用法国文化同化非洲人，教育结构与教育内容严格按照法国宗主国的模式进行。殖民教育采用法语教学，带有明显的文化渗透和文化侵略的色彩。1931年9月在巴黎召开的殖民地及海外领地教育会议上，竟规定教育改革的宗旨是，竭力通过初级教育向非洲青年灌输：他们的祖先与法国人的祖先一样都是高卢人。虽然殖民者的教育具有浓厚的同化塞内加尔人民的色彩，但毕竟给塞内加尔带来了西方教育文化，造成塞内加尔现代教育的起步，使之成为非洲地区教育发展基础较好的国家之一。1950年在达喀尔成立了第一所高等学校，1957年改名为达喀尔大学，它也是法语非洲的第一所大学。到塞内加尔独立前的1958年，小学共434所，学生共80473人，入学儿童约占学龄儿童的17%；中学15所，学生5066人；技术学校8所，学生1036人；大学1所，即达喀尔大学，分文、理、法、医4个学院，学生1300名，其中非洲人1100名，非非洲人200名，女生60名。在达喀尔还有一所工业技术学院。[①] 学校分布极不平衡，绝大多数集中在佛得角。

2. 独立后国民教育的发展

塞内加尔形成系统的教育体制是独立之后的事情。为了提高

---

① 《世界知识年鉴》（1961年），第391页。

国民文化素质和实现人才本土化目标，政府十分重视文化教育事业的发展和人力资源的开发。桑戈尔执政时期，十分重视文化教育事业的发展，提出把培养人、教育人，提高人的文化素质，作为民主社会主义的核心与首要任务，因此，文化教育的开支在政府每年的预算中占首位。迪乌夫执政后，决定在小学用民族语言上课，大力发展民族文化，推进教育课程非洲化，学者积极编撰新的历史地理教科书。从 1981 年开始，积极倡导民族语言的读写，在中学阿拉伯语是必修外语。20 世纪 90 年代以来，政府实行 1995～2008 年教育培训计划，特别强调提高女性入学率，争取每年提高 5% 学生入学率。教育经费来自国家财政拨款、地方基金和国外援助。教育预算一直稳步增长。政府广泛争取国际援助，2003 年总部设在突尼斯的非洲发展基金会（简称 FAD）批准向塞内加尔贷款 2070 万美元，用以资助塞内加尔 1998 年制定的 2000～2010 年教育发展十年计划。政府拟用这笔贷款新建 8 所中学，并为现有的学校增建 400 个小学教室和 80 个中学教室。此外，这笔资金还将用于对 3000 名小学校长、3000 名中小学教师和 306 名教育工作者进行培训。①

政府大力发展公立学校作为国家义务教育的杠杆，同时为了体现国家实行教育民主化和多样化，为了缓解公共资金短缺的困难，也支持私立学校作为国民基础教育的补充。私立学校通常由宗教团体运营，其管理和特色受宗教影响较大。迪乌夫接任总统后突破了桑戈尔执政时不准学校开设宗教课的禁令，决定在小学就开宗教课。

经过历届政府的不懈努力，国民教育有了较大发展。在学人数从刚独立时的 143000 人增加到 1989 年的 765000 人，其中

---

① 《塞内加尔〈南方报〉：非洲发展基金会向塞内加尔提供教育贷款》，2003 年 7 月 1 日新华网 news. xinhuanet. com。

56%是女性。① 1961～1970 年，小学生人数从 12 万增加到 25.8 万；② 1970～1980 年全国小学校数增加 30%，在职教师增加 50% 以上；③ 1980 年小学入学率 46%④，2003 年度，小学入学率升至 85.1%。⑤ 1961～1970 年，中学生从 9500 人增加到 44000 人⑥；1970～1980 年在校学生从 44000 人增加到 83431 人，净增 50%，在职教师净增 100%，为 4302 人。中学入学率 1980～1989 年从 11% 增加到 13%；⑦ 1989～2000 年从 13% 增加到 18%。⑧ 平行于中等教育体系的中等技术和职业教育，在校生数亦由 1970～1971 年的 59401 人增至 1980 年的 95604 人。⑨ 从独立到 1987 年，中等教育已拥有公立中学 25 所，一般中学 112 所，私立中学 102 所，职业中学 9 所，学校总数比独立前夕增加了 4.5 倍。⑩ 1988 年成人文盲率 73.1%，其中男性 63.1%，女性 82.1%；⑪ 2002 年成人文盲率下降至 60.7%。⑫ 1990～2003 年，成人识字率从 28.4% 升至 39.3%，青年识字率从 40.1% 升至 49.1%。⑬

① Andrew F. Clark and Lucie Colvin Phillips, *Historical Dictionary of Senegal*, p. 125.
② 文云朝编著《塞内加尔—资源、环境与发展》，第 15 页。
③ 《非洲教育概况》编写组：《非洲教育概况》，中国旅游出版社，1997，第 287 页。
④ Andrew F. Clark and Lucie Colvin Phillips, *Historical Dictionary of Senegal*, p. 125.
⑤ 中华人民共和国外交部网站 www.fmprc.gov.cn。
⑥ 文云朝编著《塞内加尔—资源、环境与发展》，第 15 页。
⑦ Andrew F. Clark and Lucie Colvin Phillips, *Historical Dictionary of Senegal*, p. 125.
⑧ *Africa South of the Sahara 2004*, p. 954.
⑨ 《非洲教育概况》编写组：《非洲教育概况》，第 287 页。
⑩ 文云朝编著《塞内加尔—资源、环境与发展》，第 15 页。
⑪ *Africa South of the Sahara 2002*, p. 871.
⑫ UNDP, *Human Development Report 2005*, www.undp.org.
⑬ UNDP, *Human Development Report 2005*, www.undp.org.

塞内加尔教育发展存在的问题：一是本国师资力量很弱。20世纪60年代全国中等学校教师共431人，其中本国教师只有92人，占21％，其余全由外国援助人员担任，定期轮换；大学更是如此，基本上是外国专家任教。20世纪80年代情况有所好转，但建立一支高素质的本国师资队伍，任务仍很艰巨。二是教育设施不足。塞内加尔属低龄人口国家，人口构成中，15岁以下儿童占总人口的43.5％（2002年），① 小学入学人数呈上升趋势，2004年小学生与教师比例49:1②，因此增加教师数量和增建教育设施是政府面临的一项紧迫任务。20世纪80年代末期和90年代初期，大学生多次罢课要求政府改善学生的生活条件，因为达喀尔的谢克·安塔·迪奥普大学（原称达喀尔大学）仅能容纳3000名学生的宿舍却住进了13000名学生。三是办教育的地区差异仍比较大，尤其是中等以上教育的发展水平，东部与西部之间差距很大，特别是教学质量和师资队伍的水平相差很远。③ 四是性别受教育机会差距悬殊。尽管女性在教育方面获得一定进步，但在教育中仍处于弱势地位。2001年中学入学率占适龄人口男性22％，而女性只15％；④ 2003年，女性成人识字率29.2％。⑤

这些问题使塞内加尔教育发展水平仍然比较落后，2000～

① UNDP, *Human Development Report 2005*, www.undp.org.

② UNESCO, *Country Profile—Senegal*, *2004*, www.unesco.org.（联合国教科文组织：《2004年国家概况：塞内加尔》，联合国教科文组织网站 www.unesco.org）

③ 文云朝编著《塞内加尔—资源、环境与发展》，第15～16页。

④ African Development Bank, *Gender*, *Poverty and Environmental Indicators on African Countries*, 2005, p.237.（非洲发展银行：《2005年非洲国家性别、贫困和环境指数》，第237页，非洲发展银行网站 www.afdb.org）

⑤ UNDP, *Human Development Report 2005*, www.undp.org.

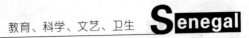

2001 年，读到 5 年级的儿童只占到 80%，[①] 只有约 4% 的人接受大学教育，[②] 故教育发展任重道远。

表 6-1 政府教育预算与教育支出

单位：十亿非洲法郎

	1996	1997	1998	1999	2000	2001	2002	2003
教育预算	79.5	82.0	86.7	90.4	94.7	109.5	115.6	143.1
教育支出	96.7	96.2	109.4	118.0	120.0	143.1	151.3	186.8

资料来源：IMF, *Senegal: Selected Issues and Statistical Appendix*, IMF Country Report No. 05/155, May 2005, p. 58, 62.

表 6-2 独立以来塞内加尔教育发展状况

时 间	小学入学率(%)	女性小学入学率(%)	中学入学率(%)	女性中学入学率(%)	成人文盲率(%)	女性成人文盲率(%)
1980	46.0	37.0	11.3	7.0	79.0	88.3
1985	56.0	46.0	13.9	9.0	75.3	84.9
1990	59.0	50.0	16.2	11.0	71.6	81.4
1995	64.0	57.0	16.2	12.2	67.2	77.0
1998	69.0	64.0	17.0	13.0	64.5	74.2
1999	72.0	67.0	17.0	13.0	63.5	73.2
2000	74.0	70.0	17.0	14.0	62.6	72.3
2001	75.0	72.0	19.0	15.0	61.7	71.3
2002	—	—	—	—	60.7	70.3
2003	—	—	—	—	59.8	69.3

资料来源：African Development Bank, *Gender, Poverty and Environmental Indicators on African Countries*, 2005, p. 237. www.afdb.org.

---

① UNDP, *Human Development Report 2005*, www.undp.org.
② 中华人民共和国外交部网站 www.fmprc.gov.cn。

二　教育体制

共和国所有儿童都享有接受教育的权利。国家所有公立或私立学校有义务大力发展基础教育，争取普及小学6年义务教育制度。各级教育要与国民经济发展计划相适应，课程面要宽并倾向实用性。

塞内加尔积极参与国际社会教育计划。2000年4月，在达喀尔联合国教科文组织、世界银行等联合召开了世界教育论坛，通过了以"全民教育：履行我们集体的承诺"为主题的"达喀尔行动纲领"，确立了2015年之前实现全民教育的目标：大力加强整个幼儿保育和教育工作；确保处境困难的女童和少女都有机会免费享受良好的初等教育；确保所有青年都有机会参加传授实用知识和生活技能的课程；使成人（尤其是妇女）的识字水平提高50%，并使他们在接受基础教育和进修教育方面享有平等机会；消除初等和中等教育中的性别差异，实现性别平等；提高教育质量，使全民教育取得重大成效，这主要体现在识字、计数和必要生活技能的掌握上。根据达喀尔行动纲领，2000年5月政府发布《减少贫困战略官方文件》（PRSP）。文件中强调特别要改进教育与卫生事业，提出政府重点教育目标是：将小学入学率提高到75%；提高女童入学率，降低女童文盲率；竭尽全力提升各级教育体制质量；更好分配公共资源以使教育体制更加有效。

国家重视发展高等教育，旨在加速培养高层次人才。为改革技术教育和职业培训体系，成立全国职业培训办公室、技术教育和职业培训顾问团，实施多渠道合作办学；明确职业技术教育目标，改进培训方式，以满足国民经济中初级人员的需要。

教育行政管理实行多部分管合作体制。教育部：领导和管理初、中、高等教育。技术和职业培训部：监督职业技术教育。大

众教育、青年和体育部：管理成人教育。不称职在职人员的教育和培训由各自辖管部负责。

塞内加尔教育体制分为：

1. 幼儿教育与初等教育

幼儿教育招收 6 岁之前的儿童。小学法定入学年龄为 6 岁，学制为 6 年。完成 6 年学业者，可获初等学习证书。

2. 中等教育

中学教育分为普通中等教育与中等技术和职业教育。中学入学年龄为 12 岁，学制为 7 年，分为两个阶段。第一阶段为初等教育，学龄为 12 ~ 16 岁。学校分为两类：一类是初级中学，学校有普通教育中学和公立中学，学制 4 年，学业结束可获得初中学习毕业证书；另一类是技术中学，学校是培训中心，学制 3 ~ 4 年，完成 3 年学习计划的获得职业资质证书，完成 4 年技术员的中学学习计划后可获得农业技术员毕业证书。在其他职业学校中，依据专业提供乡村发展技士证书、工业技士证书和医院管理技士证书等各种技士证书。第二阶段教育也分为两类：一类为高级中学教育，学制 3 年，学龄 16 ~ 19 岁，学习方向有四种选择：普通、短期技术教育、长期技术教育、职业教育，学校有公立普通教育中学和公立技术中学，学业结束后获得相关证书，有资格上大学。第二类为职业教育，学制两年，学龄为 16 ~ 18 岁。学校有技术中学和职业中学。入学条件是完成普通初级教育并获得初级学习毕业证书。其技术教育也包括两个计划：一个计划目的是培养工头和技术人员，另一个计划目的是为中等技术教育储备人才，学生完成 2 ~ 3 年学习计划后获得技师代理人证书或者技师证书，学生也可以继续在公立技术中学参加第四年学习以获得技师学位会考证书。

塞内加尔中等教育基础较好，历史悠久。拉明·盖耶公立中学（Lycée Lamine Guèye）、费德尔布公立中学（Lycée

Faidherbe）和勃莱兹·迪亚涅公立中学（Lycée Blaise Diagne）在非洲颇有盛名。政府实行中等教育课程改革，调整中学初级课程，使之更符合初中教育的需要，激励入学率的上升。

3. 高等教育

塞内加尔高等教育始于独立以前。独立之后，高等教育成为政府优先发展的事业。除谢克·安塔·迪奥普大学（Université Cheikh Anta Diop，原名达喀尔大学）外，还兴建了黑非洲基础学院、黑非洲经济与商学院、非洲行政研究学院、塞内加尔行政学校、技术学校、兽医学校等。20 世纪 80 年代在圣路易附近修建了第二所大学加斯顿·伯格大学（Université Gaston Berger），包括法学院和经济学院，1984 年已开始招生，学生 4000 余人。[①] 现有高等院校 10 所，最著名的大学就是谢克·安塔·迪奥普大学和加斯顿·伯格大学。除此以外，还有一些为培训科学、技术、教师和行政人才的学院和高等专科学校。高等专科学校需要进行专门考试并提供专业课程。高等教育归教育部主管，教学语言为法语。2001 年，在校学生 2.6 万人。[②]

进入大学的资格是：必须具有中学会考证书或同等资格，否则必须通过专门入学考试或者得到一个专门委员会的特许。大学学习分为 3 个阶段：第一阶段为本科阶段，学习 2 年，主要学公共基础课。人文学科专业的学生可获得文科大学专业教育文凭，理科专业学生获得科学（理科）大学专业教育文凭，法学和经济学专业的学生则获得法学和经济学大学专业教育文凭。第二阶段为硕士研究生阶段，学习一年专业课程后获得学士学位。拥有学士学位后再进行一年的研究生课程学习可以获得硕士文凭。法学和经济学专业的学生，获得法学和经济学大学本科教育文凭后

---

① 文云朝编著《塞内加尔—资源、环境与发展》，第 15 页。

② 中华人民共和外交部网站 www. fmprc. gov. cn。

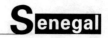

在两年内可以直接学习以获得高等教育硕士文凭。药学、牙科学和兽医学专业的学生，学习5年或6年后，获得最初资格是药剂师文凭、牙齿外科医师文凭和兽医医师文凭。医学专业的学生，学习7年后获得医学医师文凭。工程学被授予工程师文凭。第三阶段为博士研究生阶段。获得硕士文凭后至少经过一年研究工作可以获得深入学习毕业证书，获证书者方可继续学习深造，无该证书，则无资格注册博士阶段学习。法学、经济学、艺术和理学专业具有资格的学生进行至少两年的学习并提交论文后可获得博士学位。这是在高等院校教书必须具备的资格。

谢克·安塔·迪奥普大学是黑非洲历史上最早的高等学府之一，始建于1918年，时称达喀尔医科学校。1938年和1950年分别增设黑非洲法语学院和高等研究院。1957年2月易名升格为达喀尔大学。1987年3月为纪念已故著名历史学家谢克·安塔·迪奥普而改名。不过人们习惯上仍称达喀尔大学。该校直属于教育部。作为综合性重点大学，该校有5个系、5所职业培训学校、11所校属学院：医药医学系、法律和经济系、科学技术系、语言文明系和人文科学系，以及国家高等技术学校、高等师范学校、图书档案资料管理学校、国际兽医学校和高等教育技术学校等。

该校招生录自高中毕业统考。该校的5所职业培训学校招生，除通过高中毕业统考外，还须进行入学考试，合格者方可入学。该校本科学制一般为4年，分2个阶段：第一阶段为2年，完成学业者可获普通大学专业文凭；第二阶段为2年，完成前一年课程者即可获得学位。职业培训学校学制2年，完成学业者即为熟练技术工人。学位分学士、硕士和博士。大学系科学生完成3年学业即可获学士学位，完成4年学业者可获硕士学位，持硕士学位者申请继续研修3年课程，经评审通过可获博士学位。培训学校学生完成4年学业获硕士学位后即可具有工程师资格。只

有获得硕士或博士学位者才能在大学任教。

该校自独立以来有了长足发展，1960～1961 年有学生 1018 人，其中只有 39% 是塞内加尔人；1976～1977 年，在校学生发展到 8014 人，其中 73% 是塞内加尔人；[①] 1991～1992 年在校学生 18086 人，其中外国留学生 1807 人。同年在校教师数为 887 名，其中外籍教师 178 人。教师中教授 75 名，副教授 97 名，讲师 197 名，助教 518 名。外籍教师大多为法国人，其工资是塞籍同职称教师的 3 倍。

该校经费的 96% 来自政府拨款，4% 则校方自筹。自筹的经费取源于校属服务部门和国际合作。

4. 师资培训制度

塞内加尔的师范教育基础较好。早在 20 世纪初，法国就创办过师范学校。当时在培训师资的同时，还培养行政人员和医学院预备生。独立后，借助国外援助调整和发展本国师范教育。1980 年止，初中和小学教师的本国化程度已达 98%。[②]

幼儿教师和小学教师的培训：由师范学校提供三年高中水平的学习计划，完成三年学习计划后取得中学会考文凭或师范学习高级证书或儿童教育毕业证书。进入师范学校接受为期 4 年的系统学习，取得儿童教育毕业证书。师范学校课程与公立中学非常相似，不同之点就是师范学校每周有 3 次儿童教育培训。在小学工作的教师被分为小学教师、助理小学教师、辅导员或者助理辅导员。完成一年助理小学教师学习计划可获得儿童教育资格初级证书，然后有资格进入地区儿童教育培训中心获得初级学习毕业证书。辅导员必须完成 9 年教育，助理辅导员必须完成 6 年教育

---

① Andrew F. Clark and Lucie Colvin Phillips, *Historical Dictionary of Senegal*, p. 273～274.

② 《非洲教育概况》编写组：《非洲教育概况》，第 289 页。

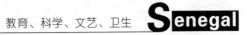

并获得初等学习证书。经过培训的小学教师可以在普通中学和地区儿童教育培训中心教书。

中学教师的培训：进入初级中学教书的教师须在附设于谢克·安塔·迪奥普大学的高等师范学校学习两年，进入高级中学教书的教师须在与高等师范学校合作的大学里学习4年。高等师范学校毕业生通常在普通中学教书，大学毕业生通常在公立中学教书。高等师范学校提供4门课程：历史/地理、英语、数学和物理/化学、自然科学，获得儿童教育资质证书；学士学位拥有者可以学习一年，获得中级教育资格证书。教导员国家培训中心和男子技术示范学校培训职业和技术教练员。在这些中心学习的学生可以获得儿童教育资格证书。女子技术教育国家师范学校提供女性职业教育，技术教师学校提供3个高级中学水平的计划培训商业家政学的助理小学教师，乡村辅导员国家培训中心提供计划培训乡村家政学的教师。这些学校都可颁发儿童教育资质证书。

5. 教育的国际交流

塞内加尔与法国在文化教育领域保持着特殊关系。法国也是接纳塞内加尔留学生最多的国家。塞内加尔在国外的留学生和研究生通常约有5000人[1]，其中主要在法国，截至2000年4月在法国的塞内加尔学生为3303人[2]，所学专业主要是文学，但选修科学、医学、药学、经济学和法学的也很多。谢克·安塔·迪奥普大学积极进行对外交流活动，加强国际、校际科研合作，接受或派遣留学生，吸纳协作国或援助国师资和教学、科研设备，也与一些国外大学结成姊妹学校。

塞内加尔积极接纳外国学生，尤其是西非国家学生。政府规

---

[1] 中华人民共和国外交部网站 www.fmprc.gov.cn。

[2] 《来自世界的大学生》，2000年4月，上海教育国际交流协会网站 www.seaie.org。

定，外国学生到塞内加尔接受高等教育必须具备中学会考毕业证书或同等资格。医学专业学生不得超过 22 岁，其他专业学生不得超过 23 岁。必须持有有效护照，非洲学生申请人必须经过本国政府推荐。萨赫勒地区学生优先考虑。到塞内加尔学习的学生必须具备良好的法语水平。

第二节　科学技术

一　人文科学

重要的研究领域是历史学研究，取得丰硕成果。针对西方殖民者殖民历史主义观点，塞内加尔学者提倡"黑人传统精神"，努力挖掘自身民族历史与文化。其中最著名的历史学家是谢克·安塔·迪奥普。他出生于 1923 年，1960 年在法国获得博士学位。同年出版《黑非洲文化统一性》和《前殖民时期的黑非洲》。塞内加尔独立后回国，在达喀尔大学（1986 年逝世后，该大学改名为谢克·安塔·迪奥普大学，黑非洲基础研究院也以他命名）继续从事研究工作，在非洲、西方和闪米特历史研究方面造诣颇深，是世界享有盛名的埃及学家、语言学家和人类学家。他的主要著作包括：《黑人民族与文化：从埃及古代黑人到今天黑非洲的文化问题》（1979 年），主要观点是非洲黑人起源于古代埃及文明，并对非洲语言、哲学、艺术、社会结构的发展进行了研究。《黑非洲：建立一个联邦国家的经济和文化基础》（1984 年），探讨了在非洲国家中建立一个政治、经济和文化统一体的可能性，反映了谢克·安塔·迪奥普重新发掘黑非洲历史和文化遗产的愿望。主要观点是真正的独立应该是以非洲人一致性为基础的，非洲潜在的统一仍然存在于由于奴隶制和殖民主义导致的非洲分裂的历史的怨恨中。他提出一

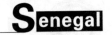

个大胆方案就是组成泛非联邦国家，其经济以非洲大陆各种能源、自然财富和丰富的资源为基础，以一个工业化计划为基础。

还有一些历史学者倾向于对局部问题进行更加深入的研究。布巴卡尔·巴里（Boubacar Barry）主要研究瓦洛王国的历史。代表作是《瓦洛王国：征服以前的塞内加尔》（1988）；阿卜杜拉耶·巴西里主要研究加莱姆王国的历史。代表作：《黄金之门：8世纪穆斯林时代——18世纪奴隶贸易的塞内加尔加莱姆王国》（1989）。

1973年，以塞内加尔为中心建立非洲经济社会发展研究委员会（Conseil pour le développement de la recherche en sciences sociales en Afrique / Council for the Development of Economic and Social Research in Africa —CODESRIA），将非洲国家科研精英组织起来，总部设在达喀尔。她是一个独立致力于社会科学研究的泛非研究组织。她不仅被公认为非洲社会研究组织的先驱者，而且是非洲大陆社会知识成果最权威的非政府组织。该组织的目标是：用整体的、多学科的方式促进非洲研究和学术成果，以解决非洲学者由于学科和语言、地理的不同而导致的研究碎片化的问题；推动和保护非洲学者研究的独立思想和学术自由；鼓励和支持非洲比较研究；推动非洲学者研究成果的出版和推广；通过将其他研究组织的学者纳入研究活动的办法，加强非洲学术研究的组织基础，为达到此项目的，需积极鼓励非洲各大学、研究组织和其他培训学院进行合作；鼓励代际之间、不同性别之间进行非洲学术交流；推动非洲大陆学者和世界其他地方研究非洲的学者之间交流，促进委员会与其他类似国际组织之间合作。该委员会组织机构由全体大会、执行委员会和执行秘书处组成。根据章程，全体大会是委员会最高决策组织，每隔三年开会制定科学计划；选举执行委员会的主席、副主席和成员；执行委员会是委员会的第二个机构，由10人组成，基本代表南非、中非、东非、

北非和西非；每年开会一次，负责将委员会建立的目的落到实处；审核执行秘书处进行的每年预算和财政计划等；执行秘书处则负责执行委员会的科学计划。建立至今，已出版大量高质量的著作、论文、杂志并广泛传播，实施许多研究计划，承担许多国家、地区和国际组织研究项目，许多专家学者被组织起来共同进行研究工作。经过努力，非洲学术研究水平日益提高，学术成果在数量、质量上有极大发展。

二　自然科学研究

1. 农业领域

该领域最重要的研究机构是成立于 1963 年的食品技术研究所（ITA）和成立于 1974 年的塞内加尔农业研究所（ISRA）。二者都属于政府研究机构。最初塞内加尔农业研究所有双重组织结构，将研究项目同实施项目割裂开来，在国际援助下，重建后的塞内加尔农业研究所分为 5 个部门，监督实施由农业部负责。到 20 世纪 90 年代初，该研究所雇用了国家 90% 的农业研究人员。该研究所与国外研究机构合作共同进行混合肥料、改进土壤质量和促进乡村经济活力的研究。

塞内加尔还是西非与中非农业研究发展委员会（Conseil Ouest et Centre Africain pour la Recherche et le Développement/West and Central African Council for Agricultural Research and Development—CORAF/WECARD）的成员国。该委员会建立于 1987 年，目的是通过提高国家农业研究水平和成员国、地区、国际组织、私营部门、非政府部门之间合作，共享研究成果，提高西非和中非的农业研究水平。

2. 医疗领域

塞内加尔的医药医疗系统对于非洲热带病的研究水平较高。在塞内加尔，主要的传染病有疟疾、结核病、麻风病、眼肿病和

各种寄生虫病。根据 1959～1960 年的验血检查，15 岁以下的儿童 51.6% 患有疟疾，上、下卡萨芒斯地区更高达 88%。麻风病患者占居民总数的 1.32%，梅毒患者的比例在塞内加尔河流域达 40%，在上、下卡萨芒斯地区还流行血吸虫病。[①] 2000 年，每 10 万人中就有 11925 人患有疟疾。2003 年，每 10 万人中就有 429 人患有结核病。[②]

艾滋病是近年来塞内加尔危害最大、蔓延甚广的传染病。至 2001 年，共有 27000 人感染艾滋病毒，其中成人（15～49 岁）24000 人，妇女（15～49 岁）14000 人，0～14 岁的儿童 2900 人，成人艾滋病感染率为 0.50%，全国有 2500 人被艾滋病夺去了生命，有 15000 名儿童因艾滋病失去母亲。[③] 妇女艾滋病患者呈增加态势。但是，塞内加尔在非洲大陆属感染率极低的国家。2003 年 9 月 21 日至 26 日在肯尼亚首都内罗毕举行的第 13 届非洲艾滋病与性病国际会议上，大会秘书处公布了有关非洲艾滋病现状的一些统计数据，西非国家的艾滋病感染率为 0.5%～11% 不等，而塞内加尔的艾滋病流行比例能控制在 0.5% 左右。[④] 而且 1997 年成人感染率为 1.77%，感染人数 75000 人，至今呈下降趋势（参考上述 2001 年数字）。这说明塞内加尔在与艾滋病的斗争中取得一定成绩。塞内加尔的方法是在艾滋病流行的早期，向大多数的高危人群青年、妇女提供有效的预防手段。塞内加尔防治艾滋病取得瞩目成绩，首先应归功于政府及时采取了适当的应对措施。自 1986 年发现第一例艾滋病患者后，政府立即成立了一个包括内政、外交、妇女及社会保障等多部门在内的专

① 文云朝编著《塞内加尔—资源、环境与发展》，第 16 页。
② UNDP, *Human Development Report 2005*, www. undp. org.
③ Economic Intelligence Unit, *Country Profile 2004：Senegal*, p. 21；联合国开发计划署：《2003 年人类发展报告》，中国财政经济出版社，2003，第 265 页。
④ 2003 年 9 月 23 日新华网。

门委员会，负责制订艾滋病防治战略。国家艾滋病防治局也同时成立，具体指导和协调全国的艾滋病防治工作。政府认为，全社会及早预防是现阶段对付艾滋病这一世纪顽症的有效手段。社会各界广泛宣传预防艾滋病的知识。例如，除每年 12 月 1 日进行艾滋病宣传日的活动之外，政府还时常组织诸如"青年与艾滋病"、"妇女与艾滋病"的宣传周活动，使艾滋病不再成为人们忌讳的话题。政府认为，妇女社会地位低、对男人依赖性强、一夫多妻制是女性艾滋病患者增多的原因，因此，2004 年 3 月 8 日，第一夫人维维亚纳·瓦德在总统府为 30 多名感染艾滋病的妇女举行宴会，庆祝三八妇女节。维维亚纳·瓦德在讲话中，谴责社会上对艾滋病患者的歧视现象，呼吁感染艾滋病的妇女鼓起勇气，重返社会，用自己的劳动唤起社会的承认。她还倡议实行强制性艾滋病检查。[①] 为控制艾滋病的传播蔓延，政府还采取了一系列具体措施。自 1986 年起，一切医疗机构和献血者提供的血液都必须经过检测，以防携带艾滋病毒的血液进入血库。1999 年又颁布法律，明令禁止传统的割礼陋习，一大批妇女从此免受艾滋病等性病的威胁。政府还从有限的医疗开支中拨出专款成立艾滋病防治基金，专门用于治疗艾滋病患者。至 2000 年已有约 80 名艾滋病患者从中受益。政府在达喀尔的 3 家医院进行医疗试点，全程提供从怀孕到胎儿出生的免费医疗服务，以防止艾滋病毒的母婴传染。[②]

塞内加尔政府还与国际社会合作，积极争取国际社会的援助。2003 年 6 月，塞内加尔、马里、布吉纳法索和科特迪瓦 4 国联合展开预防艾滋病的宣传教育活动。这次活动主要针对铁路

① 周少平：《塞内加尔第一夫人与艾滋病妇女同庆三八节》，2004 年 3 月 9 日，大洋网 world.dayoo.com。
② 潘格平：《塞内加尔艾滋病防治成绩斐然》，2000 年 10 月 23 日，人民网 www.people.com.cn。

员工、乘客和车站附近的居民。活动得到了上述 4 国的铁路公司、地方团体和非政府组织的配合与支持。一些国际组织也向这一活动提供了支持。[①] 1992～2000 年联合国开发计划署向塞内加尔提供了 150 多万美元的专项资金。国际机构还与塞方联合成立了一个混合委员会，密切关注艾滋病的传播动态并协调修订相关对策。

除了政府进行卓有成效的努力外，一些民间机构，尤其是宗教团体及一些高危群体相对集中的行业在艾滋病预防知识的宣传方面亦发挥了不可替代的作用，使艾滋病在本国的发展蔓延得到了有效遏制。[②]

三　黑非洲基础研究院（Institut fondamental d'Afrique noire—IFAN）

塞内加尔科学研究有着悠久的历史。著名综合学术研究机构是设在谢克·安塔·迪奥普大学的黑非洲基础研究院，其相当于国家科学院。法国殖民政府初建于 1936 年。法国历史学家阿尔贝·夏尔教授是创始人，最初属法属西非教育署。建立之初研究方向就定为西非尤其是法属西非共同体国家的人文与自然科学研究。随着塞内加尔的独立，1959 年 3 月 21 日该机构成为谢克·安塔·迪奥普大学附属研究机构之一，但是保留了自己决策的权利和自负盈亏。研究方向限定在塞内加尔和周围附属地区。该研究机构不断发展，除总部设在达喀尔外，还在圣路易、巴马科等地设立分支。该院院长自 1971 年起由塞内加尔人担任。院长任科学委员会主席，谢克·安塔·迪奥普大学校

---

①　2003 年 7 月 1 日新华网 news. xinhuanet. com。

②　潘格平：《塞内加尔艾滋病防治成绩斐然》，2000 年 10 月 23 日，人民网 www. people. com. cn。

长任行政委员会主席。

自然科学研究分地质、动物、植物、海洋生物、气象、医药等6个部门。社会科学分10个部门：（1）社会科学部，主要研究农村社会和经济，如土地农业和改革；（2）历史学部；（3）地理学部；（4）史前史部，主要研究口头传说和史前文化；（5）人类学部，主要研究人体骨骼残骸；（6）人类文化学部，主要研究传统意识；（7）印度非洲语言与文化部，主要对印度南部人种语言与非洲进行比较研究；（8）语言学部，主要研究教学中的民族语言的使用；（9）伊斯兰教学部，主要收集整理有关历史资料；（10）黑非洲语言与文化部，主要从事民间故事、传说、神话的收集和整理工作。

该院任务是研究黑非洲（主要是西非）的自然环境状况和人种、历史、文化、语言、艺术、传统社会结构及其演变规律，研究历史人物，文物保护，系统调查动、植物分布和生存条件，收集标本，组织展览，举办讨论会，出版和传播研究成果，参与非洲文化的复兴。

该院的出版物有《黑非洲基础研究院学报》（Bulletin de l'Institut Fondamental d'Afrique Noire），分为人文科学版和自然科学版两种，通常为季刊。另外出版不定期刊物《学术论文集》和《非洲基础知识传播与研究》。

第三节　文学艺术

塞内加尔文学艺术是非洲大陆一块璀璨的明珠，在非洲国家中处于领先地位。每一个历史重要发展时期都涌现出著名的文学艺术家。独立以来，政府一直积极致力于国家文学事业的发展。瓦德总统 2003 年 6 月 17 日为全国雕塑艺术博览会剪彩时指出，塞内加尔目前正处在重大的社会、政治变革前

夜，文艺工作者应该在建设塞内加尔的事业中发挥重要作用。他承诺将为塞内加尔文艺工作者创造最好的工作条件，政府计划修建一座"黑色文明博物馆"，以实现前非洲独立领导人、塞内加尔第一任总统桑戈尔的梦想。[①] 发展文化在历届政府的政策中占有重要地位。桑戈尔曾指出："要把文化变成发展的先决条件和发展的最终目的。"塞内加尔最杰出的文化成就表现在文学、艺术、非洲民间音乐和电影各个方面。

一 文学

塞内加尔文学分为传统文学和现代文学两种。传统文学又称口头文学，无文字记载，是以口传语言为核心的口传文化，主要表现为一代接一代的口语传承活动。题材涉及本民族始祖、伟大武士的传奇和史诗、关于家庭和民族起源的神话、解释社会风俗和自然现象（如火、雷、电、太阳、月亮和星星）的传说、警世寓言以及关于家庭生活、家务安排、道德和智慧的谚语和格言等。动物与植物是故事的主角，它们往往被人性化。这种口头文学存在于塞内加尔各民族。在塞内加尔东部和东南部卡萨芒斯地区流传最广。为了保护传统文学免遭散失的危险，一些作家将其进行整理加工发表。比拉戈·迪奥普（Birago Diop，1906～1989）就是其中著名的代表。他是作家、诗人，出生于达喀尔郊区。1928 年获助学金赴法国受高等教育，5 年后在兽医学校毕业。1934 年返回非洲，长期在苏丹等地工作，1958 年后曾任驻突尼斯大使。编有几本故事集：《阿马杜·库姆巴故事集》（1947 年）、《阿马杜·库姆巴新故事集》（1958 年）、《传说和谜语》（1963 年）、《阿瓦故事集》（1977 年）等。

---

① 《塞内加尔政府承诺为文艺工作者创造良好工作条件》，《太阳报》2003 年 6 月 18 日，新华网。

1964 年获黑非洲文学大奖。这些书都是作家根据童年时期在家乡曾听到的沃洛夫人的传统民间故事而写成。故事很多主人公就是动物比如猴子、兔子等。通过这些动物故事和神话故事，他描绘了西非传统的社会生活，表现出民间艺人的机智和幽默。大部分故事有明显的道德教育意义。

黑非洲现代文学发展以法语地区最为繁荣，而法语地区中又以塞内加尔现代文学最为繁荣。独立以前，随着民族的觉醒，为了同西方殖民主义同化政策作斗争，在黑非洲的文学领域里，产生了维护民族文化的运动，既有理论倡导，又有大量作品。在民族解放运动中，诗歌作为战斗的号角发展最为迅速，成就最为突出，涌现了一大批优秀作家和作品，而社会矛盾的不断激化、民族意识迅速发展，为了细腻地反映千姿百态、变化万千的社会生活，小说特别是长篇小说在黑非洲民族解放斗争时期的现代文学中又占有重要地位，取得很大的成就，出现了一批在非洲乃至在世界有影响的作家和作品。独立后国内出现新的社会关系和社会矛盾，反映这些题材的短篇小说和戏剧活跃起来。

1. "黑人传统精神"（Négritude）文学理论

黑人传统精神是一个法语词，出自马提尼克诗人艾梅·塞泽尔（Aime Cesaire）的长诗《还乡笔记》，发表于该国学生刊物《黑人大学生》上。其后桑戈尔将其定义为"黑人世界的文化价值的总和，正如这些价值在黑人的作品、制度、生活中表现的那样。"① 1934 年桑戈尔与圭亚那的莱昂·达马和艾梅·塞泽尔在巴黎创办刊物《黑人大学生》，旨在提倡黑人价值的文化运动。1948 年，桑戈尔编选的《黑人和马尔加什法语新诗选》，标志着黑人传统精神文化运动的到来。黑人传统精神作家主张从非洲传统生活的源泉中汲取灵感和主题，展示黑人的光荣历史和精神力

---

① 桑戈尔：《黑人传统精神之争》，载《西亚非洲》1980 年第 2 期。

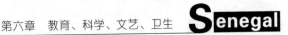

量，强调黑人的尊严与文化。桑戈尔有句名言："捡起黑非洲文明这颗敲不碎的硬果为武器，来捍卫黑人个性。"① "黑人传统精神"理论是同殖民主义同化论相对抗的，它宣布了非洲文化遗产的绝对价值；在动员殖民地知识分子反对帝国主义的精神奴役、发掘和维护民族文化方面起过巨大作用，即使在今天，在维护非洲的独立、团结、统一方面也不失其进步意义。桑戈尔认为"黑人传统精神"也包含着对外开放和融合。他说："每个种族应该以它自己的方式进行融合。每个人应该植根于自己所属的种族、大陆和民族的价值之中，这才能使自己存在，然后再向别的大陆、种族和民族开放，以便发展和繁荣。归纳起来可以这样认为：为了合作，必须存在；为了更好地存在，必须向别人开放。"②

2. 诗歌

列奥波尔德·塞达·桑戈尔不仅是政治家也是非洲著名的法语诗人。他的诗歌，以绚丽的浪漫主义色彩歌颂了民族传统，以锐利的笔锋揭露了殖民主义。他是现代黑非洲诗歌的奠基人之一，为推动黑非洲文学的发展做出了可贵的贡献。桑戈尔在学生时代就开始写诗。1948年，他编选出版的《黑人和马尔加什人法语新诗选》，体现了他的创作方向，标志着新的非洲黑人文学的诞生。他的诗集《阴影之歌》（1945年）、《黑色的祭品》（1948年），描写集中营生活，反映黑人士兵遭遇。其它诗集有《埃塞俄比亚之歌》（1956年）、《夜曲集》（1961年）、《雨季的信札》、《风的哀歌》，1990年出版这6本诗集的合集《诗歌总集》。桑戈尔的诗歌，不仅内容丰富，充满爱国主义精神，而且努力继承非洲古代民族文化的精华，富于哲理性，形象复杂，色

---

① 桑戈尔：《黑人传统精神之争》，载《西亚非洲》1980年第2期。
② 桑戈尔：《黑人传统精神之争》，载《西亚非洲》1980年第2期。

彩华美，诗句较长，节奏稳健，使他的诗歌具有一种独特的非洲风格。因其在诗歌创作方面的伟大成就，桑戈尔获得国际诗歌大奖（1963 年）、诗歌功绩金奖（1965 年）。

大卫·狄奥普（David Diop，1927～1960）是塞内加尔 20 世纪 50 年代最有才华的诗人。他出生于法国的波尔多，长期侨居法国，但始终关心祖国的命运。在反对殖民主义斗争高潮中，他回到非洲参加民族解放运动，并从事文化教育工作。早期诗作《受不了呵，穷苦的黑人》影响很大。他是文学教授，在中学任教并担任校长。1960 年因飞机失事而早逝。他生前只出版了一部诗集《槌击集》（1956 年）。在诗集 17 首诗中大部分诗歌猛烈抨击殖民主义制度，反映非洲人民争取自由解放的革命气概和必胜信念。他是非洲战斗诗歌的代表作家，继承了桑戈尔奠定的政治方向，擅长政治诗，具有强烈的革命政论性，也具有浓厚的浪漫主义激情。

3. 小说

1923 年民间故事作家马希拉·迪奥普（Macila Diop）的短篇小说《拯救之路》问世，被认为是塞内加尔小说发展的起点。这是以不同种族通婚为主题的社会问题小说。1925 年作者又发表《被社会排斥的人》，描绘知识分子在传统社会和殖民统治下所处的环境和地位。1935 年乌斯曼·索塞·迪奥普（Ousmane Socé Diop）发表小说《卡兰》一举成名，并把塞内加尔小说推向基本形成时期。他曾在巴黎学习兽医专业，毕业后回非洲行医。第二次世界大战后从事新闻工作和政治活动。1960 年国家独立后出任驻美国大使。他富有文学天赋，在叙事和心理描写方面有独特技能。评论界认为：从技艺方面讲，《卡兰》可称为塞内加尔第一部真正的小说。1937 年他又发表小说《巴黎的幻景》，生动再现了非洲青年去法国求学的辛酸经历。

塞内加尔 20 世纪 30 年代文学的民族主义和爱国主义倾向增

强了，并在 20 世纪 50～60 年代得以发扬光大。在选材方面从过去主要反映日常生活习俗、传统与现代社会冲突等更多地转向抨击殖民主义，出现了"谴责文学"，产生了如桑贝内·乌斯曼这样代表非洲人民向殖民主义提出控诉的著名作家。

桑贝内·乌斯曼（Sembene Ousmane，1923～）是塞内加尔成就最卓著的作家。在小说创作方面，为塞内加尔文学增添了国际声誉。作为现实主义作家，他的创作深深扎根于生活的土壤，反映现实社会问题，用法语和沃洛夫语写作，为人民大众服务。1958 年作为塞内加尔代表出席第一届亚非国家作家会议时，他在发言中指出：非洲新文学应该是民族的、积极的、人民大众的和有用的。他出生于济金绍尔一个沃洛夫渔民家庭，只读过 3 年书，先后做过司机的助手、泥水匠等。1942 年应征入伍，1946 年复员回达喀尔。然后在法国马赛做码头工人，并从事工会工作。乌斯曼的文学创作与他自己的生活经历密不可分。他的第一部长篇小说《黑色的码头工》（1956 年）就是根据他在马赛港口当码头工人的切身经历写成的，具有自传性质。书中以悲愤的笔调控诉种族歧视和压迫。1957 年，乌斯曼发表了第二部小说《塞内加尔的儿子》，这部小说第一次显示出作家的现实主义创作才能。书中塑造了具有代表性的有觉悟的非洲青年知识分子的先进典型——乌马尔·法伊。为了使自己的同胞不再受殖民者开设的土产收购公司的剥削，乌马尔在第二次世界大战后退伍回到故乡，组织了一个合作农场，自产自销农产品。于是乌马尔和他组织的群众，同殖民当局发生了冲突。最后，他本人被殖民者残酷杀害。他的牺牲唤醒了人民的觉悟。作者通过乌马尔这个艺术典型，既讴歌了献身人民事业的非洲新一代知识分子，更形象地教育人民必须团结起来，才能推翻殖民制度，获得民族的解放。1960 年发表的《神的儿女》反映的是 1947 年 10 月至 1948 年 3 月达喀尔—巴马科铁路工人反殖民主义性质的大罢工事件。乌斯

曼把这一事件放在民族解放斗争的广阔背景中加以描写，表现了非洲工人阶级的觉醒和工人运动的蓬勃发展。作品真实地记录了从开始酝酿到胜利结束的罢工全过程，详细地描绘了非洲工人同殖民主义者的艰苦、曲折的斗争，细致地刻画了罢工中人们生活、思想的种种变化，塑造了众多的属于不同阶层的人物的活生生的形象。这部小说场面壮阔，具有史诗般的规模，在黑非洲社会小说中占有重要地位，是他的代表作。1960 年塞内加尔独立后，乌斯曼返回祖国。1962 年发表了短篇小说集《上沃尔特人》，包括 12 个短篇，基本主题是伊斯兰教、一夫多妻制下的男女关系、工人斗争和流放法国。1963 年发表长篇小说《热风》描写 1958 年非洲人民就法属非洲的前途进行公民投票的历史事件。书中不仅反对殖民主义，也对非洲传统社会中迷信落后等方面提出了尖锐的批评。1965 年发表两部中篇小说《韦伊—西奥扎纳》和《汇票》，反映独立后塞内加尔的社会问题。前者描写一个乡村中的乱伦行为，后者描写主人公从法国工作的亲戚那里得到一张汇票，去邮局兑换汇票的悲喜剧。这两部中篇在 1966 年达喀尔举行的黑人艺术节上获得文学大奖。1973 年发表长篇小说《哈拉》，书中描写一个富有的商人，娶了第三个妻子，并为她建立一个独立的家。作家描述了这个商人的富裕的欧洲人生活方式，妻子们之间的嫉妒和不安。他不仅生意失败、妻子们之间争吵，而且在他新婚之夜他发现自己阳痿并感到丢脸。作家对独立后的资产阶级暴发户进行了辛辣的讽刺。1981 年发表虚构政治小说《帝国最后一人》。书中叙述一个非洲国家当 80 岁的总统神秘消失后，国家突然陷入 6 天政治危机，第二代政治家腐败、操纵和搞两面派，总理不知道他是否应该根据宪法规定接管政权。作者揭露了玩弄权术的政客。

塞内加尔其他一些著名诗人、小说家及其代表作品：

阿米纳塔·索乌－法勒（Aminata Sow-Fall 1941 ~）被认为

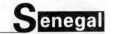

是塞内加尔和法语黑非洲的第一位女小说家。她出生于圣路易一个古老的家族，中学毕业后赴巴黎学习文学，7 年后回国任教，长期教授文学和编撰教科书。她是塞内加尔作家协会主席。她的代表作品是 1979 年发表的《乞丐罢乞》。这部小说讲述了公共健康和卫生局长莫尔·恩迪耶梦想成为副总统，便奉献一头牛给当地乞丐，以便增加成功的机会。不幸的是，由于恩迪耶的部门组织的清除运动已经使乞丐们都消失了。这部作品尖锐地讽刺了在当代非洲社会政治、阶级和宗教方面存在的与此相类似的做法。该小说获黑非洲文学大奖。1982 年，她发表了《竞技场的召唤》。这部作品批评了学校无效和文化异化这两种现象，提请人们注意。她把自己的作品比作有用的镜子，促进塞内加尔社会的转变。她不愿用一般妇女的观点，而愿用女公民的观点进行写作。

玛瑞厄玛·巴（Mariema Ba，1929 ~ 1981）也是一位女作家。她出生于塞内加尔的一个高级知识分子家庭。其父于 1956 年成为第一任卫生部长。因母亲早丧，她由外祖父母带大。她在非洲文坛上是一颗光彩夺目却一闪而过的流星。一生仅完成两部小说。1979 年发表第一部长篇小说《悠悠长信》，1980 年获得第一届非洲长篇小说诺玛奖。小说叙述了一个有教养的非洲妇女在生养了 12 个孩子后不得不与负心的丈夫离婚，因为他爱上了另一个年轻女人。小说描写了女主人公痛苦的心路历程，谴责一夫多妻制。这部作品在很大程度上是在作者自身经历基础上写成的，因为尽管作者声称该部小说不是自传，但作者本人与主人公有着几乎同样的遭遇。她的第二部小说《鲜红色的歌》发表于 1981 年，主要写异教通婚的悲剧，触及种族主义问题。由于长期患病，在其第二部长篇小说出版之前便病逝了。她生前积极从事女权运动和在非洲建立民主政治的斗争。

马立克·法勒（Malick Fall，1920 ~ 1978）是诗人、小说

家。他曾在一些国际组织从事外交工作。他著有一部诗集《残羹》（1964年）和一部小说《伤痕》（1967年）。小说主人公是个流浪汉，象征人类的苦难。

谢克·卡纳（Cheikh Hamidou Kane, 1928～）出生于塞内加尔河畔一个图库勒尔家庭，从小在教授古兰经的小学上学。1948年中学毕业后赴法国巴黎大学学习法律和文学。1959年回国后，曾任计划和合作部长，并在联合国教科文组织中任职。1961年发表了他一生唯一的作品，自传体小说《模棱两可的冒险》。这部作品描写了主人公经过严格的伊斯兰教育后本应成为当地精神领袖，却被送到巴黎一所大学学习，他感到自己被年轻时的伊斯兰教信仰和乍看之下似乎如此有感染力的欧洲文化所撕裂，以至回国后无法适应原来的社会，被一个"疯子"杀死。由此，作者尖锐地提出了非洲人无时无刻都在苦恼的一个问题，即如何对待欧洲白人带来的物质文明。接受西方教育，学到的是否能胜过忘掉的？这部小说被公认为是非洲最重要的哲学小说之一，并获1962年黑非洲文学大奖。

阿卜杜拉耶·萨吉（Abdoulaye Sadji, 1900～1961）出生于律菲斯克。他先后就读于古兰经学校、法语学校。19岁担任小学教员，后赴法国师范学校进修，回国后出任小学督学。他作品的主人公都是幼稚的充满幻想的女性，因为受到欧洲文明的严重影响而产生脱离实际的幻想，从而堕落和不幸。他的第一部长篇小说《塞内加尔的混血姑娘妮妮》（1954年）讲述的是一个道德故事。一个棕发蓝眼的姑娘妮妮渴望融入欧洲白人社会，即使这意味着她会失去她的非洲家庭和她的根也在所不惜。小说《玛伊慕娜》（1958年）讲述的也是一个道德故事，但更带有悲剧色彩。女主人公是一个美丽的农村姑娘，她放弃了与妈妈在一起的安稳的农村生活，去看她在达喀尔的姐姐。在那里她怀孕了，不光彩地回到农村。灾难再次来临，她感染上天花，虽然活

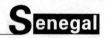

了下来，但损坏了容貌，孩子也失去了。萨吉还和桑戈尔合写了一本童话故事《兔子娄克》，并著有论文《非洲的教育和文明》（1964年）。

二 戏剧与电影

塞内加尔有一流的剧团和剧作家、剧本。

最著名的剧团是国家戏剧团（Troupe Dramatique National）。它演出的剧目包括欧洲、现代塞内加尔和塞内加尔历史。演员多为"格里奥"人，因为传统社会"格里奥"人是唯一被允许以音乐和说唱形式在公众面前表演的人。1998年剧团主要用法语演出了反映早期天主教传教士活动的剧目《埃米利·德·维尔纳夫》（Emilie de Villeneuve），用沃洛夫语演出了反映抵抗法国殖民统治的沃洛夫国王拉特·卓尔的传奇的剧目《拉特·卓尔》（lat Joor）。

著名剧作家谢克·阿里奥·恩达奥（Cheikh Aliou Ndao）出生于比尼奥纳。他曾在法国格勒诺布尔和英国斯温西上大学，回国后在威廉·蓬蒂师范学校教授英语。他非常擅长写剧本，1967年表现非洲人反抗外来侵略者的历史剧《阿尔布里的流亡》面世，获1969年阿尔及尔泛非戏剧节一等奖，使他一举成名。他的其他剧作还有《决定》（1967年）、《阿尔马米之子》（1973年）、《巴伊拉岛》（1975年）、《血浸王位》（1983年）。

还有一些作家的作品也被改成剧本演出。例如比拉戈·迪奥普编的一些故事就被改编成剧本演出。

最著名的剧院是丹尼·索拉诺国家剧院（Théatre National Daniel Sorano）。该剧院位于达喀尔，是塞内加尔最受尊重的艺术家们聚集的地方。伴随塞内加尔独立剧院进入了黄金时期。国家著名的乐器演奏家和歌手几乎都在这里演出过，一些人也因在

此演出而一举成名。该剧院还是三大国家演出剧团林古埃拉国家舞蹈团（Ballet Linguère）、里瑞克传统乐器演奏团（Ensemble Lyrique Traditional）和国家戏剧团（Troupe Dramatique National）的大本营。

塞内加尔电影事业历史悠久，在非洲大陆电影事业中占有举足轻重的地位。保兰·维埃拉（Paulin Soumanou Vieyra）是非洲电影的权威，他拍摄了大量关于塞内加尔的影片。早在他求学于巴黎的电影高等学院时就打算拍摄一部《塞纳河上的非洲》（未完成）。塞内加尔独立后，1961 年他在达喀尔拍了一部优美的带故事性的纪录片《一个人、一个理想、一种生活》，叙述了塞内加尔独立斗争，这是塞内加尔电影真正诞生的标志。之后，他又拍了一部引人兴趣的故事片《恩狄戎甘》。在桑戈尔总统的侄子布莱兹·桑戈尔的鼓励下，他摄制了第一部法国与塞内加尔合制的长片《自由第一》，导演为伊夫·向毕。这部影片对这个国家独立后的黑人领导阶层作了很出色的描写。塞内加尔电影事业真正发展是在独立之后。最杰出的电影导演是桑贝内·乌斯曼，1960 年他返回祖国，从事电影工作，创立了"泛非电影工作者协会"。从 20 世纪 60 年代起，他自编自导自演电影，在非洲乃至国际享有盛誉。他编导的主要作品有《马车夫夏雷特》（Borrom Sarret/Le Charrier，1964 年摄制的短片），片中叙述了一位流浪在达喀尔街头的贫苦马车夫的一天生活；在《尼亚耶》（1965 年摄制的短片）这部影片里，他描写一个滨海村庄的生活，对社会的批判更进了一步。乌斯曼还是第一个摄制一部具有无可争议价值的长片的黑非洲人，在这部名叫《黑女仆》（La Noire de…/Black Girl，1966 年摄制）影片中，他叙述一个塞内加尔姑娘在法国被雇当女仆，最后被迫自杀的故事。他的作品还有《曼达比》（Mandabi/Le Mandat/ The Money Order，1968 年）、《艾米塔伊》（Emitai/Dieu du Tonnere/God of Thunder，1971 年）、

《哈拉》（Xala/L'impuissance Temporaire/The Curse，1974 年）、
《赛多》（Ceddo，1976 年）、《西阿罗耶的营地》（Camp de
Thiaroye/Camp Thiaroye，1988 年）和《法阿特·吉恩耶》（Faat
Kine，Fiction，2002 年）。乌斯曼为他的一些影片配上了沃尔夫
语的译制版。他的作品题材基本都是批判殖民主义和针砭社会时
弊。他用精巧的风格得到了观众的认同。但是，20 世纪 90 年代
以来塞内加尔电影事业开始受到挫折，大部分有价值的作品需要
得到外国的资助并经常被删改。观众因民族语言众多、文化背
景、宗教信仰各异，所以生产一部在全国范围都成功的影片几乎
是不可能的。20 世纪 90 年代后期一些塞内加尔影片出现在国际
电影节上。1998 年威尼斯电影节上放映了盖耶·拉玛卡（Gaye
Ramaka）执导的影片《也许这样》（Ainsi Soit-il），2001 年米兰
非洲电影节上曼索尔·索拉（Mansour Sora）执导的长故事片
《宽恕的代价》（Le Prix du Pardon）获得大奖。

　　塞内加尔官方电影事业管理机构为塞内加尔电影局，成立于
1972 年。最初称为"国家电影办公室"，归属文化部主管，1986
年政府改组将其归属通讯部管。其职责是监督与促进电影事业的
发展，制定有关电影的法律政策和税收条例，采取必要措施协调
电影企业部门的工作。其下设行政管理处、检查组织处和电影
处。

　　塞内加尔电影进出口发行企业是塞内加尔电影进出口经营公
司，成立于 1974 年 1 月。初成立时，公司由塞内加尔与法国合
营，股份为八比二。自 1979 年起成为国家投资占主要股份的企
业，塞内加尔资金占 95%，法国资本占 5%。公司的主要职责是
进出口影片，一年约经营 1200 部影片。除了发行影片拷贝外，
还负责全部电影录像带的发行。公司内设节目部、技术部、财务
部、片库。另外，全国绝大部分影院也归这家公司所有。

　　为了贯彻 1982 年迪乌夫总统提出的振兴电影事业的要求，

1983 年成立了塞内加尔新电影制作公司。该公司系股份公司，主要股东有：电影进出口发行公司、电影协会、通讯部所属广告公司等。公司享有国家补助，主要从事摄制影片、制作广告片、与国外合拍影片、制作录像等业务，也负责电影交流活动。

政府对电影的审查是很严格的，影片须经过审查方可投放市场。负责审批电影的把关机构是塞内加尔电影审查委员会，全称"塞内加尔总统府电影审查委员会"。委员会由总统府秘书长、文化部长、通讯部长、教育部长、内务部长、外交部长、青体部长、社会发展部长代表和司法部法官、宗教界代表以及电影进出口发行公司代表等 15 人组成。委员会负责查禁直接或间接上演渲染吸毒、暴力和色情的影片。对于某些删剪困难的电影，则限制观众年龄。凡有损国家形象和民族情感或第三国的影片禁止放映。

电影院主要集中在首都和大城市。1998 年世界杯时，为满足球迷的需要，达喀尔 3 家电影院从 6 月 10 日至 7 月 12 日全部直播在法国举办的世界杯足球赛。这是塞内加尔首次使用电影院转播足球赛。这个办法是达喀尔一家私人电影院老板，根据当地球迷中有许多人没有电视机而想出来的。随后，达喀尔两家大型豪华电影院作出响应，政府也对此表示支持。这 3 家电影院按其放映厅设备条件制定了票价，分别为 5000、2000 和 600 非洲法郎。每张票均可观看两场球赛。①

三　音乐舞蹈

塞内加尔素有"非洲音乐的圣地"之称。同许多非洲国家相比，塞内加尔人民音乐舞蹈遗产较丰富。音乐舞蹈是塞内加尔人民精神生活、社会和经济生活的重要组成部分。在乡村地区表演传统舞蹈仍然是最普遍的娱乐方式，儿童几

---

① 《塞内加尔电影院直播世界杯》，1998 年 6 月 9 日光明网 www.gmw.cn。

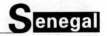

乎是从学走路开始就学习跳舞。政府通过建立国家级的塞内加尔舞蹈团和组织地区级剧团以及比赛，鼓励对传统塞内加尔音乐和舞蹈进行保护。塞内加尔的民族音乐十分丰富，各族都有自己的音乐，而且产生了许多蜚声国际的乐队和歌手。他们将现代流行的音乐元素与非洲传统的乐器、节奏组合在一起，创造了新型音乐。

1. 著名音乐人与乐队

（1）尤苏·恩杜尔（Youssou N'Dour）是塞内加尔在国际上享有盛誉的最杰出的歌星。1959 年他出生于达喀尔一个贫穷的"格里奥"家庭。孩提时代开始在居民集会上表演唱歌，12 岁开始专业生涯，到 15 岁时经常在塞内加尔当时最成功的乐团演唱。1979 年创立了自己的乐团达喀尔之星（Etoile de Dakar），两年后发展成为达喀尔超级之星（Super Etoile）。达喀尔超级之星成为非洲最著名的乐团，创造了现代非洲流行音乐风格。20 世纪80 年代他跃上世界舞台。他的声音被誉为"举世最佳的声音"，可以展示惊人的 4~5 个八度的音域实力，他的声音似乎缩影了整个非洲的沧桑史。除了绝佳的嗓音受到国际乐迷瞩目，他还是世界合成流行音乐的主要表演者。他把非洲传统音乐和塞内加尔"姆巴拉克斯"风格（mballax）融入爵士音乐和摇滚音乐，把最现代的录音技术与非洲音乐和节奏相结合。他用沃洛夫语演唱。"姆巴拉克斯"风格是传统的"格里奥"打击音乐与赞美吟唱同非洲—古巴风格相结合的产物。20 世纪 70 年代这种风格又融进了塞内加尔土著舞蹈的节奏、宽广旋律的吉他和萨克斯管独奏、不停地低语独白和偶尔的伊斯兰赞美诗，又形成一种新的风格。1989 年，恩杜尔曾为国家足球队写过一首歌，歌曲以该队队名"雄狮"命名，后来"雄狮"成为他唱片集的题名，流传甚广。后来在英国同他的出版商筹备出新歌集时，足球再次启发了他的灵感，他开始创作《群星闪耀》，在曲调上揉进了非洲歌曲的韵

味。这首歌成为 1998 年世界杯赛主题歌，他和欧洲女歌星阿克塞勒·雷德共同演唱，为塞内加尔赢得了世界荣誉。他发行的唱片有：《移民》（Immigres）、《方向》（Set）、《雄狮》（The Lion）、《睁开眼睛》（Eyes Open）、《卓科》（Joko）、《没有什么是徒劳的》（Nothing's In Vain）。他积极参加国际人道主义活动，参加了国际红十字会、2000 年新千年庆祝取消第三世界债务委员会、联合国反地雷运动等活动。1999 年，他参加了塞内加尔电视粮食集资音乐会，录制了支持联合国粮农组织的讲话，参加了宣传该组织的电视节目。在几大国际新闻网络的采访中，他大力宣传粮农组织。2000 年 11 月，还被任命为粮农组织大使。在接受任命时，他说："我衷心支持粮农组织世界反饥饿运动。这一任命不仅是我个人的荣誉，也是全非洲的荣誉。它进一步加强了我与粮农组织一起为所有遭受饥饿和营养不良的人们工作的决心"。①

（2）巴巴·马尔（Baaba Maal）是塞内加尔超级歌星。他在达喀尔大学学习音乐，在巴黎获得音乐硕士学位。1953 年他出生在塞内加尔河畔的一个渔村。他吸收了非洲传统音乐，又听过不少美国的布鲁斯和爵士，十几岁的时候搬到了达喀尔，在那里认识了吉他手曼苏尔·谢克（Mansour seck），组成一个乐团拉斯利·富塔（Lasli Fouta），1984 年在巴黎录制了一张专辑《迪昂·勒利》（Djam Leelii）。他们再次回到塞内加尔之后，组建了新的乐团当德·勒诺尔（Daande Lenol），意思是民族之声（the voice of the race），开始融和一些流行音乐元素。1998 年发行的《流浪者之魂》（Nomad Soul）是其最国际化的作品，在那之后他发行了一系列的唱片。

（3）伊斯梅尔·罗（Ismael Lo）是塞内加尔一位著名音乐

---

① 联合国粮农组织网站 www.fao.org。

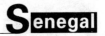

家。1960 年他生于塞内加尔的一个穆斯林家庭，父亲是塞内加尔人，母亲是尼日利亚人。他早年生活在尼日尔时就十分喜欢音乐，有一个自制的单弦吉他。他从收音机里学习音乐，最初只是出于爱好，直到他的一位开俱乐部的兄长要他在一个当地的电视节目里演奏。一开始他还拒绝表演，继续在一所中专学习装饰和绘画。几个月后他考虑参与节目，结果大受欢迎，这促使他考虑从事全职演出。1979 年，他加入了超级钻石（Super Diamano）乐队，演奏吉他的同时开始写歌，很快就成为乐队的重要成员，不久后成为第二主唱歌手和节奏吉他手。20 世纪 80 年代初期，他考虑离开乐队独自发展，但来自乐队的种种压力使得他远走西班牙从事绘画工作。回国后才开始录制个人专辑。为了弘扬塞内加尔本土音乐，伊斯梅尔成立了一个 12 人组乐队。乐队成员全都是演奏民间乐器的"高手"。他们用"萨巴尔鼓"和与竖琴极为相像的"科拉琴"，以及各种吉他为观众们献上了一场场精彩的演出。他用歌声描述非洲人民的真实生活，描述贫穷、饥荒、种族主义和人与人之间的关系，鼓励饱受苦难的人们振作起来。独特的创作风格以及平易近人的曲风使他迅速走红。他创作的歌曲节奏明快，意义深刻，在非洲大陆脍炙人口。他非凡的吉他加口琴的演奏技艺，加之深具社会意义的歌词，被人们称为"塞内加尔的博布迪兰"（Bob Dylan of Senegal）。正像他声称自己关心的是种族主义、贫穷、饥荒和人与人之间的关系。他还参与拍摄一部关于艾滋病的影片，唤醒人们对这一可能成为瘟疫的疾病的警觉。

（4）宝巴乐队（Orchestre Baobab）是塞内加尔元老级的非洲拉丁派乐队。

2. 著名国家音乐团体和院校

（1）里瑞克传统乐器演奏团（Ensemble Lyrique Traditionel）是塞内加尔国家级声乐和乐器演出团体。大多数歌唱演员是女

性，乐器演奏员是男性，几乎所有演员均来自"格里奥"。所有乐器均为传统乐器，不同地区的各种乐器组合共同演奏。该团的历史非常辉煌，杰出的演奏家有：哈拉姆琴演奏家萨姆巴·迪亚巴雷·萨姆布（Samba Diabaré Samb）、阿卜杜拉耶·索赛（Abdoulaye Socé）、阿卜杜拉耶·纳尔·萨姆布（Abdoulaye Nar Samb），科拉琴演奏家逊迪尤鲁·西索科（Sundiulu Cissokho），巴拉风琴演奏家巴纳·卡诺特（Bana Kanoté）等。

（2）塞内加尔国立音乐、舞蹈、戏剧艺术学院（Conservatoire National de Musique, de Danse ct d'Art Dramatique）成立于1948年，原为音乐学院，1978年改为音乐、舞蹈、戏剧艺术学院。学校现有注册专修音乐的学生300人，兼职音乐教员50人。毕业后颁发证书。①

3. 传统民族乐器

塞内加尔传统民族乐器主要有4种：（1）科拉琴（Kora）是有着21根弦竖琴拨弦乐器。主要为塞内加尔曼德族的"格里奥"人演奏，但是大多数塞内加尔人将科拉琴作为最传统的乐器之一。（2）哈拉姆琴（Xalam）是塞内加尔最常见的弦乐器，被称为"塞内加尔吉他"。为沃洛夫、谢列尔、曼丁哥、马林克、富尔贝和图库勒尔等很多族的艺人所演奏。哈拉姆琴在制作、演奏风格和节目上存在巨大的地区差异。哈拉姆琴主要作为独奏乐器或者为歌曲伴奏，但今天也与其他乐器如科拉琴合奏。（3）詹巴鼓（Jembe）或许是为全世界最熟知的西非乐器。东塞内加尔是其发源地之一，它是塞内加尔很多民族艺人普遍演奏的乐器。当人们用手用力擂击时，可发出强烈的节奏，鼓声悠远而有深邃的震撼力。（4）萨巴尔鼓（Sabar）是目前为止塞内加尔最普遍演奏的乐器。在每个家庭聚会、天主教堂活动、政治集

---

① 姜杰文化艺术在线 www.jiangjiepiano.com.cn。

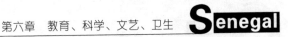

会、伊斯兰教活动和市场上都能听到萨巴尔鼓的声音。许多塞内加尔人认为一个场合如果没有萨巴尔鼓，就不会有人参加那里的活动。萨巴尔鼓几乎是每个塞内加尔音乐团体的支柱。当代塞内加尔流行音乐和半传统音乐一般名为"姆巴拉克斯"，就来自于塞内加尔音乐中无处不在的传统萨巴尔鼓节奏。萨巴尔鼓乐队是所有这种音乐的最基本组成部分。萨巴尔鼓表演至少3个人参加，有时12个人。最著名的演奏者杜杜·恩迪亚耶·罗斯的音乐会有时包括他的儿子、孙子上百人参加演奏。（5）塔玛鼓（tama）几乎和萨巴尔鼓一样是塞内加尔沃洛夫、谢列尔、曼丁哥、马林克、富尔贝和图库勒尔等族普遍演奏的乐器。这种乐器因为能模仿人的声调高低，所以被称为"讲话鼓"。演奏者将鼓置于一个肩膀下，另一只手用根棍子击打鼓面。今天塔玛鼓主要用来为舞蹈和音乐伴奏，是所有"姆巴拉克斯"乐队中的重要部分。

4. 舞蹈

对于塞内加尔人民来说，任何场合都可以当作展现艺术的舞台，而舞蹈则是众多艺术形式中最生动、最富生活情趣的一种表现形式。塞内加尔舞蹈按照内容来说，可以分为传统的仪式性舞蹈和民间的娱乐性舞蹈。但不论哪一种舞蹈，都是塞内加尔人民日常生活与内心情感最真实、最强烈的表现。在塞内加尔，摔跤比赛胜利、丰收、洗礼等场合都要举行舞蹈集会，这也是为单身、恋人和朋友聚会提供的最好机会。舞蹈的乐队最少由3人组成，一般5~7人。舞蹈地点在村庄中央的沙地上或在城镇的十字路口。年轻人坐在最里层，妇女坐在他们后面的椅子和长凳上或者站着，男人站在最外层。男孩们和妇女拍手，有时候也用木头和金属敲击。乐队在里层的角落里演奏。舞者几乎持续地狂欢，表面上只有妇女、女孩和男孩跳舞，实际上在沃尔夫人乡村男人通常也跳舞。

塞内加尔最流行的民间舞蹈是"萨巴尔舞"。这种舞蹈被称为风扇舞，因为妇女必须把她们的臀部摇动，像电风扇一样。这对跳舞者提出了较高的要求，并强调天生的素质。"萨巴尔舞"是由萨巴尔鼓和舞蹈组合而成，每个鼓都是由坚硬的桃花心木雕成，鼓顶部用鬼头装饰。所有的女孩都学习这种传统舞。"尚尚母"是这个国家跳"萨巴尔舞"最有名的舞蹈团体。

塞内加尔著名的舞蹈团：

（1）第五个尺度（5th dimension）1995年7月由杜塔·谢克和简·坦巴建立。该团通过巡回演出不同作品获得声誉。该团主要研究当代非洲舞蹈迈提斯舞（the Metiss dance）。迈提斯舞以舞蹈形式的多样性为特征，涉及所有大陆所有民族的所有舞蹈形式。

（2）阿尔提尔（Artea）成立原因是想反映出从生动和实际的经历中设计出的表演艺术和文化产业的成果。

（3）西诺迈舞蹈团（Ballet Sinomew）建于1990年。由舞蹈演员、杂技演员、敲奏打击乐器的人、科拉琴演奏者组成。该团致力于搜集和恢复塞内加尔主要地区舞蹈艺术、歌唱和乐器的遗产。

（4）林古埃拉国家舞蹈团（Ballet Linguère）是国家级舞蹈团，表演塞内加尔各地区的传统舞蹈，对乡村舞蹈进行技术改进。舞蹈团不仅拥有极好的演员，而且还是传统音乐人能够以最快速度登台的场合，因为该团是达喀尔定期表演传统音乐的唯一地方。长期以来，该团在世界各地巡回演出，她的服装、她的风采和艺术家们的歌声激起世界各地观众的热情。国家舞蹈团的活力来源于丰富的经历和经常更新的年轻人及定期补充国家最好的舞蹈艺术家和舞蹈。她在保护黑人—非洲人艺术一致性的同时，不断发展新的舞蹈艺术和舞蹈韵律的形式。在这种精神指导下，舞蹈团不仅发掘世俗仪式，而且还发掘宗教舞蹈。通过它们最初

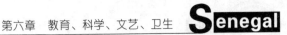

最美丽最真实的表达方式恢复这些传统。

（5）塔库·里盖伊舞蹈团（Ballet Takku Liggey）1986年建立，由25位残疾人艺术家组成。该团展示了神奇的舞蹈和传统的塞内加尔音乐。其建立的目的是反对存在于残疾人中间因为残疾而乞食的行为，给予年轻人一个机会。

四　工艺美术

政府采取保护和弘扬民族文化的措施，在全国建立了十几个"工艺村"。塞内加尔传统手工艺与现代技术相结合得到继承和发展，在题材上进一步发展，并呈多样化。艺术家们和民间艺人、工匠们生产出了丰富的绘画雕刻艺术产品，包括珠宝、衣服、地毯、篮子编制和乐器。

1. 玻璃绘画（souwers—沃洛夫语）

这是塞内加尔最古老的艺术，19世纪由亚洲传入塞内加尔，在城镇和乡村很普及。绘画以日常生活景象为主要内容，被称为"写实艺术"。它们经常被发现贴在城市的墙壁上，放在商店里。绘画结构很简单，但要求高超的技术。首先用墨水勾出轮廓，然后将画固定在玻璃上。据信第一幅玻璃绘画来自于地中海，它讲述了伊斯兰时期的战斗故事、信徒、预言家和神职人员。在塞内加尔抵抗殖民主义者的宗教团体的伟大人物们（例如阿马杜·邦巴、哈吉·马立克·西、里马莫·拉耶、拉特·卓尔等）赋予绘画很多灵感。后来绘画主题扩展到家庭和邻里景象、男人和女人的肖像等。塞内加尔每年举办玻璃绘画国家艺术节。

2. 沙子绘画

这是塞内加尔一个最流行的艺术。严格规定使用当地原材料（沙丘的沙子、海滩沙子等），作品为典型的非洲风格。

3. 木雕艺术

在工艺村里，最引人入胜的就是木雕艺术。它取材于非洲乌木和桃花心木，这类木材质地坚硬，有"黑色大理石"之称。木雕艺术在塞内加尔已有上千年的历史，它涉及的题材十分广泛，有人物雕像、面具，各种动物等。各类木雕构思奇特、充满想象；造型别致夸张，情趣朴实；线条粗犷又不失优美。它以独特的技艺表现了人民的生活、劳动，让人体味其中的乐趣和浪漫气息，使人回味无穷。真正体现了文学艺术只要源于生活，深深植根于民族传统，就有不竭的生命力。图库勒尔艺术家的木雕作品最为著名。

4. 编织艺术

许多人编织复杂的棉麻织品。人们经常在大街上看到，织工们在人行道上编织长长的窄窄的条纹棉织品。在捷斯，专业织工编织反映日常生活的挂毯。裁缝们在城镇各处开设小店缝制传统衣服（boubous），用金线在衣服上缝制图案。

5. 印染艺术

将织物放入盛有染料的大盆染色，在太阳下面晒干，然后敲打它们，制成美丽的图案。

6. 珠宝艺术

珠宝匠用白银和黄金制作美丽的项链和耳环。沃尔夫人开了许多商店经营 18 克拉金珠宝，价格比欧洲低廉很多。住在达喀尔几个世纪的毛里塔尼亚人制作美丽的白银饰品和饰有白银的木头盒子。

五　博物馆与图书馆

1. 博物馆

（1）　谢克·安塔·迪奥普大学黑非洲基础研究所博物馆分别设在达喀尔和圣路易。

设在达喀尔的非洲艺术博物馆（The african art museum of Dakar, IFAN），主要展览传统和现代非洲艺术收藏品，雕刻艺

术和塞内加尔传统艺术收藏品。有时也展览地方和外国当代艺术品。该馆是世界上研究这个地区人类学和艺术的最好的博物馆之一，设有村庄景象的式样、服装、风俗和最能代表西非各族特色的雕刻艺术，而且还是当地过去和现在艺术家作品的陈列馆。

设在圣路易的塞内加尔研究中心和文献博物馆（Research center and documentation Museum of Senegal）以塞内加尔历史和民族为特征。馆藏有几百幅照片作为殖民地前和殖民时期的遗迹和记录。该馆记录了从旧石器时代到今天塞内加尔历史，各时期的民族运动，伊斯兰发展……等等。该馆还陈列了传统的衣服、乐器、特别是塞内加尔北部清真寺的建筑和住屋的文件和图片，还有动物群的描述。

（2）谢克·安塔·迪奥普大学黑非洲基础研究所戈雷岛历史博物馆于1989年3月3日正式对公众开放。该馆就建在1852～1856年法国殖民地建立的军事要塞上。该馆展示了塞内加尔从旧石器时代到现在各阶段的历史，陈列室为12间，一间陈列室就是塞内加尔的一段历史。12间陈列室环绕一个庭院围成圆形，这样设计是使每一个参观者根据时间方向进入博物馆以遵循一个年月顺序的巡回。该馆建立的目的是呈现给观众一部塞内加尔历史，教育公众保护国家历史遗产和文化遗产，同时为国家人类学和历史学研究，为学校教育提供有用的资料。该馆另一个任务是研究和出版与展览主题相联系的教育、科学和文化资料。

（3）戈雷海洋博物馆（Museum of the Sea, Goree）陈列了关于海洋、渔民、船只、打鱼工具和水底的一切。

（4）戈雷"亨利特·巴西里"妇女博物馆展览传统和当代艺术。

2. 图书馆

（1）达喀尔大学黑非洲基础研究院图书档案馆建于殖民地

时期。独立后法国政府将大学移交的同时，也移交了法属西非的大部分资料，包括书籍、地图、行政文件、学校和教育书籍、报纸杂志、邮局记录等等。其中一些资料已输入计算机系统，另一些资料在大学图书馆做成卡片目录。将所有资料输入计算机系统，通过世界网络进入更广泛的学术领域的工作正在进行中。图书馆工作人员在这些孤本资料面临灰尘、高温、潮湿、海水侵蚀等问题时，做了很有价值的保护工作。该馆藏书 6 万余册。

（2）塞内加尔国家档案馆（Archives Nationales du Sénégal）是塞内加尔最权威的档案馆之一。它主要收藏了塞内加尔殖民时期（1816～1958）、法属西非时期（1895～1959）和塞内加尔独立以后时期（1958 年以后）的许多重要原始资料。这些资料按照行政管理、军事、通信等类别分类。这些档案主要用法语等欧洲语言记载文字资料，还有一些阿拉伯资料和对塞内加尔口传历史的记录。

六　国际文化交流

塞内加尔是非洲尤其是西非地区文化交流的中心，在联合国教科文组织中起重要作用。教育家阿马杜·穆克塔尔·姆博（Amadou Mahtar M'Bow）在 1974～1990 年担任联合国教科文组织总干事。塞内加尔政府积极参加国际科学技术和文化合作会议。塞内加尔政府一直致力于非洲文化艺术交流与展示，以促进非洲传统文化的保护与发展，这主要表现在塞内加尔举行非洲大陆的文化节与舞蹈节。

1966 年桑戈尔总统在达喀尔主持举办了第一届世界黑人艺术与文化节，将"黑人传统精神"用艺术与文化手法表现得淋漓尽致。1985 年 12 月达喀尔举行第一届国际图书和教学用品博览会，1988 年 5 月又举行第二次。1989 年 6 月继阿尔及利亚举

办第一届泛非文化节之后，达喀尔也举办泛非艺术文化节，主题为"黑人世界与泛非主义"。非洲和世界各地黑人艺术家、学者及文化界人士纷纷来参加。20世纪90年代开始举办达喀尔非洲艺术节。该节举办的初衷是塞内加尔政府为了表达政府将文化作为发展战略中心的政治愿望和促进非洲联盟的团结，展示非洲人非凡的创造力。每两年举行一次，至2004年已举办6届。2004年的主题是"全球化中的当代非洲艺术：限制、利用与保护"。主要活动是国际展览，包括绘画、装饰、表演艺术、雕刻和电视艺术等，还有安排沙龙、个人展览、心得交流等活动。参加者为经过严格评选出的来自16个国家中的32位艺术家和设计家，其中女性为15位，大部分为年轻艺术家，共94部作品。达喀尔艺术节活动使达喀尔成为当代非洲的一个艺术之都。

"卡费德"舞蹈节是塞内加尔政府举办的非洲大陆盛大的舞蹈节日。"卡费德"（kaay Fecc）在沃尔夫语言中就是"来跳舞"的意思。每两年举办一次，每次都会吸引塞内加尔以及其他非洲国家众多的民间舞蹈团参加。这些来自非洲大陆各个角落的舞蹈家们，用他们的身体和心灵舞动出了非洲特有的风情和不朽的活力。通过"卡费德"舞蹈节，能够让越来越多的人了解非洲舞蹈艺术的魅力。

第四节　卫生与体育

一　医疗卫生

政府重视人民健康卫生问题。国家独立以前，医疗卫生设施主要集中在达喀尔，为法国殖民者和非洲上层人物服务，广大城市和乡村的塞内加尔人民只能依靠传统治疗方法。300 多年的殖民统治，给塞内加尔只留下了 5 所普通医院，2 所在达喀尔，2 所在圣路易，1 所在考拉克。广大劳苦大众，享受不到这些医疗条件，受着各种流行疾病的折磨。[①]

国家独立后，卫生部在各行政区都设有一个医疗官员和综合医疗机构、药店。全国设有公共健康服务中心、产科医院、儿童健康中心和学校医疗服务中心。政府在发展医疗卫生事业的同时，注意逐步改变地区分布的不合理状况，在农村办起了一些卫生所（从 1969~1972 年佛得角医务人员增加 2%，而其他地区增加 17.1%），并且开始防治地方病，在久尔贝勒和班巴丁卡建立了防治地方病和麻风病的机构，还在辛—萨卢姆和佛得角建立地方病防治所。20 世纪 80 年代全国共有各类医院 96 所，其中包括国立医院（一级医院）5 所（达喀尔及其郊区 4 所，圣路易 1 所），地区医院（二级医院）4 所（考拉克、久尔贝勒、济金绍尔、捷斯各 1 所），卫生院 36 所，产科医院 51 所。另外还有 398 个乡村卫生所。全国共有病床 5000 多张，官方医务人员从 1969 年的 5600 多人增加到 1972 年的 6100 多人。[②]

尽管政府努力改善国民的医疗卫生条件，但是医疗卫生仍然面临严重的问题。首先是医护人员短缺，无法满足国内居民的医疗卫生需要。根据世界银行统计，医生与人口比例从 1981 年的 1:12687 降至 1990~1999 年的 1:23098。[③] 1995~1997 年，每 10 万人共有 8 名医生和 22 名护士，而全非平均数分别为 37 人和 106 人，西非平均数为 13 人和 51 人。[④] 更为严重的是，塞内加尔的护士总数呈逐年下降之势。

①　文云朝编著《塞内加尔—资源、环境与发展》，第 16 页。
②　文云朝编著《塞内加尔—资源、环境与发展》，第 16 页。
③　Economic Intelligence Unit, *Country Profile 2004: Senegal*, p. 21.
④　The African Development Bank, *Gender, poverty and Environmental Indicators on African Countries*, 2002/2003, p. 49.

表 6－3　塞内加尔医护人员状况

	1970～1975 年	1988～1998 年
医生(人)	295	904
护士(人)	2708	1946
护士与医生比率(%)	9.2	2.2

资料来源：The African Development Bank，*Gender*，*poverty and Environmental Indicators on African Countries*，2002/2003，p.51，www.afdb.org.

再者地区分布不合理。20 世纪 80 年代末在达喀尔医生与人口比例是 1:5000，而这一比例在久尔贝勒地区是 1:85000，[①] 将近 3/4 的医疗人员集中在达喀尔和圣路易，而乡村广大农民则缺医少药。

由于以上问题的困扰，塞内加尔一些医疗卫生指标很不理想。2003 年，婴儿死亡率 78‰，每千人中就有 137 人在 5 岁以前不幸夭折；1985～2003 年孕产妇死亡率（每 10 万例成活分娩）为 560。[②] 另外，从居民日常生活的卫生环境和卫生保健来看，有所改善，但还不理想。2003 年，能够使用改善的卫生设施的人口占总人口的 52%，有 72% 的人口能够使用改善的水源，[③] 1 岁以下儿童获得结核病免疫占到 77%，获得麻疹免疫占60%。[④]

2000 年 5 月政府发布《减少贫困战略文件》，提出政府医疗卫生政策是，致力于确保人民有同等的医疗卫生权利，医疗卫生机构均衡分布；使广大患者更及时容易得到基本药品和进入医院

① Andrew F. Clark and Lucie Colvin Phillips，*Historical Dictionary of Senegal*，p.154.
② UNDP，*Human Development Report 2005*，www.undp.org.
③ UNDP，*Human Development Report 2005*，www.undp.org.
④ UNDP，*Human Development Report 2005*，www.undp.org.

治疗；政府将使卫生保健预算达到9%（2000年占国内生产总值4.6%[①]）；改善各种保健（基本保健、产前保健、接种疫苗、早产保健、紧急外科手术、性病和艾滋病防治），以助于最终降低婴儿死亡率和产妇死亡率；努力做好家庭计划以助于降低人口出生率。

二 体育

府鼓励开展各项体育活动，在全国行政区以及省一级单位都设有相应的机构，领导和组织地方的体育活动。每年举办全国单项体育运动锦标赛，每两年举办一次为期两个星期的青年文化体育比赛。20世纪90年代初中国在达喀尔援建了一座有6万人座位的综合体育场，这对推动塞内加尔的体育运动也起了积极作用。

塞内加尔足球运动发端于第一次世界大战期间，由法国人引进。足球是塞内加尔最普及的现代体育运动。不仅为城市青年人所喜爱，也在广大乡村地区普及，每个村庄都有自己的球队。因为国家队在2002年世界杯的出色表现，这项运动更为人民所喜爱。塞内加尔国家队1990年进入非洲国家杯四强。在2002年首次参加世界杯赛就在揭幕赛上以1∶0击败了上届冠军法国队，其后又连克强敌丹麦（1∶1）、乌拉圭（3∶3）、瑞典（2∶1），历史性地闯进八强，成为那届世界杯的黑马。

塞内加尔足球队之所以取得优异成绩，主要原因是国家的重视。国家每年都要举行三种不同类型的全国性比赛：全国足球杯赛（又称共和国总统杯赛）、全国足球锦标赛和塞内加尔国民议会议长杯赛。1992年塞内加尔还承办了非洲国家杯赛。另外国家鼓励塞内加尔球员赴欧洲踢球，塞内加尔足球队的绝大多数球

---

① *Africa South of the Sahara 2004*, p.940.

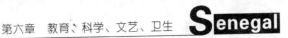

表 6 - 4　参加 2002 年世界杯的球员与教练

1 席尔瓦(GK)	9 索利曼·卡马拉	17 科利
2 达夫	10 法迪加	18 赛亚万
3 佩普·萨尔	11 埃尔哈吉·迪乌夫	19 迪奥普
4 马里克·迪奥普	12 阿米迪·费耶	20 西尔万·恩迪亚耶
5 恩多尔	13 迪亚塔	21 贝耶
6 西塞	14 穆萨·恩迪亚耶	22 西索科(GK)
7 亨利·卡马拉	15 迪奥	23 马科塔·恩迪亚耶
8 特拉奥雷	16 迪亚罗(GK)	法国籍主教练布律诺·梅特苏

员在欧洲踢球，大部分队员在法国，还有一些队员在奥地利、希腊、葡萄牙和瑞士等欧洲联赛中征战。塞内加尔足球队因其在世界杯中的出色表现，在 2002 年度非洲足总进行的非洲足坛各项最佳评选中独揽 6 项大奖：足球先生——迪乌夫；最佳门将——席尔瓦；最佳主教练——梅特苏；最佳球队——塞内加尔；最佳入球——博巴 - 迪奥普（塞内加尔对阵乌拉圭比赛中进球）；最杰出成就奖——瓦德（塞内加尔总统）。

塞内加尔足球队最著名球员是埃尔哈吉·迪乌夫（1981 ~ ），身高 182 厘米，体重 74 公斤，位置前锋，现效力英国利物浦球队。特点是速度奇快，冲击力强，控球技术出色。在世界杯预选赛里，塞内加尔队的 14 个进球中有 8 个是迪乌夫的杰作，因其出色的表现获得 2001 年非洲足球先生的殊荣。在决赛阶段的比赛中，虽没有进球，但以其超群的脚下技术、快速的跑动以及十分具有威胁的个人突破不断牵扯对方防线，为本队力克对手，挺进 8 强立下汗马功劳。2002 年又蝉联非洲足球先生，荣获"金星奖"，从而成为在过去 30 年中继加纳的贝利与利比里亚的乔治·维阿之后的第三位蝉联非洲足球先生的球员。

塞内加尔的篮球运动具有广泛的群众基础，其水平居于非洲

各国之首。一些优秀球员参加美国 NBA 比赛，例如有"非洲盖帽王"之称的迪奥普在骑士队打球，出生于 1984 年的年轻的巴蒂安 2003 年又被火箭队选中。迪奥普 2001 年仅 21 岁，身高 2.13 米，体重 117 公斤。15 岁时才在西非的家乡开始接触篮球，2001 年正式通过选秀大会加入了 NBA 骑士队。

塞内加尔的传统体育运动还有赛马、划船和摔跤。其中，最普及的运动就是摔跤比赛。全国性的传统式摔跤已有千年历史。将摔跤技术与夸张的言行结合起来，使观众感到神奇不可思议。当每个摔跤手在比赛之前试图通过自夸自己的勇猛和过去的业绩吓唬对手时，已经激起了观众的情绪。每个摔跤手拥有自己的鼓手和赞美者相随，为自己建立信心同时威吓对手。摔跤手也佩戴护身符来保护自己和给予自己更大的力量。

武术也是塞内加尔最受欢迎的体育项目之一。塞内加尔共有 36 个武术俱乐部，遍布全国各地。全国武协每年举办一次武术表演大会，以促进武术运动的发展，提高全国武术运动水平。2005 年 5 月 21 日在达喀尔大学举办了第五届全国武术表演大会。①

塞内加尔体育运动在国际上占有一定席位。塞内加尔人拉米内·迪亚克是国际奥委会委员。迪亚克曾经是一名优秀田径运动员，1958 年获全法男子跳远冠军。退役后，1964～1968 年担任国家足球队的技术指导。自 1973 年以来一直活跃在非洲田径界的领导层，担任非洲业余田联会主席；1976 年进入国际田联，出任国际田联副主席；1991 年当选国际田联第一副主席；1999 年开始担任国际田径联合会主席；2003 年在第 44 届国际田联大会上继续当选为国际田联主席，任期四年；他还于 1978 年担任塞内加尔田联主席，1985 年出任塞内加尔奥委会主席。塞内加

---

① 《塞内加尔举行武术表演大会》，2005 年 5 月 22 日新华网。

尔人阿卜杜拉耶·塞耶·莫罗 1998 年当选为国际篮球联合会（FIBA）主席。该组织目前已拥有 210 个以上会员国（含地区），是世界上拥有成员最多的单项运动协会之一。

<h2 style="text-align:center">第五节 新闻出版</h2>

20世纪 80 年代以来，伴随着政治的进一步民主与开放，塞内加尔新闻出版事业迅速发展。达喀尔成为新闻、通讯、广播、电视等各类媒体的信息中心。塞内加尔的新闻媒体主要使用法语，在一些媒体也重视使用民族语言，尤其是沃洛夫语。

一 报刊与通讯社

1. 报刊

塞内加尔目前全国日报和周报约有 15 种，均用法语出版，机构大都设在达喀尔。

发行量最大的报纸是社会党公开出版的《太阳报》（Le Soleil），其前身是 1935 年创刊的《达喀尔晨报》。1970 年 5 月 20 日改为现名。发行量 45000 ～ 65000 份。经理总监艾尔·哈吉·卡萨（El Hadj Kasse），主编伊卜拉希玛·盖耶（Ibrahima Gaye）。私营报纸有《南方日报》，发行 30000 份，主编阿卜杜拉耶·恩迪亚哥·希拉（Abdoulaye Ndiaga Sylla）；《晨报》（Le Matin，日报）总监玛莫·莱斯·卡马拉（Mame Less Camara），主编阿罗恩·法勒（Alloune Fall）。反映伊斯兰教派观点的是《震旦》周报，1984 年创办，发行 15000 份。执行主编姆巴耶·希迪·姆巴耶（Mbaye Sidy Mbaye）。[1]

其他报纸还有：《现实》（L'Actuel）、《达喀尔晚报》（Dakar

---

① *Africa South of the Sahara 2004*，p. 948 ～ 949.

Soir，2000 年创刊）、《黄昏纪事》（L'Evénement du Soir，晚报）、《新闻7》（L'Info）、《观点》（la Pointe）、《民众》（La Populaire）〔2000 年创刊，主编马马杜·瑟诺·塔拉（Mamadou Thierno Talla）〕、《传单》（Tract，2000 年创办）、《火山》（Le Volcan）、《解放的鸭子》、《政客》，等等。

塞内加尔重要期刊约有 26 种，涉及自然科学、社会科学、政治、体育娱乐各领域。塞内加尔民主党主办的《变革》（Sopi），1988 年创刊，系周刊，出版总监是约瑟夫·恩东（Joseph Ndong），主编为谢克·科雷西·巴。政府主办的期刊有文化部的《今天的塞内加尔》、《塞内加尔共和国官方杂志》（1856 年创刊，周刊）。除了《南方信使》（Le Courrier du Sud）设在济金绍尔，《塞内加尔共和国官方杂志》设在律菲斯克，《北方询问》（Nord Quest）设在卢加，《联合电影》（Unir Cinéma）设在圣路易以外，其余期刊编辑机构均在达喀尔。发行量较大的期刊是：

《非洲新闻》（Afrique Nouvelle，周刊），1947 年创刊，主要研究发展问题、罗马天主教问题。主编是瑞恩·欧东（René Odoun），发行量为 15000 份。

《伪善的自由》（Le Cafard Libéré，周刊），1987 年创办，是讽刺性风格的杂志，主编是帕珀·萨姆巴·肯（Pape Samba Kane），发行 12000 份。

《非洲医学》，1960 年创刊，一年出版 11 期，研究热带医学，主编是 P. 科瑞亚（P. Correa），发行量 7000 份。

《斗争》，每两周出版一期，由非洲社会主义和民主党（AJ – PADS）发行，发行量 7000 份。

《推销》，1972 年创刊，两周一期，主编是布巴卡尔·迪奥普，发行 5000 份。

《今天的塞内加尔》月刊，文化部出版，发行 5000 份。

《目击者》（Le Témoin）周刊，1990 年创刊，主编是马马杜·乌马尔·恩达耶（Mamadou Oumar Ndiaye），发行量 5000 份。[①]

其他杂志还有：《建设非洲》（Construire l'Afrique，1985 年创刊，一年 6 期，研究非洲事务，总监和主编是谢克·乌斯曼·迪阿洛 Cheikh Ousmane Diallo）、《Ethiopiques》（1974 年创刊，文学和哲学评论，由列奥波尔德·塞达·桑戈尔基金会主办）、《北方询问》（Nord Quest，地区月刊，主编是穆玛尔·西瑟 Momar Cissé）、《联合电影》（Unir Cinéma，1973 年创办，季刊，非洲电影评论，主编是比埃尔·萨格纳 Pierre Sagna）、《政客》（1977 年创刊，周刊，讽刺风格）、《阿米娜》（Amina，女性杂志月刊）、《塞内加尔队》运动杂志（L'Equipe Sénégal，周刊）、《南方信使》（Le Courrier du Sud，周刊）、《非洲论坛》（月刊）、《经济学杂志》（周刊）、《共和国》（1994 年创刊）、《共和国万岁》（周刊），等等。

2. 新闻通讯社

塞内加尔通讯社（L'Agence de Presse Sénégalaise）是塞内加尔官方新闻机构，创建于 1957 年，设在达喀尔。国内有 7 个分社，国外无分社。同 20 个外国通讯社签有新闻交流协定。[②]

泛非通讯社（Agence Panafricaine d'Information-PANA-Presse SA），1979 年创立，1997 年公司重组，75% 为私人股份，在非洲统一组织监督之下，为 130 个国家提供消息。总协调员是巴巴卡尔·法勒（Babacar Fall）。[③]

外国通讯机构主要有：法新社（AFP–法国）、新华社

---

①　*Africa South of the Sahara 2004*，p. 949.

②　中华人民共和国外交部网站 www. fmprc. gov. cn。

③　*Africa South of the Sahara 2004*，p. 949.

（Xinhua News Agency – 中国）、塔斯社（ITAR-TASS – 俄罗斯）、合众国际社（UPI – 美国）、ANSA 新闻社（ANSA – 意大利）。

二　广播、电视

塞内加尔广播电视隶属通讯部领导。1973 年建立广播电视局，1992 年改为国营公司，名为"塞内加尔广播电视"（Radiodiffusion-Télélvision Sénégalaise-RTS），统管广播电视工作。为塞内加尔广播电视事业制定规章制度的权威机构是音像艺术高级委员会（Haut Conseil de l'Audiovisuel），建于 1991 年，主席是阿米纳塔·西瑟·尼昂（Aminata Cissé Niang）。办公地点都在达喀尔。国家电视台的节目尚不能覆盖全国，覆盖面积为 80%。在达喀尔，通过卫星大线，可收到美国 CNN、法国国际台、Canal Horizons 和 TV5 等西方电视台的节目。

（1）塞内加尔广播电视公司拥有两个国家广播电台和 8 个地区广播电台。主要包括：

塞内加尔国际电台：2001 年建立，用法语、英语、阿拉伯语、葡萄牙语、西班牙语、意大利语、索宁克语、颇耳语、沃洛夫语广播新闻节目，从环绕塞内加尔的 14 个发射台和一个电缆发送出去。总监谢利夫·西亚姆（Chérif Thiam）。

国家一台（RTS1）：1992 年建立，用法语、阿拉伯语和 6 种民族语言从环绕塞内加尔的 16 个发射台发送出去。总监曼索尔·索乌（Mansour Sow）。

其它主要电台有：青年、发展、和平调频（Jeunesse, Dévelopment, Paix-JDP FM），地址在达喀尔；达喀尔怀恋音乐台（Radio Nostalgie Dakar）建于 1995 年，用法语和沃尔夫语广播，总经理萨乌·萨沃特（Saul Savîote），地址在达喀尔；南方调频电台（Sud FM）建于 1994 年，由南方共同体运营，是在圣路易、考拉克、卢加、捷斯、济金绍尔和久尔贝勒的地区电台，经

理总监谢立夫·艾尔－瓦西比·塞耶（Cherif El-Wahib Seye），等等。

从 1992 年起，塞内加尔与法国合作开办调频台，可收听法国国际台和设在加蓬的"非洲第一台"的广播。英国广播公司调频节目也可以收到。

塞内加尔拥有国家电视台，并且和私人、国际合作发展广播电视事业。主要电视台有：

（1）国家电视台——塞内加尔广播电视（RTS）拥有电视台，包括 1 台和 2 台。电视 1 台用法语、英语、沃尔夫语和其他民族语言广播，地址在达喀尔。

（2）塞内加尔有线电视（Canal Horizons）1990 年建立。塞内加尔广播电视和塞内加尔国家通信公司占 18.8% 的股份，法国付费有线电视台（Canal Horizons）占 15% 的股份。经理总监是雅库斯·巴尔比尔·德·科洛泽斯（Jacques Barbier De Crozes）。地址在达喀尔。[①]

（3）图巴国际电讯（TELE TOUBA INTERNATIONALE）是穆里德教派的电视台。

三　出版行业

塞内加尔有一家政府出版机构，即塞内加尔出版公司（Société Sénégalaise de Presse et de Publications），建于 1970 年，政府拥有 62% 的股份，主席和总监是阿里奥恩·德拉玛（Aluoune Drame），办公地址在达喀尔。其他为非政府出版印刷发行机构，约 18 个，办公地点大部分在首都达喀尔，只有一个在圣路易。

（1）非洲出版社（Africa Editions）1958 年建立，出版综合

---

① *Africa South of the Sahara 2004*, p. 950.

参考书，经理总监约尔·德库珀（Joel Decupper），地址在达喀尔。

（2）出版代办所（Agence de Distribution de Presse）1943 年建立，出版综合类参考书，经理是菲利普·舒尔普（Philippe Schorp），地址在达喀尔。

（3）科迪亚非洲文化振兴与交流出版中心（Centre Africain d'nimation et d'Echanges Culturels Editions Khoudia）1989 年建立，出版小说、教育、人类学图书，总监艾萨杜·迪阿（Aissatou Dir），地址在达喀尔。

（4）明朗的非洲出版社（Editions Clairafrique）1951 年建立，出版政治学、法学、社会学、人类学、文学、经济学、发展学、宗教、学校用书，地址在达喀尔。

（5）非洲新闻学校出版社（Editions des Ecoles Nouvelles Africaines），出版青年和成人教育书，法语图书，地址在达喀尔。

（6）非洲法律出版社（Editions Juridiques Africaines），1986 年建立，总监萨利马塔·恩戈姆·迪奥普（Salimata Ngom Diop），地址在达喀尔。

（7）第三江河出版社（Editions des Trois Fleuves）1972 年建立，出版综合性小说类书，总监杰拉德·拉兹姆斯基（Gerard Razimowsky），总经理伯特兰德·德·伯斯塔尔（Bertrand De Boistel），地址在达喀尔。

（8）第三世界环境发展行动出版社（Enda-Tiers Monde Editions）1972 年建立，出版第三世界环境发展类书，总监吉登·普利斯勒·乌穆鲁（Gideon Prisler Omolu），执行秘书贾库斯·巴戈尼库尔特（Jacques Bugnicourt），地址在达喀尔。

（9）古古鲁（Goorgoorlou）1991 年建立，出版讽刺文学和漫画，总监 T. T. 丰斯（T. T. Fons），地址在达喀尔—庞蒂。

（10）非洲大印刷局（Grande Imprimerie Africaine-GIA）

1917 年建立，出版法学、行政管理类书，经理总监谢克·阿立玛·杜尔（Cheikh Alima Touré），地址在达喀尔。

（11）谢克·安塔·迪奥普大学黑非洲基础研究院的出版社［Institut fondamental d'Afrique noire（IFAN）—Chiekh Anta Diop］1936 年建立，出版黑非洲科学和人文学研究学术著作和综合读物，地址在达喀尔。

（12）塞内加尔非洲新闻出版社（Nouvelles éditions africaines du Sénégal-NEAS）1972 年建立，出版文学小说、学校用书类，总监弗兰克斯·伯里奥特（FranÇois Boirot），地址在达喀尔。

（13）非洲社会出版社（Société d'édition）1961 年建立，出版非洲政治和经济类书，经理总监比埃尔·比阿尼斯（Pierre Biarnes），地址在达喀尔。

（14）非洲新闻社会出版社（Société d'édition 'Afrique Nouvelle'）1947 年建立，出版非洲事务情报、统计和分析类书，经理总监阿萨尼斯·恩东（Athanase Ndong），地址在达喀尔。

（15）国家宣传印刷出版公司［Société nationale de Presse, d'édition et de publicité（SONA-PRESS）］1972 年建立，主席奥贝亚·迪奥普（Obeye Diop），地址在达喀尔。

（16）南方—新闻（Sud—Communication）由记者协会负责，出版杂志期刊类。

第七章

外　交

第一节　外交方针政策

一　外交特点与政策演变

塞内加尔摆脱法国殖民统治成为独立国家之后，第一次获得了独立地制定外交政策和主导本国外交事务的权力。因此，历届政府在处理外交事务中都坚持维护国家主权独立的民族主义原则。

历届政府的外交目标主要有两个内容：一是与西方国家尤其是与法国、美国保持密切关系。桑戈尔曾提出塞内加尔最主要的外交目标是在欧洲和非洲之间保持持久的联系，以建立"我们全部的将被一起熔于其中成为共生关系的世界文明"①。坚持这一目标可以使塞内加尔能够从西方国家得到政治与经济上的帮助，从而确保经济政治的稳定与发展，同时保证塞内加尔在萨赫勒地区和法语西非国家事务中起主导作用。二是致力于维护国际社会和地区的和平与稳定。由于塞内加尔坚持这一目标，这个无论从国家领土面积或经济发展水平来讲都是小国的国家，却在国际社会赢得

---

① 〔美〕T. D. 罗伯茨等著《塞内加尔》，第 131～132 页。

极大声望，以至历届领导人都曾被邀请担当国际事务问题的调解人，尤其是西方国家同非洲国家之间和非洲国家之间矛盾的调解人。

桑戈尔于 20 世纪 70 年代中期以后，在主要依靠法国的同时，开展多边外交。桑戈尔政府宣布，其外交政策的基本原则是：尊重各国的独立、主权、领土完整和安全，不干涉别国内政，反对殖民主义、霸权主义，主张非洲团结统一和区域性合作。

首先是不结盟。桑戈尔政府宣布塞内加尔奉行"一视同仁和使各国人民和睦"的政策，即"不结盟"的政策。所谓的不结盟，既不意味着中立或者不承担责任，也不意味着立即终止法国在塞的军事基地，或者拒绝同欧洲经济共同体建立联系。不结盟是指塞内加尔在联合国中对国际事务的是非曲直保持独立的看法和投票权，从而确保塞内加尔作为独立国家的主权地位，而无需顾及同法国密切的文化和经济关系。不结盟还意味着同世界所有国家建立友好关系。例如在冷战时期，塞内加尔努力使自己避免成为美苏两个超级大国争斗的牺牲品。苏联入侵阿富汗之后，塞内加尔政府一方面谴责苏联入侵阿富汗，另一方面，又拒绝跟随美国抵制 1980 年莫斯科奥运会的做法。

其次是对话。如果不结盟主要是针对抵制西方国家主宰国际事务和发展中国家事务而建立的外交政策，那么对话则是指导塞内加尔处理非洲大陆地区事务的外交政策。桑戈尔主张非洲的一切问题与矛盾都要在对话而不是对抗的基础上加以解决，认为对话是解决国内外一切政治问题的唯一有效的方法，而非洲统一组织等地区性组织将是对话的最好论坛。

其三是合作不干涉。桑戈尔政府提出所有国家都要合理互惠，彼此不干涉内部事务。1961 年塞内加尔投票赞成中华人民共和国加入联合国时，就应用了这一原则。[1] 塞内加尔认为，

---

① 〔美〕T. D. 罗伯茨等合著《塞内加尔》，第 133 页。

需要合作的原因是真正的独立要在人民和国家的相互依赖之中去寻找，合作也包含着谈判而反对使用武力的原则。桑戈尔认为，合作应采取垂直的与水平的团结两种方式。所谓垂直合作是指与西方国家之间的合作，水平合作是指与非洲国家之间的合作。

迪乌夫继任总统之后，继承桑戈尔时期的外交政策，继续奉行不结盟政策，坚持民族自主、不干涉内政和反对霸权主义原则；主张非洲团结统一，支持民族解放运动；主张"欧洲—非洲合作"和"欧洲—阿拉伯国家—非洲合作"；反对大国干涉非洲事务，谋求南北对话和南南合作，建立国际经济新秩序；主张国与国之间应建立起一种信任与互谅。另外，更加重视外交为发展服务，谋求合作伙伴多样化。1993年5月25日，在非洲统一组织成立30周年（非洲解放日）之际，时任非统组织执行主席的迪乌夫在致非洲人民文告中强调，只有创造和平与稳定的环境，非洲才能开发自己的自然资源和人力资源，为其发展服务。

2000年瓦德执政后，充分认识到在经济全球化的大潮中，非洲正面临边缘化的越来越大的危险，非洲国家只有奋起直追，才能跟上世界的步伐，实现非洲复兴，摆脱边缘化的命运。因此，瓦德在继承前两任总统基本外交政策之外，更强调非洲国家之间的团结合作。为此他积极倡议、设计和推动实施"非洲发展新伙伴计划"。瓦德执政后，进一步推动全方位外交，在与法国保持良好关系的同时，特别重视与美国和英国的关系，而且，通过制定实施"非洲发展新伙伴计划"，进一步加强同非洲国家特别是同南非、尼日利亚的关系。

总之，塞内加尔外交政策的特点是，奉行全方位对外开放和不结盟政策，重视睦邻友好；积极主张维护非洲团结，推动区域合作、非洲经济一体化，为南北对话、南南合作和建立国际政治经济新秩序而努力。目前，与塞内加尔有外交关系的国家和地区约 120 个。①

二 对冷战后国际重大问题的态度

1. 国际事务方面

塞内加尔对国际形势的看法是尽管出现了缓和的趋势，但一些冲突的根源并未完全消除，世界和平仍然异常脆弱；建立国际经济新秩序与建立国际政治新秩序密不可分，世界两极格局的解体为建立一个多元化民主世界提供了契机，国际关系民主化和多元化是世界稳定的重要因素，新世界应当是一个多元的、民主的、人的尊严得到普遍承认和推崇的世界；当前的经济关系对发展中国家是不公平的，国际经济关系应遵循公正、平等、合理、互利及尊重主权的原则。

关于联合国：塞内加尔支持联合国对国际重大事务的处理决定，积极参加联合国在海地、刚果民主共和国、波斯尼亚和黑塞哥维那的维和行动。2004 年 4 月，塞内加尔少将阿卜杜拉耶·法勒被任命为联合国驻科维和部队司令领导联合国驻科特迪瓦维和部队，与有关各方一道，为在科监督解除反政府武装，确保 2005 年 10 月总统选举公正有序地进行，积极创造条件。塞内加尔支持联合国的机构改革，主张联合国安理会增加非洲名额，由非洲国家轮流代表非洲担任安理会成员国。

关于中东问题：支持阿拉伯国家和巴勒斯坦人民反对以色列侵略扩张的斗争，承认巴勒斯坦人民有建立国家的权利，也承认以色列是独立、主权的国家。主张阿以对话，和平解决中东问题。曾于 1973 年与以色列断交，1994 年 8 月与以色列复交。

关于不结盟运动：认为苏联解体后，东西方对抗消失，冷战

---

① 中华人民共和国外交部网站 www.fmprc.gov.cn。

结束，不结盟运动应调整其成立时所确定的宗旨和原则，把发展问题作为主要目标，采取现实主义战略，加强南南合作，推动南北对话。

关于南北对话：认为应该警惕东西方对抗转变成南北对抗，帮助非洲国家发展是西方国家的根本利益所在。

关于恐怖主义：在塞内加尔积极提议下，2001年10月17日在达喀尔举行了非洲国家恐怖主义问题会议，使得非洲国家能够举行高级别广泛协商，就恐怖主义和非洲和平与安全问题采取共同立场。会议通过了《达喀尔反恐怖宣言》，主要立场是：恐怖主义侵害最基本的人权，破坏民主，是不可接受的，并且对世界和平与安全构成威胁，因此，严重关注恐怖主义的发展；必须在非洲禁止一切恐怖主义行为和煽动恐怖主义的行为；加强国际合作与协调，打击形形色色的恐怖主义，无论恐怖主义是个人、团体还是国家行为。

2. 非洲地区事务方面

塞内加尔支持非洲各国人民的正义斗争，维护非洲的团结和统一，反对超级大国和一切外来势力干涉非洲事务，提倡以对话方式和平解决争端，反对用武力解决非洲冲突；支持建立非洲预防冲突机制和紧急人道主义干预机构以解决非洲冲突和加强非洲维和能力，它是非洲联盟和平安全理事会的积极倡导者和首批成员国；主张国际社会应支持非洲国家和人民依靠自身力量维护和平与稳定的努力，同时提供必要的帮助；认为非洲国家只有联合起来才能加速其发展，只有实现一体化才能增强外资的兴趣，因此希望加速实现非洲一体化。

塞内加尔是非洲统一组织、非洲联盟、西非国家经济共同体、西非经济金融联盟、西非经济共同体投资与发展银行、伊斯兰会议组织和非洲开发银行的主要创建国和成员国之一。塞内加尔在西撒哈拉、利比里亚、马达加斯加、科特迪瓦等国发生的内

部冲突甚至内战中积极斡旋。在政治领域，与其他国家一起积极推动非洲联盟的启动。第37届非洲统一组织首脑会议上正式启动非洲联盟，以取代现有的非统组织。在经济领域，力促非洲国家共同发展经济，为此积极倡导、推动"非洲发展新伙伴计划"的实施。在2001年7月9日至11日举行的非统第37届首脑会议上，瓦德总统起草的"欧米茄计划"和南非、尼日利亚及阿尔及利亚三国提出的"非洲千年复兴计划"一起形成了"非洲发展新伙伴计划"（NEW PARTNERSHIP FOR AFRICAN DEVELOPMENT—尼巴德）。该计划旨在团结非洲国家的力量，集中过去各自分散的资源，共同发展经济，使非洲国家在全球化不断发展的新形势下消除贫困，实现可持续发展，扭转非洲在经济全球化进程中的边缘化趋势，联合自强，紧密合作，努力追赶世界发展的潮流，实现非洲的复兴。瓦德总统被选为"尼巴德"组织主席。塞内加尔政府积极推动该计划的实施，2005年1月25日瓦德总统在达喀尔召开的第六届全球发展网络年会上呼吁加速非洲发展新伙伴计划的实施。他指出非洲发展新伙伴计划制定3年来，在国际社会的帮助下已经筹集到近100亿美元的启动资金，然而由于非洲目前缺乏各类人才，导致计划未能如期得到实施，以致影响到整个非洲的发展进程。瓦德认为，非洲发展新伙伴计划已制定了非洲大陆的优先发展目标，即农业、教育、基础设施建设、普及卫生服务和保护环境等。他呼吁发达国家和发展中国家"积极互动"，发展"双赢的合作伙伴关系"，以便非洲加快追赶世界发展的步伐。他认为，非洲只要调动起内部因素，最终能够实现既定的发展目标。

三 成为国际和地区组织的积极成员

自独立以来至2001年底，塞内加尔共参加数十个国际和地区组织，主要有：

文化技术合作机构（ACCT）

非洲、加勒比和太平洋国家集团（ACP）

非洲开发银行（ADB）

国际关税合作理事会（CCC）

非洲经济委员会（ECA）

西非国家经济共同体（ECOWAS）

联合国粮农组织（FAO）

法郎区（FZ）

十五国集团（G15）

七十七国集团（G77）

关贸总协定（GATT）

国际原子能机构（IAEA）

国际复兴开发银行（IBRD）

国际商会（ICC）

国际民用航空组织（ICAO）

国际自由工会联合会（ICFTU）

国际刑事警察组织（INTERPOL）

国际开发协会（IDA）

伊斯兰发展银行（IDB）

国际红十字会和红新月会（IFRCS）

国际金融公司（IFC）

国际农业发展基金会（IFAD）

国际劳工组织（ILO）

国际海事组织（IMO）

国际货币基金组织（IMF）

国际奥林匹克委员会（IOC）

国际移民组织（IOM）

国际红十字会和红新月运动（ICRM）

国际电信联盟（ITU）

国际电信卫星组织（INTELSAT）

不结盟运动（NAM）

非洲统一组织（OAU）

伊斯兰会议组织（OIC）

国际禁止化学武器组织（OPCW）

常设仲裁法院（PCA）

联合国（UN）

联合国贸发会议（UNCTAD）

联合国教科文组织（UNESCO）

联合国工业发展组织大会（UNIDO）

联合国伊拉克—科威特观察团（UNIKOM）

联合国海地民警特派团（MIPONUH）

联合国刚果民主共和国特派团（MONUC）

联合国波斯尼亚和黑塞哥维那特派团（UNIMIBH）

万国邮政联盟（UPU）

西非发展银行（WADB）

西非经济金融联盟（WAEMU）

世界劳工组织（WCL）

世界工会联合会（WFTU）

世界卫生组织（WHO）

世界知识产权组织（WIPO）

世界气象组织（WMO）

世界旅游组织（WTO）

世界贸易组织（WTO）

塞内加尔代表在联合国和各种国际组织中，经常担任重要职务。例如，阿马杜·穆克塔尔·姆博（Amadou Mahtar M'Bow）从 1974 年至 1990 年一直担任联合国教科文组织总干事，1993

年雅各布·迪乌夫（Jacques Diouf）又被选为联合国粮农组织主席。在国际货币基金组织、世界银行和非洲发展银行中也有塞内加尔人担任重要管理职务。

第二节　同法国的关系

一　与法国的"特殊关系"

塞内加尔作为前法属西非殖民地的中心，与西非其他国家相比，在政治、经济、军事、文化教育各领域受法国的影响最深，被认为是非洲法语国家中最"法国化"的国家，达喀尔也被称作小巴黎。独立之后，塞内加尔同法国在政治、经济、军事、文化教育等领域一直保持着传统的"特殊关系"，两国签有经济、技术、外交、军事等方面的协定。法国是塞内加尔的主要贸易伙伴，塞内加尔是获得法援最多的非洲国家之一。

独立以前，1959 年 6 月 13 日，塞内加尔同法国签订了"技术援助"协定，规定法国向塞内加尔提供技术援助，法国技术援助人员达到 1380 人。[1] 1959 年 9 月，两国签订关于发展农牧业、公路、装备、兴建住宅和学校的 3 项财政协定。1960 年 4 月，两国签订财政协定，规定法国向塞内加尔提供 16.63 亿非洲法郎。[2] 塞内加尔独立之后，上述协定仍然有效。法国在塞内加尔有永久军事基地。

桑戈尔执政时期，塞内加尔同法国的关系很好。桑戈尔在谴责法国殖民统治毁灭了塞内加尔的传统制度和文化艺术作品的同时，也指出法国为塞内加尔留下了政治、经济、社会、文化基础

---

① 〔美〕T. D. 罗伯茨等著《塞内加尔》，第 134 页。
② 《世界知识年鉴》（1961 年），第 390 页。

设施。塞内加尔政府部门有大批法国顾问和专家。1963 年留居
在塞内加尔的法国人约为 40000 人。[1] 在经济方面，塞内加尔的
工业企业、商业、银行、港口的绝大部分为法国投资或法国人直
接经营，进口贸易 50% 同法国进行。法国向塞内加尔提供贷款，
每年还向塞提供财政补贴，1970 年代法国在塞内加尔的技术人
员有 1200 人。[2] 法国在欧洲经济共同体（即后来的欧盟）的成
员国资格，也帮助塞内加尔的各种商品主要是花生能够出口到其
他欧洲共同体国家。但是，20 世纪 70 年代中期以后，桑戈尔总
统对法国政策有一转变，要求把塞内加尔对法国的依附关系变为
"合作和友谊关系"，提出修改两国合作协定。1974 年 3 月，两
国外长重新修订了关于军事、经济、文化方面的协定，缩减了法
国在塞内加尔的驻军规模，将法国在塞内加尔的军事基地归还塞
内加尔，加速达喀尔大学非洲化进程。这一时期，两国领导人多
次互访。1961 年和 1978 年，桑戈尔总统两次正式访问法国，表
示两国对"非洲、第三世界和全世界大部分重要问题看法一
致"，都"反对外来势力干涉非洲事务"。[3]

　　1981 年法国社会党人密特朗执政后曾扩大对非援助国家。
但从 1986 年希拉克组阁后又改变政策，仍优先与塞内加尔等法
语非洲国家进行"合作"。塞内加尔与法国继续保持"特殊关
系"。20 世纪 80 年代，法国对塞内加尔的援助从 1984 年的 544
亿非洲法郎，[4] 1986 年的 887 亿非洲法郎增到 20 世纪末期的
1000 亿非洲法郎，其中 40% 是财政捐款，法援占塞内加尔外援
的 1/3。[5] 法国在塞内加尔投资占整个外资的 56%，塞内加尔对

① 〔美〕T. D. 罗伯茨等著《塞内加尔》，第 134 页。
② 《各国概况》（1979 年），第 470 页。
③ 《世界知识年鉴》（1982 年），第 358 页。
④ 《世界知识年鉴》（1987 年），第 258 页。
⑤ 《世界知识年鉴》（1992 年），第 373 页。

法国的贸易占进出口贸易的 50%。① 至 1988 年底，法国在塞内加尔的技术人员 1100 余人，在达喀尔驻有海、空军 1300 余人，侨民约 18500 人。②

迪乌夫执政时期，两国领导人进行多次互访。1981 年 9 月至 1983 年 10 月间，迪乌夫总统对法国进行了一次工作访问和两次私人访问，1982 年 4 月和 1984 年 1 月，法国总统密特朗和总理莫鲁瓦先后访问塞内加尔。双方均强调"特殊关系"，密特朗称塞内加尔是法国的"政治盟友"，两国合作是法国对外政策的轴心，并允诺将继续向塞内加尔提供经援、军援和在塞内加尔驻军。1985 年 8 月和 11 月，迪乌夫总统先后对法国进行私人访问和国事访问，1985 年 9、10 月间，法国总统密特朗先后 3 次访问塞内加尔或作技术性停留，与迪乌夫会晤。密特朗坦率地承认他"继承了戴高乐将军的政策"，强调对非政策的连续性，保持与塞内加尔的特殊关系。1986 年 6 月迪乌夫又以总统和非统执行主席的身份访问法国，1987 年 3 月法国总理希拉克访问塞内加尔。1988 年迪乌夫再次访问法国。1989 年 7 月，迪乌夫在巴黎参加了法国大革命 200 周年庆典活动。

1990 年 6 月在拉博勒举行的法非首脑会议上，法国提出它的援助将同多党民主化进程挂钩，法国援助的多少将取决于受援国的民主化和尊重人权的状况。由于塞内加尔已开始了多党民主制实践，故两国关系继续平稳向前发展。1994 年迪乌夫总统两次访问法国，法国总理、外长也交替访问塞内加尔。其中 1994 年 7 月 28 日法国总理巴拉迪尔对塞内加尔进行访问。巴拉迪尔总理要求非洲国家建立全非洲所必需的"政治团结"，从而打破了传统的法国对非洲的政策，他主张进行不分法语非洲和英语非

① 《世界知识年鉴》（1982 年），第 358 页。
② 《世界知识年鉴》（1992 年），第 373 页。

洲的合作。1995 年 5 月，迪乌夫总统应邀出席在法国举行的反法西斯战争胜利 50 周年的庆祝活动，7 月，法国总统希拉克上台后即访问塞内加尔。1996 年法国多位军队领导人和政府部长访问塞内加尔。1997 年迪乌夫总统三次访问法国，并被接纳为法国海外科学院和法兰西科学院院士。1999 年迪乌夫赴法国进行私人访问。

二 对法关系的调整

非洲的民主化进程造成了社会的动乱，故法国改变了其援非政策，不再强调援助与民主化挂钩，而是采取客观态度任其发展，也容忍这些国家与美国发展关系。于是瓦德总统执政时期，美国和法国便对西非地区事务的主导权进行争夺，美国加紧对这一地区进行政治、经济和军事的渗透，从而也影响到塞内加尔外交的走向。瓦德政府在力图继续保持与法国密切关系的同时，进一步密切同美国和英国的关系，从而导致法国与塞内加尔的关系有些疏远。

瓦德总统执政后分别于 2000 年 5 月、2001 年 6 月和 9 月、2002 年 1 月、2004 年 2 月多次访问法国。法国决定减少在塞内加尔驻军的同时加大对塞内加尔军队的技术援助。法国于 1997 年、1998 年、1999 年 11 月、12 月和 2000 年、2001 年及 2003 年在西非地区与西非国家举行"重整营地"演习，包括塞内加尔在内的西非 15 国参加。在此期间，法国还单独与塞内加尔进行联合军事演习。2000 年 4 月，法国外交部负责法语国家合作的部长级代表若斯兰出席瓦德总统的就职典礼。5 月，瓦德总统对法国进行正式访问，同年法国向塞内加尔提供 39 亿非洲法郎，用于教育设施建设。2001 年 6 月和 9 月，瓦德对法国分别进行正式和私人访问，7 月，法国发展署向塞内加尔捐款 114 亿非洲法郎，资助塞内加尔发展经济、农业、卫生和城市交通。2002 年 1 月和 9 月，

瓦德两次访问法国，9月和10月，法国国防部长米歇尔·阿利奥—玛丽女士和海军参谋长先后访问塞内加尔。2002年，法国仍占塞内加尔进口的25%和出口的13%，法国公司在塞内加尔的投资达3500万欧元，法国发展局仍是塞内加尔最重要的合作伙伴。

但是，平稳发展的两国关系在2003年伊拉克战争发生之后出现了变化。法国认为，对于美国入侵伊拉克的侵略行径，塞内加尔等西非法语国家并未给予明确反对。这种态度引起法国不满，从而导致两国关系开始疏远。2003年美国总统布什访问塞内加尔，美国与塞内加尔签署不引渡美国战犯到国际法庭的协定更加引起法国的不满。与此同时，因为法国及欧洲组织和媒体谴责塞内加尔在卡萨芒斯地区反对分离主义军事行动，也引发塞内加尔政府不满。2003年10月，法国国际广播电台记者苏菲·马里布（Sophie Malibeaux）被塞内加尔政府驱逐出境事件使得两国紧张关系达到顶点。

为了修补因塞内加尔与美国关系日益密切而导致与法国疏远的关系，2004年2月18日开始，瓦德总统对法国进行了为期4天的访问，期间与法国总统希拉克会晤。作为回报，法国政府取消了塞内加尔所欠法国的政府债务，并且希拉克从2005年2月2日开始对塞内加尔进行为期3天的访问。这是近10年来法国元首第一次访问塞内加尔。两国总统就加强两国合作、西非地区局势以及有关国际社会向贫穷国家提供财政支持帮助其社会经济发展等问题进行磋商。希拉克这次访问表明，面对美国在这一地区的日益渗透，法国在及时调整在西非法语国家的外交政策，期望保持在这一地区的"传统影响力"。目前，居住在塞内加尔的法国人有27000名。①

---

① *French President visiting Senegal*，afrol News，3 february 2005，www. afrol. com.（《法国总统访问塞内加尔》，2005年2月3日《非洲新闻》，《非洲新闻》网站 www. afrol. com）

第三节 同美、欧、俄、加的关系

一 同美国的关系

塞内加尔独立之初，就与美国建立了外交关系。1960年 12 月，迪阿总理赴美国与艾森豪威尔总统举行会谈。1961 年 4 月以美国副总统林登·约翰逊为首的代表团参加了塞内加尔独立庆典。同年 5 月 14 日，塞内加尔技术援助和技术合作部长卡里姆·加耶在华盛顿同美国签订一项援助协定，规定美国提供 350 万美元以上的援助，使塞内加尔进口大米和其他物品。[①]文化教育方面，美国在达喀尔建立文化中心。1962 年两国签订了包括对几所中等学校和一个水资源研究室经费在内提供总数达 5.88 亿非洲法郎（238.2 万美元）的两项协定。1963 年，美国派遣一个小规模的军事援助使团，为塞陆军工程营提供装备、物资和训练服务。1966 年 9 月，桑戈尔总统访问美国。1967 年，美国向塞内加尔派遣和平队员，塞内加尔成为首批接受美国和平队员的非洲国家之一。但是，由于塞内加尔谴责美国发动越南战争和在国内镇压黑人运动，导致在以后的几年中两国关系趋冷。

1973 年美国实施撒哈拉发展计划，对塞内加尔和其他萨赫勒国家进行食品和经济援助，之后，美国对塞内加尔的兴趣开始增长。美国极力向塞内加尔渗透，排挤法国。到 20 世纪 70 年代末，塞内加尔每年接受美国约 3000 万美元的援助，塞内加尔兴盛的旅游业也吸引了美国游客。到 20 世纪 80 年代，每年大约 12000 名美国游客到塞内加尔旅游。[②] 1973 年，美国向塞内加尔

---

① 《世界知识年鉴》（1961 年），第 390 页。
② Sheldon Gellar, *Senegal : An African Nation Between Islam and the West*, p. 99.

派遣 95 名和平队员，分布在塞内加尔各行政区。1975 年 5 月，桑戈尔总统再次访美，会晤了福特总统。苏联干涉安哥拉后，1978 年 6 月桑戈尔访问美国时，呼吁美向"正在努力抵抗苏联干涉的非洲国家提供武器"，并和"非洲国家签订强有力的经济、文化和政治合作计划，以对付苏卷入非洲的局面"。美国也把塞内加尔列为"优先提供安全援助的长期盟国"，并接受一些塞内加尔军官到美国受训。

迪乌夫执政时期，两国关系又有了较大的发展，关系更加密切，两国高层互访频繁。迪乌夫于 1983 年、1985 年、1990 年、1991 年先后 6 次对美国进行私人和国事访问。里根和布什政府都将塞内加尔作为减少苏联和古巴在非洲影响的重要棋子。1982 年，布什副总统、前国务卿黑格、美国常驻联合国代表等先后访问塞内加尔。1987 年美国务卿舒尔茨访问塞内加尔。

美国对塞内加尔投资、援助及两国贸易逐年增加。20 世纪 80 年代，美国已经成为对塞内加尔第二大贸易伙伴。1983 年美提供经援 4290 万美元，粮食 5.5 万吨。1983 年迪乌夫总统访美，同年 12 月两国签订"相互鼓励和保护投资协定"。1985 年 10 月迪乌夫总统对美国进行私人访问时，美国政府允诺从 1985 年 10 月开始向塞内加尔提供 5000 万美元的援助。[①] 1986 年美国提供经援总额为 176 亿非洲法郎[②]。1988 年美国向塞内加尔捐赠大米 7000 吨。[③] 1991 年 9 月，迪乌夫总统对美国进行国事访问，美国宣布免除塞内加尔 4200 万美元的债务。1993 年，美国对塞内加尔发展援助为 1.96 亿美元。[④] 1994 年，两国签署多项财政援助协定。1997 年，美国向塞内加尔提供 3000 万美元官方发展

① 《世界知识年鉴》（1985/1986 年），第 272 页。
② 《世界知识年鉴》（1989/1990 年），第 390 页。
③ 《世界知识年鉴》（1992/1993 年），第 373 页。
④ 《世界知识年鉴》（1998/1999 年），第 434 页。

援助。1998年4月，克林顿总统访问塞内加尔。

美国同塞内加尔的军事合作日益增强。1990年7月，美国在塞内加尔举行联合军事演习。在海湾战争期间，塞内加尔曾派兵参加了反对伊拉克的多国部队。1992年3月10日美国参谋长联席会议主席鲍威尔将军对塞内加尔进行了为期3天的访问。这是美国军事首脑首次访问塞内加尔。鲍威尔说，美国将继续支持塞内加尔军队为维持利比里亚的和平所作的努力，并将加速为塞内加尔军队提供包括运输在内的一些手段。1996年2月，驻欧美军副司令访问塞内加尔。10月，一艘美国军舰访问了达喀尔。1997年美国南太平洋海军司令等访问塞内加尔。7月，美国、塞内加尔和马里三国在马里举行联合军事演习。美国还向塞内加尔派遣60名军事教官帮助培训非洲危机反应部队。1999年11月，美国驻欧洲部队和欧洲盟军司令克拉克访问塞内加尔。

瓦德总统执政后，两国关系进一步提升。2000年两国签署协议，美国将向塞内加尔提供140亿非洲法郎，用于私有化改革、卡萨芒斯地区开发等项目。2001年6月，瓦德总统对美国进行正式访问，美国对外援助署同意向塞内加尔提供2300万美元。7月，美国同意免去塞内加尔10.69亿美元的债务。2004年7月8日布什总统对塞内加尔进行国事访问，这是历史上共和党总统首次访问非洲。

自"9·11"恐怖袭击事件以来，美国为了配合其反恐和石油战略，放弃了很多冷战时期在欧洲和亚洲的军事基地，而把非洲和中东作为"打击恐怖主义"和"保护石油"的重要基地，而塞内加尔本身拥有有待开发的石油资源，又位于西非海岸，因此美国将塞内加尔选为在非洲的主要基地之一，希望在近几年内成为塞内加尔石油的主要开发者。美国租借达喀尔的一个机场作为"加了油就走"的军事基地之一。2004年11月，美国海军与包括塞内加尔在内的 7 个非洲国家进行了小船训练、实弹射击、两栖突袭和搜救演习。

二 同西欧国家的关系

内加尔在与法国保持"特殊关系"的同时，也与其他西欧国家保持平稳的双边和多边关系。20 世纪 60 年代期间，塞内加尔作为欧洲经济共同体（后来的欧盟）的联系国之一，与该组织成员国保持密切关系。其成员国主要有法国、德国①、意大利、比利时、荷兰和卢森堡。与该组织成员国的密切关系，使得塞内加尔得以进口其他欧共体成员国的消费品，得以获得欧洲经济共同体通过欧洲发展基金给塞内加尔提供的源源不断的经济援助，以弥补法国减少援助和减少对塞内加尔花生出口到法国给予的补助所带来的损失。因此，这一时期，除法国外，西欧其他国家与塞内加尔的贸易比例从 1959 年的 11.6% 提高到 1971 年的 15.3%。② 20 世纪 80 年代英国和其他西欧国家加入欧共体成员国，塞内加尔又与这些国家建立了较为密切的关系。这一时期，塞内加尔与英国、德国、意大利、北欧国家、瑞士、西班牙和葡萄牙签署了经济和文化协定，这些国家成为塞内加尔援助国和贸易伙伴。塞内加尔从欧洲发展基金获得援助和贷款，欧共体出口稳定基金也对塞内加尔由于花生出口价格下降造成的损失给予弥补。另外，洛美协定也在一定程度上帮助了塞内加尔。1975 年 2 月 28 日，非洲、加勒比海及太平洋地区 46 个发展中国家（简称非加太地区国家）和欧洲经济共同体 9 国在多哥首都洛美开会，签订贸易和经济协定，全称为《欧洲经济共同体－非洲、加勒比和太平洋地区（国家）洛美协定》，

---

① 1989 年德国统一之前，指联邦德国。
② 文云朝编著《塞内加尔——资源、环境与发展》，第 140 页。

简称"洛美协定"或"洛美公约"。迄今为止，双方已签署 6 个洛美协定。塞内加尔是该协定的受惠国。欧洲联盟成立之后，塞内加尔成为欧盟在西非的主要合作伙伴。2003 年 11 月 12 日欧盟理事会主席普罗迪访问塞内加尔，同瓦德总统会晤，双方讨论了和平与安全以及双边的合作问题。随后在塞内加尔国会发表演讲，在演讲中他赞扬塞内加尔在调解利比里亚、马达加斯加、科特迪瓦、几内亚比绍等国家内部冲突发挥的作用，承诺欧盟将帮助卡萨芒斯地区小规模经济发展计划和塞内加尔向艾滋病、结核病和疟疾开战计划，特别要向塞内加尔提供更加便宜和疗效更好的药品。普罗迪是自从 1991 年以来第一次到访塞内加尔的欧盟理事会主席。

在西欧国家中，德国是塞内加尔重要的商业合作者，并且对塞内加尔政府和私营机构都提供设备，发展合作，努力深化两国经济关系。2002/2003 年度德国援助塞内加尔 2544 万欧元，主要用于解决塞内加尔农村贫困和年轻人失业、卡萨芒斯社会经济发展等问题。为了得到德国的援助，塞内加尔完成了 5 项认证标准：人权、参加政治进程的人口数额、法律条例、友好市场经济体制和以发展为方向的治理。从中可以看出，西方国家将经济援助与人权、政治挂钩，将西方关于人权标准等强加于发展中国家，干涉了发展中国家内政。

不过两国贸易规模不大，2002 年贸易额仅 7400 万欧元。德国从塞内加尔主要进口鱼和鱼产品、蔬菜及棉花，塞内加尔主要从德国进口机械、中间产品和食品。每年到塞内加尔旅游的游客大约 1 万人。

两国在 1969 年 7 月 1 日签署的文化协定，构成了两国文化关系的基础。双边文化交流最重要的机构是歌德学院，在达喀尔建有分院。1999 年德国外交部长和经济合作与发展部部长，2003 年德国国务秘书都先后对塞内加尔进行访问。

三 同苏联—俄罗斯和东欧国家的关系

在外交方面，塞内加尔尊重各国不同的政治信仰，采取务实原则。桑戈尔提出各国应当互相尊重对独立和社会主义这两个概念的不同理解。1962 年桑戈尔指出"我们不是共产党人"，"但是我们拒绝参加反对共产主义的活动"①。在这一原则指导下，塞内加尔政府先后与苏联、南斯拉夫、波兰等国签署了合作协定，从而成为第一批与东欧签署广泛协议并同意建立大使级外交关系的非洲国家。

1961 年，苏联最高苏维埃代表团参加了塞内加尔的独立庆典。1962 年 6 月，迪阿总理访问苏联，两国就建交问题达成协议，并签署了贸易协议、经济与技术合作协议以及文化合作暂定条约。这项暂定条约规定达喀尔大学和苏联科学院非洲研究所互换学者，塞内加尔学者研究苏联的科学成就并到苏联讲学，苏联学者研究非洲的经济问题。1962 年和 1963 年苏联派遣 30 名美术家、职业培训专家和医药工作者赴塞内加尔开展工作，塞内加尔则派遣专家研究苏联的卫生和公共教育制度。两国互换影片、无线电节目和音乐唱片。1964 年 10 月，两国在莫斯科签署了关于 1965 ~ 1966 年文化交流议定书。1966 年苏联向塞内加尔贷款 650 万美元，② 并帮助塞内加尔建立了一座鱼罐头厂和向塞内加尔提供 10 艘冷冻渔船。③ 1969 年 12 月，两国签署了关于苏联资助塞内加尔勘探黄金的议定书，后因苏联把找到的黄金矿石偷偷运走，塞内加尔中断了议定书。苏联干涉安哥拉后，两国关系恶化。桑戈尔总统反对苏联古巴介入安哥拉内政事务，公开谴责苏联干涉

---

① 〔美〕T. D. 罗伯茨等著《塞内加尔》，第 139 页。
② 《世界知识年鉴》（1982 年），第 358 页。
③ 《各国概况》（1972 年），人民出版社，1972，第 369 页。

非洲事务和对非洲独立的威胁，为此 4 次推迟访问苏联。1978
年塞内加尔又驱逐了一名苏联外交官，并扣留了在塞内加尔沿海
搞间谍活动的苏联渔船，拒绝与苏联签订渔业协定。苏联入侵阿
富汗之后，塞内加尔谴责苏联的入侵。1983 年和 1985 年苏联分
别向塞内加尔提供了价值 2000 万和 3000 万非洲法郎的兽医药品
和器材。① 1988 年 11 月，苏联最高苏维埃主席团副主席、摩尔
达维亚共和国苏维埃主席团主席亚历山大·莫卡洛夫率苏联议会
代表团访问塞内加尔，苏联向塞内加尔提供了 500 套中学俄文教
科书。② 1989 年 6 月，苏共中央国际部顾问率团访问了塞内加
尔，7 月向塞内加尔赠送了价值 35 万非洲法郎的文体用品。③

在苏东解体以前，塞内加尔与南斯拉夫和罗马尼亚等国保持
良好的外交关系。主要原因是塞内加尔同南斯拉夫和罗马尼亚一
样，都是奉行独立的外交政策，并且是不结盟运动的提倡者和实
施者。20 世纪 60 年代初期，塞内加尔与保加利亚和波兰签署商
业协定并与波兰建立外交关系，与捷克斯洛伐克签署航空协议，
与南斯拉夫缔结了商业与技术合作协定。1963 年在达喀尔举办
了保加利亚、捷克斯洛伐克和东德电影节。

苏联解体后，俄罗斯一度放松与塞内加尔等非洲国家的联
系，但与塞内加尔都强调继续保持和发展两国的传统友谊。在
2002 年 6 月 14 日两国建交 40 周年之际，两国外交部长互致电庆
贺，认为双方友好关系是建立在对国际重大事务立场一致的基础
之上，这包括建立稳固的安全战略、以民主模式发展国家之间的
关系，与国际恐怖主义进行坚决斗争。两国在教育文化方面合作
密切，大约 100 多名塞内加尔学生在俄罗斯的大学里学习，达喀

---

① 《世界知识年鉴》（1987 年），第 258 页。
② 《世界知识年鉴》（1989/1990 年），第 390 页。
③ 《世界知识年鉴》（1989/1990 年），第 389 页。

尔大学和俄罗斯语言学院签署合作协议，达喀尔大学建立斯拉夫语言和文化系。

四　同加拿大的关系

20世纪 70 年代和 80 年代，塞内加尔加强与加拿大之间的关系。在此期间，加拿大加大了对塞内加尔等法语西非国家的援助。加拿大对塞内加尔的双边援助有时甚至超过美国。此后，两国一直保持紧密和广泛的联系。两国之间许多高层互访，并时常有贸易代表参加。2001 年起，塞内加尔开始延期偿还加拿大到期债务，同年 7 月，在达喀尔双方又签署了避免双重征税和防止财政逃税协定。2003 年 1 月开始，塞内加尔享有加拿大提出的对最不发达国家（LDCs）免除出口关税和非关税壁垒的优惠政策。

加拿大与塞内加尔贸易直到 2001 年以前一直持续增长，2002 年锐减，2003 年虽有回升，但未能恢复到以前水平。加拿大主要向塞内加尔出口机械、纸制品和石棉，主要从塞内加尔进口鱼和海产品。从 1999 年至 2003 年加拿大向塞内加尔直接投资约超过 1000 万加元。目前，大约 50 个加拿大公司在塞内加尔矿业、健康、出版、电信、能源和基础设施部门进行项目建设。

加拿大是塞内加尔长期的发展伙伴国，自从 1962 年以来，加拿大在塞内加尔投资超过 8 亿加元。塞内加尔是加拿大国际发展机构（CIDA）主要援助的国家之一，加拿大国际发展机构的官方发展援助给予塞内加尔双边和多边援助，近年来，这一援助有所减少。

2003 年，加拿大为双边项目约支付 1600 万加元，其中教育项目占 60%，经济项目占 40%。教育项目主要是基础教育，特别是资助女孩入学。经济项目主要是资助乡村小贷款者和小企业

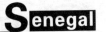

主，并增强塞内加尔在国际市场的竞争力。加拿大国际发展机构也资助塞内加尔地区化、分散化计划的实施。①

表7-1　塞内加尔与加拿大贸易情况

单位：百万加元

	1999	2000	2001	2002	2003
出　口	24.0	30.3	46.2	11.1	14.6
进　口	3.6	12.0	1.0	1.0	1.2
总　额	27.6	42.3	47.2	12.1	15.8

资料来源：Department of Foreign Affairs and International Trade of Canada, international. gc. ca. （加拿大外交事务与国际贸易部网站 international. gc. ca）

表7-2　近年来加拿大对塞内加尔援助情况

单位：百万加元

	1998/1999	1999/2000	2000/2001	2001/2002	2002/2003
双边援助	23.2	22.1	20.1	19.0	18.8
多边援助	13.4	9.9	9.4	10.5	9.4
总　额	36.6	32.0	29.5	29.5	28.2

资料来源：Department of Foreign Affairs and International Trade of Canada , international. gc. ca.

第四节　同中国的关系

一　建交后的友好交往

19 60 年，塞内加尔在第15届联合国大会上对美国阻挠恢复中国在联合国合法席位的提案投反对票。中国于

---

① 全部数字引自 Department of Foreign Affairs and International Trade of Canada, international. gc. ca （加拿大外交事务与国际贸易部网站 international. gc. ca）。

1961 年 2 月 4 日承认塞内加尔，3 月 15 日，塞内加尔表示承认中国，但仍然与台湾维持"外交关系"。1964 年 9 月，塞内加尔和台湾断绝外交关系。1969 年 3 月，又同台湾签订第三个"农业合作协定"，7 月又与台湾恢复"外交关系"。1969 年，塞内加尔在联合国大会投票反对恢复中国在联合国的合法权利，1970年投弃权票。1971 年，在第 26 届联合国大会上，对阿尔巴尼亚、阿尔及利亚等国关于恢复中国在联合国的一切合法权利、驱逐台湾的提案投赞成票，对美、日"重要问题"提案投弃权票。1971 年 12 月 7 日中国与塞内加尔正式建交。

两国建交以前，1961 年 3 月 17～23 日，中国驻几内亚大使馆临时代办赵源访问塞内加尔；5 月 20 日，以刘长胜为首的中国非洲人民友好协会代表团到塞内加尔访问；1971 年 10 月初和 12 月初，中国政府代表、驻毛里塔尼亚大使冯于九两次对塞内加尔进行了友好访问。

两国建交期间，中方重要的访问者有：陈慕华副总理（1980 年 4 月）、黄华副总理兼外长（1981 年 11 月）、彭冲副委员长（1982 年 4 月）、李鹏副总理（1984 年 6 月）、廖汉生副委员长（1985 年 10 月）、中共中央政治局常委、书记处书记李瑞环（1991 年 7 月）、钱其琛国务委员兼外长（1992 年 1 月）、李岚清副总理（1995 年 11 月）等。

塞方重要来访者有：桑戈尔总统（1974 年 5 月）、阿马杜·西塞·迪亚议长（1981 年 9 月）、迪乌夫总统（1984 年 7 月）、阿卜杜勒·阿齐兹·恩岛议长（1990 年）、姆巴耶立宪委员会主席（1992 年 9 月）、姆巴耶·迪乌夫副议长（1993 年 8 月）、玛塔·西·迪阿洛夫人副议长（1993 年 9 月）。

建交期间，两国领导人均认为两国在经济、贸易、技术、文化和军事等方面都进行了富有成效的合作，认为中国建设的达喀尔友谊体育场是双边友好合作的具体象征。两国在重要国际问题上的观点是一致的，中国和塞内加尔在联合国和其它机构内共同寻求各种地区冲突的和平解决办法。塞内加尔政府认为，中国在寻求和平解决国际冲突方面发挥了杰出而重要的作用，赞赏中国在国际事务中、在安理会所发挥的积极作用。中国政府赞赏塞内加尔在西非地区、在非洲和世界其它地方所起的作用。中国共产党与塞内加尔社会党也谈判签订合作协定，1988 年 4 月塞中友好协会在达喀尔成立。在军事方面，中国军事代表团于 1982 年 2 月访问塞内加尔。

医疗卫生方面：中国医疗队在塞内加尔的工作受到塞方的赞扬。中国赠送塞内加尔药品和医疗设备，从 20 世纪 70 年代开始派遣医疗队赴塞内加尔工作。中国政府明确规定中国医疗队的任务是与塞内加尔医务人员密切合作，协助塞方开展医疗工作，并通过医疗实践，交流经验，传授技术。中国医疗队从 20 世纪 70 年代起进驻塞内加尔，坚持 20 余年，常住南方地区，非常受当地人的欢迎和尊重。由于中国医务人员出色的工作，1989 年 11 月 24 日，塞内加尔公共卫生部长泰雷兹·金以总统名义向中国医疗队授勋，表彰中国医生的献身精神。

文化教育方面：1981 年 5 月，两国签订了文化协定。1983 年 5 月，文化部顾问陈辛仁率中国政府文化代表团访问塞内加尔，并代表中国政府同塞方签订了 1983～1984 年中塞文化交流协议执行计划。同年 10 月，塞内加尔文化部长阿卜代尔·卡德尔·法尔访华，并在北京主持了"塞内加尔现代画展"开幕式。1988 年 6 月 9 日至 13 日，中国文化周在圣路易市举行。同年 7 月 3 日，1988～1989 年中塞文化交流协定在达喀尔签订。1989 年 3 月 18 日至 4 月 1 日，中国文化周在济金绍尔和坦巴昆达市举行。同年 10 月 14 日，塞内加尔文化部长穆斯塔法·卡来华访问，签订了 1990～1991 年中塞文化交流协议执行计划。1992 年 1 月 6 日至 10 日，以文化部副部长高占祥为团长的中国文化代表团访问塞内加尔，与塞内加尔文化部签署了 1992～1994 年中塞文化合作交流协议执行计划。同年 3 月 12 日至 18 日，国家教委副主任庄世炎率领的中国国家教委代表团访问塞内加尔，双方签署了"中塞教育援助项目"换文。11 月，中国在捷斯地区举办"中国文化周"活动。1993 年 6 月 7 日至 11 日，中国电影周在达喀尔开幕。中国驻塞内加尔大使仓有衡主持了开幕式。塞内加尔各界朋友及驻塞外交使团近 200 人出席了开幕式。大家以极大的兴趣观看了反映全聚德烤鸭店历史的中国影片《老店》。电影周期间，还放映了中国功夫片《飞天神鼠》和几部儿童影片。1994 年 11 月，塞内加尔文化部长库拉·锡亚姆访华，双方签订文化交流协定。

二　双边经济关系

19 73 年 11 月，塞内加尔计划合作部部长访华，双方签订了经济技术合作协定和贸易协定。1984 年，中国海洋渔业总公司同塞内加尔两家渔业公司签署了渔业合作合同。1994 年 10 月，中国水产总公司从世界银行手中购买了塞内加尔渔业有限公司。该公司为中方独资公司，被誉为中塞互利合作的典范。中国帮助塞内加尔建设综合性体育场达喀尔友谊体育场和阿菲尼亚姆（原名比尼奥纳）河水坝。达喀尔友谊体育场是中国向塞内加尔提供 100 亿非洲法郎（约 2000 万美元）贷款建立起来的，"成为塞内加尔体育设施中的花朵"①。1993 年 5 月 25日，塞内加尔负责水利的部长级代表谢赫·卡纳代表总统，授予在阿菲尼亚姆水坝工作的 8 名中国工程技术人员"国家狮子级骑士勋章"和"功勋骑士勋章"，以表彰他们在水坝技术维修和

---

① 塞内加尔前驻华大使塞尼·姆邦戈：《塞内加尔不可能在北京和台北之间搞三角关系》，1996 年 1 月 12 日《太阳报》。

培训塞方工程技术人员方面做出的杰出贡献。在授勋仪式上，卡纳高度赞扬两国的友好合作关系和中国工程技术人员在工作中表现出的忘我精神，以及他们为塞内加尔水利事业发展做出的贡献，他代表塞内加尔政府和人民表示深切的谢意。中国帮助塞内加尔东北部的农林牧区打了100来口机井，定期派遣种植水稻专家组，塞内加尔对很容易被农牧民掌握的中国技术给予了高度评价。

1992年9月，中国共产党向塞内加尔社会党赠送了2亿非洲法郎的物资。同年9月11日，两国签署了5眼装备井援助合同。1993年6月16日，中国国家气象局向塞内加尔赠送包括传真接收机和各种仪器在内的气象物资，供3个地面气象站使用。1993年9月10日至13日，田润之部长助理率中国政府经贸代表团访问塞内加尔，双方签署了向塞内加尔政府提供4000万元人民币无息贷款的协定。[1]

中塞两国的贸易按1971年协定规定双边以可兑换的现汇支付。1996年以前，塞内加尔是中国在西非地区的主要出口市场之一，每年对塞内加尔出口都在千万美元以上，而且连年顺差。主要出口商品是茶叶、纺织品和服装，如床上用品、毛浴巾、背心、汗衫、内衣裤、童装等；轻工品有电筒、电池、电扇及家用电器、餐具、铝制品、搪瓷器皿、日用陶瓷、热水瓶、锁头、塑料鞋、球鞋、蚊香、蜡烛、镀锌铁丝、小型农机具等。轻纺五金产品占出口的30%。中国生产的机电产品如汽车、摩托车、榨油机等很适合塞内加尔市场，且有很强的竞争力。但是，由于贸易公司的售后服务跟不上，中国的机电产品只占出口的2%。[2]

---

① 1993年9月12日《人民日报》。

② 《国别数据库—塞内加尔：14.31–对华经贸关系概况》，宁波经济指南网站 www.chinaningbo.com。

主要进口产品是磷酸盐，年进口量约 2 万吨。1992 年进口
3.27 万吨，49 万美元。[①] 塞内加尔是中国茶叶、轻纺产品的
传统销售市场，且塞内加尔人民喜欢中国消费品，认为中国商
品价格便宜、质量也好、结实耐用。中国对塞内加尔出口占塞
进口总额的 2%，可见，对塞内加尔出口的潜力很大。特别是
1994 年非洲法郎大幅贬值后，塞内加尔人民收入低下，购买
力下降，无力消费价格昂贵的欧美产品，塞内加尔商人在等待
观望一段时间后，纷纷转向中国、印度等亚洲国家询价、订
货。

表 7 - 3   中国对塞内加尔贸易情况

单位：万美元

年　　份	进出口总额	出口额	进口额
1987	1324	1147	177
1988	1287	1285	2
1989	1723	1611	112
1990	1778	1755	23
1991	2596	2192	404
1992	2676	2622	54

资料来源：《国别数据库—塞内加尔：14.31 - 对华经贸关系概况》，宁波经济指
南网站 www.chinaningbo.com。

　　1996 年 1 月 9 日两国外交关系曾经一度中断，但两国经贸
关系仍然存在，中国对塞内加尔出口纺织和机电产品，进口棉
花，贸易额一直增长。

---

① 《国别数据库—塞内加尔：14.31 - 对华经贸关系概况》，宁波经济指南网站
www.chinaningbo.com。

表 7 - 4 中塞两国贸易统计表

单位：万美元

年 份	进出口额		出口额		进口额	
	总 额	同比增减（%）	总 额	同比增减（%）	总 额	同比增减（%）
2001 年	5293	0.2	5256	2.5	38	- 75.4
2002 年	5875	11	5768	9.7	107	185.3
2003 年	7913	34.69	7285	26.30	628	486.20
2004 年	10002	42.6	9647	50.1	356	- 39.5

❤ 资料来源：中华人民共和国商务部网站 www. mofcom. gov. cn。

　　自从 2001 年以来，越来越多的中国商人将各种廉价实用的中国商品带入塞内加尔。在达喀尔经商的中国人迅速增加，中国商店已达 100 多家，绝大多数以零售日用百货为主，吸引了大批顾客、街头小贩甚至当地商人。中国店集中的戴高乐大街被当地报纸称为"唐人街"。达喀尔"唐人街"的出现使许多塞内加尔人尤其是广大中下层消费者受益。此外，中国商店还为两种人提供了就业机会，一种是在中国商店打工的塞内加尔人，一种是以无业青年和家庭妇女为主体的街头小贩，他们通过倒卖中国商品有了一定收入。受益的还有房屋出租者，中国商人的增加使达喀尔店面租金一涨再涨。然而中国商人的迅速增加，引起本地商人的不满。由于中国商人从国内进货时普遍追求低价，中国商店薄利多销的做法引起当地商人的不满，塞内加尔工商联盟认为中国商人"不正当竞争"，中国商品既侵害当地商人的利益，还威胁当地小企业的生存，如制鞋业。工商联盟还指责中国商品是劣质和危险商品，对消费者健康构成威胁。2004 年 7 月 22 日，以塞内加尔工商联盟为首的 4 个商人组织要求政府采取措施，让中国商人在一个月内离开，并威胁若政府没有动作，将在 8 月 23 日发动罢市及一系列抗议活动。然而，从中国商人那里深受益处的广大中下层消费者，却发起了支持中国商人的运动。在商人组织向政府发出通牒的同时，塞内加尔消费者协会站出来为中国商人辩护，指出工商联盟的要求是排外行为，要求政府坚决拒绝。消费者协会还于 8 月 10 日组织声援中国商人的游行，向新闻界阐述中国商人和商品给塞内加尔人带来的好处。消协负责人指出，在中国商店，用1000～2000 非洲法郎（1 美元约合 530 非洲法郎）就可以给一个儿童买一身衣服和一双鞋，这在过去根本做不到，中国商人的到来使许多基本生活用品价格大幅下降。他强调说，根据联合国 1986 年通过的保护消费者的指导原则，消费者有获得基本生活用品的权利。他说，如果中国商人离开塞内加尔，在中国商店工作的塞内加尔人和倒卖中国商品的小贩将失去生机。一些塞内加尔报纸也撰文批评工商联盟的排外言论，在法国的一个塞内加尔人劳工组织也发表声明，反对驱逐中国人。除消费者协会外，参加 10 日游行的还有其他消费者组织、工会组织和一些人权组织。政府也反对"排外"做法。贸易部长在接见工商联盟代表时仅表示，政府将继续努力规范市场，但特别强调，塞内加尔是开放的国家，实行市场经济，国家的义务之一是严格执行经济法规，保护消费者的利益和安全。前驻华大使、塞中友协主席姆邦戈在接受媒体采访时也说，中国商人不伤害任何人，他们提供廉价商品，提供就业机会。但塞内加尔商人组织吵闹之后，中国人很难再拿到塞内加尔签证。已在塞内加尔经商的 300 多名中国人，虽都持合法签证进入了塞内加尔，但常因语言和经营手续问题而遭遇麻烦。①

---

① 《塞内加尔商界排挤中国商人》，2004 年 8 月 19 日新华网。

三 外交关系的曲折发展

1995 年 10 月，塞内加尔政府以实行财政紧缩政策为借口，决定关闭包括驻华使馆在内的一些驻外使领馆。11 月 30 日，塞内加尔驻华使馆正式关闭。1996 年 1 月 3 日塞内加尔政府与台湾签订"复交"公报，重建所谓外交关系，1 月 6日诸如青年组织等团体也宣布与中国断交。9 日，中国外交部发言人陈健在例行记者招待会上宣布：自今日起中止同塞内加尔的外交关系，两国政府间的一切协议也随即停止实行。陈健指出：塞内加尔政府这一决定违背了 1971 年 12 月 7 日中塞两国建交文件的有关原则和塞内加尔政府"承认中华人民共和国政府是代表全中国人民的唯一合法政府"的承诺。同时指出，中国人民历来珍视同塞内加尔人民的友好情谊，为支持塞内加尔人民维护国家主权和发展经济的事业做出了很大的努力。

但是，台湾的"金钱外交"不可能长久。2005 年 10 月 25日，中国外交部长李肇星与塞内加尔外交国务部长谢赫·蒂迪亚内·加迪奥在北京签署了《中华人民共和国和塞内加尔共和国关于恢复外交关系的联合公报》，两国自即日起恢复大使级外交关系。在公报中，中国政府表明，支持塞内加尔为维护国家主权和发展经济所作的努力；塞内加尔政府承认世界上只有一个中国，中华人民共和国政府是代表全中国的唯一合法政府，台湾是中国领土不可分割的一部分。国务委员唐家璇会见加迪奥，指出塞内加尔是在非洲有影响的国家，塞方承认和坚持一个中国原则符合塞的根本和长远利益，也为中塞两国在双边和国际事务中广泛开展合作铺平了道路。相信在双方共同努力下，两国友好合作关系将会得到全面发展。加迪奥希望两国复交后在政治、经贸、文化等各领域开展合作，使两国人民受益。塞内加尔外交部当日发表公报说，塞内加尔与中国恢复外交关系是瓦德总统在客观、深

入分析了世界地缘政治以后作出的历史性决定，是基于对当今世界局势的正确而适时的判断，必将有助于改善塞内加尔的国际形象，这一决定完全符合塞内加尔人民的根本利益。公报还强调，塞内加尔政府将尽一切努力与中华人民共和国开展互利和示范性的合作。

两国复交后，双边关系平稳发展。2006年1月12日，中国外交部长李肇星对塞内加尔进行正式访问，在达喀尔会见了塞内加尔总理萨勒，并与塞内加尔外交国务部长加迪奥举行了会谈。李肇星对塞内加尔政府奉行一个中国政策表示赞赏，表示中国重视中塞关系，愿与塞方积极探讨在农业、文教、卫生、人力资源等领域扩大交流与合作的可能性。萨勒和加迪奥表示，塞内加尔愿与中国发展长期稳定的友好合作关系，希望在经济、社会发展中借鉴中国的成功经验，加强同中国的交流与合作，欢迎中国企业来塞投资，参与农业、水利、基础设施等方面的建设。两国外长共同签署了中塞政府经济合作协定等文件。4月23日至5月1日塞内加尔民主党副总书记、政府总理麦基·萨勒率塞内加尔民主党代表团访华。中共中央政治局常委、中共中央纪律检查委员会书记吴官正会见了塞内加尔民主党代表团。吴官正表示中国共产党愿在"独立自主、完全平等、互相尊重、互不干涉内部事务"的原则基础上，与包括塞内加尔民主党在内的塞内加尔各政党，加强交流与合作，推动国家关系的不断发展。麦基·萨勒郑重表示，塞内加尔民主党和塞内加尔政府，坚定奉行一个中国的政策，支持中国的统一大业。6月22日，塞内加尔总统瓦德正式来中国访问。中国国家主席胡锦涛与塞内加尔总统瓦德一致同意，不断巩固和加强中塞友好的基础，推动中塞友好合作关系长期稳定地向前发展。胡锦涛指出，两国应坚持真诚相待，深化政治互信；坚持互利双赢，谋求共同发展；坚持全面友好，扩大人文交流；坚持多边合作，维护共同利益。瓦德重申，塞政府坚定奉行一个中国政策。瓦德指出，塞方愿与中方开展在经贸、农业、科技、交通、基础设施建设和人力资源开发等领域的合作，并加强在国际和地区事务中的磋商与合作。两国元首共同出席了中塞经济技术合作协定等合作文件的签字仪式。

第五节 同亚洲其他国家的关系

塞内加尔在处理与亚洲国家关系方面，遵循不同政治经济制度和平共处的原则。同日本、朝鲜、韩国、印度、巴基斯坦、越南、菲律宾等国家一直保持友好关系。

一 同中东伊斯兰国家的关系

塞内加尔独立以前，法国竭力控制塞内加尔与伊斯兰世界的联系。获得独立之后，塞内加尔便大力发展与伊斯兰国家的关系，特别是与沙特阿拉伯、黎巴嫩建立了外交关系。20 世纪 60 年代中期，塞内加尔没有介入阿拉伯和以色列之间的冲突之中，与以色列保持良好的关系。1967 年中东战争之后，塞内加尔与以色列关系趋冷，其外交政策开始向阿拉伯国家倾斜。1971 年桑戈尔代表非统提出和平倡议遭到以色列拒绝后，两国关系恶化。1973 年 2 月，塞内加尔允许巴勒斯坦解放组织在达喀尔设立了第一个非洲办事处。同年 10 月，正式与以色列断交。桑戈尔与中东伊斯兰国家发展关系的另一个初衷是经济因素。1973 年的干旱和国际石油危机，使塞内加尔期待从富有的阿拉伯石油国家那里得到经济援助。20 世纪 70 年代，阿拉伯国家在非洲建立了阿拉伯经济发展银行和伊斯兰发展银行，对塞内加尔等非洲国家提供经济援助。1971 年桑戈尔出席波斯帝国2500 周年纪念活动之后，与伊朗的关系也大大发展。但是，1979 年霍梅尼伊朗革命爆发后，两国关系恶化。

迪乌夫执政后，与伊斯兰国家的关系进一步加强。1981 年 1

月迪乌夫访问沙特阿拉伯，出席了在塔伊夫（Taif）举行的伊斯兰会议。会议之后，塞内加尔获得沙特阿拉伯5000万美元和伊拉克4000万美元的援助，资助塞内加尔河谷发展计划。① 塞内加尔与阿拉伯国家存在巨大贸易逆差。20世纪90年代早期，塞内加尔每年从阿拉伯国家进口超过2300亿非洲法郎，而出口只有80亿非洲法郎。②

20世纪80年代期间，塞内加尔与沙特阿拉伯和科威特建立了牢固的同盟关系。这两个国家是塞内加尔在伊斯兰世界得到援助最多的国家。达喀尔有多处沙特援建的重要建筑。1981年两伊战争爆发，塞内加尔没有介入双方冲突，但是倾向于同情伊拉克。1989年，由于伊拉克在塞内加尔与毛里塔尼亚冲突中支持后者，导致塞伊两国关系趋冷。1984年1月，因为伊朗向塞内加尔输出"革命"，塞内加尔驱逐了伊朗外交官，两国关系破裂，直到1989年2月才复交。

20世纪80年代和90年代早期，塞内加尔支持巴勒斯坦解放组织和巴勒斯坦解放事业，在联合国内为巴勒斯坦的权利呼吁。塞内加尔是非洲首批承认巴勒斯坦作为一个独立国家地位的国家之一。1980年4月，塞内加尔同意将巴勒斯坦驻塞办事处升格为大使级外交代表机构。1991年12月，在达喀尔伊斯兰会议组织首脑会议上，迪乌夫呼吁伊斯兰国家站在巴勒斯坦人民一边。1993年巴勒斯坦与以色列签署和平协议后，塞内加尔再次承认阿拉法特为巴勒斯坦领导人，坚决支持和平进程。1994年8月，塞内加尔与以色列复交。

1990年伊拉克占领科威特之后，塞内加尔反对伊拉克吞并科威特，要求伊无条件撤军，恢复科的主权、领土完整与合法政

---

① Sheldon Gellar, *Senegal : An African Nation Between Islam and the West*, p. 99.

② Sheldon Gellar, *Senegal : An African Nation Between Islam and the West*, p. 99.

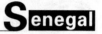

府，支持安理会制裁伊拉克的各项决议。同年 11 月，迪乌夫访问沙特阿拉伯，宣布派遣 500 名塞内加尔军人参加海湾战争。海湾战争后，塞内加尔士兵在沙特阿拉伯发生空难，导致 93 名塞内加尔士兵丧生。1991 年在达喀尔召开了伊斯兰会议，迪乌夫成为伊斯兰会议主席。

二 同日本的关系

在亚洲国家中，塞内加尔与日本的关系也比较密切。1960 年 10 月 4 日两国建交。2003 年 6 月，塞内加尔与日本提出建立"达喀尔—东京轴心"。在塞内加尔有 500 名日本青年在农业、健康、教育和相关发展活动部门工作。[1]

经济上，塞内加尔与日本的贸易存在严重的逆差。1998 年，塞内加尔向日本出口 8.89 亿日元，主要出口海产品和粉笔等，而进口为 36.01 亿日元，主要进口卡车、机动车和合成纤维等。日本的机动车在塞内加尔占有很大的市场份额。

日本是塞内加尔主要援助国之一，援助主要用于健康、教育和农业等部门的发展。从 1951 年至 1998 年日本在塞内加尔直接投资 49.37 亿日元。1994 年日本赞助 220 亿非洲法郎以帮助塞内加尔应对法郎贬值造成的损失。[2] 2000 年和 2002 年塞内加尔发生洪灾，日本分别紧急援助价值 1787 万日元和 1500 万日元的帐篷、毛毯和睡垫。2003 年日本向塞内加尔贷款 158.56 亿日元，援助 70.48 亿日元，技术合作 149.70 亿日元。2004 年 11 月 17 日，日本官方援助塞内加尔发展乡村环境和用水计划 495 万日元，洛波（Lompoul）捕鱼中心建设计划 652 万日元。

---

① The Ministry Foreign Affairs of Japan, www. mofa. go. jp. （日本外务省网站 www. mofa. go. jp）

② Sheldon Gellar: *Senegal*: *An African Nation Between Islam and the West*, p. 105.

文化上，1975 年至 1999 年，日本援助塞内加尔价值 4.438 亿日元的电子显微镜、柔道设备、乐器、绘画工具等。2001 年两国又签订文化援助协定，援助塞内加尔柔道联盟 4160 万日元的柔道设备。①

两国官员多次互访。1990 年迪乌夫总统访问日本。1993 年起塞内加尔财政部长、环境部长、邮政通讯部长、外交部长先后访问日本。2002 年 9 月至 2003 年 9 月，瓦德总统先后 3 次访问日本。其中，2003 年 5 月 12~14 日是对日本进行国事访问。第三次是参加第三次东京非洲发展国际会议（TICAD 3）。日本众议院代表也分别于 1991、1996、1998 年访问塞内加尔。

三　同印度等国的关系

塞内加尔与印度的关系一直较为密切。1968 年，在新德里举行的联合国贸易发展会议（UNCTAD）上，塞内加尔与印度合作首次倡议建立第三世界论坛，1989 年再次与印度合作积极参与南北对话。近年来，塞内加尔与印度的经济交往也日益增多。2003 年 9 月，塞内加尔与印度最大公司之一印度塔塔国际集团共同投资的塞内加尔公共汽车公司在捷斯建成。该企业主要组装 30 个座位的公共汽车，这是塞内加尔第一个机动车组装厂。印度外交部长称之为"南南合作的典范"，瓦德总统认为这种非洲国家和非非洲国家之间合作的模式适用于新非洲发展伙伴计划。除了合作建成塞内加尔汽车公司以外，2003 年塞内加尔还向印度出口 1.55 亿美元的磷酸。② 印度政府帮助塞

---

① 以上数字除特别注明之外，均引自日本外务省网站 www. mofa. go. jp。

② Ernest Harsch, *Africa and Asia forge stronger alliances*: *Expanding cooperation in trade, investment and technical assistance*, Africa Recovery, Vol. 18, April 2004, p. 1. www. africarecovery. org. （恩奈斯特·哈什：《非洲与亚洲铸造强大联盟：在贸易、投资和技术援助上扩大合作》，《非洲复兴》第 18 卷，2004 年 4 月，第 1 页。《非洲复兴》网站 www. africarecovery. org）

内加尔训练技术和专业人员，以帮助塞内加尔执行水稻、棉花、太阳能与新信息技术项目。印度技术和经济合作项目（ITEC）在塞内加尔建立企业家发展中心，培训当地人才。印度正在论证建设塞内加尔北南之间铁路的可行性。

第六节　同非洲国家的关系

一　同非洲地区组织的关系

1. 西非国家经济共同体（Communauté économique des états de I' Afrique de I' Ouest—CEDEAO）

西非国家经济共同体是西非法语国家占多数的区域性经济合作组织。1975 年 5 月 28 日在拉各斯由西非 15 国共同组建：塞内加尔与贝宁、布基纳法索、科特迪瓦、冈比亚、加纳、几内亚、几内亚比绍、利比里亚、马里、毛里塔尼亚、尼日尔、尼日利亚、塞拉利昂和多哥。该组织的宗旨是协调成员国的关税、外贸、工业、交通、能源、牧业、旅游和科学研究等方面的发展政策，建立关税联盟和共同市场，促进成员国之间的工农业产品贸易和社会文化合作，尽可能迅速地提高本地区人民的生活水平，为非洲的进步与发展做出贡献。

尽管西非经济共同体因经济因素而建立，但是该组织在地区安全问题上也起着积极的作用。1990 年该组织成立停火监督委员会（Ecomog）执行在利比里亚停止内战的协定，1997 年和 1998 年致力于在塞拉利昂和几内亚比绍恢复和平。2002 年底在塞内加尔领导下，该委员会帮助科特迪瓦获得停火。2003 年 8 月 18 日，利比里亚临时政府和反对派别在加纳首都阿克拉签署和平协议，允诺建立西非经济共同体利比里亚代表团（ECOMIL）维持停火协定直到 2003 年 10 月 1 日。

2. 西非经济金融联盟（Union Economique et Monétaire Ouest Africaine—UEMOA）

西非经济金融联盟于 1994 年 1 月 10 日成立。其前身是 1962 年建立的西非货币联盟。1994 年 8 月 1 日《西非经济金融联盟条约》正式生效。截至 2003 年年底，该组织成员国除塞内加尔外，还有贝宁、布基纳法索、科特迪瓦、马里、尼日尔、多哥和几内亚比绍，8 个国家有共同的货币非洲法郎和在西非国家中央银行主导下的单一金融政策。该组织宗旨是促进成员国间人员、物资和资金流通，建立关税同盟和其他方面经济一体化，最终建立西非共同体。

截至 2004 年 1 月，联盟共召开了 8 届首脑会议。第 6 届、第 7 届首脑会议分别于 2001 年 12 月、2003 年 1 月在达喀尔举行。2004 年 1 月 10 日，第 8 届首脑会议在尼亚美举行。塞内加尔与贝宁、布基纳法索、科特迪瓦、马里、尼日尔、几内亚比绍 7 国总统以及多哥总理出席了会议。会议着重讨论了维护地区和平与安全对社会经济发展的重要性、加强地区经济合作等问题；决定委托西非国家中央银行向几内亚比绍提供必要的经济援助；通过了联盟成员国实施领土整治的附加文书；制定地区经济发展整体计划，改善管理，实现基础设施的现代化及降低生产成本，推动经济可持续快速发展；倡议建设联盟共同市场，加强联盟内部立法，制定人员、资金和服务流通的相关规定，完善地区经济发展计划，在实施"非洲发展新伙伴计划"过程中优先对私营领域进行投资，进一步推动一体化进程；责成联盟委员会、西非国家中央银行和西非开发银行加速协调联盟内部宏观经济政策，同时筹措资金，保证地区经济计划以及地区领土整治政策的实施。

3. 萨赫勒地区国家抗旱常设委员会（Comité Permanent Inter Etats de Lutte Contre la Sécheresse au Sahel—CILSS）

1973 年 9 月，萨赫勒国家抗旱委员会由塞内加尔与布基纳法索、乍得、马里、毛里塔尼亚、尼日尔6个国家建成。该组织成立不久，冈比亚加入。1975年和1986年佛得角和几内亚比绍加入。塞内加尔居重要地位。该组织提供成员国与联合国粮农组织有关系的粮食生产统计数字。由于20世纪80年代末和90年代初，该组织出现财政和组织困难，因此，1993年至1995年进行了重组。该组织宗旨是协调成员国之间抗旱事宜，提高粮食安全，保护生态环境平衡，管理自然资源，与萨赫勒地区干旱和荒漠化作斗争。该组织制定大量计划发展太阳能；提供关于环境的培训和信息；推动地区食品生产；提高贸易流通；协调农业—食品部门政策。2001年，成立了推动预算为200亿非洲法郎（2700万美元）贸易的顾问委员会，主要是管理和规范私营部门的运作。

4. 塞内加尔河开发利用组织（Organisation pour la mise en valeur du fleuve Sénégal—OMVS）

塞内加尔河开发利用组织成立于1972年3月11日，成员国有塞内加尔、毛里塔尼亚和马里。1962年7月，毛里塔尼亚提出倡议，由毛里塔尼亚、几内亚、马里和塞内加尔4国共同开发和利用塞内加尔河流域的资源。1964年8月，上述4国的代表在几内亚首都科纳克里开会，建立了治理塞内加尔河委员会，并规定了治理的目标为发展工农业、利用水力发电和改善航运条件。1968年3月，4国首脑在几内亚的拉贝开会，决定成立"塞内加尔河流域国家组织"。后因几内亚与塞内加尔两国之间在政治上发生分歧，几内亚中断了与该组织的关系。1971年11月29日，塞、马、毛3国元首的代表在毛里塔尼亚首都开会，宣布"塞内加尔河流域国家组织"解体，1972年3月11日，塞内加尔、马里、毛里塔尼亚3国元首在毛里塔尼亚首都开会决定成立塞内加尔河流域开发利用组织。该组织主要宗旨是促进和协调在该组织成员国国土上考察和开发塞内加尔河沿岸的资源的工作，

使地区人民实现粮食自给的目标，保证和改善河谷地区人民的收入，保护区域，特别是塞河流域的生态平衡、减少面对气候变化和外界因素引起的成员国的经济损失、促进成员国的经济发展。为实现以上目标，该组织制定了相应的发展计划，如修建迪亚马水坝，在马南塔里水坝修建发电站，开垦两岸农田等。这对塞内加尔河流域人民乃至区域人民的生活都产生了积极影响。

该组织第 13 届首脑会议 2003 年 5 月 20～21 日在毛里塔尼亚召开。毛里塔尼亚、塞内加尔、马里 3 国总统、几内亚总理出席了会议。毛里塔尼亚总统塔亚作为上届执行主席在会议开幕时做了发言，阐述了塞内加尔河开发利用组织在项目开发中所经过的决定性阶段以及取得的显著成就，同时也强调应该继续在控制资源方面做进一步的努力，重视工程的收益性，提高技术性能，改善人民生活水平。马里总统杜雷在发言中赞扬了在塔亚总统领导下的该组织所做的工作。会议审查通过了马里矿产、能源和水利部部长所做的部长会议报告，并审查通过了关于该组织今后战略方向的声明，确定了在自然资源管理中纳入新规定的各自的行动计划范围。会议还决定立即行动起来保证该组织的良好运作并尽快确定具体目标。

5. 冈比亚河开发组织（Organisation pour la mise en valeur du fleuve Gambie —OMVG）

冈比亚河开发组织于 1978 年由塞内加尔和冈比亚组成。1980 年几内亚也成为该组织成员，后来几内亚比绍也加入进来。该组织的宗旨是开发冈比亚河的自然资源。2003 年 1 月 13 日，该组织 4 国财政部长会议在几内亚科纳克里举行，就向各国元首提交的《（冈比亚河）自然资源开发和管理计划》的内容进行商讨并达成一致意见。该计划为期 6 年，由非洲发展银行、伊斯兰发展银行和各成员国共同出资，旨在提高冈比亚河流域的农、林、渔业产量，合理开发自然资源，改善基础设施和社会保障条件。

二 同冈比亚的关系

塞内加尔与冈比亚关系密切。两国于 1965 年 3 月 18 日建交，并签订了防务、外交合作和共同开发冈比亚河的 3 个协定。1967 年签订了塞内加尔冈比亚合并条约，但未执行。1969 年开始，由于"走私"问题和双方合并问题上的矛盾，两国关系有些紧张。1970 年 2 月，冈比亚总统贾瓦拉访问塞内加尔，1971 年 3 月，在达喀尔举行了两国防御和安全委员会会议，双方关系有所缓和。1973 年 4 月和 11 月，贾瓦拉总统先后两次访问塞内加尔。1980 年 11 月和 1981 年 7 月，冈比亚发生政变，塞内加尔政府两次派兵干预，帮助冈比亚政府平息了叛乱，随后塞内加尔军队留驻冈比亚。1981 年 8 月，贾瓦拉总统访问塞内加尔。11 月，迪乌夫总统回访冈比亚。为了保持贾瓦拉政权，双方发表联合公报宣布，两国就成立邦联达成原则协议。12 月 29 日两国总统正式签署成立塞内加尔—冈比亚邦联条约。1982 年 2 月 1 日，两国通过协议正式结成邦联，迪乌夫和贾瓦拉分别任邦联正副总统。两国签订了外交、农业、交通运输、通讯、教育等一系列协定。开始是松散的联合，要成为名副其实的联邦并非易事。冈比亚不同意塞内加尔进一步推动两国政治和经济完全一体化的要求。1983 年两国在建立"货币和经济联盟"问题上发生分歧，关系一度紧张。1985 年后，两国关系有所改善。1989 年 8 月 19 日，贾瓦拉总统要求修改邦联宪章，提出邦联总统由两国元首轮流担任，同时要求减少在冈比亚的塞内加尔驻军。随后，迪乌夫总统宣布从冈比亚撤出 1400 名塞内加尔军人。9 月，邦联正式解体。1991 年 5 月 25 日，两国外长在班珠尔签署了"塞冈友好合作条约"。条约的主要内容是：两国总统定期会晤，成立双边混合委员会，双方人员自由往来和物资自由交流，促进双边贸易。但是 1993 年，塞内加尔以打击走私为由单方宣布

关闭两国边界，进一步加剧了两国紧张关系。1994年7月，冈比亚发生军事政变，贾瓦拉政权被推翻，塞内加尔政府从人道主义考虑允许贾瓦拉在塞内加尔政治避难。1996年、1997年、1998年6月、8月和2000年6月冈比亚总统贾梅多次访问塞内加尔。1996年迪乌夫总统访问冈比亚，两国签署促进双边贸易和减少边界走私的协议。1997年迪乌夫总统赴班珠尔出席萨赫勒地区国家抗旱常设委员会第12次首脑会议。6月，两国同意采取一致行动同不安全、非法移民、买卖武器和非法药品进行斗争。2000年4月瓦德总统访问冈比亚。7月冈比亚工商业部长、农业部长一行访问塞内加尔。11月冈比亚武装力量参谋长访问塞内加尔。2002年，两国总统互访。但是关于冈比亚河运输费用问题双方发生争执，塞内加尔居民不满冈比亚政府提高外国登记船只在冈比亚河运输的费用。2003年4月，两国政府达成修建横跨塞内加尔南北路桥的初步协议。2004年，两国总统再次互访。2005年，因边境收税问题，两国关系一度紧张，10月经尼日利亚总统调解，两国关系缓和。1998年以来，应迪乌夫总统的邀请，贾梅总统及其政府出面调解卡萨芒斯问题。经冈比亚斡旋，塞内加尔政府与卡萨芒斯民主力量运动曾达成过停火协议。但由于2000年3月瓦德总统强调应由塞内加尔人民自行解决卡萨芒斯问题，同年9月，冈比亚政府宣布退出卡萨芒斯和谈，后经卡民运坚持并应瓦德总统邀请，冈比亚于12月重又决定参与和谈。

三　同几内亚比绍的关系

两国于1974年9月24日建交，但存在殖民统治时期遗留下来的领海纠纷，而且因为涉及石油储量、有价值的渔业资源，导致这一争端更显严重。为解决这一争端，两国政府进行了多年谈判。1985年双方达成协议将这一争端提交日内瓦国际法庭仲裁。1989年7月31日日内瓦仲裁法庭作出有利于塞内加尔的裁决，引起几内亚比绍不满，拒不承认其合法和有效性，并向海牙国际法院提出重新审理。几内亚比绍指责塞内加尔在 1990 年 4 月屡次进入几内亚比绍的领海和领空。5 月，两国边防部队在争议地区发生冲突，但很快平息。双方表示恪守和平解决两国争端的原则。1991 年 11 月，海牙国际法庭裁定日内瓦仲裁法庭的裁决有效。两国关系还因为卡萨芒斯地区很多难民到几内亚比绍和塞内加尔政府指责几内亚比绍是卡萨芒斯分离主义活动的后方基地而复杂化。1991 年，几内亚比绍自愿充当解决卡萨芒斯问题的担保国，曾数次派人出席有关卡萨芒斯问题的地区会议及谈判，并促成塞内加尔政府与卡萨芒斯民主力量运动达成停火协议。但是，1992 年，因为塞内加尔军队在几内亚比绍边境附近打击卡萨芒斯分离主义分子，导致几内亚比绍两名平民死亡，这一事件使两国关系又趋紧张。1993 年中期几内亚比绍曾努力促成塞内加尔政府和卡民运停火协定。10 月，维埃拉总统访问塞内加尔，两国签署海域管理和合作协定，共同利用和管理争议地区的渔业和石油资源。1994 年 5 月，维埃拉总统再次访问塞内加尔。1995 年初期，塞内加尔再次出兵打击卡萨芒斯地区分离主义活动，这又一次影响到两国关系。4 月，几内亚比绍派遣 500 名士兵在塞内加尔边境寻找在卡萨芒斯地区失踪的 4 名法国游客。5 月，几内亚比绍从边境地区撤出军队，宣布帮助在塞内加尔政府和卡萨芒斯地区之间建立一个缓冲区。6 月，迪乌夫总统访问几内亚比绍，双方签署了关于建立两国合作开发海洋资源机构协议，并决定加强两国在边境事务方面的合作。12 月 22 日，两国就开发共同海域协议批准书举行换文仪式。该协议规定，两国平等享有渔业资源，塞内加尔则享有 85% 的石油资源。该协议结束了两国的边界争端，并规定两国将通过专门机构对等开发共同海域的鱼类资源。1996 年 6 月，两国签订了公路运输协议，促进了地区经济一体化进程。9 月，几内亚比绍财

政部长为加入"西非经济金融联盟"事访问塞内加尔。1997 年
10 月几内亚比绍国防部长访问塞内加尔，双方决定加强在边境
安全方面的合作。1998 年 6 月，几内亚比绍发生兵变，塞内加
尔应邀出兵 2200 人支援几内亚比绍政府军。1999 年 1 月，西非
维和部队进驻后，塞内加尔撤军。2000 年 4 月，瓦德总统访问
几内亚比绍，8 月几内亚比绍总统亚拉访问塞内加尔，双方决定
共同确保边界安全。2003 年 9 月和 2004 年 4 月，瓦德总统两次
访问几内亚比绍，2005 年 8 月，几内亚比绍当选总统维埃拉对
塞进行私人访问。2006 年 4 月维埃拉出席塞内加尔独立日庆典。

四 同毛里塔尼亚的关系

塞内加尔与毛里塔尼亚于 1960 年 11 月 28 日建交。两
国都是塞内加尔河开发利用组织的成员，双方关系较
多。1960 年两国相继在殖民统治者划定的边境内宣告独立。但
是殖民主义统治给两国遗留下很多问题，两国在海关、边界、侨
民、运输等问题上存在分歧，曾因塞内加尔河中岛屿问题两国有
边界纠纷。1971 年经过双方领导人多次会谈，就确定划分边界
问题达成了协议，并取消了 1962 年签订的海关税收合同（合同
规定海关税收在两国之间按一定的百分比分配）。1972 年 10 月，
塞内加尔总理访问毛里塔尼亚，双方达成了社会安全协议和人员
来往与就业协议。1978 年 10 月，毛里塔尼亚领导人萨莱克访问
塞内加尔，两国领导人就加强双方合作举行了会谈。同时，两国
在圣路易举行部长级会议，达成边界相互谅解协议。达达赫总统
被推翻后，毛里塔尼亚在西撒问题上的立场有所改变，并指责塞
内加尔收留毛里塔尼亚反对派，两国关系一度冷淡。1981 年，
迪乌夫总统和海德拉主席相继互访，两国关系又趋密切。但是随
着塞内加尔河流域的开发，双方边境摩擦时有发生。1989 年 4
月，两国因边民冲突酿成大规模相互驱赶侨民事件，造成双方数

百人死亡，直接经济损失近千亿非洲法郎。8月21日，两国断绝外交关系，并中止一切经济往来和贸易交流。1991年7月18日，两国外长在几内亚比绍首都会晤，签署了维持边境安全等联合公报。其主要内容是：维持边境安全，双方新闻媒介停止相互攻击，成立双边混合委员会解决财产赔偿问题，两国外长定期会晤，促进两国关系正常化。1992年4月21～23日，默哈迈德·阿·梅内外长率高级代表团访问塞内加尔，受到迪乌夫总统的接见。双方签署了关于恢复外交关系的联合公报。5月，两国签订了解决双方出入境问题的"框架协议"。8月，迪乌夫总统出席在毛里塔尼亚举行的塞内加尔河流域开发利用组织首脑会议，两国关系全面正常化。1993年9月，双方就归还对方侨民财产达成协议。1995年1月，毛里塔尼亚总统塔亚赴达喀尔参加第11届塞内加尔河流域开发利用组织首脑会议。1996年4月，迪乌夫总统到毛里塔尼亚出席"互不侵犯与防务援助协定"第2次特别首脑会议。6月，塞毛大混委会第7次会议在努瓦克肖特举行，两国总统签署了混委会有关文件。1997年，总参谋长拉明·西塞访问毛里塔尼亚。6月，内政部长索乌赴毛里塔尼亚参加两国政府间协商委员会会议，双方研究了两国人员、货物自由流通等问题。1998年，两国再度发生小规模边界冲突。但是，塞内加尔政府努力与毛里塔尼亚建立良好关系。因此，1999年5月，两国签订协议共同利用渔业资源，8月，塞内加尔、毛里塔尼亚与马里同意建立统一力量以遏制边界地区的不安全形势。2000年两国在塞内加尔河水资源问题上出现分歧，毛里塔尼亚指责塞内加尔在塞内加尔河进行的灌溉项目威胁了毛里塔尼亚的利益，要求在毛里塔尼亚的塞内加尔人在15天之内回国。两国关系一度趋于紧张。6月瓦德总统赴毛里塔尼亚进行访问，宣布取消这一灌溉项目，两国关系逐步缓和。2001年4月，毛里塔尼亚总统塔亚赴达喀尔，参加了塞内加尔国庆41周年纪念活动。

5月瓦德总统访问毛里塔尼亚，两国关系进一步缓和。2003年6月，毛里塔尼亚发生未遂政变。7月瓦德总统和塔亚总统会晤，双方就国际问题和双边关系问题进行磋商，瓦德重申支持塔亚政府。2004年6月，毛里塔尼亚同意与塞内加尔开展渔业合作，并允许塞渔民在其领海捕鱼。2005年2月16日，两国政府在达喀尔发表联合公报，强调加强两国和两国人民之间源远流长的友好合作关系。

主要参考文献

一 外文参考文献

1. Economist Intelligence Unit: *Country Profile* 2004: *Senegal*.
2. *Africa South of the Sahara 2004*. London, 2004.
3. Elizabeth Harney: *In Senghor's shadow*: *art*, *politics*, *and the avant-garde in Senegal*, *1960 ~ 1995*. Durham: Duke University Press, 2004.
4. The International Institute for Strategic Studies: *The Military Balance 2002/2003*. Oxford Press, October 2002.
5. Economist Intelligence Unit, *Country Profile 2002*: *Senegal*.
6. *Africa South of the Sahara 2002*. London, 2002.
7. *HIV prevention needs and successes*: *a tale of three countries*: *an update on HIV prevention success in Senegal*, *Thailand*, *and Uganda*. Geneva, Switzerland. UNAIDS, 2001.
8. *New Africa Yearbook*, *Senegal 1999/2000*, London.
9. *New Africa Yearbook*, *Senegal 1995/1996*, London.
10. Sheldon Gellar: *Senegal*: *an African nation between Islam and the West*. Boulder, Colo.: Westview Press, 1995.
11. Roy Dilley and Jerry Eades: *Senegal*. Oxford, England; Santa Barbara, CA: Clio Press, 1994.

12. edited by Christopher L. Delgado and Sidi Jammeh：*The Political economy of Senegal under structural adjustment.* New York：Praeger，1991.

13. Momar Coumba Diop et Mamadou Diouf：*Le Sénégal sous Abdou Diouf：Etat et société.* Paris：Karthala，1990.

14. Janet G. Vaillant：*Black，French，and African：a life of Léopold Sédar Senghor.* Cambridge，Mass.：Harvard University Press，1990.

15. Lucie Gallistel Colvin：*Historical dictionary of Senegal.* Metuchen，N. J.：Scarecrow Press，1981.

16. Jean-Claude Gautron，Michel Rougevin-Baville：*Droit public du Sénégal.* Paris：Editions A. Pédone，1977.

17. Michel Renaudeau：*Un visage du Sénégal.* Paris：Delroisse，1973.

二 中文参考文献

1. 联合国开发计划署：《2003 年人类发展报告》，中国财政经济出版社，2003。

2. 王晓民主编《世界各国议会全书》，世界知识出版社，2001。

3. 世界银行：《1999 年世界发展指标》，中国财政经济出版社，2000。

4. 馨芳等编译《世界各国的社会保障制度》，中国物资出版社，1994。

5. 董云虎等编《世界各国人权约法》，四川人民出版社，1994。

6. 文云朝编著《塞内加尔——资源、环境与发展》，气象出版社，1992。

7. 〔塞内加尔〕尼昂（Niane, D. T.）主编，联合国教科文组织《非洲通史》国际科学委员会编写《非洲通史》第四卷《十二世纪至十六世纪的非洲》，中国对外翻译出版公司，1992。

8. 陈公元等主编《非洲风云人物》，世界知识出版社，1989。

9. 中国社科院西亚非洲研究所编《非洲经济》（一），人民出版社，1987。

10. 〔南非〕A. P. J 范伦斯伯格：《非洲当代领袖》，秦晓鹰等译，重庆出版社，1985。

11. 杨荣甲、田逸民著《伊斯兰与塞内加尔社会》，世界知识出版社，1984。

12. 〔美〕T. D 罗伯茨等合著《塞内加尔》，魏晋贤译，甘肃人民出版社，1980。

13. 〔匈〕西克·安德列著《黑非洲史》第三卷，上下册，上海译文出版社，1980。

14. 〔英〕J. D. 费奇著《西非简史》，于珺译，上海人民出版社，1977。

15. 〔法〕G. G. 贝莉埃著《塞内加尔》，伍协力等译，上海人民出版社，1976。

16. 康昭等编译《黎明的曙光——非洲早期的反殖民主义斗争中的风云人物》，中国社会科学院西亚非洲研究所，1988。

17. 历年《世界知识年鉴》，世界知识出版社。

三　网站

1. 塞内加尔政府网站
2. 中华人民共和国外交部网站

3. 中华人民共和国商务部网站

4. 国际货币基金组织网站

5. 世界银行网站

6. 联合国粮农组织网站

7. 联合国教科文组织网站

8. 非洲发展银行网站

冈比亚
（Gambia）

张　象　邢富华　编著

列国志

序

世界上有许多微型国家，位于西非濒大西洋的冈比亚共和国（The Republic of the Gambia）就是其中之一。它有人口146.2万（2004年），面积10380平方公里，相当于我国最小的行政省——海南省的1/3。1965年2月18日独立，1970年4月24日正式成立共和国。

这些微型国家的诞生都有特殊的历史原因。它们的建立和发展及其在国际社会中所起的作用，是与其所具有的特点和民族的努力及国际环境的机遇分不开的。关于冈比亚国家的特点，不可等闲视之，需认真研究。首先它是一个"河流之国"。它不仅因冈比亚河而得名，而且冈比亚河流域就是它国土的全部。这与其他依主要河流而命名的国家有所不同。冈比亚河的过去与现在是与该国命运休戚相关的。美国作家亚历克斯·哈里在小说《根》里描写了冈比亚河的过去，成千上万的奴隶，曾沿着这条河从入海口的詹姆斯岛输往欧美。这使今天欧美的黑奴后裔便来此寻根。从1996年起每年5月冈比亚都举办国际寻根节。今天冈比亚河的交通和入海口港城、首都班珠尔市的优越位置，继续有助于贸易的发展，不过内容已改变了。"再出口贸易"占了冈比亚进口贸易额的2/3。货物通过冈比亚河转销到塞内加尔南部和马里、几内亚比绍等地，冈比亚依此可增加外汇收入。

其次，它有从"花生之国"到"旅游之都"的转变。英国的长期殖民统治使冈比亚形成了以种植花生为主的单一经济结构。班珠尔市主要出口和加工花生，成为"花生之都"。独立后由于受资源的限制，工业发展缓慢。冈比亚仍然是农业国，仍然以出口花生为主，占外汇收入的大部分，常常受国际市场的影响而造成经济困难，被联合国列为最不发达的国家之一。为了改变此状况，独立后的冈比亚政府便利用自己旅游资源的优势和与欧美国家的历史联系大力发展旅游业。它建立了7个自然保护区来保护鸟类和野生动物，获得了"鸟类天堂"的美称。詹姆斯岛已被联合国列为世界文化遗产保护地。班珠尔市每年接待国外游客10万人左右，被誉为热带旅游之都，旅游收入占国家财政收入第二位。于是再出口贸易、旅游业及花生种植业便成为冈比亚经济的三大支柱。

还有一特点是该国为和平而努力的形象。从历史上看它是英法殖民争夺而妥协的结果。所以独立后的冈比亚为了维护独立必需奉行和平外交政策，谋求与各方面的妥协。它曾一度是世界上少有的没有军队的国家，只有少数警察。建国20年后才开始组建军队，主要任务不是用于维护本土安全而是用于地区维和，使之成为西非地区维和的重要力量。现任总统叶海亚·贾梅就曾是驻利比里亚维和部队的基层军官。贾梅当政后对外继续奉行传统的和平政策，并为促进跨国文化的合作而努力。他兴建了西非艺术学院，弘扬非洲传统文化艺术，愿成为西非地区和世界各地文化交流的纽带。

冈比亚与塞内加尔关系密切。地理上它是镶嵌在塞内加尔版图之中，种族、语言、宗教、文化习俗相同之处很多，但历史造成它们一是法属殖民地，另一是英属殖民地。法语和英语分别成为它们的官方语言。长期的殖民统治和独立后的不同发展，又使得双方政治经济体制和国家利益取向各不相同。所以1981～1989年两国虽然一度组成邦联，但还是以失败和分手告终。各自继续以独立的主权国家姿态，平等地出现在国际舞台上。本书虽将两国合编在一起，但仍以独立篇章分别讲述，这样做是有所考虑的。

我和邢富华同志怀着浓厚的兴趣对这个非洲小国进行了较多的了解和研究。这是中国社科院重大课题《列国志》的一部分，我们承担此任务深感荣幸。不过工作难度始料不及，因为国内可借鉴的研究成果太少了。好在邢富华同志在运用外文资料方面有优势，他学过历史、教过历史，后来读外语专业研究生又在天津理工大学任英语教师。查阅和翻译外文资料的速度和质量较好，所以本册除个别内容外，大部分题目的资料都还相当充实。我们过去是师生关系，故没有按通常模式分工，规划确定后，写作工作由邢富华同志承担。书稿完成后经课题领导小组的安排，得到了陈宗德先生和李智彪先生的认真审读，笔者根据各方意见进行修改和最后定稿工作。两专家的意见和其他同志的建议对这部分稿子的再修改很有裨益，特此志谢。对于这部分书稿仍存在的不足和错讹，还望大家多加指教，笔者将不胜感激。

中国非洲问题研究会副会长
南开大学历史学院教授　　张象
2005 年 5 月于南开园

第一章

国土与人民

第一节　自然地理

一　地形特点——嵌入塞内加尔的国度

地理位置　冈比亚位于非洲大陆的最西部，全境处于西经 13°47′至 16°48′之间和北纬 13°3′至 13°49′之间，西濒大西洋，东、北、南三面同塞内加尔连接，形成三面被塞内加尔包围的一小块土地。塞内加尔若从首都达喀尔到它的南方大区卡萨芒斯（Casamance）去，就必须穿过冈比亚。这个细长的条状小国把塞内加尔领土拦腰切断。由于它的地形十分奇特，有人将其比喻为塞内加尔肚子里的"盲肠"。

国土状况　冈比亚国土面积为 10380 平方公里，其中含冈比亚河水域面积 1300 平方公里，海拔最低点是大西洋沿岸地区约 0 米，海拔略高的是东部地区，平均 40~50 米，最高点为 53 米。全境为一宽 20~50 公里、长 320 公里的狭长平原，亦为有低山环绕的冈比亚河冲积平原，自东向西倾斜，平原上点缀着少数平顶山。全国大部分居民生活在这块狭长的河谷里。

冈比亚与塞内加尔相邻的边界长共 740 公里，海岸线长 48

公里，领海宽度 12 海里，毗连区 18 海里，专属渔区 200 海里。

冈比亚河及其流域　冈比亚河全长 1500 公里，由东向西流经塞内加尔东部，横贯冈比亚全境，在冈比亚境内长约 480 公里，流入大西洋。实际上，冈比亚就是冈比亚河的河谷，其领土主要在冈比亚河中、下游两岸。

冈比亚河及其支流遍布全境，它发源于几内亚的"水塔"——富塔贾隆（Futa Jallon）高原上的拉贝（Labai）附近，自东部科伊纳（Koina）流入冈比亚，在距河口 170 公里的象岛（Elephant Is.）以东河宽为 1.6 公里，平均水深 4 米，洪水期达 12 米。河口水面宽 19 公里，水深 8 米，素有"西非最佳航道"之称，是冈比亚境内主要运输干线，终年通行小汽船，吃水 5.29 米的海轮可自河口上溯 240 公里至昆陶尔（Kuntaur）。

冈比亚河流域地表经河流切割、冲积，河岸两侧依次形成沼泽地、河岸缓坡地（雨季淹没，旱季出露）和砂岩高地（表层岩石是由泥沙形成的松软的岩石）三种地貌类型。麦卡锡岛（MacCarthy Is.）上游地段海拔 40~50 米，谷狭水深，砂岩高地和缓坡地遍布，利于旱作，又有适度的降雨，特别适宜种植花生，花生主要种植在这些高地特别是谷坡陡峭的冈比亚河上游。麦卡锡岛至象岛中游地段平均海拔 35 米，沼泽、缓坡地宽广，适宜种稻。冈比亚主要粮食——水稻的种植多分布在冈比亚河中游容易泛滥的缓坡地，灌溉主要依靠冈比亚河泛滥和天然降雨，如果雨量分配不均，就会严重影响水稻的产量。西部冈比亚河下游河口湾地段，河谷宽阔，谷坡平缓，河谷的底部是平坦的，分布着许多红树林沼泽。但砂岩高地狭小，耕地有限。海滨一带分布有较多的沙丘。

冈比亚河水能资源并不丰富，流量呈季节性变化。虽然冈比

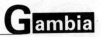

亚全境河网密布，但由于海水倒灌，人畜和农业用水问题却一直非常突出。1978年，冈比亚和塞内加尔两国成立冈比亚河流域开发组织，此后，几内亚和几内亚比绍两国也加入了该组织。该组织主要负责在塞内加尔的克克瑞蒂（Kekriti）建设一座水库以综合利用冈比亚河水利资源，并在冈比亚建一座防潮闸，在几内亚境内建一座水坝。冈比亚防潮闸在旱季阻挡海水上溯，并储存淡水以供灌溉，未来建成之后可使塞内加尔和冈比亚比亚两国扩大耕种面积2.4万平方公里。

二　气候

气候特点　冈比亚地处热带地区，气候炎热湿润。全国年均气温摄氏25度左右，内地平均温度约摄氏27度，沿海地区平均约24度。全年分为雨季和旱季。6月到10月为雨季，是最闷热的季节。雨量最大的月份为7月和8月。雨季期间盛吹西风或西南风，从大西洋上带来大量雨水，多狂风暴雨，气候湿热。7月份的平均气温摄氏26~27度，在冈比亚河沿岸地区，中午的绝对气温甚至可以达到40度。全年平均降雨量961毫米，雨量的多少和雨季到来的迟早有关，会直接影响农作物的生长和产量。11月到次年5月为旱季，比较漫长，日平均气温30℃，经常刮干燥的哈麦丹（Harmattan）风。早晨吹冷风，中午又吹热风，常致旱灾。近30年降雨量已下降至上世纪中期的30%。由于冈比亚旱季绵长，又缺乏灌溉设施，因而农事活动都在雨季进行，基本上是一年一季。

自然灾害　冈比亚雨季气旋活动剧烈，易发生强烈热带风暴，导致沿海地区常遭受生命和财产损失。例如，1999年8月末，一股强烈热带风暴曾连续三天袭击冈比亚，造成数十人丧生，上百人失踪，数十艘渔船被摧毁。风暴所到之处，还摧毁了当地大批民房和基础设施。当月，冈比亚政府紧急宣布该国为"重灾区"，呼吁国际社会提供紧急援助。

三 行政区划

立前，冈比亚共分四个行政区：①西方区（Western Division），②麦卡锡岛区（Maclarthy Island Division），③上河区（Upper River Division），④中央区（Central）。独立后划分为五个行政区，将中央区分为下河区（Lower River Division）和北岸区（North Bank Division）。

区以下分35个县，村为基层单位。

冈比亚的主要城市：首都班珠尔（Banjul）、萨拉昆达（Serrekunda）、布里卡马（Brikama）、法拉芬尼（Farafenni）、曼萨孔科（Mansa Konko）、乔治敦（Georgetown）、凯雷万（Kerewan）和巴塞（Basse）。

首都班珠尔位于冈比亚河口的圣玛丽岛（St. Mary Is.），人口45000人，为全国政治、经济、文化和交通中心。

萨拉昆达和法拉芬尼两城市位于北岸区冈比亚河北岸，是花生贸易的重要集散地。

布里卡马位于西部区冈比亚河南岸，旅游业较发达，拥有全国著名的手工艺品交易市场。

曼萨孔科位于下游区冈比亚河南岸，经由该城市，建有纵贯冈比亚进而连接塞内加尔南北两部分国土的重要国际公路。

乔治敦位于麦卡锡岛区冈比亚河南岸，是冈比亚重要的花生加工中心之一。

凯雷万位于北岸区冈比亚河北岸，是冈比亚最重要的内河港口。

巴塞位于上游区冈比亚河南岸，在冈比亚所有重要城市中，地处内地最东端，同时也是冈比亚干线公路的终点。

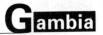

第二节 自然资源

一 矿产

矿藏资源贫乏，已探明有钛、锆、金红石混生矿（储量约 150 万吨）和高岭土（储量 50 多万吨），均未开采。海岸地区，目前有少量锆石开采，全部出口。

2004 年 2 月，总统贾梅在首都班珠尔宣布，近年的勘探结果表明，冈比亚已发现了储量巨大的石油。虽然他没有透露确切的数字，但外界估计，冈比亚的石油储量在 1 亿桶左右。

二 动植物资源

冈比亚的森林面积占国土面积的 1/3。但近年，冈比亚森林砍伐较为严重，沙漠化已经成为令人关注的环境问题。

冈比亚生长着许多波巴布树（Baobab，又称猴子面包树），它高度约 21 米，圆形树干底部树围可达 9 米多。存活期较长，个别波巴树树龄甚至超过一千年。民间传说魔鬼对波巴布树生气了，所以他把波巴树连根拔起，然后再倒置种下，这就是为什么波巴树的枝干像根一样。这种树在冈比亚植物中用途最广。树的果实的壳可以用来做容器；种子用作肥料；叶子可以吃；树皮可以制绳；高大而中空的树干可以用来储水；白色的、闻起来很香的花在节日里用作装饰；还可制成防护油涂在皮肤上以防日晒和虫子叮咬等等。

冈比亚沿海沼泽及遭受海水倒灌的内河两岸密集生长红树。红树具有能够在咸水中茁壮成长的特性，红树有脚手架一般高大发达的根系，这保证了它能够经受住海潮的冲击。红树的叶子四季长绿，状如皮革，树干可以长到 20～25 米高。其种子能够在海上浸泡漂浮一年而仍具有活力，一旦被冲上陆地，便可迅速扎根生长。红树的根系和叶子为很多生物提供了良好的栖息和生存环境，构成了生态体系的重要基础。一部根系就是一个昆虫、蜥蜴、贝类、鱼类和虾蟹杂居的动物世界。因此，当红树死亡之后，其周围土地会变得非常肥沃，如果清除红树林沼泽中的盐分可种植水稻。此外，红树的木质坚硬，还是制作木雕工艺品的好材料。

冈比亚以鸟类种类丰富而著称于世。冈比亚政府已划出七个自然保护区来保护鸟类和其他野生动物。距班珠尔仅24公里的阿布科（Abuko）自然保护区是其中最为著名的一个，该保护区里生活着狮子、鬣狗、鳄鱼、猴子和各种鸟类。

冈比亚河中生活着许多野生动物，海豚甚至在冈比亚最东端的阿尔布雷达（Albreda）也时有出现，而冈比亚河中上游的淡水区则是鳄鱼和河马的主要栖息地。

一种特殊的老鼠——冈比亚鼠为冈比亚野生动物增添了新的声誉。该鼠的正式名称是"大颊袋鼠"，因为喜欢把吃不了的食物存放在腮里而得名。这种鼠寿命可达8年，性情温顺，最突出的特点是嗅觉灵敏，能准确嗅出地雷中TNT炸药发出的气味。与其他探雷方法相比，冈比亚鼠有着得天独厚的优势。首先，它不会像金属探雷器那样分不出地雷与铁钉。其次，它们比探雷犬更能够适应非洲的热带气候。第三，它们成本低廉，体形小巧，即使不小心触到地雷也不会引爆。除此之外，其最大优点是工作一心一意，不知疲倦。一支由冈比亚鼠组成的特殊的探雷小分队曾在莫桑比克进行训练，然后派往其他非洲国家执行探雷任务。

著名的动植物保护区[①]

1. 阿布科（Abuko）自然保护区

阿布科自然保护区位于康博北区拉民村附近，距班珠尔25

---

① 资料译自 www.gambia.gm，2004年8月。

公里。1968 年正式建立以后，面积不断扩大，目前为 105 公顷。区内，森林茂密，池塘成串，雨季青草可高达 2 米。尽管保护区面积较小，却生活着多种哺乳类动物、鸟类、爬行动物和啮齿类动物，典型地反映了冈比亚的生物多样性。其中，在保护区内栖息的鸟类多达 270 多种。

阿布科保护区中保留有一定数量的原始森林，它是靠地表水而非降雨生长的原始非洲热带雨林的仅存部分。其西北部的池塘中生活着数量众多的尼罗鳄和品种丰富的鱼类。保护区中还生活着冈河下游地带红树林中的特色动物，如多彩猴、侏儒鳄鱼、冈比亚太阳松鼠、乳色鹰枭和绿杜鹃等。

保护区中还设有一座动物孤儿院，在这里，游人能够看到目前已在冈比亚野生环境中消失了的狮子和鬣狗等动物。该地区还收留了被人捕获的珍稀鸟类和动物，一旦它们长大，就将被放回到野生环境中去。

2. 包博隆（Bao Bolong）湿地保护区

作为对整个西非都构成一定地理影响和受国际湿地公约保护的湿地，包博隆湿地保护区位于下河区冈比亚河北岸，由六块较小的湿地组成。湿地并不具备冈比亚河的特征，而是一条沿边境延伸到冈比亚河的长达 140 公里的谷地。在国际湿地公约组织的资助下，湿地内环境、生态和社会经济勘察已经完成。计划保护区面积为 22000 公顷，生态系统为河口、红树林、盐地沼泽和热带草原林地。其中，在保护区的北部，盐地沼泽中生长着大片的芦苇，红树林生态系统中生存着西非独有的一些鱼类。保护区中的较大型动物有河马、鳄鱼、蛇和非洲无爪水獭。干燥地带还有豺狗等。保护区中的珍稀动物还有非洲鱼鹰、棕颈鹦鹉和鳍足鱼鹰。湿地对支撑冈比亚河流域食物链、为鱼类和野生动物提供栖息地和保持自然水循环系统方面都具有独一无二的作用。

3. 卡林提（Karinti）鸟类保护区

建立于 1993 年的卡林提鸟类保护区位于大西洋沿岸的比卓尔岛（Bijol Islands）上，由红树林、干燥林地和海岸沙丘丛林三部分组成，总面积为 612 公顷。该保护区是龟类和鸟类繁育后代的重要场所。

保护区包含了多种生物群落，有海洋性、河口性、淡水性、海岸丛林性和干燥林地草原性等，动植物种类非常丰富，其中，仅鸟类一项就达 61 科 259 种，成为名副其实的鸟类天堂。在这些鸟类中，既有海鸥、燕鸥、鹈鹕等，也有多种猛禽。此外，区内还有猴类、豪猪和香猫等较大型动物。世界上非常罕见的修士海豹在保护区一带也时有出现。

第三节　居民与宗教

一　人口、民族及语言

人口　冈比亚的人口 1959 年为 28.9 万，1969 年为 36 万余，1978 年为 56.9 万，1980 年为 69.9 万，1988 年为 81.7 万，[1] 1998 年为 119 万，2000 年人口 136.7 万人，2001 年为 138 万，2004 年为 146.2 万。[2] 人口构成中，非洲人占 99%，非冈比亚人占 1%。冈比亚人口有几个特征：①性别构成中，男性占 52.8%，女性占 47.2%。[3] ②人口稠密，冈比亚是西非人口最稠密的国家之一，人口密度平均每平方公里 67 人，内陆达 150 人，高于沿海。③城市化一度速度快但水平相对低。

①　《世界知识年鉴》1961～1992 年历年，世界知识出版社。
②　Epidemiological Fact Sheet, 2004, World Health Organization.
③　Epidemiological Fact Sheet, 2004, World Health Organization.

1973 年城市人口占全国人口 15.9%，1950～1978 年人口增 2.2
倍，城市人口增 4.8 倍。2003 年，城市人口仅占总人口
26.2%。① ④人口增长率高。1980～1995 年，冈比亚年均人口增
长率达 3.6%，1996～2002 年为 2.9%。② ⑤未成年人口比例大，
2000 年，0～14 岁的人口占总人口的 45%。③ ⑥平均寿命较低。
2002 年人均寿命 57.1 岁，男性 55.4 岁，女性 58.9 岁。④ ⑦受
教育程度低。2002 年，全国 15 岁以上成人文盲比率为 61%。
⑧另外有 10% 外来移民，多来自周边国家。

民族 冈比亚是一个多民族的国家。主要有：曼丁哥
（Mandinka）族（占人口的42%）、富拉（Fula）族（占18%）、
沃洛夫（Wolof）族（占16%）、朱拉（Jola）族（占10%）、塞
拉胡里（Serahuli）族（占9%），其他占4%。

冈比亚各族属苏丹语言尼格罗人。语系分支属尼日尔—科尔
多凡语系中的尼日尔—刚果语族。由于现代非洲国家是在殖民者
划定的疆界中形成的，这种人为的划界完全没有考虑到民族的、
历史的、地理的和经济的因素，常常把一个统一的民族有机体切
割成数块，所以非洲跨界民族比世界上任何一个大陆都多。冈比
亚亦如此。他们同边界以外的人，本来同属一个部族，有的曾经
同属一个家庭，只是被人为地分割成两个国家。非洲跨界最多的
富拉族就是在中世纪迁徙扩散到西、中非 16 个国家之中的，在
冈比亚是第二大民族。冈比亚另一些民族也居住在西非的其他国
家里，例如曼丁哥族的一部分至今生活在塞内加尔和几内亚。各
族语言不一，文化历史背景也各不相同。

① Epidemiological Fact Sheet, 2004, World Health Organization.
② Epidemiological Fact Sheet, 2004, World Health Organization.
③ Epidemiological Fact Sheet, 2004, World Health Organization.
④ Epidemiological Fact Sheet, 2004, World Health Organization.

1. 曼丁哥族

冈比亚第一大族，分布在全国各地。曼丁哥人体型都较高大，有的非常高大，手脚较长。面部特征也特别显著：低低的额头，突出的下巴，非常扁平的鼻子，双目狭长，颧骨高耸。该民族有着一千年以上的历史。在13世纪，他们曾建立了一个扩展到苏丹西部和撒哈拉西部大部分地区的大帝国——马里帝国（Mali Empire），是塞内冈比亚地区理论上的统治者。曼丁哥人一般是穆斯林，是西非较早接受伊斯兰教的民族之一。由于他们在西非分布甚广，他们的信仰成为有利于伊斯兰教传播的重要因素。一些最有地位的曼丁哥酋长非常富有，这种情况在14世纪马里帝国衰落以后也一直如此。他们能够从图库勒（Tucolors）、土巴库塔（Tubakuta）或别的部落雇用大量的雇佣兵和仆从军，他们处于幸运的地位，能够把统治强加给那些不如他们富裕和强大的部落。因此，到了19世纪，这些酋长几乎成为了冈比亚河流域的战争与和平的主宰。

曼丁哥人一向擅长经商和手工艺。在与白人商贩作了一些早期接触以后，他们从内地贸易转向沿海贸易。那些比较富裕的曼丁哥人成为以奴隶、象牙和黄金交换欧洲商品的掮客。贸易活动，加上过去广阔的马里帝国，使曼丁哥人遍布整个西非，并且使他们的语言成为了当地的商业通用语。他们中的许多人变得很富裕。他们的聪明和智慧也表现在制造金属装饰品上，特别在金银装饰品方面。

19世纪后半期开始，冈比亚的曼丁哥人逐渐失去了政治权力，经济地位也由于欧洲商号和黎巴嫩商人的渗透而每况愈下。他们不得不转而经营农业。今天，大部分的曼丁哥人依然从事农业。虽然他们没有过去那样强盛，他们仍然有能力很强的首领，给这个民族以强大的政治力量，这种状况往往是其他的民族所缺乏的。曼丁哥人尽管在商业上占着很重要的地位，他们的生活却

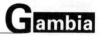

仍然以农业为主。从地域上看，曼丁哥人分布很广，以冈比亚西部和中部最为集中。

2. 富拉族

又称富尔贝族（Fulbe）或富拉尼（Fulani）人，冈比亚第二大民族。16世纪初期，富拉人开始出现在地高气爽的富塔贾隆高原，在那里与曼丁哥人毗邻相处。富拉人原是一个游牧民族，过着放牧牲畜的生活，不善于从事农业，牲畜的占有是产生他们文化的基础，后来才开始在一些地区定居下来，不再迁移。15世纪左右，西部的一批富拉人成为了穆斯林。到16世纪晚期，富塔附近已经十分拥挤，有些部族不得不另寻新地以放牧他们大群的牲畜。一部分富拉人穿越冈比亚河流域中部向北面的塞内加尔迁移，这个迁移过程相当缓慢。结果，许多富拉人与冈比亚河流域的其他部族形成杂居。在冈比亚的富拉人，居住在从卡萨芒斯河和文坦河（Wenten River）到富拉杜古（Fuladugu）和坎托腊（Kantora）之间的地区，并处于曼丁哥人控制之下。曼丁哥人统治富拉人有着十分明确的意图——为自己种庄稼和饲养牲畜。这种关系，对富拉人说来，有时等同于奴隶地位。在历史上，经过一段时间的耕作定居之后，半游牧的冈比亚富拉人便又开始流动，去寻找更好的牧场并重建一些暂时性的村镇，但依然受到曼丁哥人的统治。

纯粹的富拉人至今已经很少了，这个民族的许多特征在和其他黑人民族的同化中消失，但是他们的某些特征仍然很显著。纯粹的富拉人有鹅蛋型脸庞，鹰钩鼻子，薄薄的嘴唇和长长的头发，个子比较高，头发是直的。他们依然过着典型的游牧生活，牲畜构成了他们的财产，人们的社会地位就是按牲畜数量来衡量的。这些牲畜常作赠送的礼物或交换的物品。除了举行典礼以外，他们并不经常为了吃肉而屠宰牲畜，有时，他们也食用牛奶。富拉人现主要居住于麦卡锡岛和冈比亚东部地区。

3. 沃洛夫族

冈比亚第三大族。17 世纪，沃洛夫王国地处冈比亚南部与塞内加尔河之间。在 19 世纪被法国人征服以前，沃洛夫人始终是这个地区的大部分土地的统治者。他们那时隶属位于冈比亚北面的桑海王国（Songhai Empire）。沃洛夫人居住最集中的地区在萨卢姆（Saloum）一带，他们与边界那边塞内加尔的沃洛夫族属同一血统。

沃洛夫族曾以轻视农业的勇敢民族而著称，但是在 1886 年，一位德高望重的穆斯林预言者宣称农业是神圣的工作，从此，他们逐渐擅长农业生产，特别是种植花生。像曼丁哥族一样，沃洛夫族内部也有一个严格的等级制度，这在有军事传统的民族中是常见的。沃洛夫人耕种的作物和方法跟冈比亚的其他农民没有多大区别。能换取现金的主要作物是花生，男子负责种植和收获，妇女经营。一般说来，土地为村社占有制，即由村长和年长者来行使土地使用权。另有一部分班珠尔沃洛夫人，由于他们靠近学校，又有其他可以挣钱的职业，因此他们能够以本地的文化和经济领袖的地位出现于冈比亚，也曾几乎垄断了所有的文职行政职位。

由于长期的地方战争、奴隶贩卖和 16 世纪以前就开始的对其他民族的并吞，沃洛夫人已远不是血统纯粹的民族。尽管如此，沃洛夫人仍然保留着区别于其他邻族的特征：男子中等身材，体格健壮；皮肤深黑色，头发通常是卷曲的；鼻子不像其他部族那样的扁平。有些沃洛夫人从侧面看去，身体略微有点弯曲。沃洛夫妇女在非洲黑人妇女中，属于漂亮之列，服装也很特别，只要留心她们的穿着和外貌，是不会弄错的。她们十分讲究衣着，穿戴琳琅满目，特别是那些沉重的金耳环。

4. 朱拉族

又译迪奥拉族（Diola），冈比亚第四大族。朱拉人是在冈比亚居住历史最久的民族。虽然朱拉人占有很大的地区，但他们内

部几乎没有什么部落组织，也没有什么最高酋长，管理纯粹是以村落为基础的，社会组织仍然比较原始。主食是玉米、大米和他们拥有的大量牛和山羊。在旱季农业无法进行的时候，朱拉人会短期地出走到其他民族居住的地区务工挣钱，相当勤劳。朱拉人通常不穿衣服，喜欢赤身露体，脸上和身上留着一条条斑痕，全身披挂着护符。

5. 塞拉胡里族

亦称索尼克人（Soninke），冈比亚河流域的最后一个主要部族，也是混血种。他们是曼丁哥人的一个北部支系，混杂着从南方来的富拉人。在19世纪西非的一些宗教战争中，塞拉胡里人在为各交战的派别提供雇佣兵方面起过重要作用。现在的塞拉胡里人一般居住在冈河上游地区，在那里，他们成为最大的部族。他们基本上务农，土地贫瘠对他们大为不利。在河流上游地区，饥饿季节总是对他们的生活构成特别严重的威胁。

此外还有占人口3%左右的阿库人（Aku）多住在班珠尔和乔治敦市，他们是废除贩奴后，从贩奴船上逃下来的奴隶后裔，他们成为当地黑人中的上层，多从事官吏和教师职业，与其他族人混血。

语言 冈比亚官方语言为英语，使用较少的民族语言为曼丁哥语、沃洛夫语以及无文字的富拉语和塞拉胡里语。阿库人的母语为英语。

二 宗教

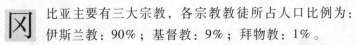比亚主要有三大宗教，各宗教教徒所占人口比例为：伊斯兰教：90%；基督教：9%；拜物教：1%。

1. 伊斯兰教

公元8世纪始阿拉伯商人在进行贸易的同时，也把伊斯兰教传入冈比亚。首先接受穆斯林教义的是冈比亚地区的商人。他们向各阶层的农民和社会的下层传教。伊斯兰教在冈比亚传播的过程中，曾受到当地酋长的抵制，以致导致了19世纪的索宁基派—马勒布特派战争（Soninki-Marabout Wars）。最终，伊斯兰教成为冈比亚第一大宗教。目前，穆斯林占冈比亚总人口的90%。很多冈比亚人的名字前面都冠以"阿尔哈吉（Al Hajj）"，这表明他们已经完成了前往麦加的朝觐。

2. 基督教

冈比亚的基督教完全是西方殖民者到来的结果，而且，基督教教徒中的一大部分为白人殖民者的后裔。冈比亚的基督教主要分为安立甘宗（Anglican）和天主教派（Catholic），教徒占全国总人口的9%。

3. 拜物教（fetishism）

原始社会中最早的宗教信仰形式之一。在神灵观念尚未产生以前，一些原始部族把某些特定的物体当作具有超自然能力的活物加以崇拜，表现形式是当地原始部族所相信并崇拜的具有魔力的符咒或护符。拜物教教徒占全国人口的1%。

冈比亚是一个有着宗教宽容传统的国家，尽管国内宗教较多，各种教徒之间却能够和平相处。在20世纪，当一些非洲国家竞相出现民族冲突和宗教冲突的时候，冈比亚各民族与各派教徒却一直能够保持和睦共处的局面。

三　民俗与节日

传统民俗

1. 摔跤联姻仪式

这是冈比亚农村的一种婚配风俗。冈比亚农民非常喜欢摔跤，村与村之间经常进行摔跤对抗。每当有外村摔跤能手到来，必有鼓手以鼓声召集村民与本村摔跤手来到树下摔跤场迎战、助威。双方的摔跤手列队在场上，双方配成对子。每

一对都双腿下蹲，正面相视。鼓声再响，让他们彼此抓住对手。对对摔跤手都迂回旋转，寻找战机，双方的鼓手也跟着跑动，紧跟在摔跤手们的后边。此时，摔跤场上扬起团团黄色沙尘。鼓声继续，观众欢呼。不久，"比赛"结束了，获胜者被奖励一支公牛角。这时，一群少女冲进摔跤场，拥到摔跤手身旁，把铜铃系在他们的手臂和脚踝上。顿时，观众又响起一片欢呼声。两队摔跤手开始绕场舞蹈，臂上和脚上的小铃，发出有节奏的响声。少女们也翩翩起舞，穿梭于摔跤手之间。鼓声越来越紧，少女们的舞步也越来越快。不一会儿，她们个个大汗淋漓，退出场外，把自己的彩巾留在场上。接下来，场上一片寂静。围观的村民个个瞪大眼睛，看清楚哪个小伙子捡去哪个姑娘的花头巾。原来，在跤手们绕场跳舞时，少女们已在专心挑选自己的情郎，而小伙子们也在细心观察她们的舞姿和容貌，挑选自己的心上人。村中的少女就是通过这种形式与外村的小伙子喜配良缘。

2. 丧葬习俗

在冈比亚，每当村里发现有人死亡时，人们就发出尖啸声，引起村里其他人的警觉。村里的老人会为死者安排丧事并捎信给死者的亲属和朋友。死者的尸体被洗干净，用一块洁白的布包住，再用一领草席卷起来，或者直接放进棺材，送到清真寺以便为死者祈祷，或者让尸体停放在庭院里直到埋葬那天。葬礼一般在下午或者晚祷后举行。妇女与死者家属留在庭院里，男人送死者到墓地。葬礼结束后，人们要向死者家属送钱、送食物。在葬礼后的第3天、第8天和第40天，还要向死者家属送礼。按照穆斯林的惯例，寡妇的居丧期为4个月零10天。在此期间，寡妇不准穿红戴绿，并且必须呆在家里，以便确定寡妇是否怀孕。鳏夫则不必遵守这种规矩。

3. "垒花生"比赛

冈比亚盛产花生，每到花生收获季节，"垒花生"比赛便成了当地人的一项体育活动。比赛前，由一位工匠用石灰在地上画一道白线，规定花生袋堆放的位置。比赛由当地酋长主持。比赛开始，竞赛者们肩扛头顶，将花生袋放入白线内。随着他们来回奔跑穿梭，花生袋越垒越高，当花生袋垒到"金字塔"形的最顶端，只能放置一袋时，即算堆垒完毕。这时参赛者迅速将花生堆四周清扫干净，待酋长来验收。比赛通常以50人为一组，获胜的组每人得到一袋花生作为奖赏。这种比赛是男女青年进行社交的场合。每次比赛结束后，都有许多女青年跑上前去向获胜的男青年表示祝贺，或递上一块擦汗的手帕，或递上一罐清凉的饮料。如果男青年对女青年也有意，便在三天之内回赠一块手帕和一些蜂蜜，表示愿意同她结合，希望婚后生活如蜜一般甜美。

4. 社交礼仪

冈比亚被西方国家称为"微笑的国度"，人民乐观而好客。握手是最通行的见面时的礼节，"你好吗?"是他们传统的问候语。初到冈比亚的人应该记住，冈比亚人在接受或给食物以及其他东西时是只使用右手的。另外，在宾馆或饭店付账时通常要加付10%的小费。

5. 饮茶古法

中国古人饮茶，采用烹煮，并加香料和其他调味品共饮。这种古老的饮茶文化后来传往国外。冈比亚就保留着这种饮法。当地人普遍信仰伊斯兰教，不许饮酒，而许饮茶，长期以来酷爱饮用中国绿茶。熬煮薄荷糖茶有一套专用茶具，有金属（铜质镀银）或搪瓷茶壶、小玻璃茶杯、高脚茶盘、木炭火炉、开水壶等。煮茶时，先洗净茶具，取茶25～30克入壶，冲入温水，盖好壶盖，摇晃数下，再将茶水倒出弃之，谓之"洗茶"——洗去茶中沾染的浮尘（穆斯林特爱洁净），再加水入壶，随同放入相当于8块方糖量的白糖，加3枝新鲜薄荷枝叶入壶，与茶共

煮。在无烟炭炉上煮沸约 5～8 分钟后，倒入数个小玻璃杯中。反复例兑数次，充分调匀茶汤。此时只见茶汤色泽黄褐，上浮许多泡沫。冈比亚人认为泡沫愈多表示茶质愈好。待茶温降至适口时，即可送给席地围坐炉旁的人们慢慢品饮，谓之头杯茶，茶汁粘重，茶味十分浓厚甘甜而爽口，非常好喝。然后壶中如前加水、加糖、加薄荷，再煮二次，煮时稍延长一二分钟，谓之二杯茶。饮完二杯，再煮三开。煮过三次茶渣即弃去，用于喂养牛羊。人们在品茶之时，精神振奋，与茶友、家人谈天说地。每日三餐以后例须饮茶三杯，已成习惯。

主要节日有如下几类：

公共节日

新年（1 月 1 日）；独立日（2 月 18 日）；伊斯兰新年（4 月 17 日）；劳动节（5 月 1 日）；革命纪念日，即贾梅政变纪念日（7 月 22 日）；圣诞节（12 月 25 日）。

宗教节日

塔巴斯基节（Tabaski，2 月）；先知诞生节（5 月 2 日）；圣母升天节（8 月 15 日）；斋月结束日（11 月 3 日至 5 日）。

塔巴斯基节是穆斯林的一个重要节日，用以纪念神灵怜悯亚伯拉罕，允许他用羊代替他的儿子来献祭。这一天，每个穆斯林都吃羊肉，并且要赶回家去与父母团聚。

新兴旅游节日：国际寻根节

20 世纪 70 年代，美国作家亚历克斯·哈里（Alex Haley）出版著名小说《根》（Roots）和紧接着的同名电视剧热播之后，作者祖先即主人公康达·金特（Kunta Kinteh）的出生地——冈比亚河上的嘉福村（Juffure）顿时为世人所知。冈比亚作为无数美国及发达国家黑人寻访"祖先之根"的故乡，开始成为世界旅游业的一个热点地区。为了进一步以"寻根"文化推动旅游业的发展，1996 年 5 月，冈比亚举办了第一届国际寻根节。随着该节日的连年举办，寻根节已经成为冈比亚的一个著名新兴旅游节日。该节日历时一周，核心内容为参观康达·金特的家乡嘉福村，同时还包括一系列富有冈比亚民族特色的文化旅游和风光旅游活动。寻根节的成功举办有力地提高了冈比亚在西方世界的旅游吸引力，对其经济发展起到了积极的促进作用。

第二章

历 史

第一节　古代简史[①]

　　在西方殖民主义者入侵以前，冈比亚的历史没有文字记载。有关这一地区的最早的文字叙述出自阿拉伯商旅的记述。为了获得黄、白、黑"三色商品"，即黄金、象牙和黑奴，阿拉伯商人建立了跨越撒哈拉沙漠的商路。所谓"塞内冈比亚"仅仅是一个地理概念，在这块土地上交错杂居着众多族体，他们既因语言和文化而相互区别，又因地域相邻而彼此通婚、互相融合。这里虽然曾经属于出现在西非的几个黑人大帝国，但本地区从来不曾产生过真正意义上的统一国家。据冈比亚人口口相传的历史和某些外来商旅的文字记载表明，在西方殖民者到来之前，今日的冈比亚地区已经居住着操曼丁哥、沃洛夫、塞拉胡里、朱拉、富拉语言的部族，冈比亚河两岸出现了许多小王国或酋长国。它们建立在前资本主义诸种社会经济形态的基础上。

　　西非内陆草原通常被认为是尼格罗人种的家园。他们属尼日

---

　　① 编译自 Arnold Hughes and Harry A. Gailey: *Historical Dictionary of The Gambia* (Third Edition), The Soarecrow Press Inc. Lanham, Maryland, and London, 1999。

尔—刚果语系。其中讲苏丹语的黑人在占据了苏丹草原区后便从草原区的边缘地带向沿海森林地带迁徙，历时很长，从10世纪一直延续到西方殖民者到来的前夕。正是这种迁徙形成了今日冈比亚的最早居民。这些纯黑种人按照血统关系以一个个小单位群居在一起。起先，由最年长的男子担任首领，后来，首领的统治权逐渐变成对同宗族中某一支系的支配权。首领居住在某个村庄里，族群就分居在其周围的许多小村庄里。朱拉族的祖先是冈比亚地区的最早居民。

据考证，朱拉人由许多小的分支组成。朱拉人主要从事农业，稻谷是他们的基本食粮。由于原始、粗放的种植形式，朱拉人总是面临着寻找新的肥沃土地的压力，同时，为了争夺土地资源，朱拉人各部族之间经常爆发血腥的残杀，在争斗中失败的部族不得不向远方迁徙，寻找和平而适于种植的土地。原始农业的自我封闭导致了朱拉人对外来文化的本能排斥。朱拉人一直保持原始性的文化，原始的拜物教仍在流行。

10世纪以前，在西非地区出现了古加纳王国和桑海王国等苏丹人国家。这些国家的统治者被认为具有半神圣的权力，他们向外扩张，使邻近的一些国王沦为藩属，采用宗主国王权的政治、社会和宗教体制。这种政治同化趋势在塞内冈比亚地区虽有影响但不严重。13世纪，尼日尔河大河湾地区开始了伊斯兰化的过程。伊斯兰化的各王国都合并到正在崛起的马里帝国，该帝国的统治者是曼丁哥族，他们从冈比亚以东的富塔贾隆高原进入冈比亚河流域统治该地区。马里帝国倡导伊斯兰文化。曼丁哥人的到来，也就伴随伊斯兰教的传入。15世纪左右，桑海帝国从对马里帝国的臣服中崛起，并在随后的两个世纪内完全将马里帝国的版图据为己有，也控制了冈比亚地区。原住冈比亚的朱拉人根本无力抵抗任何外来民族的入侵，他们很自然地成了这两个帝国的臣民。桑海帝国的向西扩张主要是由沃洛夫人进行的。作为桑海帝国的一个部族，沃洛夫人成为冈比亚河以北的名义上的统治者。对于朱拉人来说，他们虽然受到曼丁哥和沃洛夫两个外来统治民族的冲击而被迫分裂为大量较小的部族，但实际上由于无论对于马里王国还是桑海王国，冈比亚均处于边远偏僻的地区，皇权统治有名无实，所以，这里朱拉人和其他民族的小国王或小酋长依旧能够存活而行使职权，在大部分情况下它们不受两帝国皇帝的干涉。与此同时，生活在帝国内部地区的富拉族和塞拉胡里族及今天冈比亚境内其余的少数民族也因不堪忍受压力而由帝国的中心地区迁移来冈比亚。

冈比亚这种多民族的、一盘散沙式的社会政治形态和小王国之间战争不断的内部形势后来成了西方殖民者采取"分而治之"的有利土壤。因此，在殖民者的有意利用下，这种地方的小国王、小酋长统治，直到冈比亚独立以前，一直较完整地保留了下来。即使在独立后，众多地方酋长依旧存在，仍然是冈比亚政府实施政治管理时需要慎重处理的一个基本国情。

15 世纪左右，伊斯兰教在冈比亚河流域传播。最先接受伊斯兰教的是商人，他们向各阶层的农民和社会的下层进行宣传。最后接受伊斯兰教的是各地酋长和他们的侍从。他们直到 19 世纪的索宁基—马勒布特派战争之后才终于完全接受了伊斯兰教。

第二节　近代简史[①]

一　殖民主义者的入侵及其争夺

15 世纪初叶，随着达·伽马在环非洲大西洋新航路探索方面的历史性进展，在葡萄牙亲王亨利的鼓励下，西

[①] 编译自 Arnold Hughes and Harry A. Gailey：*Historical Dictionary of The Gambia*（Third Edition），The Soarecrow Press Inc. Lanham，Maryland，and London，1999。

非迅速成了葡萄牙人探险与殖民贸易的重点地区。1446 年，葡萄牙人努诺·特里斯陶（Nuno Crisito）到达佛得角（Cape Verde），1447 年，葡萄牙人发现冈比亚。1455 年，亨利亲王委派 A. 卡达·莫斯托（Cadamosto）和 A. 乌西迪·马雷（Usidimare）来到冈比亚河流域探险，一支葡萄牙船队进入了冈比亚河口。葡萄牙人仅深入河口约 100 公里，因船员患病而被迫终止。15 世纪后半叶，前往冈比亚的探险活动不断。许多葡萄牙人在冈比亚河两岸殖民定居，传教士也开始到来，试图将基督教传播给当地居民。但由于当地酋长的反对和伊斯兰教的影响，基督教的传播未能展开。葡萄牙人在塞内冈比亚地区经营的主要贸易是贩卖奴隶。1600 年以前非洲输出的奴隶大约 1/3 来自这里。16 世纪葡萄牙人在冈比亚河及沿海建立了许多贩奴据点。随着葡萄人的移居，在沿海社会中逐渐形成一个葡非混血种人阶层，他们是葡萄牙殖民者与当地人通婚的后裔。16 世纪末，在冈比亚的所有港口城镇都有葡非混血种人集团；至 17 世纪初，他们已成为冈比亚的主要商业集团。这些混血种商人不仅拥有以商品和贸易网络为中心的经济力量，而且同非洲传统的统治者关系密切，拥有相当大的政治权力。但是，他们的主要活动仍在贸易方面，在奴隶贸易中起重大作用，对冈比亚社会的发展具有一定影响。

1553 年，英国人开始派遣商船进入冈比亚河流域，最初的主要动机也是进行贸易。

1580 年，葡萄牙王国的王位让与西班牙的菲利普二世，葡萄牙对环西非大西洋航线的控制地位急剧改变。1588 年，葡萄牙王位继承人之一、克腊托大修道院副院长安东尼奥（Antonio）将冈比亚河上的专有贸易权卖给英国。经过 1588 年的英葡交易，伊丽莎白女王向一些在西非从事贸易的英商授予了为期十年的贸易特权。1618 年，英王詹姆士一世再一次将贸易权授予一家英国公司，从事在冈比亚和加纳地区的贸易。同年，罗伯特·里奇（Robert Ridge）等 30 名商人组成伦敦冒险家对非贸易公司。公司勘探了冈比亚河，并在河流入海处的詹姆斯岛（James Is.）上建立了第一个英国商站。在克伦威尔统治时期，英国在冈比亚的活动有所扩大。1651 年，国务会议将专利授予罗兰德·威尔逊（Roland Wilson）和托马斯·瓦尔特（Thomas Walt）等人的几内亚公司。公司派出两支考察队，逆冈比亚河而上，寻找黄金，扩大贸易。1652 年，公司在宾坦（Binton）建立了商站。

在查理二世复辟时期，英国在冈比亚逐渐取得优势。查理二世组建了显赫的皇家冒险家公司，以便为美洲的种植园输送奴隶。在此期间，英国成功地占领了安德烈斯岛（Andras Is.）。安德烈斯岛和班珠尔岛原为波罗的海小国库尔兰（Courland）人（18 世纪末，该国被并入俄罗斯版图，称为库尔兰省）占有，他们在岛上修筑了堡垒。1659 年，库尔兰人将其在西非的财产转让给荷兰人。皇家冒险家公司的首要任务是索回荷兰人手中的英国财产，1661 年，它占领了安德烈斯岛，并将其更名为詹姆斯岛。1672 年，英国创建皇家非洲公司。公司以詹姆斯岛为基地，同时在沿海和冈比亚河上游地区设立贸易站。这些贸易站主要分布于麦卡锡岛、巴腊康达瀑布（Barrakunda Falls）、宾坦（Binton）和班扬角（Banyan Point）等地。这是英国殖民者在冈比亚建立的最早的殖民地。

与此同时，早在 1560 年即已进入冈比亚河北岸地区的法国人已完成了对塞内加尔的控制，这样，在塞内冈比亚地区，葡萄牙与荷兰竞争的局面被英法竞争所取代。不满足于仅仅占有塞内加尔的法国人再次将贸易区扩大到冈比亚，取得冈比亚河北岸所有权，并在詹姆斯岛对岸的阿尔布雷达（Albreda）设立贸易站。这样，英法之间便开始了长达二百年的贸易和军事冲突。1689年，英法战争爆发，两国互相攻占对方在塞内加尔和冈比亚的商站及堡垒。但是，1697 年的里维斯特和约（Revest Treaty）仍旧维持了英国在冈比亚的优势。1698 年，英国开放西非贸易，结束了皇家非洲公司对贸易的垄断。个体商人可以建立商站，扩大贸易。皇家非洲公司的职责转为维护詹姆斯堡，负责冈比亚的防务，为负担此项开销和补偿因失去垄断权而造成的损失，该公司有权向个体商人征税。

1730 ~ 1740 年是英国在冈比亚从事奴隶贸易最为繁荣的时期。殖民者弗朗西斯·穆尔（Francis Moore）曾于这一时期来到冈比亚，他的印象是："那些商人往下游运象牙，还伴有人数多至二千的奴隶，他们说这些奴隶大多是战俘，是向各个俘获他们的王子那里买来的……一路上，用皮带拴住他们的脖子，每串有三四十人，每人间隔一码左右，通常头上顶着一捆谷物或一只象牙。……在冈比亚河下游地区，凡具犯罪性质的一切行为，事无大小，均被罚充奴隶。……有一个人因偷窃一只烟斗而被贬卖为奴隶。从冈比亚运出的奴隶每次数目不等，大致随河运情况的好坏而变化。在好的年景里，运出的奴隶达二千名之多。"① 然而，接下来对法国人的战争却耗尽了英国皇家非洲公司的财力。1750年，英国议会制订一份拯救英国在西非贸易的方案。设立对非贸易商行，控制西非的堡垒和商站。1756 ~ 1763 年欧洲七年战争期间，英国利用海上优势，夺取了戈雷岛（Goree Is.）等法国在塞内加尔的一些主要贸易基地。1763 年的巴黎和约将戈雷岛归还法国，并允许法国占有冈河上游的阿尔布雷达。

1765 年，英国议会通过法令，结束通过贸易公司对冈比亚实施间接管理的做法，正式接管冈比亚，并把它和英国在塞内加尔的占领区合并，称为塞内冈比亚。作为英属塞内冈比亚的一个

---

① 〔英〕小哈里·A. 盖利著《冈比亚史》，上海人民出版社，1974，第 53 ~ 54 页。

省，冈比亚正式成为英王管辖下的殖民地。整块殖民地由一名总督、一个委员会和一名首席法官治理，总部设在圣路易。冈比亚则由一名副总督管辖。

美国独立战争期间，法国乘机夺取了全部塞内加尔。塞内冈比亚省实际上只剩下冈比亚部分。1783 年，英法订立凡尔赛条约，规定圣路易（St. Louis）、戈雷及塞内加尔的其他堡垒和商站为法国所有，冈比亚河两岸为英国殖民地。同年，英国议会承认有关皇家直属殖民地政府的尝试已彻底失败，再次将这一地区的管辖权授予商行执行委员会，重新恢复了对冈比亚的间接管理。

1806 年，英国议会在废奴主义者的努力下通过了废除奴隶贸易法案。此后英国殖民者深入冈比亚内地寻找新的贸易资源，加强了对冈比亚内陆的探察活动。随着合法贸易的发展，贸易站遍及整个冈比亚河流域。为了在冈比亚河口建立有效的军事与财政管理设施，切实控制冈比亚河通往外部世界的唯一咽喉要道，国务大臣巴瑟斯特（Bathurst）伯爵认为有必要在班珠尔岛上建筑新的要塞。经过一番"外交努力"，冈比亚土著康博王割让了班珠尔岛，英国人答应对他提供永久保护。这样，1816 年一座新的城市巴瑟斯特市（Bathurst，独立后改名班珠尔）就发展起来了，班珠尔岛亦改名为圣玛丽岛。

二 英国殖民统治的确立与早期反殖民主义斗争

巴瑟斯特市及其附近的康博—圣玛丽区的建立是英国在冈比亚殖民活动的最重要的进展。伴随着该市的建立，由商行委员会组成的政府及法庭等相应的城市管理机构相继建立。1826 年，该市的人口已达到 1800 人。这之后，一个以英国城市为蓝本的，集教育、医疗、宗教、交通等功能为一体的近代城市在冈比亚迅速成长起来。

1821 年，英国议会法令规定，冈比亚仍为皇家殖民地。同年，冈比亚与西非其他要塞和殖民地一起，划归塞拉利昂总督管理。1843 年间接管理再次取消，冈比亚又一次成为英国直属殖民地。

英国在统治冈比亚期间，依照"分而治之"的总的原则，对冈比亚各族采取了"拉一派，打一派"的分化瓦解政策。朱拉人抵抗英国殖民统治最为激烈，英国人为了削弱他们的抵抗力量，便以"提供军事保护"、"对酋长发放津贴"等拉拢利诱办法在曼丁哥族中培养亲英势力，并且利用曼丁哥人人口众多的优势，从地区上分割、驱赶朱拉人，将不肯放弃独立地位的朱拉人从地理空间上孤立起来，从而大大降低了由于朱拉人起义反抗而对英国殖民者所造成的威胁。即便如此，英国殖民者在冈比亚不断占领土地，扩大自己的势力范围的行径，仍旧引起了当地各族人民持续不断的反抗。1827～1831 年，巴拉（Barra）国王为反对英国在巴拉角（Barra Point）修建城堡，与英国发生冲突，战争持续了 4 年之久，最后，英国在法国殖民军的协助下，镇压了巴拉国王的反抗。

1855 年，西非黑人英雄奥马尔（El Hady Omar）为反对英国殖民者占领土地，率领包括冈比亚各族人民在内的西非人民与英殖民主义者进行了殊死战斗，并重创殖民入侵者。反抗殖民主义者的斗争是以轰轰烈烈的伊斯兰教"圣战"形式开始的，并包含政治、经济、军事和文化等方面的改革：在政治上，通过复归正统的伊斯兰教信仰和法规，利用宗教的凝聚力形成统一国家、统一民族，建立中央与地方权力分明的政教合一的政治体系。为此，奥马尔统一西苏丹大部分地区并建立图库勒尔帝国（Tucolors Empire），它包括冈比亚地区。在经济上，要发展封建土地制，限制奴隶制，开展对外贸易。在军事上，积极从西非沿海或北非国家购置新式武器，引进西方军事技术，增强维持国内和平秩序的能力。在文化上，提出建立"正规民"的主张，即借助较先进的伊斯兰教文化来取代落后的土著文化，以文化的统一与更新巩固社会进步的成果。然而，最终圣战失败了。失败的主要原因是西方殖民主义者串通非洲内部保守、反动势力用武力与阴谋扼杀了改革与独立运动。其次，这一改革是在前资本主义落后的社会基础上进行的，改革者起初尚能依靠一些新兴的商人阶层或贫苦的农牧民，但得势之后便反过来镇压他们或以官办垄断政策伤害工商业者的利益，结果使自己陷于孤立。此外，他们学习西方的近代化只着重于军事技术方面，新工业的引进也是片面的，加之管理不善、贪污腐化、挥霍浪费盛行，故而不可能收到应有的改革效果。但是，冈比亚人民继续不屈不挠的斗争迫使英国统治者对冈比亚的占领采取了比较现实的政策。事实上，英国对冈比亚的实际有效控制从未超出过康博—圣玛丽区（Kombo-St. Mary District）。

1866 年，出于降低殖民地管理成本的考虑，英国议会决定，在整个西非地区成立一个以驻在塞拉利昂的大总督为首的统一政府，冈比亚成为隶属塞拉利昂大殖民地的一部分。1888 年，根据英国议会决定，冈比亚脱离塞拉利昂管辖，单独成立冈比亚殖民地政府。

19 世纪 70 年代，英法进入垄断资本主义时期，两国在非洲争夺和瓜分殖民地的冲突愈演愈烈。为了谋求和平解决双方在西部非洲的殖民地领土争端，避免两败俱伤，英法原则上达成一致，英国放弃对塞内加尔的殖民要求，法国则尊重英国在冈比亚以及尼日利亚等地的既得利益。为了划定双方在冈比亚河流域的殖民地边界，1889 年 4 月，英、法两国代表在巴黎举行瓜分塞内冈比亚的会谈，同年 8 月达成协议。划分的过程是极其粗暴和草率的，对该地区黑人各民族传统的生活地域采取了完全漠视的态度。据记载，法国代表巴约尔在一张地图上，从冈比亚河口向

东直到亚尔布顿达（Yarbutenda）沿河西侧，划了两条线，并声
称，可将这两条线以内的土地划归英国。英国代表对此表示同
意。于是，冈比亚和塞内加尔的边界线就这样划定了，并最终于
1904 年完成了全部具体边界的勘察和永久性界标的设置工作。
这是列强瓜分势力范围的最典型的丑行之一。它们不顾当地人民
的愿望，不顾地理自然条件和历史背景，强行把一个有着共同民
族的地区一分为二，把痛苦和厄运强加给殖民地人民。就连英国
本民族的历史学家都难以回避这条边界线的荒谬性，称它为
"也许是世界上最可笑的疆界"①。英法殖民者的倒行逆施遭到了
塞内冈比亚人民的反抗。先后于 1891 年、1895 年、1898 年和
1904 年爆发反殖民主义武装起义，给予英法联合划界队和英国
侵略军以沉重打击。

　　英国将法国人从冈比亚河地区排除出去以后，开始在冈比亚
谋划建立长久而稳定的统治秩序。1894 年，冈比亚殖民地政府
同沿河地区的大多数酋长签订了条约，并宣布了一项保护地统治
制度，这一制度是以这些酋长的统治为基础，而接受殖民地巡回
专员的监督，谓之间接统治制度。根据这一制度，原有的酋长
制，特别是土地制得到保护。英国只对冈比亚河河口的圣玛丽岛
（St. Mary Is.）和冈比亚河中游的麦卡锡岛等 70 多平方公里地区
实行直接统治。殖民机构设在巴瑟斯特城。

　　1893 年 1 月，英国政府在冈比亚河南北两岸委任了两个巡
回专员，间接统治就这样建立起来了。间接统治的本质是在殖民
政府控制国家局势和保证白人殖民者根本利益的前提下，以冈比
亚人治冈比亚人。殖民政府保留对于不称职酋长的罢免权，以及
同巡回专员协商后任命新酋长的任命权。为此，殖民政府于

---

① 〔英〕小哈里·A. 盖利著《冈比亚史·序》，上海人民出版社，1974，第 2
页。

1894 年制定了保护地的第一个重要立法——保护地法令。它规定：在保护地区内可通行土著法律和风俗，凡是不跟殖民地法令相抵触的，就可以同样有效。这实质上是承认了整个保护地的习惯法律和习惯诉讼程序，只是另外规定殖民政府有权限制或撤消不称职的县法庭。保护地法令还规定了上诉方式，并赋予巡回专员或行政长官监督权力，而实际上，以区区两名巡回专员来监督一万多平方公里的司法公正是绝对不可能的。

1902 年，英国殖民政府又公布了一个新的内容全面的保护地法令，确定了保护地的新地位，该法令明确规定巡回专员是他们所管辖的县的主要行政权力。同时，法令对 1894 年有关保护地土著司法的内容做出了修改，规定土著法庭由依法任命的三名或三名以上土著法官组成，但巡回专员单独一人或有一名或一名以上的法庭成员陪同也可以开庭。因此，巡回专员实际上等于是他所到之处的最高酋长。

英国殖民政府陆续颁布一系列法律来试图在各方面规范在冈比亚的统治秩序，其中包括乡村"公有土地"管理法，对地方酋长任命办法的进一步修改，等等。间接统治的根本意图在于维持现状，白人殖民者不想无谓地卷入冈比亚的具体管理重任中去，他们只关心自己在冈比亚的利益得失，而对冈比亚人民生活和社会文明的提高关心甚微。在英国对冈比亚的长期统治中，使冈比亚形成了非常严重的、只依靠单一作物的殖民地经济，导致国民经济极为脆弱，财政收入水平低下，各项社会事业发展举步维艰。

在殖民主义者已经统治了冈比亚，社会阶级关系发生了变化的历史条件下，冈比亚也兴起一代民族主义者。他们不再是王公贵族，而是受过欧美教育、接受了资本主义启蒙思想的民族知识分子。他们比上一代人更加了解西方的近代化，认为只有先进行政治改革，然后才谈得到经济和社会的改革。他们的活动不像上一代人那样轰轰烈烈。他们为争取非洲人的权利到处奔走呼吁，做了大量的宣传教育工作，从而为现代民族独立运动奠定了基础，其功绩是不能磨灭的。出生于塞拉利昂的阿非利堪纳斯·霍顿（Africanus horton）是这代人的代表，1868 年他发表的著作《西非的国家和人民》就调查了冈比亚的殖民状况，反映了人民的需求，提出了改革措施。但是这代人的弱点是过于轻信宗主国政府。由于他们的身世使其感恩于西方，并对资本主义国家的民主制抱有很大幻想。他们希望能通过殖民地的政府改革，使非洲人也能获得如同宗主国公民一样的权利。他们对西非人民的反殖民主义武装斗争常持冷漠态度，由于脱离人民群众，由此注定了必遭失败的命运。

第三节　现代简史

一　现代民族主义运动的兴起

比亚与其他英属西非殖民地被宗主国拖入两次世界大战的泥潭。尽管冈比亚在战争中的作用十分有限，但战争对它的影响却是很大的，促成了其历史发展的转折。英国参加第一次世界大战后，非洲殖民地都是其人力资源和战略物资的稳定供应地。据统计，战时英国从冈比亚、塞拉利昂等四个西非殖民地征集民夫多达 68821 人。① 西非军团也有数万人。战争促使外出人员的民族意识觉醒，导致民族经济的萌芽。殖民统治方式和社会经济也发生相应的变化。

第一次世界大战后，冈比亚的民族知识分子和民族资产阶级成长起来了，新一代民族主义领导人和改革家多数出身于知识分

---

① 转引自艾周昌、郑家馨主编《非洲近代史》，1995，第 947 页。

子和下层军政人员，他们的思想和政治主张基本上继承了上一代人的传统，所不同的是他们加强了组织工作，开始组建具有现代意义的民族主义政党或政治组织，提出了较明确的政治纲领。他们普遍要求民族自治，然而，上一代民族主义者的弱点在他们身上没有大的改变。他们对宗主国的议会和政府抱有幻想，虔诚地期望殖民地的状况能得到改变，相信通过他们的请愿能说服宗主国政府改变政策，因此坚持非暴力合法斗争。他们远离当时的工人罢工、农民运动和部落民族起义。

1920 年 3 月，英属西非国民大会在阿克拉成立，这是非洲大陆上第一个跨殖民地的地区性民族主义政党。冈比亚派出 1 名代表参加，而且在冈比亚组建国民大会分会。1920 年 10 月冈比亚代表爱·斯莫尔（Edward Small）参加加纳政治家海福德（Hyford）为首的代表团赴伦敦请愿。1925 年西非国民大会在巴瑟斯特举行会议进一步讨论大会章程。国民大会十分重视舆论宣传工作，也比较注意加强同各殖民地政治组织的联系，加强团结，采取联合反殖民主义活动。西非国民大会曾主动地同它们建立了密切的联系。但该政党强调的只是在殖民体制范围内从事自己的政治活动，让少数人参加殖民地管理，参与当地社会的发展进程。因此，他们的斗争只是停留在少数人的上层活动上，始终没有同工人农民的斗争结合起来，这是导致它最终失败的一个重要原因。1929 年 11 月，巴瑟斯特发生建筑工人、造船工人、机械工人、泥瓦工人和海员参加的总罢工，造成港口瘫痪、工厂停工、商业区停业，参加人数达到 1500 人。国民大会放弃了对这场斗争的领导权，而由冈比亚另一个民族主义政党劳动联盟担起了领导责任，迫使殖民当局作出让步，承认工人有组织工会的权利，规定工人的最低工资数，斗争参加者受到很大的鼓舞。劳动联盟成为民族解放运动的中坚力量。

第二次世界大战后，冈比亚涌现出了更多的民族主义人士和改革家，他们无论在战略上或策略上都比过去有了突破。1945年 10 月，冈比亚民族主义者出席了在英国曼彻斯特召开的第五届泛非代表大会，通过了《告殖民列强书》、《告殖民地工人、农民、知识分子书》两个纲领性文件。其中明确提出："所有殖民地人民都有权掌握自己的命运。一切殖民地必须摆脱外来帝国主义的控制，获得政治和经济的自由。"又指出："殖民地和附属国人民争取政治权力的斗争，是走向社会、经济和政治全面解放的第一步和必要的先决条件。"① 号召为达到上述目标进行不遗余力的斗争。在斗争方法上，他们主张丢掉过去希望殖民宗主国"行使人道主义"，给予非洲人民权利的幻想，改变以往只是采用少数人请愿、呼吁等办法，而采取发动工人、农民和知识分子，组织起来，开展富有战斗姿态的"积极政治行动"。他们坚定地认为，"只有采取行动才能同时铲除压迫和消除压迫者带来的威胁"②。泛非主义运动第一次提出了"打倒帝国主义"的口号，有力地促进了冈比亚人民的斗争。在此期间，许多冈比亚民主主义者从海外回到非洲，领导开展斗争。

这代民族主义者的杰出代表是达乌达·凯拉巴·贾瓦拉（Dawda Kairaba Jawara, 1924～）。贾瓦拉的思想脱胎于欧洲"民主社会主义"，但强调"黑人传统精神"或其文化的非洲特点，注重非洲社会主义思想意识形态的"特殊性"、"独立性"，表示既不接受西方，也不接受东方的意识形态，宣称其社会主义有别于资本主义和战后社会主义，或者说是"超越"两者或处于两者之间的"中间理论"或"中间道路"；他尤其十分夸耀其社会主义是非洲古而有之的、土生土长的，扎根于非洲传统的意

---

① 〔英〕C. 勒古姆：《泛非主义：简明政治手册》，1962 年伦敦版，第 137 页。转引自陆廷恩、刘静著《非洲民主主义政党和政党制度》，华东师范大学出版社，1997，第 119 页。

② 〔英〕I. 盖茨：《泛非运动》，1974 年伦敦版，第 378、406 页。转引同上。

识形态之中的。他把传统社会的文化、道德与价值作为非洲社会主义的哲学基础。

贾瓦拉虽表示赞同马克思主义关于建立没有人剥削人的社会和有关人道主义方面的思想以及辩证法的学说，但坚持拒绝马克思关于阶级斗争学说以及无神论的主张。他认为，非洲不存在阶级，私有制和剥削不过是由殖民主义引进非洲的，是非洲社会的异体；如果承认存在阶级，那也仅仅是阶级的萌芽。非洲的任务就是"阻遏"和"避免"阶级的产生和发展。他指责说，在非洲强调阶级斗争，就是人为地制造矛盾、分裂和冲突，"破坏"非洲社会主义早已存在的"和谐"和"平等"关系，"破坏"反对帝国主义斗争的团结。他强调社会主义不仅不与宗教相悖，而且能够从宗教的教义上获得启示。

二 宪制改革与"内部自治"

一战结束后不久，冈比亚就出现了一些民族主义政党。1951 年，冈比亚的第一个政党——约翰·C. 法耶牧师（J. C. Faye）领导的民主党成立，该党的目的是为了争夺巴瑟斯特根据该年修改的宪法所得到的议会席位。同年，恩吉（N'Jie, P. S.）所领导的联合党成立。次年 1 月，穆斯林大会党成立。这三个党的共同特点是组织较涣散，目标也仅限于希望扩大非洲人在殖民地管理机构中的代表名额，根本没有提出摆脱英国殖民统治的完全自治或独立要求。1959 年贾瓦拉领导下成立的人民进步党是冈比亚最激进的民族主义政党。该党纲领规定"给予冈比亚独立"是迫使英国让步的唯一要事。它主要在保护地活动。人民进步党联合其他一些政党同英国进行旨在争取冈比亚人参政权利的斗争。

世界形势的变化使英国殖民主义者不得不让步，向着新殖民主义转化，对于民族主义者改革要求再不能漠视。英国人利用了冈比亚民族主义者的弱点，推行"宪法改革"和"分阶段独立"、"半自治共和国"等措施，尽量维持殖民主义统治，通常的步骤是：（1）颁布新宪法，允许非洲议员在立法会议中居多数；（2）允许组成非洲人任首席部长的"责任政府"，实行半自治，国防、外交、财政、司法等重要部门仍由白人掌握；（3）全部由非洲人组成会议和内阁，并担任总理，实行全自治，殖民总督只保留外交权和国防大权；（4）正式移交政权，宣布在英联邦内独立，同时缔结"合作"条约，使殖民者的既得利益得到维持，同时在经济、军事、外交方面仍受原宗主国控制。

英国人在"与其被动等待冈比亚人起事，不如主动引导事态向英国人愿意接受的方向发展"的原则下，将冈比亚的民族独立运动引入英国人所能控制的轨道。1946年，英国政府宣布冈比亚河口及其附近的小岛以外的地区为"保护地"。在英国政府授意下，康博乡村政权成立，其成员全部由殖民地政府指派，由此开始了全冈比亚第一个有名无实的、试验性的地方政府。

1954年颁布新宪法，破天荒第一次在中央政府中有了冈比亚人代表。这部宪法仍旧招致了广大冈比亚人的强烈不满。因为冈比亚人所获得的政府部长职位几乎没有实权，而且参加立法会议的七名代表要由屈从于英国人的35名酋长以间接方法选举产生。所以，自该宪法颁布之日起，冈比亚各民族政党便开始了争取修改宪法的斗争。

1959年，英国被迫召开冈比亚制宪会议，再度修改宪法，同意成立"半自治政府"，即将冈比亚划分成选区，由这些选区普选产生12名众议院代表；由8名冈比亚人部长组成的责任政府在一位首席部长领导下工作，首席部长由英国总督任命，且总督本人对责任政府保留最后否决权。

根据1959年的宪法，冈比亚于1960年5月举行首次大选，贾瓦拉的"人民进步党"取得多数议席获胜。但英国总督却任命联合党首领恩吉为"半自治政府"首席部长，贾瓦拉和"人民进步党"退出"自治政府"以示抗议，并同"民主大会联盟"（由民主党和穆斯林大会党合并而成）一起，于 1961 年 5 月和 7 月先后在巴瑟斯特和伦敦与英方举行"宪法会议"谈判，迫使英同意于 1962 年在冈再次举行大选。

1962 年 5 月大选再次举行，产生了"内部自治"政府。人民进步党获得 32 席中的 22 席。1963 年，人民进步党领袖贾瓦拉出任自治政府总理，并向英进一步提出冈比亚独立的要求。

1963 年 10 月，冈比亚实行"全部内部自治"。

第四节　当代简史

根据 1964 年 7 月伦敦宪法会议，冈比亚于 1965 年 2 月 18 日宣告独立。新政府以人民进步党为主组建，党的领导人贾瓦拉任总理。独立后的冈比亚仍旧面临着严峻的政治经济形势。从政治上讲，英国殖民者长期"分而治之"政策所造成的民族矛盾、地区冲突和边界问题并没有随着独立而解决，同时，这种"和平长入"式的独立也不可能彻底清除殖民主义统治的遗迹，原宗主国也没有完全放弃其利益和特权。另外，这种政权移交方式使土著酋长和其他传统社会势力仍然得到保留。这样就造成了独立后冈比亚政治的复杂局面，为冈比亚民主政治的发展留下了短期难以克服的障碍。从经济上讲，冈比亚单一殖民地经济的对外依附性并没有随着独立而改变。摆在贾瓦拉政府面前的民族民主革命的任务还十分艰巨。

贾瓦拉政府自上任伊始，对内主张民族团结，实行议会民主，强调发展民族经济，逐步控制国家经济命脉；对外主张维护民族独立和奉行不结盟政策。

1970 年 4 月 24 日冈比亚在全国举行公民投票后，宣布成立共和国，仍留在英联邦内。贾瓦拉出任第一届共和国总统。1970年宪法规定，冈比亚采取行政、立法、司法三权分立结构。

1972、1977、1982、1987、1992年5次大选，"人民进步党"均以绝对多数获胜，贾瓦拉一直连任总统。1981年，在塞内加尔的军事帮助下，贾瓦拉粉碎了以萨尼昂（Kukoi Samba Sanyang）为首的秘密反政府组织所策动的政变。同年，冈比亚与塞内加尔合并，成立塞内冈比亚邦联，贾瓦拉任邦联副主席。1989年9月，邦联解体。

贾瓦拉执政期间，冈比亚在社会经济和政治上取得了一定的发展，在西非国际社会上的地位和作用较为显著。1985年前后，冈比亚经济出现较为严重的危机，贾瓦拉政府为摆脱危机，连续提出了一系列经济改革方案，虽有收效，但彻底改变殖民地畸形、脆弱经济结构的任务仍然任重而道远。

1994年7月22日，参加西非国家经济共同体驻利比里亚维和部队的部分冈比亚下级军官，因不满政府拖欠军饷，由叶海亚·贾梅（Yahya A. J. J. Jammeh，1965～）中尉率领，借军事演习之名，在首都班珠尔发动兵变，并于当日控制了全国局势。宪兵和警察部队未予抵抗，没有发生流血冲突或造成财产损失。政变军队推翻了执政近30年的贾瓦拉和人民进步党的统治，成立了以叶海亚·贾梅为主席的武装力量临时执政委员会。达乌达·凯拉巴·贾瓦拉总统、部分内阁部长及家属在美国大使帮助下登上一艘正在班珠尔港访问的美国军舰，前往塞内加尔首都达喀尔，并获准在塞政治避难，之后又前往美国。副总统赛胡·萨巴里和其他一些部长被捕，有的则逃往塞内加尔。

7月27日，临时执政委员会宣布成立由6名军人和9名文官组成的新政府，贾梅主席为国家元首兼武装部队总司令。同日，机场、港口与口岸重新开放，首都社会秩序恢复正常。

10月，冈比亚国家元首、武装力量临时执委会主席叶海

亚·贾梅宣布《整顿社会和向民主宪法统治过渡的纲领》，主要
内容有：（1）清政肃贪；（2）修改宪法；（3）继续执行宏观经
济政策，优先发展教育、卫生、农业和交通；（4）1998 年 11 月
举行全国大选，12 月实现还政于民。1995 年 2 月，在国际社会
尤其来自美国及西方国家的强大压力下，贾梅主席宣布将原定四
年"还政于民"过渡期缩短为两年，并将于次年举行多党选举。

　　1996 年 6 月，冈比亚举行大选和总统选举，7 月，民选政府
就职。8 月 8 日，新宪法经全民公决通过后设立了一院制的国
会。8 月 14 日，"政党活动禁令"被有条件地解除。9 月 26 日
举行总统选举，贾梅以 55.7% 的得票率当选；9 月 28 日，贾梅
宣布解散武装力量临时执政委员会，原政府留任过渡时期内阁；
10 月 18 日，贾梅正式就任冈比亚第二共和国首任总统，1997 年
3 月组成新政府。

　　贾梅总统就任后，致力于清政肃贪，继续执行宏观经济调整
政策。表示将继续执行冈比亚现行对内对外各项政策，号召冈比
亚人民摒弃政治分歧，共同建设国家。贾梅执政以来，强调和平
与发展，满足人民基本需要，号召人民勤奋工作，摆脱贫困。面
对贾梅长期对国内各政党活动的限制政策，国内反对派不断要求
自由、民主和人权，揭露和批评政府的腐败无能。2000 年，围
绕将要举行的地方和总统选举，反对派更趋活跃，亦发生学生因
不满政府有关部门人员欺压百姓而大规模上街游行事件，并招致
警察武力镇压，死伤多人。2001 年 10 月 18 日，冈比亚举行总
统大选，贾梅以 53% 的得票率获胜蝉联，并于 12 月 21 日宣誓
就职。

第三章

政治与军事

第一节　政治体制的演变与宪法更替

一　独立前的政治体制

冈比亚的独立和共和国的建立都是通过和平途径实现的。建国后的政治体制基本上沿袭过去。因此只有对殖民地时代的政治体制有所了解，才能理解现有的政治体制。

1783 年英法签订凡尔赛条约，英国取得了对冈比亚的殖民治权，但对当地行政管理并未十分重视，总体上是奉行间接统治策略，不同程度地保留和利用当地传统社会权力机构作为殖民统治的工具，凡服从英国殖民统治的酋长国、王国，都在"保护"条件下给予保留。整个地区的统治也实行"间接统治"方针。于 1821 年和 1866 年两次将冈比亚划归塞拉利昂西非殖民地的大总督管辖。1843 年和 1888 年曾两次设立单独殖民政府和立法委员会，但都不很健全，直到 1915 年英国议会颁布了冈比亚历史上第一部宪法后，殖民政治体制才定型。英国政府派遣来的总督掌握着冈比亚的立法、行政、司法及军警大权。总督下设行政会议和立法议会作为总督的咨询机构和辅佐机构，过去两机构全由总督任命委员，1915 年后在立法委员会中增设了非官方议员，

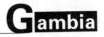

以便与对土著的间接统治政策相联系。英国及其殖民地法规和政策就是冈比亚的法律、政府方针：土著酋长和其权力机构成为殖民政府基层官员和基层组织，传统的习惯法和土著传统及审判制度适当保存，行政会议和立法议会的主席由总督担任。所以这是一种以总督为核心的殖民地政治体制。

第二次世界大战后，面对全世界民族解放运动高涨的形势，英国不得不调整其殖民统治政策。殖民当局在 1946 和 1954 年对 1915 年宪法两次修改。推选产生的非殖民官方派议员占议员总数 21 名中的 14 名，超过官派议员；行政会议中的非官派议员也超过总督指派的议员人数。1959 年 9 月 23 日，殖民地政府宣布新宪法，10 月生效，规定立法议会成员由原来的 21 人增加到 34 人，其中 4 名为当然委员，3 名由总督指定，27 名由选举产生（7 名由殖民地选出；20 名由保护地选出，这 20 名中有 8 名由保护地的酋长互选产生，12 名经普选产生）；同时规定成年人都有选举权（过去只限于殖民地地区居民有选举权）。行政会议成员除殖民官员 4 人外，3～6 名由总督从立法会议中指定。立法会议和行政会议都仅有咨询权，总督仍拥有所谓"保留权力"。根据该宪法，1960 年 5 月大选后建立"半自治政府"，总督继续控制政府。

地方行政机构分殖民地与保护地两部分，殖民地主要在冈比亚河口和首都附近地区由英国专员管理。保护地在冈比亚河两岸分四个区，由专员和酋长们管辖；约 35 名酋长行使地方行政权，每年召开一次酋长会议。

二　独立后确立的一党长期主政的多党制政体

19 60 年冈比亚的大选，贾瓦拉的"人民进步党"获多数议席，但却未能领导政府，它们退出"自治政府"以示抗议。1962 年，再次举行大选，"人民进步党"再次获胜。

英国被迫同意冈比亚建立完全自治政府，贾瓦拉就任"自治政府"总理。据1964年7月伦敦宪法会议，决定1965年2月18日，冈比亚正式独立，但仍留在英联邦内，外交、国防和财政服从英联邦安排。

1970年4月24日宣布国名为冈比亚共和国，贾瓦拉任第一任总统。

贾瓦拉于1970年4月24日主持制定了共和国第一部宪法。依据宪法原则，贾瓦拉政府实行议会民主和一党主政的多党制，强调民族团结，致力于发展经济。宪法规定，冈比亚为共和制；总统是国家元首兼武装部队总司令；副总统在国民议会中为政府事务领袖。关于酋长制仍维持现状，若废除，需经选举产生的议员三分之二通过。1982年3月修改宪法，确定总统通过直接普选产生，不再由众议员选举。总统和众议员分别选举产生，离任总统在新总统选出前继续行使职权，但过渡期不能超过120天。该宪法于1994年7月23日被宣布中止执行。

贾瓦拉和他领导的"人民进步党"在民众中拥有深厚的基础，连续赢得了1972、1977、1982和1987年的四次大选，在议会中一直占据多数。1992年4月29日，冈比亚举行了第五届总统和议会选举，贾瓦拉再次蝉联总统，"人民进步党"赢得议会36个民选议席中的25席，以绝对多数继续执政。

作为冈比亚独立后的第一任总统，贾瓦拉面临着发展政治民主与巩固执政党地位的较为矛盾的局面。英国殖民统治者准备把权力移交给冈比亚人的时候，按照自己的政治思维方式和西方多党民主模式试图建立"自治政府"。冈比亚独立运动的领导人在其掌握政权以后就开始根据自己的政治利益对民主化局面实行有目的的控制和引导。独立后的政治体制终究不同于独立之前，虽然结构相同，仍承认英国女王为国家元首，但它是为冈比亚人民掌握本国的国家主权服务的，是要为振兴民族经济而采取诸多措

施，不像过去仅仅是为贯彻宗主国的各项政策。为了巩固和加强执政党的地位，提高政府工作效率，贾瓦拉对反对党采取了分化和削弱政策，原来的穆斯林大会党和民主党先后并入执政的人民进步党。反对党联合党和民族解放党虽然在议会中保持席位，在政府中也任职，但绝不是人民进步党对手。这种一党长期执政的多党制被有些学者称为另一种类型的一党制。

1993 年，贾瓦拉政府又采取措施，对与 1981 年萨尼昂（Kukoi Samba Sanyang）未遂政变有牵连的流亡者实行大赦，通过立法废除死刑；为分化和削弱反对党，允许反对党议员转党；加强"人民进步党"地方组织建设等。鉴于冈比亚经济落后，社会尚没有形成发达的利益集团分化和真正以这种利益集团为背景的政党团体，贾瓦拉希望将其执政党"人民进步党"向着"全民党"的形式发展。贾瓦拉的多年连续执政并未能成功解决文职政府对国家军队的领导问题，这个问题最终导致了贾瓦拉执政的突然结束。

三 短暂的塞内冈比亚邦联

1981 年 12 月 17 日，冈比亚总统贾瓦拉和塞内加尔总统迪乌夫签订《关于建立塞内冈比亚邦联的协议》，该邦联于 1982 年 1 月 1 日生效实施。1989 年 9 月 30 日，邦联宣告解体。1991 年两国签订"友好合作条约"以取代邦联关系。邦联仅存在七年。

冈比亚和塞内加尔在历史、地理、经济、种族、宗教、文化上存在着千丝万缕的联系。两国间的族群混杂，沃洛夫族、曼丁哥族等都是跨界民族，相互通婚，两国人民间有亲戚关系者不少。两国宗教文化大致相同，政治体制、经济发展程度相当，如果能够克服边界限制进一步整合，会进一步有助于两国的经济发展。

促成邦联成立的直接因素是 1981 年的冈比亚政变。是年 7 月 30 日，冈比亚发生反对派萨尼昂领导的武装政变，塞内加尔总统迪乌夫根据两国签订的军事同盟协议，派兵 3000 人进入冈比亚将政变平定，这一事件直接导致双方国会批准两国总统签订的邦联协议。

　　协议第一条规定国名为塞内冈比亚邦联（Senegambia Confederation）。第二条规定邦联应该基于整合冈比亚和塞内加尔的军事力量，以防卫邦联的主权、领土完整和独立；邦联将建立一个经济和货币联盟，将协调对外关系领域和其它同意共同行使管辖权的领域之政策。第三条规定邦联设立总统、副总统、邦联部长理事会及邦联议会。第六条规定邦联总统应由塞内加尔总统出任，而副总统由冈比亚总统出任。第七条规定在取得副总统同意下，总统有权决定邦联关于防卫和安全事务的政策，他应该在邦联责任范围内协调邦联国家的政策。在副总统同意下，邦联总统有权任命所有邦联的职位。第八条规定邦联总统统帅邦联的武装力量。冈比亚总统继续担任冈比亚武装力量的统帅。第九条规定邦联总统主持邦联的防卫和安全理事会，该理事会由总统、副总统以及"总统在副总统同意下所决定参加的其他人所组成"。第十条规定邦联的部长理事会成员应在邦联总统取得副总统同意下任命，邦联总统和副总统分别为部长理事会的主席和副主席，该部长理事会应处理邦联总统提交他们考虑的事务。第十一条规定三分之一的邦联议会议员由冈比亚议会自其议员中选出，其余三分之二由塞内加尔议会自其议员中选出。第十五条规定在缔结国际条约方面，应由邦联总统在取得副总统同意下负责进行谈判。

　　由上述邦联协议的规定可以看出，虽然协议尽量求取两国之间的平等，规定总统必须取得副总统的同意之后，才能够行使邦联的人事任命权、邦联安全及安全事务之决策权和对外缔

约权，然而由于塞内加尔在土地面积、地理位置、人口、经济力量及军事实力上均占优势，因此塞内加尔取得了邦联的主导权。以 1986 年为例，邦联外交部长、国防部长、安全部长、交通部长和新闻电讯部长由塞内加尔一方出任，副部长由冈比亚一方出任。冈比亚则在邦联政府的财政部和经济部取得部长职位。邦联议会共有 60 名议员，其中，三分之一由冈比亚众议院选出，三分之二由塞内加尔的国民议会选出，此邦联议会一年集会两次。

塞内冈比亚邦联的发展目标是先期实现议会、行政、外交和联合武装力量方面的统一，最终实现经济和文化方面的统一。然而，邦联终归在金融与经济同盟上遇到难以克服的阻碍。由于对邦联充满疑虑，贾瓦拉总统在邦联的推动上动作迟缓，他不希望与塞内加尔的经济合作超出"自由贸易区"范围之外，倾向于维持冈比亚在区域货币同盟中的独立地位，而非与塞内加尔融为一体。塞内加尔则希望两国间有一个关税同盟，但这样做很可能对冈比亚的经济和企业造成伤害，对冈比亚经济支柱之一、半合法化的冈比亚河流域转口贸易产生强烈的限制作用。

1989 年 9 月 30 日，塞内冈比亚邦联宣告解体。具体原因是：①邦联协议规定冈比亚总统只能担任邦联副总统，而总统是邦联武装部队的总司令，可控制和调动所有军队。②邦联的预算来自两个国家，冈比亚人认为这样做大大增加了冈比亚一方的财政负担。③邦联建立单一货币，但是当时冈比亚货币比塞内尔货币相对处于强势，冈比亚对实行邦联货币不感兴趣。④贾瓦拉总统于 1989 年 8 月向塞内加尔总统提议邦联总统由两国总统轮流担任，塞内加尔总统因此撤出了在冈比亚的武装人员，此举意味着塞内冈比亚邦联的消亡。塞冈军事同盟的终止影响了贾瓦拉政府的稳定，面对军事政变，塞内加尔坐视不管，他的政权会被推翻。

四 从完全一党制到多党制政体

从1994年起，冈比亚政治走过了"多党制——党制（或军人政权）—多党制"的马鞍形发展道路，这也是同时期非洲国家政治发展的典型轨迹。是年7月22日，冈比亚参加西非国家经济共同体驻利比里亚维和部队的部分下级军官，因不满政府拖欠军饷，由叶海亚·贾梅中尉率领，在首都班珠尔发动兵变。推翻了执政近30年的贾瓦拉和人民进步党的统治，成立了以叶海亚·贾梅为主席的武装力量临时执政委员会。贾瓦拉流亡美国。7月23日宣布中止1970年宪法。临时委员会宣布成立由6名军人和9名文官组成的新政府，叶海亚·贾梅担任国家元首和武装部队总司令。1996年9月26日，冈举行总统选举，叶海亚·贾梅当选。9月28日，贾梅宣布解散武装力量临时执政委员会。

贾梅上台以后，为了稳固统治，同时能够顺利完成由军政府向民选政府的过渡，对国内的各种在野党进行了强硬的压制，使冈比亚在短期内进入了一党专制时期。与禁止政党活动的命令相伴随，对国内舆论机构也进行了强硬的管制政策，封闭了独立广播电台"公民FM"这样的与政府宣传口径不一的电台和报纸。国内时常出现记者和在野党地方负责人被拘留的事件。这些做法招致了国际社会对冈比亚民主和人权状况的强烈批评，冈比亚与西方国家的政治关系一时出现倒退。随着贾梅政权的逐渐稳固和对自身统治基础自信的逐渐增强，贾梅又逐步放松了对国内各党派活动的限制，冈比亚的多党制政治又渐露端倪。1996年8月，政府宣布有条件地解除"政党活动禁令"，但仍禁止以下三个政党参加总统竞选：人民进步党（The People's Progress Party）、国民大会党（The National Convention Party）、冈比亚人民党（The Gambian People's Party）。

贾梅在内外形势压力下，主动进行政治改革，修改宪法，组织多党选举，以便在多党制体制下形成事实上的一党主政局面。1994年10月，冈比亚武装力量临时执政委员会宣布《整顿社会和向民主宪法统治过渡的纲领》，拟订出向民主宪政文职政府过渡的时间表。1995年2月，开始了对1970年宪法的修改工作。4月，成立修改宪法委员会。1996年8月5日公布新宪法草案，8月8日举行全民公决通过。新宪法规定：冈比亚为共和制；总统为国家元首、政府首脑兼武装部队总司令；总统由直接普选产生，每届任期5年，连任次数不限；总统、副总统、政府各部部长向国民议会负责；副总统、各部部长由总统任命；政府可视情况宣布"国家紧急状态"；对1994年政变上台的军政府成员或官员将来不得追究刑事责任。宪法规定冈比亚实行普选，年满18岁的公民享有选举权。以1996年新宪法通过和是年总统大选结束及1997年国家、地方两级议会选举完成为标志，冈比亚基本完成向多党制民主的转变。

贾梅政府通过1996年4月大选使其权力合法化以后，在缓和国内政治矛盾方面采取了积极的做法。1997年2月，贾梅宣布对所有政治犯实行无条件大赦。为了加大反腐败和实现社会公正的力度，贾梅政府成立了廉政办公署，专门调查各种官员腐败和在种族、性别、宗教、残疾、语言和社会地位等方面的歧视问题。此外，贾梅还实行了一些地方政府改革，目的在于推进中央权力下放和地方民主建设。由于历史的原因，广大乡村地区部族政治传统还比较强，很多地方还保留着酋长制和政教合一组织。政府不仅要从制度上解决国家政治主权集中化的问题，而且要从政治文化上培育一种对国家的认同感和归属感，增强国家观念和国家意识。

贾梅谴责贾瓦拉执政时期的社会政治是假民主，真独裁，多党政治徒有虚名，并提出要在冈比亚建设真正的民主。他允诺，冈比亚人民将享有下述民主权利：自由参与国家的发展进程；自由选择政府；在宽容和互相尊重的基础上自由表达言论；在对发展目标的追求过程中，自由决定社会经济和政治环境，不受任何外界因素的钳制；有以个人名义或通过代表了解政府活动的自由；有要求真实、透明地了解、调查公共生活并据此决定对法律和规章制度的选择的自由。1996 年 8 月 8 日，在对新宪法的全民公决中，新宪法以得票 86% 的压倒优势获得通过。该宪法从理论上建立了三权分立体制，保障言论自由，保护妇女、儿童和残疾人的利益。

1996 年 9 月 26 日，由冈比亚临时独立选举委员会主持举行总统选举。贾梅宣布，根据宪法中军人不得参政的规定，他已辞去军队中的职务并正式退伍。本次总统选举由 4 个政党参加，贾梅以 56% 的得票率当选总统，冈比亚"联合民主党"推举的竞选人乌塞诺·达波（Ousainou Darboe）获得 36% 的选票，其余两个党派"民族和解党"（National Reconciliation Party）和"争取独立与社会主义人民民主组织"（the People's Democratic Organization for Independence and Socialism）获得了总共 8% 的选票。大约 80 名国际选举观察员对选举进行了监察，并未发现违规。但美国在 1999 年冈比亚人权报告中称这次选举是"有争议的"。

1996 年 10 月 18 日，贾梅宣誓就任冈比亚第二共和国总统。

由军政府向文职政府过渡的最后一步是于 1997 年 2 月 2 日举行的国家议会选举，同样有 4 个政党参加。贾梅所领导的"爱国调整与建设联盟"获得全部 45 个席位中的 33 席，"联合民主党"获 7 席，"民族和解党"2 席，"争取独立与社会主义人民民主组织"1 席，另有两名独立候选人获得其余 2 席。此外，依照宪法，贾梅总统有权另行任命 4 位议员，包括正、副议长，使议会的总人数达到 49 人。

　　2001 年 10 月，贾梅在总统大选中，以 53% 的得票率获胜蝉联，并于 12 月 21 日宣誓就职。主要反对党联盟虽然接受了 2001 年总统大选的结果，却于次年改变合作立场，联合抵制 2002 年的议会选举，他们指责负责选举事务的"独立选举委员会"利用虚假的选举人登记来操纵选举。结果贾梅领导的"爱国调整与建设联盟"在国家议会和各地方议会的选举中轻松获胜，在国家议会的 48 个席位中，"爱国调整与建设联盟"占有 44 席。

　　贾梅政府的民主建设还包括自身执政能力方面的举措。他成立了人事管理办公署，提高各级官员素质和办事效率。为了有助于实现"2020 远景"规划（Vision 2020），该办公署还计划完善国家公务员录用、考核和晋升等办法。冈比亚政府在信息沟通与信息技术管理、社区发展管理、公务员业绩管理和港口管理等 4 个领域中的办事人员非常短缺。其中，公务员业绩管理的建设目标是要建立理性的评估体系，增强官员晋升的透明度。现阶段，纳入该管理范围的官员主要集中在医疗、司法和金融三个方面。

　　为了适应发展建设对国家管理人员的大量需求和不断对其素质、能力进行更新培训，国家公务员的法定退休年龄已由原来的 55 岁推迟到 60 岁。对政府官员培训的各项工作由官办的"管理发展学院"（Management Development Institute，简称 MDI）具体承担，培训教师主要来自英联邦国家。与此同时，每年还有一部分冈比亚官员被派往英国、塞浦路斯、马来西亚、日本等国接受培训。人事管理办公署还在部分乡村地区举办公务员培训班。

　　按照 1996 年宪法第 4 条，宪法保护公民的基本公民权和生存、发展的权利，并且不应受到来自种族、性别、宗教、残疾、语言和社会地位等方面的歧视。针对美国等西方国家对冈比亚人权状况的指责，贾梅政府强调，就冈比亚现阶段的社会经济环境

而论，人权的核心应是获得基本生活保障的权利，包括食物、住房、教育、医疗、洁净的饮水与环境、就业和和平、自尊地生活与自我发展。

在社会安全方面，贾梅政府充实了警察和国家警卫队的力量，重点打击贩毒和武装犯罪事件，努力保证各族人民在和睦的关系中生活。

冈比亚是一个多族体多宗教的国家，尽管伊斯兰教在教徒人数上占优势，但各族各宗教之间有着彼此尊重和宽容的良好传统，政府倡导各族人民继续保持和发扬这种优秀传统。政府对中小学中的宗教教育采取不干预政策，公立与私立学校里均自由设有伊斯兰教或基督教课程，其中，公立学校中宗教课程的费用由国家承担。1999 年 6 月，贾梅总统批准对教育法的一条修正案，允许学生戴面纱上学，同时规定类似的问题可由校方在尊重多数人宗教习俗的前提下自行作出决定。

在冈比亚历史上，妇女一直处于弱势群体的地位，在社会经济生活、家庭生活和参政议政方面缺少话语权和自主权。1995 年，贾梅政府成立妇女事务局，旨在提高冈比亚妇女的公民意识，协调妇女各项活动，改善妇女生活。国家妇女委员会作为该事务局的顾问机构，负责倾听妇女的各种建议和呼声。全国 35 个县均有代表入选该委员会。2002 年，这些代表都接受了"决策素质"培训，包括妇女活动管理、沟通和商谈技巧，等等。10 年来，通过妇女事务局所管理的各种基金会，全国 80% 以上的妇女团体都得到了信贷和财政方面的支持，在一定程度上提高了妇女的经济活动能力。这些基金会还致力于扩大女子入学数量和帮助妇女预防艾滋病。妇女事业发展的成就还表现为妇女在国家高层领导机构中的任职人数。在 2002 年选出的国家议会中，妇女占有全部 48 个席位中的 7 席。政府方面，妇女在 15 名内阁成员中占 3 名，其中包括一个副总统职位。

第二节 政治机构

一 政府

冈比亚第一共和国于 1970 年 4 月成立后，实行的是多党的总统制，其国家政体的主要特点是总统由选民直接选举产生，总统既是国家元首又是政府首脑，掌握行政权。政府总理及各部部长由总统任命，决定部长职权。内阁会议等政府机构从属于总统，不对议会负责。原自治政府总理的贾瓦拉就任第一任总统。他任命谢里夫·穆斯塔法·迪巴（S. M. Dibba）为副总统兼财政、贸易和发展部长。

1977 年第二次总统选举后，政府改组，任命阿桑·穆萨·卡马拉（A. M. Camara）为副总统，总统府国务部长由原内政部长雅亚·塞赛（Y. Saisi）担任。

1982 年大选后贾瓦拉改组政府，任命巴卡里·达博（Bakary B. Darbo）为副总统，其他部长人选重新任命。

1987 年第四次改组政府，总统贾瓦拉任命巴卡里·达博（Bakary B. Darbo）为副总统兼教育、青年、体育部长。增加水利资源、森林和渔业部，卫生、环境劳工和社会福利部，工程和交通部，新闻旅游部等。

1992 年 5 月贾瓦拉最后一届政府除副总统兼国防部长外，共任命了 14 位部长。

1994 年 7 月政变后叶海亚·贾梅成立过渡政府自任国家元首、武装力量临时执政委员会主席，他任命的政府主要官员有：副主席兼国防部长爱德华·辛哈特（Edward Singateh），其他有内政部，新闻、旅游部，外交部，财政和经济事务部，司法部，贸易、工业和就业部，地方政府及土地部，教育部，工程与通讯部，青年、体育和文化部，农业和自然资源部，卫生和社会福利部等共 14 个部的部长。

1997 年 3 月，经全国大选成立的文职政府主要成员除总统兼国防部长叶海亚·贾梅外，部长减为 11 人。

1998 年 1 月、3 月、7 月和 1999 年 1 月，政府先后进行调整。贾梅为总统兼国防部长，伊莎图·恩吉－赛义迪夫人（Mrs. Isatou Njie-Saidy）为副总统兼卫生、社会福利和妇女事务部长，另有 12 名部长。

2001 年 10 月总统改选，贾梅连任，其政府于 2002 年 3 月重组。主要成员有：副总统兼妇女事务部长伊莎图·恩吉－赛义迪（Isatou Njie-Saidy，女），工程和发展基础设施部长爱德华·辛加特（Edward Singhatey），旅游和文化部长扬库巴·图雷（Yankuba Touray），渔业、自然资源和环境保护部长苏珊·瓦法－奥古（Susan Waffa-Ogoo，女），总检察长、司法和政府议会事务部长约瑟夫·朱夫（Joseph Joof），财政和经济部长法马拉·贾塔（Famara Jatta），内政和宗教事务部长奥斯曼·巴杰（Ousman Badjie），外交部长巴布卡尔·布莱兹·贾涅（Baboucar Blaise Jagne），教育部长安·泰蕾兹·恩东－贾塔（Anne Therese Ndong-Jatta，女），贸易、工业和就业部长穆萨·西拉（Musa Sillah），农业部长哈桑·萨拉赫（Hassan Sallah），卫生和社会福利部长扬库巴·加萨马（Yankuba Gassama），地方政府和国土部长马拉菲·贾尔朱（Malafi Jarju），通讯信息和技术部长巴卡里·恩吉（Bakary Njie），青年和体育部长桑巴·法阿尔（Samba Faal）。

地方政府的设置上，长期以来，由于冈比亚各族传统社会结构的遗存和英国间接统治的影响，加之国内交通条件落后等因素，冈比亚行政区和县政府官员采取中央派遣与选举结合方式产生。村一级管理权由传统酋长行使。行政区和县政府的换届选举

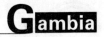

与中央政府选举同步进行，村级则视各地具体情况采取选举与由现任酋长指定继任人相结合的方式。酋长的管理权限中不包括司法管理，该权力隶属县司法机构。

二　议会

众议院是全国最高立法机构，议会为一院制，设有一名议长和一名副议长。它是从独立前的立法议会沿袭来的。据 1959 年殖民当局颁布的新宪法，1960 年 5 月举行了历史上第一次议会大选，共设 34 席，贾瓦拉领导的人民进步党获得了多数，同时参选的还有联合党、民主党、穆斯林大会、民族党。1966 年 5 月举行独立后的首届众议院大选，共设 36 席，其中 32 席为直接选举产生，4 名酋长议员间接选出，从全国酋长中选举产生；另 4 名指定议员（包括 1 名总检察长）由总统任命。选举产生的议员和酋长议员有表决权，指定议员无表决权。议长由总统任命，副议长从酋长议员中选举产生。议会每 5 年改选 1 次。由于议会和总统一样由选民直接选举产生，故总统不能解散议会，议会也不能以不信任票迫使总统辞职。

1966 年产生的首届议会，人民进步党占 20 席，联合党 7 席，人民进步联盟 4 席。在 1972 和 1977 年的议会大选中，人民进步党都获得绝大多数席位。1982 年 5 月大选产生的 42 席的议会，执政的人民进步党占 27 席，从人民进步党分裂出的反对党国民大会党占 3 席，独立候选人占 5 席。议长阿利乌·苏莱曼·杰克（A. S. Jack）。1983 年 6 月 16 日议长阿利乌·苏莱曼·杰克辞职，29 日议会选举莫莫杜·巴巴卡尔·恩吉（Momodou Baboucarr N'jie）为新议长。

1987 年 3 月大选中产生的议会，共有议员 43 名。其中 35 名由全国 35 个选区选举产生，4 名酋长议员在全国酋长中选举产生，3 名指定议员由总统任命，总检察长是当然议员。各党所占

席位为：人民进步党占 31 席，国民大会党占 5 席。议长莫莫杜·巴巴卡尔·恩吉蝉联。

1992 年 4 月大选中产生的议会，共有议员数未变，其中：人民进步党占 25 席，国民大会党占 5 席。议长莫莫杜·巴巴卡尔·恩吉蝉联。

1994 年贾梅政变上台后，声称要实行民主化，逐步向文职政府过渡。故他修订的新宪法增强了议会职能，强调总统、副总统、政府各部和国务秘书都要向议会负责。议会席位由 43 扩大到 49 席，总统指定议员也增加。1997 年 1 月 2 日议会选举，民选议员 36 名、总统委任议员 8 名、酋长议员 5 名（由酋长选举产生）、总检察长兼司法部长仍为当然议员。议会任期五年。议长仍由总统任命，副议长从酋长议员中选举产生。穆斯塔法·瓦达（Mustapha Wadda）为议长。贾梅领导的爱国调整与建设联盟在新议会中占 2/3 的席位。

2002 年举行第二共和国的第二次议会大选，议员总数 48 人，议长仍为：穆斯塔法·瓦达。

三 司法机构

独立后的冈比亚政府权力机构明确将司法与行政、立法机构分开。宪法规定总统和议会要保证司法机关的独立性。这种多元分权制比起传统社会集权于国王、酋长，殖民地社会集权于总督是很大的历史进步。为了确保司法独立性，最高法院大法官还可聘请外国人。全国司法机构分最高国家级法院和地方法院。国家一级的法院由最高法院、上诉法院和枢密院组成，其中，枢密院常兼为最高上诉法院。法律方面，以英国司法为基础，辅以本国制定的立法、穆斯林法以及其他不成文的传统习惯法。冈比亚的司法体系中同时适用普通法和伊斯兰教习惯法，其中，伊斯兰教习惯法在法庭审理有关穆斯林教徒之间的诉讼案件时使用，所调整的范围主要在婚姻、继承、土地承租、部族领导人产生等传统社会生活领域。贾梅政府上台后，在司法方面提出"推迟正义就是否定正义"的口号，注重各级地方法院的建设和司法程序的规范化。政府还拨出一定的资金用于改善监狱和拘留所的环境。目前，在全国范围内，囚犯的一日三餐已得到保障，每座监狱都设有一个医务室，必要的时候还可以请狱外医生来监狱内为犯人诊治。起初，最高法院大法官是菲利浦·R. 布里奇斯（Phillip R. Bridges），1990 年冈比亚政府邀请尼日利亚人伊曼纽尔·奥拉英卡·阿约拉（Emmanuel Olayinka Ayoola）担任最高法院大法官，任期由两国政府商定。总检察长为哈桑·贾洛（Hassan B. Jallow）。1997 年成立司法服务委员会，负责任命司法官员和法庭人员等，主席由最高法院大法官奥马尔·H. 加利（Oumar H. Alghali）担任。

四　政党、团体及重要人物

1. 贾瓦拉时期的政党

冈比亚独立后，贾瓦拉实行一党主政的多党制。主要政党有：

人民进步党（The People's Progressive Party）：1965 ~ 1994 年执政党，1959 年 2 月成立，创始人为贾瓦拉。该党原名保护地人民党，1960 年改名。它得到了冈比亚最大的族体曼丁哥族的支持。人民进步党独立前主要在保护地活动，自称代表保护地的利益，强调必须把保护地的教育和卫生设施提高到巴瑟斯特的水平。1960 年 5 月大选中，获得保护地议会 12 个席位中的 9 席，殖民地议会 7 个席位中的一席，在殖民政府中占有 2 名部长，贾瓦拉任教育部长。1962 年 5 月大选中，该党获得议会 32 席中的 27 席，占据政府总理、外交、国防和新闻部长等重要职位。1965 年它领导了争取独立的斗争成为执政党。1970 年冈比亚改为共和制后，贾瓦拉出任总统。贾瓦拉对反对党采取分化瓦解政策，将原来的穆斯林大会党和民主党先后并入执政党。80 年代有党员 20 万人左右。

人民进步党的纲领主要为：对内主张维护冈比亚独立和主权完整，发展民族经济，实行民主制度，要求实现政府文官"冈比亚化"；对外主张奉行不结盟政策，反对大国干涉非洲事务，强调加强非洲国家同其他第三世界国家的团结，发展同西非和阿拉伯各国的关系。党的最高执行机构为全国执行委员会，常设机构为全国书记处。各区设区委会，由该地区的全国执行委员会成员、议员及其他干部组成。党的基层组织为支部。1979 年和 1982 年 3 月、1987 年 2 月分别召开了第 2 次、第 3 次和第 4 次全国代表大会。1987 年 3 月全国大选中获 31 席。总书记达乌达·凯拉巴·贾瓦拉、主席法·瓦·图雷（F. w. Touray）。1994 年被政变取缔。

国民大会党（The National Convention Party）：当时反对党，1975 年 9 月从"人民进步党"分裂出来后成立。总书记谢里夫·穆斯塔法·迪巴（Sheriff Mustapha Dibba），曾任冈比亚执政党人民进步党副总书记，后脱离该党建立国民大会党。该党在青年知识分子中具有较大影响，得到巴迪布和康博两地曼丁哥族的支持。1977 年通过党纲，对内主张遵守宪法，发展民族经济，支持民族工商业发展，鼓励私人投资，适当控制外资，有选择地实现国有化；对外主张奉行不结盟政策，支持非洲民族解放运动，维护非洲团结统一。1977 年，国民大会党在全国大选中获得 5 个席位，成为议会中的主要反对力量。1982 年 5 月大选时，总书记谢里夫·穆斯塔法·迪巴参加了总统竞选，获选票 5.2 万张，占总票数的 27.4%，相当于贾瓦拉总统得票（13.7 万张）数的 40%，在议会中占 3 个席位。1984 年以来，1000 多名党员脱党，转而加入人民进步党。国民大会党在全国各选区都设有分

部。1987 年大选，在议会中获 5 席。1994 年被政变取缔。1996 年贾梅解除对该党党禁。

联合党（United Party）：当时反对党，1951 年 10 月成立。创建人皮埃尔·萨尔·恩吉。该党主要代表沃洛夫族和阿库族人的利益。1960 年获得殖民地议会 7 席中的 4 席，保护地议会 12 席中的 1 席。独立前主张于 1962 年成立内部自治政府，反对立即独立。1961 年 3 月，具有亲英思想的恩吉被任命为"半自治政府"首席部长。1962 年 5 月，冈比亚实行"内部自治"，联合党在大选中获得议会 32 席中的 12 席。它拒绝同大选中获胜的人民进步党合作，从而成为反对党。此后，许多重要成员脱离该党，转投人民进步党。1977 年大选中曾取得 1 个议席，但该议员后加入"人民进步党"。1982 年大选时，该党未获议席。自称有 13 万党员。总书记富恩（K. W. Foon）。1994 年政变后分化解体，该党现不复存在。

民族解放党（National Liberation Party）：当时反对党，1959 年 9 月成立。其纲领是成立"人民的民主社会主义政府"，"保证人民参加各级领导"，消除贫困、无知和疾病，消除"部族主义、贪污行贿、滥用职权、裙带风等社会疾病"；对外反对美、英插手非洲事务。该党设有中央委员会、全国执委会、地区执委会和村、街道委员会等组织机构。1977 年和 1982 年大选时，均未获席位。负责人齐亚森·塞卡（Cheyassin P. Secka）。1994 年政变后分化解体，该党现不复存在。

2. 贾梅时期的政党

1994 年军政权上台以后曾禁止党派活动。1996 年 8 月 14 日，贾梅政府宣布解除"政党活动禁令"，8 月 16 日，政府宣布禁止三个政党参加总统竞选，这三个政党是：人民进步党（The People's Progress Party）、国民大会党（The National Convention Party）、冈比亚人民党（The Gambian People's Party）。

2001年7月，贾梅政权宣布正式解除"政党活动禁令"，允许前政权时期的政党参与政治活动。新建的主要政党有：

爱国调整与建设联盟（The Alliance for Patriotic Re-Orientation and Construction，APRC）：执政党。1996年8月26日成立，成员多为朱拉族人，宗旨是团结、自力更生、进步。主席叶海亚·贾梅（Yhaya A. J. J. Jammeh）。在1997年1月举行的议会选举中获34个席位，位居第一。1998年3月，该党召开第一次全国代表大会，贾梅再次当选为党的主席。

联合民主党（The United Democratic Party，UDP）：主要反对党。1996年8月31日成立，成员多为曼丁哥族人，宗旨是民主、自由、安全、正义、和平、进步。总书记乌赛诺·达波（Ousainou Darbo）。1998年5月，该党召开第一次代表大会，达波连任总书记。大会谴责贾梅军政府成立后对民主、人权、自由的压制，主张完全解除对政党的禁令；主张冈应该与所有爱好和平的国家及组织恢复友好关系，与中华人民共和国恢复全面外交关系。在1997年1月举行的议会选举中获7个席位。

争取独立与社会主义人民民主组织（The People's Democratic Organization for Independence and Socialism，PDOIS）：反对党。成立于1986年7月，贾瓦拉执政时期成员多为学者，主张"保卫冈比亚的经济和政治独立"，对内实行民主制，建立社会主义社会，建立"人民民主国家"。宗旨是社会政治生活不受种族、宗教和意识形态限制，要求民主、自由、人权。在1997年1月举行的议会选举中获1个席位。总书记西迪·贾塔（Sidi Jatta）。

民族和解党（National Reconciliation Party，NRP）：反对党。1996年9月9日成立，成员多为中产阶级人士，宗旨是政治民主、诚实平等、正义、人权。在1997年1月举行的议会选举中获2个席位。主席哈马特·巴（Hamath Bah）。

3. 社会团体

冈比亚劳工大会（The Gambia Labour Congress）：原名"冈比亚劳工联合会"（Gambia Labour Union），1928 年由爱德华·弗朗西斯·斯莫尔（Edward Francis Small）创建，1935 年正式注册，为西非第 1 个正式注册的工会，1977 年改为现名。会员约 1 万人，占全国工人的半数。主席为恩姆·西赛·凯贝（B. B. Kebbeh）。

冈比亚工商会（The Gambia Chamber of Commerce and Industry）：原名：班珠尔商会、冈比亚商会，1973 年改为现名。1961 年成立，原从属于伦敦的英联邦商会（Commonwealth Chamber of Commerce）。系西非商会联合会成员。是冈比亚唯一的商业协会。宗旨是促进和保护冈比亚商业、银行、海运、旅馆、运输和贸易界的利益，保护会员合法权益，促进政府和商界的友好关系。主席玛蒂（R. Madi）。会长阿里尤·穆博吉（Alieu A. M'boge）。

冈比亚工人联合会（The Gambia Worker's Confederation）：1985 年 10 月由冈比亚商业和工业工人工会、码头工人工会、石油工人工会、运输工人工会等组成。主张经济非殖民化，发展民族经济，争取社会进步，保障工人权利，实行"民主社会主义"。总书记莫杜·法尔（Modou K. B. Faal）。

全国妇女委员会（The National Women's Council）：1980 年 7 月 3 日经冈比亚议会批准正式建立，为官方机构。同年 10 月召开第一次代表大会。宗旨是提高女性地位，加强妇女活动，参与社会经济发展。主席法图玛塔·西赛夫人（Mrs. Fatoumata Sisay）。

4. 著名政治人物

（1）贾瓦拉

达乌达·凯拉巴·贾瓦拉（Dawda kairaba Jawara, 1924 ~ ），

冈比亚共和国前总统，塞内冈比亚邦联前副总统。1924 年 5 月 16 日，生于麦卡锡岛区的巴拉贾利村，属曼丁哥族，信奉伊斯兰教。他的父亲是一位信奉伊斯兰教的商人。贾瓦拉青少年时期接受了正规的教育。1945 年，他开始从事为期两年的医药助手工作。其间，曾在加纳的阿奇莫诺学院学习兽医一年。1948 年，去苏格兰的格拉斯哥大学留学专攻兽医，学习 6 年后，他通过了理学学士考试，并且具备了一名兽医医师的执业资格。1952 年，成为英国皇家兽医学会会员。1957 年再赴苏格兰爱丁堡大学进修，获热带兽医学学位。他作为冈比亚有史以来的第一个兽医，于 1958～1960 年出任医务部首席兽医官，成为这个保护国居民中能够得到最高职位的政府官员。

在格拉斯哥的 6 年中，贾瓦拉逐步对政治产生了浓厚的兴趣，在学生工作中表现出饱满的热情和出色的组织领导能力。他曾是格拉斯哥大学中非洲学生联合会的领导人，先是当了 3 年联合会的秘书，在校的最后一年，则成为了主席。贾瓦拉认识到，为了民族独立，必须消除巴瑟斯特和保护地之间的历史分歧。因此，他一回国，就开始在"保护地人民协会"中积极发挥作用。由于另外一些政治家也对那些未受过教育的酋长和沿岸居民产生了兴趣，这就为"保护地人民协会"提供了良好的基础。1955 年，贾瓦拉成为基督教徒，并与当时国民议会发言人约翰·马赫尼爵士的女儿安格斯塔结婚。10 年以后，贾瓦拉再度恢复了对伊斯兰教的信仰，并且把他的名字从"大卫"改为达乌达。1959 年 12 月，贾瓦拉将"保护地人民协会"改名为"人民进步党"，出任党的领导人。同年，贾瓦拉积极领导人民进步党参加选举的各种准备活动。贾瓦拉的妻子，这位在英国受过训练的护士，成为她丈夫政治上的得力助手，陪伴着贾瓦拉来往于各省之间，她还努力使曼丁哥妇女对政治产生了兴趣。

1960 年 5 月，贾瓦拉当选为议员，出任半自治政府教育部

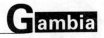

长，按照规定对英国总督负责。1961 年，殖民当局设立首席部长一职。选择占少数的亲英派联合党领袖皮埃尔·塞尔·恩吉担任了首席部长。为表示抗议，贾瓦拉辞去了内阁职务，投身于党派政治之中。经他改造的人民进步党压倒了老牌党派。1962 年 6 月，人民进步党在大选中获胜，该党在议会总共 32 个席位中得到了 18 席，贾瓦拉出任"半自治政府"总理。1963 年 10 月，成立内部自治政府，贾瓦拉出任首届总理。1965 年 2 月 18 日冈比亚独立，贾瓦拉任总理兼外交、国防、国内治安和新闻部长。1966 年，接受了伊丽莎白女王授予的爵位。

　　1970 年 4 月，贾瓦拉出任共和国第一届总统。众议院议员投票决定总统应对国会和法院负责，并且有权修改那些处置不当的决定。1972 年 3 月，在人民进步党取得 32 个席位中的 2 8 席之后，贾瓦拉连任国家元首，并于 1972～1992 年五次连选连任。在任期间，贾瓦拉对内维护民族团结，大力发展经济，对花生、旅游、渔业和冈比亚航空公司实行了部分国有化，兴建公路、机场等基础设施，加强旅游设施建设；通过设置一所农业学校、护士训练学校、教师进修学院以及职业中学，为国家培养输送受过训练的劳动者。对外政策方面，奉行民族独立、不结盟政策，倡导非洲团结。他提出要依靠西非国家共同的历史遗产，尊重传统村社的感情、价值观和文化，调整和增进西非国家之间的关系。非洲的政治经济发展只能一步步演进，不能奢望不切实际的飞跃而操之过急。他把维护同塞内加尔的关系放在对外政策的优先地位，与英联邦保持着密切的联系。1978 年，贾瓦拉当选撒哈拉以南地区国家抗旱常设委员会主席。1984 年当选伊斯兰和平委员会主席，并任伊斯兰会议组织调解两伊关系委员会主席。他还是冈比亚河开发组织执行主席、西非国家经济共同体执行主席。贾瓦拉尊重对中华人民共和国是中国唯一合法政府的承认，在任期间曾四次访问中国。

1981 年 7 月 30 日，贾瓦拉在英国参加皇储的婚礼时，国内突然发生政变，他立即赶到塞内加尔首都达喀尔，请求塞出兵平息。随后一度与塞内加尔建立邦联，他作为邦联副总统。他多次改组内阁，起用较年轻、廉洁的人士担任部长。1994 年 7 月 22 日，由叶海亚·贾梅中尉率领，在首都班珠尔发动兵变。执政近 30 年的贾瓦拉和人民进步党的统治被推翻，贾瓦拉流亡国外。

（2）贾梅

叶海亚·贾梅（Yahya A. J. J. Jammeh，1965～）：冈比亚现任总统兼武装部队总司令。1965 年 5 月 25 日，生于冈比亚西方区卡尼莱村，朱拉族人。信奉伊斯兰教。毕业于卡尼莱小学，小学毕业时获政府奖学金进入冈比亚高级中学，1983 年以优异成绩通过高中毕业统考。1984 年 4 月加入冈比亚国家警卫队。1989 年 8 月至 1990 年 1 月担任总统卫队队长。1990 年在冈比亚召开西非经济共同体首脑会议期间，被指派负责与会首脑的安全事务。1992 年保罗二世访问冈比亚期间又被指派负责保罗二世的安全。1991 年，任宪兵机动队队长、冈比亚国民军武警部队指挥官。1992 年任冈比亚国民军武警部队云杜姆兵营指挥官。1993 年 7 月至 1994 年 1 月，在美国亚拉巴马州麦克莱伦堡接受武警军官基本科目培训，并被授予亚拉巴马州国民警卫队荣誉中尉衔。1994 年 7 月 22 日，因不满政府拖欠军饷，贾梅带领部分参加西非国家经济共同体驻利比里亚维和部队的冈比亚下级军官，在首都班珠尔发动不流血兵变，将执政近 30 年的贾瓦拉和人民进步党的统治推翻。同月任国家元首、武装力量临时执政委员会主席。1994 年 11 月晋升上尉。政变成功的最初两年，曾禁止党派活动。1996 年 8 月 14 日宣布解除"政党活动禁令"。1996 年 9 月 3 日晋升上校，9 月 4 日退出军队。1996 年 8 月 26 日成立爱国调整与建设联盟，任主席。

1996 年 9 月 26 日，冈比亚举行总统选举，贾梅当选，9 月

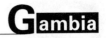

28 日，宣布解散武装力量临时执政委员会。10 月 18 日，正式就任总统。1997 年 1 月，冈比亚举行议会选举，他领导的"爱国调整与建设联盟"在新议会中赢得 2/3 以上的席位。1998 年和 1999 年，他多次对内阁进行小规模改组。1999 年，冈比亚军队领导层进行了较大幅度的调整，武装部队参谋长、国民军司令、国家卫队司令分别易人，贾梅地位进一步巩固。面对国内反对派要求自由、民主、人权的呼声，贾梅继续强调和平与稳定，主张民主制度的建立要考虑国家的现实情况，以确保发展，满足人民基本需要为要务。他指出：西方强加给非洲国家的民主不适合非洲的情况。当文盲接近人口 80%，选民不知道何谓民主的时候，首先必须发展教育，教育人民懂得国家重于部落，大于个人。他认为在冈比亚加强民主就是要建立"四个支柱"：发展经济、教育、农业和社会福利。没有食物就没有教育，也就不会有真正的民主。冈比亚成功的梦想是自给自足和向其他地区有足够的出口。2001 年 10 月蝉联总统。夫人是齐娜卜·叶海亚·苏马－贾梅。

五 国旗、国徽、国歌

1. 国旗 1965 年 2 月 18 日独立时采用至今

冈比亚国旗由深红、蓝、绿三个平行长方形构成。上方为深红色，象征阳光普照着国家；下方为绿色，象征宽容和农业；蓝色居中，蓝色象征友爱、忠诚以及横贯国家的冈比亚河。蓝色上下均带白边，象征纯洁、和平、遵纪守法以及冈比亚人民对世界人民的友好感情。

2. 国徽 1964 年制定

国徽图案为：两只狮子分别用前爪共扶一面蓝色的盾牌，盾面上绘有曼丁哥等族人使用的锄头和朱拉等族人使用的斧头相互交叉的黄色图案，象征人民与农业休戚相关，农业与工业密不可分；盾的下方是刻有英文铭辞的纹章饰带，铭辞的意思是"进步、和平、繁荣"；盾牌的顶饰为一顶蓝色武士头盔、一株绿色油棕树和从山冈上吐枝发芽的落花生。

3. 国歌

冈比亚国歌是在 1965 年宣布独立时创作的，歌词作者为弗吉尼雅·朱利雅·豪，曲调为曼丁哥传统歌曲的曲调。歌词内容为："我们奋斗，劳动和祈祷，／为了祖国冈比亚。每天享受自由与和平，／亲密团结如一家。／为大众谋求福祉，／在正义指导下。／联合全国各族人民，／四海兄弟洵非假。／为了祖国披肝沥胆，／信誓旦旦昭天下。／上帝将保佑我们，／永远忠于冈比亚。"

第三节　军事

一　武装力量的发展状况

独立前的防务全由英属西非的殖民地武装力量统一调配负责。独立伊始，冈比亚没有正规军队，只有 600 名警察维持社会秩序。从 70 年代中期起部队开始扩大，分为两部分。一是警察部队，约 900 人，负责执行法律，维护治安，边防检查，移民签证等；一是警察野战部队，即准军事部队，约 1200 人，负责警察军训，政府机关和领导人的警卫等。装备有步枪和机枪等轻武器，主要由英国供应。训练也由英国教官担任。1979～1980 年全部费用为 505 万达拉西。冈比亚独立后便与塞内加尔签有防务合作协定。1982 年 2 月塞内加尔冈比亚邦联建立后强调安全和防务方面的统一，建立塞冈邦联军。邦联军在冈境内的调动需事先征得总统同意，军费由两国共同负担。邦联军共 560 人，冈比亚军占 150 人。由两国组成的邦联宪兵队还担负着冈政府的警卫任务。1989 年随着塞内冈比亚邦联的解体，

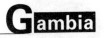

塞冈邦联军亦不复存在。

1984 年 11 月 9 日，冈比亚始宣布建立国民军并实行志愿兵役制。贾瓦拉总统兼任总司令，恩多－恩吉中校任司令。编制 1 营 700 人，内含司令部、后勤、通讯、运输交通等，下设 4 个作战连。1984 年军费开支 200 多万美元。1985 年议会通过武装部队法，从此冈比亚武装力量由国民军和警察部队两部分组成。1986 年 3 月 24 日又正式成立国家宪兵队，它与警察共组成警察部队的两部分。至 1992 年贾瓦拉任最后一届总统和武装部队总司令时，国民军总兵力约 820 人，其中海军小分队 80 人。警察部队有 2000 人。国民军司令为阿布巴卡尔·达达（Abubakar Dada）准将。1992 年军费开支 122 万美元，占国内生产总值的 3.5%。[1]

1994 年，贾梅政权通过军事政变上台，贾梅任武装部队总司令。1999 年，冈比亚军队领导层再次出现较大幅度的调整，武装部队参谋长、国民军司令、国家卫队司令分别易人。

1996 年宪法规定实行义务兵役制。冈比亚武装部队由国民军、警察部队和海军组成。按照 2002 年的估计，冈比亚全国适宜服役男子（15～49 岁）数量为 16.5 万人。[2] 冈比亚国民军总兵力目前约 2000 人。警察部队现有 1000 余人。[3] 海军又名国民卫队，成立于 1996 年 7 月，有 70 人，2 艘炮艇，[4] 1997 年 7 月正式称海军。冈比亚国家卫队成立于 1997 年 8 月，负责反贩毒、走私等，有 110 人。1997 年 7 月冈比亚成立国家安全委员会，负责就国家安全问题向总统提出建议，并协调有关安全的内外政策。同月，成立武装部队委员会，负责就有关国防和战略以及军

① www.gf81.com.cn.（2004 年）
② www.worldfactsandfigures.com.（2004 年）
③ www.worldfactsandfigures.com.（2004 年）
④ www.worldfactsandfigures.com.（2004 年）

官晋升等问题向总统提出建议。

1994/1995 年度军费预算 2400 万达拉西。1996 年军费开支 150 万美元，占国内生产总值的 3.9%。1997 年度军费预算 150 万美元。2000/2001 年度军费支出 1500 万美元。①

表 3 - 1　冈比亚军费支出在财政总支出中所占比例

单位：%

1998	1999	2000	2001	2002	2003
3.4	3.1	2.96	3.11	3.69	2.99

资料来源：www. odci. com，2004 年 8 月。

二　与国外军事关系

19 94 年政变以前，英国、美国等国为冈比亚军队提供军事专家与技术援助。自 1984 年武装部队建立起，英国一直负责训练冈比亚国民军和警察部队。1989 年塞冈邦联解体后贾瓦拉邀请尼日利亚派来军训团负责国民军的建设和训练。尼日利亚军人可在冈比亚军中任职。至 1994 年政变发生后全部撤走。政变后，冈比亚与英、美军事关系一度恶化。

从 1996 年 7 月起，贾梅多次访问尼日利亚，再次聘尼军人来冈比亚任职。全国武装部队总参谋长就先后由冈比亚政府聘请的尼日利亚人格瓦达比（Gwadabe）上校、巴布卡尔·贾塔（Baboucarr Jatta）担任。政变的军事援助还来自土耳其、利比亚和其他国家。

2000 年末美国解除对冈比亚制裁之后，美冈军事关系日趋密切，冈比亚被纳入美国全球战略体系中。美军舰多次来班珠尔

----

① 　www. odci. com. （2004 年 8 月）

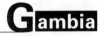

访问。2003 年 11 月，由美国出资，美国海军与喀麦隆、冈比亚、塞内加尔、塞拉利昂等西部非洲国家一起进行了小船训练、实弹射击、两栖突袭和搜救演习。此外，冈比亚还成了美国全球反恐防御网中一个不可缺少的结点。2002 年 11 月，一名英国商人、一名居住在英国的伊拉克人和一名巴勒斯坦人从伦敦乘飞机抵达冈比亚，刚下飞机就遭到美国人的扣押，此 3 人均涉嫌参与针对美国人的恐怖活动。这三人在冈比亚落到美国人手里以后，其中两人被送到古巴关塔那摩美军基地关押至今。[①] 从 2000 年 7 月起与英国中断 7 年之久的军事合作关系也开始恢复。同年 10 月，英国军事代表团访问冈比亚，探讨继续合作问题。

在西非地区，冈比亚军队虽然数量不大，但因本土安全任务较轻，而成为参与西非军事维和行动的一支重要力量。冈比亚军队已先后参加多国维和部队进驻利比里亚、几内亚比绍和科特迪瓦，为维护西非地区和平作出了贡献。

---

① 2004 年 6 月 19 日中国日报网站消息。

第四章

经 济

第一节　概述

一　经济基本特征

英国殖民统治在冈比亚造成了典型的殖民经济。它采取行政和经济手段迫使农民种植单一的经济作物，以满足宗主国的需要。为了攫取巨额利润，片面发展花生种植。1830年起引种花生，往后仅花生一项就占输出总值的90%以上，主要输往欧洲，使独立前的冈比亚有"花生殖民地"之称。花生种植业成了冈比亚的经济支柱，独立后花生及花生制品仍一直占国家出口总值的60%和外汇收入的70%左右。国际市场上花生价格波动常常会严重影响国家的财政收入和人民的经济生活，同时造成粮食不能自给。

冈比亚各族人民为了得到必不可少的食物而种植了某些混种作物和大田作物，如木薯、山药、茄子、番茄、玉米等，种植一些果树，如柑橘、芒果和香蕉等。但由于人口的不断增加，耕地面积却没有扩大，生产工具也没有得到改进，因此，每年都有缺粮时期，在通称的"饥饿季节"，必须从欧洲进口大量谷物、面粉及棉织品、肥皂、酒、糖、烟等生活用品，主要从英国进口。

　　这种单一经济给独立后的冈比亚经济带来严重影响。独立后，尽管贾瓦拉和贾梅领导的政府都将发展农业、实现粮食自给作为经济发展的首要任务，但未能实现。殖民统治给冈比亚带来的深重影响至今仍未消除。

　　殖民地经济还造成冈比亚是一个农业国，工业基础薄弱，经济规模和市场狭小，加之人口增长过快，自然资源贫乏，严重依赖外援，外债数额巨大，历来被联合国列为世界最不发达的国家之一。2003年，第一、第二、第三产业在GDP中的比重分别为33%、13%和54%。① 其中服务业在冈比亚经济中的地位最为重要，进出口贸易又在服务业总产值中占20.3%（其中，再出口贸易构成冈比亚年出口总值的80%），交通与通讯占35%，旅馆服务业占12.3%，房地产与商业占11.4%（2003年统计）。② 再出口贸易、花生出口和旅游业构成冈比亚三大经济支柱和外汇主要收入来源。

表4-1　冈比亚服务业各部门近年增长情况

单位：%

	1998	1999	2000	2001	2002	2003
服务业整体	13.2	1.9	3.4	7.2	4.3	4.1
贸　易	8.9	-4.5	6.8	7.2	4.1	0.4
其中，花生	6.7	3.1	12.3	15	5	3
其它	9.2	-5.5	6	6	4	0
旅馆业	7.5	3.4	-12.8	10	7	15
交通与通讯	26.6	5	5.1	8.8	4.6	5
其中，交通	7	0.3	3.7	7	4	5
通讯	47.8	8.7	6.1	10	5	5
房地产与商业	1.1	0.4	2.2	5	4	3
公用事业	7	2.8	4.6	5	3	2
其　它	1.4	1.1	3	5	3	3

　　资料来源：IMF *Country Report*, *No. 04/142*，第59页。

---

　①　IMF *Country Report*, *No. 04/142*，第58页。
　②　IMF *Country Report*, *No. 04/142*，第58页。

1997 年，国民生产总值 4 亿美元，世界排名第 194 位，人均国民生产总值 340 美元，世界排名第 180 位。1998 年的家庭普查显示，冈比亚的整体贫困率为 67%。[①] 1999 年，世界银行将冈比亚划入低收入国家行列之中。根据联合国开发计划署 2001 年人类发展指数统计，冈比亚在接受统计的 174 个国家中排名第 149 位。[②] 由于 2002 年的农业大幅度减产和农民收入的急剧下降，冈比亚的贫困化程度已进一步恶化。

冈比亚基本经济状况以达拉西（Dalasi）统计（1997 年 1 美元 = 10.20 达拉西）如表 4 - 2。

表 4 - 2　冈比亚基本经济状况（1995 ~ 2003）

	1995	1998	1999	2000	2001	2002	2003
国内生产总值(亿达拉西)	37.07	44.79	49.22	53.82	65.55	73.64	102.75
人均国内生产总值(达拉西)	3634	3560	3812	4485	5161	5536	7340
国内生产总值增长率(%)	3.20	4.80	5.60	5.50	5.80	-3.20	8.80

资料来源：IMF *Country Report*，*No. 04/142*，第 74 页；IMF *Country Report*，*No. 04/142*，第 35、59 页。

国家外汇主要来源：再出口贸易、旅游业和花生产品出口。1999 ~ 2003 年，三项总计年均创汇额 7500 万美元。[③]

1992 年官方外汇储备 9400 万美元（不含黄金），2000 年为 1.094 亿美元。截至 1992 年底外债累计 3.794 亿美元，至 1999 年底债务累计 5.6 亿美元，其中外债 4.25 亿美元，内债 1.4 亿美元。

---

① IMF *Country Report*，*No. 04/142*，第 6 页，转引自 *The Gambia：Millennium Development Goals Report 2003*。
② IMF *Country Report*，*No. 04/143*，第 12 页。
③ IMF *Country Report*，*No. 04/142*，第 38 页。

二 独立后初期和第一共和国时期的经济发展
(1965～1994)

这 是贾瓦拉任总统的 30 年。30 年的经济走过了"马鞍形"发展道路：前 10 年显著增长，中 10 年危机重重，后 10 年调整复苏。贾瓦拉总统为了实现国家的彻底独立，一开始就注意大力发展经济。在独立后的头 10 年（1965～1975），冈比亚制订了两个经济发展计划：1967～1971 年和1971～1974 年，旨在扩大水稻面积，争取粮食自给，扩大畜牧业和渔业，继续加强花生出口。这两个计划得到国际援助。英国就分别提供 686 万美元和 480 万美元。收效较好，使冈比亚宏观经济形势大体稳定，经济适度增长。

1976～1985 年间，由于自然灾害和管理失误及国际花生市场价格的影响，冈比亚经济急剧恶化。这期间实施了两个五年计划：1975～1980 年，1981～1985 年，旨在逐步使经济恢复到 70 年代中期的水平，但未达到预期目标。1985 年的花生减产一半，出口锐减。国民生产总值下降 18.3%，人均收入降低 59%，货币贬值222%，物价飞涨283%，[①] 国民经济陷入空前困境。与此同时，政府部门参与经济的行为增加，中央政府膨胀。其结果是政府开支猛增，财政赤字不断扩大，经济增长很慢，通货膨胀率激增，导致了严重的国际收支不平衡。

为扭转这种局面，贾瓦拉政府于 1985 年 6 月开始推行1985～1990 年的经济恢复计划，针对财政、金融和各产业部门进行了一系列宏观经济和结构改革。主要措施是：尊重市场机制，放开物价，鼓励出口；停止外汇管制，加速私有化，推广承

---

① IMF Working Paper: *Investment, Capital Accumulation, and Growth: Some Evidence from The Gambia 1964～98*. August 1999，第 5 页、第 12 页。

包制，对公有企业和金融部门实行结构改革等。

贾瓦拉政府的经济改革得到了国际社会所提供的相当可观的技术和财政援助的支持。国际社会向冈比亚提供的援助总额从 1985~1986 年的 3800 万美元特别提款权（占其国内总产值的 19%）增加到以后 5 年平均每年 5200 万美元特别提款权（占其国内总产值的 25%）。[1]

经过 5 年的认真执行，改革计划收到了良好的效果。经济增长率连续五年保持在 4% 以上，国内生产总值自 1986 年起，平均每年递增 5%，通货膨胀率降至 5 年来的最低点。[2] 农业增长 3%，又恢复到占国民生产总值 30% 的比重。1989 年，进出口贸易额达 2.02 亿美元，比上年增长 7%。外汇储备 1989 年 3 月底为 0.26 亿美元，较上年同期增加 37.4%。[3] 国际收支状况好转，对外能及时清偿到期债务，金融信誉提高。人均收入增长，人民生活水平有所提高。

1990 年 1 月，贾瓦拉总统在国家文告中指出，冈比亚人民在恢复经济中获得了显著成绩，国际舆论亦普遍认为冈比亚的经济改革在黑非洲国家中是成功的一例。

"经济恢复计划"取得成功以后，贾瓦拉政府为争取国家经济的持续发展，1990 年 11 月开始实施为期三年的"经济持续发展计划"，主要目标是巩固和发展现有经济成果，继续进行经济结构调整，为鼓励私人投资提供更多激励措施，包括对所需进口设备、原料实行优惠关税，优惠批租土地，提供员工培训和技术

---

① IMF Working Paper: *Investment, Capital Accumulation, and Growth: Some Evidence from The Gambia 1964 ~ 98*. August 1999，第 5 页、第 12 页。

② IMF Working Paper: *Investment, Capital Accumulation, and Growth: Some Evidence from The Gambia 1964 ~ 98*. August 1999，第 5 页、第 12 页。

③ IMF Working Paper: *Investment, Capital Accumulation, and Growth: Some Evidence from The Gambia 1964 ~ 98*. August 1999，第 5 页、第 12 页。

支持，优先保障出口等等，实现以私人经济发展所带动的外向型经济的多样化。重点发展的产业包括农产品加工业、果蔬种植业、捕鱼业、采矿业、畜牧业、旅游业和金融服务业以及空运和海运企业。

1991年，干旱和海潮等自然灾害再次袭击冈比亚，农业大幅度歉收，主要经济作物花生减产50%，国内生产总值仅增2%～3%，此后，经济连续几年处于十分困难的境地。由于形势所迫，贾瓦拉政府开始寻求更多的国外经济援助。当1991年11月经济结构调整基金三年计划期满之后，冈比亚提出继续保持与国际货币基金组织的密切的政策对话，并且允许国际货币基金组织监督其经济和财政政策。

1994年，非洲法郎贬值50%，导致对塞内加尔再出口贸易严重受损，再出口货物周转量减少了80%，进口量也减少了30%。[1] 同时，塞内加尔加大打击冈比亚商人通过塞内加尔领土进行走私的力度，这也在很大程度上影响了冈比亚的再出口贸易。这三个因素使基础脆弱的冈比亚经济日益恶化。1994年初，冈比亚政府已向日内瓦国际援助会议成功提交了一揽子申请援助计划。但由于1994年7月的意外政治事件，"经济持续发展计划"中途停止，国际经援活动也突然中断。

三　第二共和国时期的经济发展（1994年至今）

19 94年7月22日，叶海亚·贾梅发动军事政变，推翻了执政近30年的贾瓦拉和人民进步党的统治。贾梅执政以后，经济政策的核心内容是继续前政府的自由经济政策，优先发展教育、卫生、农业、基础设施和能源交通、社会福利等

---

① IMF Working Paper: *Investment, Capital Accumulation, and Growth: Some Evidence from The Gambia 1964～98*. IMF August 1999，第12页。

事业，争取实现粮食自给。政变以后，西方国家立即停止了对冈比亚的经济援助；来冈比亚的游客人数锐减，旅游业收入减少了60%；1994 和 1995 年度，冈比亚 GDP 连续下降 4%。到 1998 年以前，GDP 增长率一直低于人口增长率。财政收入的下降幅度远超过 GDP 的下降幅度，财政赤字翻了两番，内债增加一倍，到 1997 年底，已占到 GDP 的 23.5%。[1]

1996 年 10 月，贾梅当选第二共和国第一任总统。提出"还政于民"之后，西方国家开始逐渐恢复对冈比亚的经济援助，出口贸易和旅游业逐渐回升，经济开始缓慢恢复。1998 年国内生产总值增长率达到 4.8%，[2] 接近十年前正常时期的发展水平，冈比亚重新回到经济建设的轨道上来。

1998 年 6 月，在国际货币基金组织的支持下，冈比亚政府宣布实施为期三年（1998～2001）的"强化结构调整计划"（Enhanced Structural Adjustment Facility，简称 ESAF），将结构调整的重点放在改善公共财政和加强私有经济在国民经济中的作用。随后又推出"减轻贫困与增长计划"2001～2003 年（the Poverty Reduction and Growth Facility，简称 PRGF）。国际货币基金组织决定提供每年 400 万美元的援助。[3] 2000 年 12 月，世界银行和国际货币基金组织决定减免冈比亚部分债务，金额达 6700 万美元。[4] 2001 年 8 月，世界银行向冈比亚提供 1500 万美元贷款，用于贾梅政府制定和实施经济政策。[5]

冈比亚经济在 1998～2001 年获得了显著的发展，GDP 年均

---

① IMF Working Paper: *Investment, Capital Accumulation, and Growth: Some Evidence from The Gambia 1964 ~ 98*. IMF August 1999，第 12 页。

② IMF *Country Report*，*No. 04/142*，第 57 页。

③ IMF *Country Report*，*No. 04/142*，第 42 页。

④ IMF *Country Report*，*No. 04/142*，第 11 页。

⑤ IMF *Country Report*，*No. 04/142*，第 20 页。

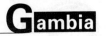

增长 5.5%，由于连年农作物丰收，农业连续三年以平均 9% 的
速度增长，推动了出口年均递增 6%，受贸易、交通与通讯发展
的积极影响，占 GDP 总值一半以上的服务业也实现年均增长
6%。依靠建筑业发展的拉动作用，工业实现年均增长接近
5%。^① 这一时期内，只有旅游业和再出口贸易出现较大波动。
2001 年，旅游业因世界范围的旅游不景气而遇到了一些困难，
国外游客人数为 1998 年以来的最低，大约为 75000 人。^② 同年，
因冈塞政治关系紧张所导致的边界关闭，再出口贸易比上一年减
少 30%。^③

这一时期，政府过度支出和大量金融资本的涌入引起了通
货膨胀率上升、财政赤字增加、内债激增、外汇储备减少和货
币贬值。到 2001 年 12 月，消费物价指数上升了 8%。^④ 1998 ~
2001 年三年间，达拉西对美元的汇率共贬值 182%，1999 年，
中央政府内债总额为 13 亿达拉西，到 2001 年底猛增到 25 亿
达拉西。外汇储备在 2000 ~ 2001 年一年内减少 4400 万美元，
相当于 GDP 的 10%。^⑤ 财政赤字方面，2000 年，财政赤字占到
GDP 的 3.7%，2001 年时达到了 15%，其中 7% 的增长是由于
非预算类支出，反映出政府在财政管理上存在着一定的随意
性。^⑥

2002 年，由于干旱造成农业大幅度歉收，花生减产 50%，
其它农作物减产 30%，农业产值降至上一年的 1/3。尽管建筑
业、旅游业和再出口贸易均有不同程度增长，而且花生加工业由

---

① IMF *Country Report*, *No. 04/142*, 第 7 页。
② IMF *Country Report*, *No. 04/142*, 第 66 页。
③ IMF *Country Report*, *No. 04/142*, 第 90 页。
④ IMF *Country Report*, *No. 04/142*, 第 9 页。
⑤ IMF *Country Report*, *No. 04/142*, 第 22 页。
⑥ IMF *Country Report*, *No. 04/142*, 第 10 页、第 11 页。

于 2001 年的好收成出现较高增长，但由于花生种植业在冈比亚国计民生中占有举足轻重的作用，国家经济仍然遭受重大打击。GDP 负增长 3.2%，同年底，消费品物价指数升至 13%，其中食品、饮水等生活必需品物价指数上升了 18%。① 一方面，财政收入急剧减少，另一方面，超支的外汇支出和支付外债利息导致 2002 年度达拉西贬值 34%。这一年，与财政赤字在 GDP 中占 5% 的目标相比，实际财政赤字占 GDP 总值的 8.1%。②

同年，冈比亚其它经济部门均出现增长。旅游业从上一年的低迷中走出，国外游客人数接近 79000 人，③ 一批中高档旅馆先后开工；再出口贸易较 2001 年有所增长，但仍处于较低水平。2001 年花生的丰产和另一家大型花生加工公司的投产，使以花生加工为主干的工业持续增长。随着最新购置的数套发电设备的投入使用，发电量增长 10%。④ 2002 年，冈比亚工业生产增长 10%；服务业增长 4%。财政赤字降至占 GDP 的 8%。⑤ 同年，冈比亚政府从中国台湾进出口银行获得项目借款 2000 万美元，用于购置发电设备和更新输变电网。

2003 年，冈比亚农业基本恢复，花生生产接近往年正常水平，其余农作物均获高产；旅游业获得了快速的发展，国外游客人数首次突破 100000 人，旅游收入上升 17%。⑥ 这一年，困扰冈比亚外向型渔业的制冰问题由于制冰厂的建成而部分地得到解决，渔业出现了发展的势头。但工业增长由 2002 年的 10% 降低至 7%；按照美元计算，与花生加工业相关的出口也下降

---

① IMF *Country Report*, *No. 04/142*, 第 9 页。
② IMF *Country Report*, *No. 04/143*, 第 9 页。
③ IMF *Country Report*, *No. 04/142*, 第 66 页。
④ IMF *Country Report*, *No. 04/142*, 第 8 页。
⑤ IMF *Country Report*, *No. 04/142*, 第 13 页。
⑥ IMF *Country Report*, *No. 04/142*, 第 22 页。

了 56%。① 2003 年，冈比亚与塞内加尔的边贸谈判失败，冈塞边界一度关闭，冈比亚的再出口贸易仍在较低水平徘徊。

金融方面，同年 8 月，通货膨胀率攀升至 21%，年底又回落到 18%。② 达拉西在 2003 年再度贬值 34%。2003 年，财政赤字在 GDP 中所占比例突破 4.5% 的预期目标，达到 6.0%，政府继续紧缩支出，基础设施建设计划再度延宕；当年，国债发行数量大幅度上扬，到 2003 年 9 月，国债发行量已占到 GDP 的 31%。③ 究其原因，由于冈比亚 2002～2005 年新的"减轻贫困与增长计划"在欧盟的审议中未获通过，国际社会融资受阻，冈比亚不得不大量发行多达 3.5 亿达拉西的国债。为了促销国债，2003 年 9 月，国债利息已从 2002 年 10 月的 15% 上升为 31%。④ 由于迫于政府行政命令，冈比亚中央银行动用外汇储备向政府发放贷款，一年之内，达拉西进一步贬值超过 30%。⑤ 此外，从 2003 年第 4 季度开始，冈比亚政府还采取了扩大纳税层面，加大征税力度等一系列增加财政收入的措施。

巨大的国内融资的压力还影响到了冈比亚的经济私有化进程。冈比亚政府专门成立"产业部门管理署"，使大型国有企业不得向私人出售。经济私有化进程陷于停顿。

同年 10 月，鉴于金融形势严峻，贾梅总统领导实施"不妥协运动"（Operation No Compromise），重点治理导致达拉西进一步贬值的违规商业行为和金融投机行为。依照"不妥协运动"的政策，非正式的外汇市场受到严格限制，企业与个人被强令将所持全部外汇存入中央银行；为了增加税收，冈比亚政府还开始

① IMF *Country Report*，*No. 04/142*，第 40 页。
② IMF *Country Report*，*No. 04/142*，第 9 页。
③ IMF *Country Report*，*No. 04/143*，第 2 页。
④ IMF *Country Report*，*No. 04/143*，第 2 页、第 10 页。
⑤ IMF *Country Report*，*No. 04/143*，第 2 页、第 10 页。

向长期居住在该国的外国人征收税费。外国居民每人每年需要交纳 1000 达拉西（约合 40 美元），换取一张"外国人证件"。导致许多外籍居民还因此纷纷离开了冈比亚。

四　未来经济发展规划

19 96 年 5 月，贾梅政府提出了全面发展冈比亚经济的"2020 远景"（Vision 2020）规划。该经济发展战略的核心是推动国民经济的大规模私有化。认为私有化正是解决资本积累，活跃经济领域投资的关键所在。私有经济将为国家经济提供强大的发展动力。

为鼓励外来投资，政府明确宣布，将长期实行自由汇率政策，只要国外投资者依法纳税，冈比亚政府不会在其将利润转出冈比亚方面设置任何障碍。政府鼓励外资在农业、制造业、加工业、包装业和旅游业中进行直接投资，由政府提供土地和税收等方面的优惠政策。规划着重指出，冈比亚将继续致力于改善开放贸易环境，将努力使其经济多样化，在巩固三大经济支柱的同时，积极扶植和发展果蔬种植业、渔业，实现旅游业的产业升级、开发沿海石油和其它矿产资源。为了改善国内投资环境，冈比亚还将重点进行基础设施建设，尤其是保障水与电力的供应。在吸引外来投资方面，冈比亚政府认为，土地承租方面的改革将是至关重要的，有关这一方面的法律正在酝酿之中。金融方面，控制财政赤字的进一步增加，建立合理的财政支出结构。立法和司法方面，必须建立保护私人财产权的一系列法律制度，完善民法体系。

产业政策方面，冈比亚政府希望能够通过培植新型农业作物和交通电讯等新的经济增长点来调整脆弱的经济结构，调整经济结构和改进融资方式是冈比亚宏观经济政策中互相依存、相辅相成的两个方面。冈比亚政府对国内外私人投资者作出承诺：保障人权，尊重及执行以法治为主的政治体制；尊重及履行民主和多党制；提供开放及自由的市场经济；健全基础设施，不断改良更新先进的国际电讯系统设备；建立高效率、快捷而有系统的投资审核程序；继续促进私人企业发展，作为国家经济增长之推动力；加速国营的商业机构私有化；保护私有产业绝不会被政府征用及收归国有；提供通往其他西非投资重点国家之通道，更享有欧洲共同市场的特惠税项优待；保证外商在国内的投资不会因非商业性的风险而受损失。①

"2020 远景"计划的目标是将冈比亚建设成为一个可持续发展的工业化国家和中等收入国家。所面临的问题在于融资方式单一、政府财政收支失衡和经济增长过分依赖花生、旅游与再出口贸易。这种经济非常容易受到外部环境的冲击。再出口贸易经常受到冈比亚、塞内加尔政治局势的影响，时常出现较大波动。旅游业旺季只局限于北半球的冬季时间；花生种植更是靠天吃饭，降水多寡起着决定性的作用。国内生产总值的增长率始终保持在中等偏低的水平上，未来相当长一段时期内也仍将如此。另外一个问题是政府各项经济统计数字的严重短缺，对经济发展和政策调整做出客观、准确判断十分困难。

从长远来看，冈比亚经济发展将取决于：（1）国家赚取外汇收入的能力。改变过分依赖花生出口、旅游业和再出口贸易，实现出口经济多样化，这需有很长一段路要走。（2）要吸引更多外来直接投资，要解决改善基础设施条件、政府宏观经济政策承诺和组织管理能力的提高、增加技术工人数量等问题。（3）实施经济结构改革，改变经济结构过于单一，主要依赖出口的状态，只有发展本国合理的三大产业结构，增加内需，才是冈比亚经济的根本出路。

---

① www.edutop.com.

第二节　农牧渔业

一　农业

冈比亚的第一产业主要包括农业、畜牧业和渔业。它是一个农业国，74% 的男性、92% 的女性从事农业生产，生产力和收入都很低。2002 年，农业在 GDP 中的比重为 33%。在三大产业中居第二位。农业各部门在 GDP 中所占比重为：花生 9.3%，其它作物 11.2%；畜牧业 8.2%；林业 1.2%；渔业 3.1%。[1]

冈比亚可耕地面积占国土面积的 30% 左右。稻米、小米、高粱和玉米是冈比亚人的主要食粮。农业中最重要的作物是花生，花生产品（花生仁、花生油和花生饼）占国家全部出口的 50%。以重要性而言，畜牧业列花生种植之后，在第一产业中居第二位，牲畜主要出口到西非邻国。花生之外的主要经济作物是棉花，也主要供出口。近几年来，果蔬种植在冈比亚有较快发展，全部出口欧洲市场。虽然渔业在近 10 年有较大增长，但在第一产业中所占比重却呈下降趋势。冈比亚粮食自给率仅为 70%，每年需进口大量大米。除大米外，大宗进口商品还包括副食品和茶叶等。

冈比亚农田面积大约 250000 公顷，占全国可耕地面积的 40%，其中只有 1500 公顷具备机灌条件。另外，冈比亚河口地区尚有 10000 ~ 15000 公顷季节性农田，该部分土地实为红树林沼泽。每年 8 月到次年 1 月，农民可利用简易防护堤，在这片红树林沼泽种植水稻。自 19 世纪末期以来，年降水量一直呈下降趋势，高地经常出现旱情。由于旱季海水倒灌可深入 250 公里，导致冈比亚河两岸低地不断盐碱化。

① *IMF_Country Report*，*No. 04/142*，第 58 页。

冈比亚除沼泽地区外，土壤一般都比较贫瘠。很多地方一直沿用至今的农作制是迁移种植。森林与灌木被清除以后，种植一到二年作物。当这块土地上的作物产量显著下降以后，农民便放弃它去清理和开垦新的土地。被放弃的土地很快就被灌木丛覆盖，土壤肥力逐渐得以恢复，这个过程一般需要10年左右时间。但在有些地方，因为许多人急需耕地，用过后不到10年的土地就再次被利用，因此，冈比亚某些地区已开始使用化肥。通常，新土地的开垦是以焚烧灌木丛的方式进行的，同时，草木灰也被耕入土地里以增加肥力。

1994年以前，冈比亚农田面积为19.3万公顷，目前增加到25万公顷，增长了30%。其中，8万~9万公顷高地用于种植花生，4万公顷高地种植粟子，2万公顷中游以上沿河低地种植水稻，其余种植高粱、玉米、芝麻、木薯、烟草和各种水果、蔬菜。棉花出口创汇能力较强，种植面积为3000公顷。[①]

冈比亚农业历来存在着鲜明的性别分工，即男人种花生，女人种水稻。近十年来，这种状况已发生了显著的改观。现在，在上河区，已有66%妇女参与花生种植，其它地区也达到将近四分之一。[②]

近年来，贾梅政府还努力推广外向型水果蔬菜的种植，提出了"不求高产，但求高质"的口号，使这一新兴农业门类初具规模。大型果蔬农场雇工已超过4000人。现在，冈比亚供出口的水果和蔬菜主要有青椒、茄子、各种亚洲蔬菜、芒果、番木瓜和柠檬等，90%以上出口英国。出口量为大约每周150吨。由于空运出口条件所限，果蔬种植规模一时难以扩大，目前只集中于班珠尔附近地区。

冈比亚农业的另外一个发展方向还在于丰富农业品种的同

---

① *Celebrating Ten Years of Development* (1994～2004)，www. gambia. gm.

② www. gambia. gm. （2004年）

时，改善农村与城市间道路交通，从而加强农产品与市场和旅游景区的联系，提高农民的市场变现能力。

目前，冈政府与联合国粮农组织合作密切，合作项目涉及土壤与水资源管理、果蔬培育和病虫害防治等多个领域。

表4-3　冈比亚农业各部门近年增长情况

单位：%

	1998	1999	2000	2001	2002	2003
农业整体	-9.4	29.4	10.5	8.9	-28.2	29.5
花　生	-5.9	67.4	12.3	9.4	-52.6	77.5
其它作物	-17.7	31	14.2	10	-32	30
畜牧业	4	4	3	6	5	5
林　业	3.9	4.1	3.9	5	5	5
渔　业	-13.1	5.9	2.9	10	5	7

资料来源：IMF Country Report，No. 04/142，第59页。

贾梅政府执政十年来农业发展的量化结果为：谷物产量从1994年的1122公斤/公顷提高到2003年的1230公斤/公顷，总产量从1994年的95332吨提高到2003年的213337吨。有保证的水稻种植面积由1994年的2888公顷增加到2003年的8862公顷，高地稻米产量由1994年的3661吨增加到2003年的8862吨。果蔬出口从无到有。为鼓励果蔬种植业，政府一方面给予投资者土地优惠，由农业与自然资源部在传统耕作土地上优先批租土地，一方面鼓励私人投资班珠尔机场空运业务，降低出口成本。1994年以前，冈比亚农村几乎没有拖拉机。到2003年，农村拖拉机数量达到70台，机耕面积达到1000公顷。[1] 一批耐旱、耐盐碱的新作物品种被培育出来并投产。

———————

[1]　*Celebrating Ten Years of Development*（1994~2004），www.gambia.gm.（2004年）

冈比亚政府的农业发展目标是在现代化、机械化和商业化的基础上提高农业生产率和农产品质量，增加农民收入。同时，丰富农作物种类，提高农业产品附加值，并努力实现粮食自给自足。农业发展面临的问题是总体农业水平较低，原因是生产完全依赖自然条件。许多社会因素也阻碍农业的发展，如农业发展缺乏资金和信贷支持；农村贫困率和文盲率使农民缺乏种田知识，无力改进生产方式和作物品种；交通运输条件和水利设施缺乏，生产组织形式为一家一户式的生产，经济规模太小。根本无法满足大农业的发展需要。

具体到花生种植方面，产量很不稳定，稳产的关键是发展灌溉，但制约灌溉设施发展的最大瓶颈是电力缺乏。因此，花生种植只能是对气候条件的依赖。又由于农民缺乏必要的贮藏手段，政府收购不及时或者以"打白条"形式收购，农民往往乐于将花生出售给国外（主要是塞内加尔）收购者，这也影响冈比亚的花生出口量。

为了解决上述问题，冈比亚农业部鼓励种植农走合作生产的道路，共同使用道路交通、水利设施等生产资源，提高获得资金和购买各种生产资料的能力。为了增加农民收入，冈比亚政府还号召农民在旱季种植水果和蔬菜。当前，大多数农民缺乏必要的资金和保险保证；道路运输条件差；出口空运费用较高。这些困难有待解决。

表 4 - 4　冈比亚历年花生产量

单位：吨

1998 ~ 1999	2000	2001	2002	2003
121000（平均）	138000	151000	72000	127000

资料来源：*Celebrating Ten Years of Development*（1994 ~ 2004），www. gambia. gm.（2004 年）

表4-5　1994～2003年粮食作物产量

面积：公顷；平均产量：公斤/公顷；总产量：吨

	1994	1995	1996	1997	1998	1999	2000	2001	2002	2003
粟子面积	49788	55194	55702	73453	67308	72200	85810	97360	96983	109938
平均产量	1061	979	837	900	961	1122	1102	1078	873	1095
总产量	52847	54020	61492	66082	64666	81000	94600	104971	84618	120342
高粱面积	8431	13987	12699	13432	12232	16200	19700	26175	18337	24684
平均产量	1056	849	1080	962	807	1107	1261	1277	829	1221
总产量	8903	11873	13719	12928	9869	17900	24900	33418	15209	30130
玉米面积	10547	10551	8217	7240	9073	12800	13700	17202	18350	21044
平均产量	1262	1292	1220	1169	1434	1597	1609	1685	1013	1585
总产量	13315	13633	10021	8466	13011	20400	22000	28988	18580	33353
稻谷面积	13169	15403	17033	12684	15998	12300	13100	15868	12152	17751
总产量	20267	18952	18185	13046	18836	18300	20700	19200	18630	29513

资料来源：*Celebrating Ten Years of Development*（1994～2004），www. gambia. gm.（2004年）

表4-6　1994～2003年经济作物产量

面积：公顷；平均产量：公斤/公顷；总产量：吨

	1994	1995	1996	1997	1998	1999	2000	2001	2002	2003
花生面积	75018	78086	64413	70458	70479	99200	118110	138888	105607	107937
总产量	80804	75178	45822	78101	73457	123000	138000	151069	71526	92937
棉花面积	3076									3423
总产量	2149									2438
芝麻面积	2741									3437
平均产量	345									358
总产量	946									1230

资料来源：*Celebrating Ten Years of Development*（1994～2004），www. gambia. gm.（2004年）

二 畜牧业

冈 比亚的畜牧业比较发达。有牛、山羊、绵羊、猪、鸡，主要供当地居民消费，尤以养牛为主，为耕作业提供役畜。1990/1991 年度，畜牧业产值约 2420 万达拉西，占农业总产值的 22%。每年屠宰牛约 3.6 万头，羊 3.5 万只。1994 年牛羊存栏数分别为 27 万头和 37 万只。畜牧业年产值占到 GDP 的 8% ~ 9%。较为落后的卫生检疫和屠宰加工条件使得冈比亚肉类产品主要供应国内市场。近年来，由私人投资的养鸡场发展较快，但饲料主要依靠进口。满足旅游业需要的奶制品也几乎完全依靠进口。

目前，冈比亚农村普遍能够以防疫注射的办法来防止牲畜疾病发生，但由于萃萃蝇而造成的牲畜嗜眠病仍然是限制畜牧业发展的一个难题。

表 4 - 7　1994 ~ 2003 年畜牧业产量

单位：只

	1994	1995	1996	1997	1998	1999	2000	2001	2002	2003
牛(头)	278538	289681	322256	229734	226161	307583	308410	323167	326556	363406
绵羊	156015	159016	166172	125627	91507	98243	101924	192232	145593	196091
山羊	214056	223767	231398	204792	185191	161658	143937	323167	261965	304533
马(匹)	17556	17284	12838	16442	16696	21915	21781	17147	27429	29399
驴(头)	33448	33602	24968	32734	37981	32981	38224	43340	40136	53818

资料来源：*Celebrating Ten Years of Development*（1994 ~ 2004），www. gambia. gm. (2004 年)

三 渔业

冈 比亚沿海主要出产沙丁鱼、鲐鱼、石鲈、墨鱼和黄花鱼等，其中以沙丁鱼、鲐鱼产量最大，各在年产 10

万吨以上，其它鱼类年产多在万吨以下。上世纪90年代以来渔业发展较快，累计增长76%；制冰量有了很大发展，沿海渔村的贮藏条件大为改善，因储运不善而造成的损失由10年前占日捕捞量的35%降低为5%。① 冈比亚现有8个渔业加工厂，注册渔轮15艘，渔民约为3000人。② 冈比亚目前渔业发展的主要问题是捕鱼量的增长幅度并未能够与出口产值的增长幅度相同步，原因是鱼类加工厂和技术工人依旧过少，产业附加值难以得到提升。另外一个制约因素是缺乏渔港，严重制约了出口的增长。此外，由于使用外国拖网渔船过度捕捞，内河和近海渔业资源下降严重；深海和远海捕捞面临资金和设施双重困难。

冈比亚90%的鱼产品出口到欧洲市场换取外汇。为了解决渔产品出口问题，冈比亚政府已与非洲发展银行和阿拉伯经济发展银行签订了贷款协议，在未来十年内建设新渔港。其它促进渔业发展的措施还有：在冈比亚水域内建立合资渔业加工厂；进一步加大对外国渔船在冈水域内捕鱼的监管力度；加强管理防止过度捕捞；目前，冈比亚已经与塞内加尔签订了相互捕鱼协定，与日本金枪鱼协会签订的协议将有助于开发冈比亚海洋渔业资源。

第三节　工业、电信业、交通运输与旅游业

一　基础薄弱的工业

与　农业和服务业相比，冈比亚的工业实力最弱。制造业很不发达，燃油、润滑油、化工产品、机器运输设备

---

①　IMF *Country Report*, *No. 04/142*, 第46页。

②　*Celebrating Ten Years of Development*（1994~2004），www.gambia.gm.（2004年）

等完全依靠进口。工业门类主要有农产品加工业，饮料与建筑材料，产品均供应国内市场。建筑业主要集中于旅游设施和与基础设施配套的建设项目。工业在 GDP 中的比重为 13% 左右。狭小的国内市场、贫乏的矿产资源、数量有限的技术劳动力、高昂的交通运输成本、非法进口的冲击和缺乏公平竞争透明度的法律等使工业发展面临重重障碍。

冈比亚工业增加值占国内生产总值的百分比 1980 年为 15%，2003 年为 13%。制造业所占比例一直为 6%。1998 年以后工业发展出现显著加快趋势，工业年均增长率 1980～1990 年是 4.7%，1990～1997 年为 0.1%；1998～2003 年为 5.95%；制造业年均增长率 1980～1990 年是 7.8%，1990～1997 年为 0.5%。1998～2003 年为 2.63%。2002 年，工人总数约为 2 万人，全国有 12% 的男性和 3% 的女性从事工业生产。[①]

表 4 - 8 冈比亚工业各部门近年增长情况

单位：%

	1998	1999	2000	2001	2002	2003
工业整体	5.7	2.3	5.1	6.1	9.8	6.4
加工业	2.4	1.4	2	2.7	4.5	2.6
大中型加工业	2.6	1.3	2	3	5	2
小型加工业	2.1	1.8	2	2	3.5	4
建筑与采矿业	6.4	3.3	10	10	15	10
电力与自来水	27.1	1.9	-3	4	10	5

资料来源：IMF *Country Report*，*No. 04/142*，第 59 页。

1. 电力供应

冈比亚电力生产能力较差，国内没有一座水力发电站，电力

[①] www.id21.org.（2004 年）

生产 100% 来自火力发电，电力供应严重不足，有电的时候多在夜里，白天经常停电。许多商业机构和富裕的个人均备有私人发电机。

2002 年，随着最新购置的数套发电设备的投入使用，发电量增长 10%。2002 年，冈比亚工业生产增长 10%；同年，冈政府从中国台湾进出口银行获得项目借款 2000 万美元，用于购置发电设备和更新输变电网。

为了保证"远景 2020"经济发展计划的实施，电力供应是一个必须解决的问题。目前，冈比亚水电公司正在加紧具有 180 万千瓦装机容量的寇图发电站的建设。2020 年的目标是实现所有乡镇的基本供电。

表 4-9　冈比亚电力生产与消费情况

单位：1000 千瓦时

	1998	1999	2000	2001	2002
总发电量	122187	123401	117553	134001	144124
居民用电	37462	48851	45676	55324	62060
工业用电(含政府)	33405	23213	21530	25698	24934
其它用电	7274	11337	10347	12917	17301
损耗(包括发电站自身用电)	43584	40000	40000	39322	39322

资料来源：IMF *Country Report*，*No. 04/142*，第 67 页。

2. 制造业

冈比亚国内的制造业普遍属中小规模，门类很不齐全。目前的一些工厂类型主要有：铸造厂，主要以废金属铸造一些用于建筑业的装饰品和供修理车间使用的铸铁件。20 世纪末，出现了小型制药业和简单电器组装业。这些产品主要满足国内市场，有时也出口到西非邻国。

冈比亚制造业存在着较大的发展潜力。冈比亚高岭土储藏较丰富，但目前所有卫生洁具和高质量的陶瓷制品均从国外进口。另外，冈比亚旱季时间较长，富泥质海岸，沿海一些地区适宜发展盐业生产。

3. 农产品加工业

由于电力不足、矿产资源贫乏、管理和技术水平低，小规模的花生、鱼类、棉花和皮革加工构成了冈比亚工业的主体。80年代以后，政府鼓励私人投资工业，建立起花生加工、肥皂、制盐、制砖、啤酒、制革和糖果厂等。国内最大、最先进的垄断性花生加工企业是由瑞士人投资的"冈比亚花生公司"。农产品加工业是冈比亚具有巨大发展潜力的产业部门。每年有大量新鲜芒果、橙子、西红柿等因无法出口而急需加工成饮料。这方面的发展前景广阔。随着畜牧业和家禽养殖业的发展，饲料生产和肉类加工也亟待发展。

4. 采矿业

锆矿是冈比亚已知的最有经济价值的矿产资源，主要蕴藏在冈比亚沿海地区。冈比亚锆矿品位较高，由冈比亚与一家国外公司合资开采，2002年底开始出口，截至2003年6月，共出口12000吨，价值约为110万美元。[①]

在寻找沿海石油矿藏方面，冈比亚已进行了六年的勘探努力。1999年10月，政府将班珠尔附近5000平方公里范围内的海上石油勘探权售予了一家澳大利亚石油与天然气公司。2002年初，又将勘探权转售给另外一家西方公司进行三维地震式勘测。2004年2月，总统贾梅在未透露具体数字的情况下宣布，在所勘探地区已发现大量石油。[②] 总统贾梅的这一宣布还有待探井勘测进行证实。

---

① IMF *Country Report*, *No. 04/142*，第54页。
② www. gambia. gm: Petroleum and Mineral Resources.（2004年）

二 快速发展的电信服务业

比亚以电信业发展速度之快著称于非洲，近年来，电讯业和因特网服务业正在成为冈比亚服务业的一个新的经济增长点。由于冈比亚在该领域发展较快，较西非一些国家具有投资和从业人员的优势，发展潜力看好。冈比亚电信有限公司（The Gambia Telecommunication Company Limited，简称GAMTEL）在过去几年里成绩卓著。1998 年，冈比亚每千人拥有固定电话和移动电话 24.9 部，2001 年增加到 67.4 部，2002 年为 100.8 部。① 电脑拥有量方面，1998 年，每千人拥有电脑 3.3 台，2001 年为 12.7 台，2002 年为 13.8 台。因特网用户在 1998 年只有 2500 个，到 2002 年就增长了近十倍，达到 25000 个。1998～2003 年电信服务业年均增长 6.97%。②

目前，冈比亚可以和世界上 160 多个国家直通电话。为了实现普遍接入，政府正致力于在全国范围内建立 500 多个电信中心，并鼓励国外私人资本投资冈电信业，尤其是因特网业务。

三 以冈比亚河为主的交通

比亚河横贯东西全境，是冈比亚内陆地区的主要运输线。小型船只可沿河上溯 300 公里，大型船只可由班珠尔深入 190 公里到达昆陶尔。冈比亚河两岸没有桥梁连接，班珠尔和法拉芬尼设有渡轮。2003 年 4 月，冈比亚曾与塞内加尔达成协议，决定在冈比亚河上修建一座大桥，为塞内加尔南北往来的车辆提供更便利的通道。

---

① *Celebrating Ten Years of Development*（1994～2004），www. gambia. gm.（2004 年）
② *Celebrating Ten Years of Development*（1994～2004），www. gambia. gm.（2004 年）

冈比亚目前尚无铁路。公路总长 2390 公里，其中沥青路 510 公里，石子路 800 公里，土路 1080 公里。

空运方面，目前尚无国内航线。首都云杜姆国际机场可起降各类大型客机，每周有定期航班飞往英国、比利时、瑞士、西班牙、加纳、尼日利亚和塞内加尔等国。1997 年 7 月，云杜姆 (Yundum Airport) 机场新候机大楼启用。目前，冈比亚每年总共有 4000 次航班飞往全球各地，年输送乘客 30 万人。[①] 2001 年 2 月，冈比亚与美国开通直航。

海运方面，班珠尔港是冈比亚主要国际海运港口，港区主要码头泊位有 4 个，岸线长 487 米，最大水深 12 米，可停万吨轮 2 艘。装卸设备有各种岸吊、汽车吊、驳船及拖船等，其中汽车吊最大起重能力为 30 吨，可作业集装箱，拖船的功率最大 735 千瓦。班珠尔港与西非各国间航运频繁，年吞吐量为 25 万吨。目前，占地 13 公顷的班珠尔港出口加工区正在建设之中，外商企业在区内享受进口免税。

四 经济支柱之———旅游业

1. 旅游业发展状况

旅游业是冈比亚三大经济支柱之一，旅游业产值占国内生产总值的 10%。同时，旅游业还是冈比亚最大的外汇收入来源，扣除相关进口所带来的外汇支出之外，旅游业在国家全部外汇收入中所占的比重达到 35%。旅游业所引发的进口暴露出本国农业和工艺品生产难以满足游客的需要，同时也是冈比亚国内经济进一步发展的目标。

冈比亚政府为了吸引更多的游客，制定了很多优惠政策。比如，对来冈比亚旅游的人携入携出外币种类均没有限制，也不必

---

① *Celebrating Ten Years of Development*（1994~2004），www. gambia. gm.（2004 年）

申报他们携带外币的数额。60 年代中期政府开始大力发展旅游业，贾瓦拉政府不断增加投资，建设基础设施。到 1990 年底，大型旅馆已由 1987 年的 13 家增加到 19 家，首都班珠尔新建的五星级"总统旅馆"于 1990 年 9 月正式开业。旅馆床位由 4900个上升到 6000 个，同时，国家旅游局还不断开辟新的旅游项目和客源，注意完善配套设施和服务行业，培训人员，提高服务质量，这些努力使旅游人数从 1984/1985 年的 73853 人上升到 1989/1990 年的 101404 人，收入从 2000 多万达拉西增加到 8900万达拉西。① 此外，政府还在 1988 年指定了一个旅游发展区并制定了新投资法，为私营投资商提供了一系列财政刺激。进入90 年代初期，游客每年达 10 万 ~12 万人次，主要为西方国家游客，来自英国、瑞典、德国等国家。1994 年政变之后，西方国家游客锐减，1994/1995 年旅游收入减少 60%。

1995 ~1996 年，政府加强投资，开始兴建一些新的建设项目，希望重振旅游业。至 1995 年始有回升，增长 30%。近几年包机游客总人数如下：1995 年为 4.3 万，1996 年为 7.2 万，1997 年为 8 万。1998 年以后情况见表 4 – 10。

表 4 – 10　冈比亚旅游业基本情况

	1998	1999	2000	2001	2002	2003
国外游客人数	91106	94207	82117	75212	78893	100000 以上
平均逗留时间（天）	12.9	12.9	12.9	—	—	—
平均日消费（达拉西）	327.8	306	290	—	—	—
总收入（百万达拉西）	734.4	726.9	608.2	—	—	—

资料来源：IMF Country Report，No.04/142，第 66 页。

---

① IMF Working Paper：*Investment*，*Capital Accumulation*，*and Growth*：*Some Evidence from The Gambia 1964 ~98*，第 17 页。

为了给旅游业增添新的发展动力，冈比亚旅游管理部门积极加大对本国旅游资源的宣传，吸引更多的国外合作者投资或招揽客源。为此，冈比亚旅游局从上世纪末开始连续每年参加柏林旅游交易会，取得了较丰硕的成果。这些成果包括：德国旅游集团通济隆将开通每周一班的经塞内加尔首都达喀尔到冈比亚首都班珠尔的航班；另一家德国旅游公司尼克曼在冬季恢复组团到冈比亚旅游；芬兰瑞吉娜游船公司从每年12月开始在整个冬季开行到班珠尔的游船；捷克的费舍尔旅行社和英国的奥林匹克奥德赛旅行社从冬天开始组团到班珠尔；"欧洲动力咨询"旅游公司（EuropowerConsul）计划在冈比亚建造一座饭店，并且在冈比亚河上经营游船；荷兰奥林匹亚国际旅行社除继续开行从荷兰到冈比亚的每周一次的航班外，还将同瑞士的旅行社合作，在冬天开通每周一次的从瑞士苏黎世飞往班珠尔的航班。

与西非某些国家比较起来，冈比亚在发展旅游业方面具有许多优势。阳光、海滩和西非黑人风情构成了冈比亚旅游业最大的吸引力。按照冈比亚旅游局的对外宣传，西方游客到冈比亚旅游有十大优势：①旖旎的气候；②从伦敦直飞只需六小时；③与西欧处于同一时区，无倒时差之忧；④未经污染的自然环境；⑤友好的人民与有趣的文化；⑥冈河和丛林野游；⑦令人放松的气氛；⑧鸟类奇观；⑨有着适宜各种购买力和兴趣的旅游商品；⑩由于冈币贬值，旅游购物，物超所值。

但是，冈比亚旅游业的发展也存在着难以解决的困难，有"两个局限"。第一是时间上的局限。到冈比亚度假的西方游客主要集中于欧洲和美国的冬季。第二是地区上的局限。游客基本上在班珠尔地区活动。内陆航线不发达，水、电、道路交通基础设施差，卫生条件落后都限制内地旅游业的发展。为了解决这些问题，冈比亚政府已经开始采取行动，深入开发内地自然动植物保护区和西非黑人历史文化、风土人情等旅游资源，争取将游客吸引到班珠尔以外的地区去。

冈比亚近年来还加大投入兴办旅游学校培训专业旅游服务人员，治理海滩侵蚀，建立旅馆业星级服务和考核制度，进一步开发水上体育活动。到冈比亚来的游客多为欧美收入较低人群。为了进一步提高旅游生活舒适度，2004～2005年，冈比亚旅游局在沿海旅游区新建10座旅馆。冈比亚全国现有旅游宾馆共50余家。

为了促使更多地区和产业部门与旅游业挂钩，形成旅游产业链，冈比亚政府旅游部门还在班珠尔地区附近推出了一些乡村旅游项目，让许多农户介入旅游活动。组织起来的农户以开办乡村旅馆和生产、销售乡村工艺品等方式，使部分农业资源向旅游资源转化，并且增加了收入。

冈比亚旅游业的发展目标是将冈比亚的自然景观与文化多样性相结合，充分利用政局稳定和距欧美较近的优势，将冈比亚建成"旅游天堂"。为了将北半球夏季游客吸引到冈比亚来，冈比亚将重点发展生态旅游项目，并对经营淡季旅游的公司给予税收优惠。刚刚成立的"冈比亚旅游公司"在开发旅游项目和旅游产品上享有高度的自主权。

2. 冈比亚的旅游资源

生态旅游资源有：

鸟类 冈比亚号称"鸟类天堂"，本土各种鸟类繁盛。同时，冈比亚还是许多种欧洲候鸟返回非洲的第一站，形成了蔚为壮观的鸟类奇观。拥有540多种鸟类和数十种尚待研究归类的蝴蝶、昆虫、蜻蜓和花卉。

鳄鱼 数百年前由当地土著人发现的"圣湖"位于距班珠尔14公里处，栖息着许多条西非鳄鱼。

原始棕榈森林 该处森林位于冈比亚东部布里卡马冈河沿岸，内部存在着许多不同的生态系统，开发七年来已成为强烈吸引西方游客的自然名胜。

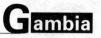

此外，冈比亚还有一些富有特色的动植物自然保护区和国家公园有待投入旅游开发。

文化旅游资源有：

阿尔伯特市场（Albert Market） 位于班珠尔市中心，摊铺林立，出售各种衣服、水果、蔬菜、家居用品和富有民族特色的手工业品。该市场的热闹景象在非洲享有盛名。

第 22 拱门（Arch 22） 目前冈比亚最高的建筑物，特为纪念贾梅 1994 年 7 月政变成功而建立。该拱门每天向公众开放，登上拱门，班珠尔全市景观一览无余。

布里卡马手工艺品市场（Brikama Craft Market） 徜徉布里卡马手工艺品市场，游客可以买到冈比亚最精美的木雕手工艺品。该市场的另外一大特色是购买每件手工艺品都可以讨价还价。

布伦要塞（Fort Bullen） 1826 年，为了保护冈河贸易和巴瑟斯特城，英国人在巴瑟斯特对面的河岸上建筑了布伦要塞。至今，要塞垛口上还有数尊生锈的大炮俯视着河口。

詹姆士岛和相关地 2003 年 7 月，联合国教科文组织世界遗产委员会在法国巴黎召开第 27 届大会，决定将詹姆士岛和相关地点列为世界文化遗产，这是冈比亚第一处世界文化遗产。教科文组织认为，詹姆士岛和相关地点展示了西非由过去的殖民时期到奴隶制时期，直至独立时期的历史发展。其意义还在于：它见证了奴隶买卖从兴起至废止的全过程。

20 世纪 70 年代，美国作家亚历克斯·哈里在其著名小说《根》中详细描写了冈比亚河上游的黑人家园嘉福村，一时间，兴起了到冈比亚的寻根旅游热。1996 年 5 月，冈比亚举办了第一届国际寻根节，此后每年举办一届。

石圈墓碑群（Stone Circles） 位于冈中河区瓦苏（Wassu）附近，由 10～24 根直径 8 米，高 2.5 米左右的棕红色石柱组成，形成有规律的同样大小的一个个圆圈。这里埋葬着什么人？是哪个年代的？这些谜一样的问题至今还没有解答出来。引起旅游者和史学家们的极大兴趣。

野生动物保护区[①]：

冈比亚河国家公园 冈比亚河国家公园（也称"狒狒岛"）由五座岛屿组成，建立于 1978 年，总面积 585 公顷。地貌特点为少量原始热带雨林、沼泽地和热带草原。整个国家公园位于中游区，距班珠尔 300 公里。冈比亚曾是黑猩猩的故乡，但黑猩猩不幸于 1900 年左右在全境内消失。1979 年，冈比亚政府开展"黑猩猩回归工程"，引进幼年黑猩猩，并耐心饲养使之掌握野外生存技巧。目前在三个岛屿上生活的黑猩猩数量已达到 50 只，分属 4 个群落，并且这个数字仍在继续增加。这些黑猩猩已经成为教育冈比亚人民保护环境、珍惜祖国野生动物的良好范例。

国家公园中数量较大的野生动物还有疣猪、密獾、麝猫、西非海牛、蛇、蜥蜴、朱鹭和各种羚羊属动物。

基昂（Kiang）西部国家公园 位于下河区基昂西区的基昂西部国家公园是冈比亚最重要的野生动物保护区之一，占地约 11500 公顷。该区距班珠尔 145 公里，建立于 1987 年，地貌构成为干燥落叶林地和热带草原与红树港汊互相交织。区内生活有 250 多种鸟，其中有 12 种是在其它地区难以见到的。冈比亚目前已知的所有野生哺乳动物也均能够在该区见到。爬行类动物有非洲石蟒、尼罗巨蜥、非洲美人蛇和眼镜蛇。红树根部的水域中能够经常看到海龟和牡蛎。

植物方面，该国家公园集中有典型的几内亚热带草原（或称几内亚林地热带草原）。雨季，草原上一派低矮落叶树林与三米高野草葱葱郁郁的景象；旱季，荒草枯萎，落叶遍地，时有野火发生，昆虫与小动物受惊四窜，猛禽与燕子前来趁火捕食。旱

---

① 资料译自 www.gambia.gm。（2004 年）

季还是冈比亚农民烧荒种地的季节，但为了避免耕种破坏热带草原在雨季的生态恢复，冈比亚政府已采取了许多措施对此进行限制。

尼乌米（Niumi）国家公园　尼乌米国家公园位于冈比亚河以北的沿海地区，建立于 1986 年，总面积约 4940 公顷。除了作为重要的鱼类繁育场所之外，该公园还是西非赤道以北唯一人类活动尚未触及的红树林区。该区与塞内加尔三角洲国家公园毗邻。该国家公园的地貌特征为海拔很低的沿岸沙丘林地，盐水沼泽和湿地，海拔较高的地段为干燥林地和热带草原。

尼乌米国家公园内栖息着种类繁多的鸟类，同时，它也是欧洲候鸟的重要落脚点，有 17 种欧洲鸣禽在穿行赤道的迁徙中在此停留并繁育后代。其它野生动物方面，公园内生活着豹、斑点鬣狗和多种较小的食肉动物，季节性潟湖和沼泽中可以见到鳄鱼。海滩还是绿龟产卵的理想场所。除此之外，园内还有西非海牛、非洲无爪海獭、驼背海豚和尼罗鳄等较稀有动物。

近几年来，为了保护野生动植物资源和游客的生命、财产安全，冈比亚政府陆续制定了一系列野生动植物保护区法律和规章制度，主要原则体现为：除了回忆，不带走任何东西。除了脚印，身后不留下任何东西。尊重其他旅游者。尊重动物。尊重自身安全，防范各种意外事故发生。

此外，冈比亚政府还制定了详细的狩猎与动物产品贸易立法，限制或禁止对某些动物的狩猎和交易。

旅游城市：

班珠尔　坐落于冈比亚河河口班珠尔岛东端，扼冈比亚河出海口咽喉，守卫着冈比亚的海上大门。是冈比亚行政和商贸中心。班珠尔这个名字本身就留下了冈比亚百年来风云变幻的烙印。1816 年，英殖民者占领班珠尔，建成要塞，改名为巴瑟斯特。巴瑟斯特是当时一个英国殖民大臣的名字。后发展成为殖民据点和农产品转运站。1945 年，巴瑟斯特设镇，英属冈比亚首府就设在这里。巴瑟斯特这个名字沿用了 157 年，直到冈比亚独立后的 1973 年 4 月 24 日，才宣布取消巴瑟斯特的名字，恢复班珠尔城的原名。

1965 年，班珠尔独立设市。4 万多居民生活在这座总面积为 8 平方公里的城市里。白色的总统府建筑群，面对着冈比亚河河口，英国殖民主义者遗弃的大炮，整齐地排列在总统府前。这十几门大炮，象征着冈比亚人民战胜英殖民者不屈不挠的精神。坐落在市中心的麦卡锡广场已改名为独立广场，冈比亚一年一度的庆祝独立盛典就在这个广场上举行。商业区和港口并列在市区的东部，几十家大型商店，商品琳琅满目，顾客熙熙攘攘。旁边就是从 19 世纪以来就存在的传统市场。在这儿，可以买到西方国家的许多商品，各种各样的英国纺织品充盈市场。今天，这里不论商店还是地摊，到处都能见到中国商品出售。中国的绿茶、自行车、缝纫机、小五金、机电产品、棉纺织品、儿童服装、各种鞋类、搪瓷器皿、学生书包、浴巾、电池、牙膏等等，应有尽有。汽车、马车，从市场中间穿来穿去，市场拥挤，热闹非凡。政府公用事业部门，包括维多利亚医院、邮电局等，也位于东部。市区西部多娱乐场所；东南部为沃洛夫人的居住区，多由茅屋构成，人口稠密。西南部是冈比亚唯一的飞机场云杜姆国际机场，距市中心 20 公里之遥。候机室是一座土木结构的建筑。这里与世界大多数城市都有班机相连。目前，新的候机大楼已建成并投入使用。

冈比亚河口水面宽阔，班珠尔港的新港和旧码头连成一片。1971～1974 年，冈比亚政府对港口码头进行了扩建和新建。现在，港口码头水深达 16～27 米，年吞吐量在 20 万吨左右。港区与横贯全国的两条全天候公路干线直接相连，使港口成为全国进出口物资的转运站。这些物资包括出口产品花生、棕仁、皮革、干熏鱼等与进口产品纺织品、金属制品和粮食等。港湾里，轮船往返；码头边，运输卡车川流不息，一片繁忙景象。离开市区，

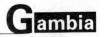

沿着沥青和贝壳铺成的公路向西南行驶十几公里，就是冈比亚全国最大的花生榨油厂。刚刚收获的花生，从四面八方运到这里。该厂雇佣工人近千名，年榨油能力 12 万吨。此外，附近还有鱼类加工、纺织等小型工业，尤以木刻首饰等手工业著名。国际上公认班珠尔自由港是西非最安全和最有效率的港口，能够提供快捷和可靠的服务，各项出入关手续全部由计算机控制完成。

班珠尔是一座风光秀丽的热带旅游城市，市区和海滨建有高级旅馆，海滨设有浴场和游艇码头。乘船可饱览冈比亚河风光，使旅游者心旷神怡，流连忘返。班珠尔每年接待国外游客 10 万人左右，旅游收入占全国财政收入的第二位。这里建有政府大厦、国家图书馆、海关、警察局、发电厂等政府和公用事业部门以及清真寺、基督教堂、体育场和冈比亚中、高等学校等。

第四节　财政金融与国民生活

一　金融状况

比亚货币单位为达拉西（Dalasi），实行与国际市场衔接的自由汇率。

表 4 - 11　1995～2003 年美元对达拉西汇率变化情况

	1995	1996	1997	1998	1999	2000	2001	2002	2003
美元:达拉西	1:9.55	1:9.87	1:10.2	1:10.64	1:11.4	1:12.79	1:15.69	1:19.92	1:28.53

资料来源：IMF *Staff Country Report*，*No. 00/114*，第 103 页；IMF *Country Report*，*No. 04/142*，第 26 页。

1998 年时，1 美元兑换 10.64 达拉西；2003 年，1 美元兑换 28.53 达拉西。5 年之内，达拉西贬值 168%。造成达拉西在

1998～2003 年连续贬值的原因主要有三个。（1）大量各种形式的国外经济援助造成冈比亚货币供应过度。（2）政府超出预算之外的随意性支出，主要表现在以低于市场汇率的价格向政府机构和其他党派提供大量缺乏透明度的外汇补贴。（3）冈比亚中央银行运作缺乏独立性，经常受到政府意志支配，违背市场操作规律。当政府急需在外汇市场换取外汇时，中央银行便抛出外汇储备以抑制汇率；待政府外汇急需解除时，再买进外汇以维持外汇储备总量。

银行业包括国家银行和私人银行两类：国家银行为"冈比亚中央银行"，建于 1971 年，负责制定和贯彻执行国际货币和信贷政策以及调控商业银行业务。国内大型私人银行主要有：标准特许银行（the Standard Chartered Bank）、信托银行（Trust Bank）、国际商业银行（International Bank for Commerce）、阿拉伯冈比亚伊斯兰银行（Arab Gambia Islamic Bank）、担保信托银行（Guaranty Trust Bank）和第一国际银行（First International Bank）。所有银行营业时间为：周一至周四：08：00～13：30；周五：08：00～11：30。

冈比亚融资渠道与其产业结构相似，过于单一，几乎完全依靠政府，金融体制相当脆弱。

表 4－12　冈比亚历年融资情况

单位：百万美元

	1998	1999	2000	2001	2002	2003
政府融资	49.8	43.6	51.7	55.2	87.6	53.5
其中，国外贷款	5.4	2.7	6.3	8.3	34	8.6
国外直接投资	15.6	0.4	15.8	10.2	9.1	12.7
其 它	2.7	9.7	16.4	20.9	0.5	17.6
总 计	68.1	53.7	83.9	86.3	97.2	83.8

资料来源：IMF *Country Report*, *No. 04/142*, 第 39 页；IMF *Country Report*, *No. 04/143*, 第 43、45 页。

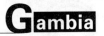

冈比亚中央银行是根据 1992 年《冈比亚中央银行法》成立的。按照该法，中央银行以保持价格稳定作为首要原则。然而，对利率的有限的政策自主权决定了它难以使用有效的货币政策手段。《冈比亚中央银行法》颁行之初，即规定政府有权直接干预政策和限制中央银行的独立性。在认为中央银行所执行的政策不足以实现管理目标时，财政部长有权否决其政策；而且，财政部的一些官员直接参加中央银行各政策委员会的决策工作。该银行法甚至允许财政部长在未经调查和履行必要程序的情况下对银行高层负责人行使任免权力。为了平抑汇率和填补政府融资缺口，中央银行只得不断动用外汇储备和增发国债，进而使达拉西更加疲软，债务负担越来越重。

由于中央银行实质上在接受财政部的管辖，因而便经常出现一种现象，即政府利用达拉西与美元、欧元和瑞士法郎的交叉汇兑在与中央银行进行外汇买卖时从中赢利。不仅如此，政府还经常指示中央银行以滞后于国际市场一周的价格向其他党派和公司出售外汇，以此作为政府对它们的补贴。据国际货币基金组织估计，单是 2002 年，这种补贴就高达 6000 万达拉西。

基于上述情况，作为国家银行的冈比亚中央银行亟待修改《冈比亚中央银行法》以便完全按照国际货币市场的真实波动情况进行操作，排除来自政府指令方面的干预，摆脱单纯为政府提供融资服务的被动地位并将结算职能与经营职能分离，切实履行宏观调控职能，以清晰的政策指导投资，降低外汇交易成本。

二 财政状况

冈比亚财政收入主要依靠税收，财政支出大于财政收入。外汇储备不足，外债数额巨大。外汇储备：1998年：1.1 亿美元；1999 年：9800 万美元；2000 年：1.11 亿美元；

2001 年：6400 万美元；2002 年：6400 万美元；2003 年：5900
万美元。①

表 4 – 13　冈比亚历年财政赤字情况

单位：亿达拉西

1998	1999	2000	2001	2002	2003
1.97	2.39	1.97	10.48	6.69	7.59

资料来源：IMF *Country Report*，*No. 04/142*，第 4 页。

　　冈比业外汇管理机构由两个部门组成，财政经济事务部制定
外汇管理政策，中央银行执行日常外汇管理。由于停止执行外汇
管理条例，冈比亚外汇管理并不严格，对携入外币现钞或冈比亚
现钞无限制，对非贸易的支付没有限制，对来冈比亚旅游的人携
入携出外币种类均没有限制，也不必申报他们携带外币的数额。
但携入金币和金块则需经中央银行批准。商业银行可随时卖出外
汇，不必经官方指定。

　　2000 年 12 月，冈比亚被国际货币基金组织认定为"重度负
债贫穷国家"（Heavily Indebted Poor Countries，简称 HIPC），从
而被一次性豁免债务 6660 万美元。目前，冈比亚的外债债权国
主要是国际货币基金组织、世界银行、非洲发展银行、欧洲投资
银行和 OPEC 基金会。1998 年，外债总额为 46.1 亿达拉西；
1999 年：45.2 亿达拉西；2000 年：45.5 亿达拉西；2001 年：
47.6 亿达拉西；2002 年：56.1 亿达拉西；2003 年：56.2 亿达
拉西，人均 4014 达拉西。② 出于对冈比亚资金管理和项目管理
状况的顾虑，近年来，国际赠款已大为减少。况且，国际融资还

① IMF *Country Report*，*No. 04/142*，第 89 页。
② IMF *Country Report*，*No. 04/142*，第 94 页。

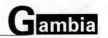

经常受到外债偿还能力和国际社会监管等条件的制约。年偿还外债额所占出口与旅游业收入比例：2000 年：15.4%；2001 年：18.5%；2002 年：7.8%；2003 年：9.8%。[①] 冈比亚越来越趋向于以大量发行国债来解决资金来源问题，导致外债积累的同时内债大量增加。

表 4–14 冈比亚政府财政收支情况

单位：百万达拉西

	1998	1999	2000	2001	2002	2003
财政收入（含国外赠款）	919.9	944.5	1117.20	1125.70	1528.70	1776.40
财政支出	1028.40	1118.20	1192.10	2037.40	1870.70	2327.90
收支差额	–108.5	–173.7	–75	–911.6	–342	–551.5

资料来源：IMF *Country Report*，*No. 04/142*，第 4 页。

三 国民生活

多数居民处于贫困状态。据冈比亚政府的统计数字，婴儿和 5 岁以下儿童死亡率分别达到 61‰ 和 80‰；城市 97% 人口可以得到安全饮水，在农村，这个数字只有 50%。[②]

就业状况是 75% 劳动力务农，19% 从事工业、商业和其它服务业，在政府部门工作人员占 6%。失业人数尚无确切统计数字。

冈比亚法定工作年龄为 18 岁，但实际上大多数冈比亚人从 14 岁就开始工作。在城市里，许多青少年从事街头贩卖。冈比亚劳动法规定最低日工资为 12 达拉西，法定每周工作时间为 48

① IMF *Country Report*，*No. 04/142*，第 5 页。
② www. who. int.（2004 年）

小时，午饭时间不少于 30 分钟，连续工作不得超过 6 天。实际上并未实行。

冈比亚社会保障政策主要有养老保险、疾病与生育保险和工伤保险，只适用于私营单位雇员。

养老保险规定：政府不提供保险基金，基金来源为受保人收入的 5% 和雇主工薪总额的 10%。劳动者年满 55 岁可享受养老保险，方式为一次性支付相当于雇员交纳的全部保险费，加利息收入。

疾病与生育保险规定：由公共保健中心和医院免费向居民提供某些适用的服务。

工伤保险规定：政府和受保人均不负担保险基金，由雇主通过直接提供补助或保险费负担全部费用。完全残疾者一次性享受 48 个月的收入，最高恤金为 5000 达拉西。部分残疾者享受一次性补助，视法律明细规定而有所不同。遗属补助为一次性支付相当于受保人 30 个月的收入，最高 3000 达拉西，为受保人的抚养亲属支付，如其亲属受保则予减发。①

冈比亚政府法律还禁止基于种族、性别、宗教、伤残、语言和社会地位等因素的歧视行为。保护妇女，强奸和身体侵害视为犯罪，妇女有权离婚。法律禁止虐待儿童，保护儿童受教育的权利。1998 年 2 月，法律规定儿童免费接受 6 年初级教育。

目前，冈比亚法律并不禁止女性割礼（Female Genital Mutilation，简称 FGM）。因此，冈比亚 60% ~ 90% 妇女在出生后到 18 岁之间接受女性割礼。但近年来，一些激进妇女组织强烈要求政府立法，禁止传统的女性割礼。

---

① 馨芳等编译《世界各国的保障制度》，中国物资出版社，1994，第 219 ~ 220 页。

第五节　对外经济关系

一　对外贸易及特点

1. 外贸政策

冈比亚实行自由贸易政策，进口关税较低。对外贸易在冈比亚国民经济中具有十分重要的地位，全年财政收入的70%来自进出口税收。冈比亚再出口贸易活跃，相当于进口额2/3的商品转销到塞内加尔、毛里塔尼亚、马里等邻近国家，为国家增加了外汇收入。外贸长期逆差。

冈比亚实行进口许可证制度，分一般许可证商品和特别进口许可证商品。出口林业产品必须事先经林业部门批准。其他商品出口如果按照冈比亚中央银行制定的结算程序结算，一般不用许可证。由于社会卫生、安全方面的原因，某些指定商品不论来自何地，一律禁止进口，所有进口商品在开立一般许可证后可自由进口。进出口无配额限制。

在冈比亚贸易中占主导地位的贸易形式是再出口贸易。再出口贸易不同于转口贸易，转口贸易中，货物标出它的最终目的地，从而在通过冈比亚海关时免征关税和销售税；再出口贸易中，货物所标明的最终目的地虽然是冈比亚，但却通过陆路再出口到邻国，这样的货物就要交纳全额的关税和销售税。就一般估计来说，扣除全部关税和销售税支出以后，再出口贸易的利润率在10%。每年，在冈比亚出口贸易总额中，再出口贸易占80%左右。

冈比亚的再出口贸易得益于西非地区的政治紧张局势，例如科特迪瓦、利比里亚和几内亚比绍的国内冲突使这些地方的大量进口贸易都从阿比让和蒙罗维亚转移到班珠尔。造成冈比亚再出口贸易兴盛的另外一个主要原因是长期以来，冈比亚进口关税都低于西非其他国家。2000 年 6 月，冈比亚将最高进口关税由 20% 降低为 18%，此举使冈比亚的平均关税由 12% 降至 11.8%。出口税仅限于对少数几种商品进行征收。其中，鱼类和鱼产品为 10%，黄金与钻石为 3%。同时，禁止进口商品由 8 种减为 4 种。

表 4－15　西非地区平均进口关税对照表

单位：%

	冈比亚	塞内加尔	几内亚比绍	马　里	几内亚	科特迪瓦
2002	11.8	12	12	12	12	12
1996	16.5	20	27.6	16.7	33	19.1

资料来源：IMF Country Report，No. 04/142，第 42 页。

由表中可以看出，与周边国家相比，虽然冈比亚关税仍然保持最低，但优势已经相当微弱，再加上与唯一邻国塞内加尔的政治关系经常出现波动，冈比亚再出口贸易前景不容乐观。为了巩固班珠尔的贸易枢纽地位，增加其吞吐量，冈比亚政府已决定在 2003～2006 年对班珠尔进行扩建，改善港口基础设施并提高现代化程度。冈比亚政府已与马里达成协议，将马里部分进出口业务由达喀尔转移至班珠尔。

按照"2020 远景"规划，冈比亚政府对冈比亚的外贸经济发展定位是：追求经济多样化和规模化，加大各产业部门之间的横向联系，扩大可供出口的产品种类，在再出口贸易（主要面向塞内加尔）、金融和电讯的基础上，把冈比亚建设成西非的地区性贸易中心。

2. 外贸特点——以出口花生为主的对外贸易

冈比亚出口商品中，花生和花生制品（花生油和花生饼）、鱼和鱼制品、水果和蔬菜以及棉花制品，占出口总额的90%；主要进口商品是食品、石油制品、工业制成品、燃料、机械、交通运输设备、矿产品等。

表4-16　冈比亚进出口贸易基本情况

单位：百万美元

	1998	1999	2000	2001	2002	2003
出口总值	130.4	120.2	126.6	101.6	111	102
进口总值	209.3	188.9	189.9	144.7	160.1	153.8
其中用于再出口	85.3	77.5	76.3	55.9	57.7	59.2
外贸逆差	78.9	68.7	63.3	43.1	49.1	51.8

资料来源：IMF *Country Report*，*No. 04/142*，第89页。

表4-17　冈比亚出口商品构成

单位：百万美元

	1998	1999	2000	2001	2002	2003
出口总值	130.352	120.192	126.579	101.607	110.989	101.968
花生产品	12.464	9.916	13.738	17.553	23.92	10.622
鱼类和鱼产品	3.13	3.154	2.562	2.199	2.857	3.124
水果与蔬菜	1.714	1.641	3.561	4.467	4.089	4.868
棉花产品	1.422	0.307	0.171	0.421	0.319	0.467
其它国内产品	2.311	0.793	1.104	1.118	1.614	2.634
再出口	109.312	104.381	105.442	75.849	78.19	80.253

资料来源：IMF *Country Report*，*No. 04/142*，第90页。

冈比亚石油产品完全依靠进口，供应和定价由政府部门决定，进口则由政府通过投标选定一家承包商来进行。冈比亚石油产品的销售业务属于四家公司，按照与政府约定的固定配额以连锁零售店方式进行经营，销售价格参照国际石油市场以达拉西标价。出于政治原因，贾梅政府执政以后，对石油产品给予补贴，但有权随时改变销售价格。2002 年底，冈比亚政府取消补贴，与国际销售价格接轨，燃油的零售价格上涨一倍。

表 4 – 18 　冈比亚进口商品构成

单位：百万美元

	1998	1999	2000	2001	2002
进口总值	209. 203	189. 944	189. 858	144. 659	160. 105
饮料与烟草	6. 989	7. 288	4. 527	13. 782	8. 231
原材料	2. 469	3. 203	1. 526	3. 799	7. 188
燃油、润滑油及相关商品	13. 418	10. 64	22. 627	9. 16	17. 008
动植物油	9. 277	5. 856	6. 023	7. 252	6. 078
化工产品	12. 324	14. 133	13. 154	8. 701	16. 201
工业制成品	42. 149	45. 58	44. 723	30. 38	39. 857
机械与交通设备	47. 234	39. 034	35. 82	36. 755	27. 262
其它产品	4. 222	2. 489	1. 66	5. 188	0. 7

资料来源：IMF *Country Report*，*No. 04/142*，第 91 页。

3. 主要外贸伙伴

冈比亚出口方面的最大贸易伙伴为以欧洲各国为主的发达国家，但近 7 年来，发达国家所占的比重有所下降，从 1998 年的 81.9% 降为 2002 年的 78.4%。非洲所占比重的下降幅度更为显著，相应地，亚洲市场在冈比亚出口中的地位上升很快。进口方面，非洲市场所占份额上升，发达国家和亚洲国家均有所下降。就国家和地区而论，除西非几个邻国以外，冈比亚的主要贸易伙伴有美国、英国、比利时、日本、中国香港、中国台湾等。

492

表 4 – 19 冈比亚主要贸易伙伴情况

（按所占百分比，不包括再出口贸易）

	1998	1999	2000	2001	2002
出 口	100	100	100	100	100
发达国家	81.9	75.1	83.7	82.6	78.4
（其中）					
美国	0.4	3.2	0.7	2.1	1
日本	1.7	2.2	8.7	2.1	0.5
欧洲（含英国）	79.7	69.7	73.5	70	76.6
发展中国家	18.1	24.9	16.3	17.4	21.6
（其中）					
非洲	10.9	18.1	4	3.6	3.8
加纳	1	1.8	0.4	0.7	0.7
几内亚	2.5	4.2	0.2	0.1	0.1
塞内加尔	2.5	2.8	0.7	1.2	1.2
几内亚比绍	2.3	6.4	0.4	0	0.6
亚洲	3.3	5.8	7	10.6	16.7
中国	2.2	1.5	0	0	0
其它洲	3.9	1.1	5.3	3.2	1
进 口	100	100	100	100	100
发达国家	42.3	57.4	35.5	39.6	36.3
（其中）					
美国	3.2	5	2.5	2.4	2.6
日本	2.2	3.2	2	1.4	1.7
欧洲（含英国）	36.3	48.6	64.5	60.4	63.7
发展中国家	57.7	42.6	64.5	60.4	63.7
（其中）					
非洲	11.7	8.7	16.6	13.1	15.1
几内亚	0.4	0	0	0	0
塞内加尔	5.4	2.3	11	7.5	9.2
科特迪瓦	4.5	4.1	3.9	3.4	3.6
亚洲	39	20.3	38.9	34.7	36.6
中国	17	6.4	20.6	20.3	22.3
其它洲	7	13.6	9	12.5	12

资料来源：IMF *Country Report*，*No. 04/142*，第 92 页。

冈比亚与美国经贸关系进入新世纪后有大的发展。2001年8月17日，根据"非洲增长与机会法案"（African Growth and Opportunity Act，简称 AGOA），美国国会通过对冈比亚的特惠贸易条款，冈比亚被授予 AGOA 地位，这意味着冈比亚能够无关税和无配额限制地向美国市场出口。此前，根据欧盟针对最不发达国家的"一切——武器除外"（Everything-But-Arms）条款，2000年9月起，冈比亚商品在欧盟国家享受特惠关税。

AGOA 是美国克林顿政府 2000 年 5 月 18 日颁布的《商贸与发展 2000 年法案》中的一个法案，其主要目的在于：促进美国与撒哈拉以南非洲国家的商贸与投资的发展。为此，美国准许符合要求的非洲国家的产品享受美国的免关税、无配额待遇；鼓励撒哈拉以南非洲国家的经济体制改革与发展，为非洲企业主、商人、农民和家庭提供具体的优惠；鼓励美国企业及投资人到撒哈拉以南非洲国家的投资，并为之提供便利。

AGOA 中的优惠条款中最重要的部分是服装与纺织品优惠条款。该条款规定，取消来源于撒哈拉以南非洲各国的服装与纺织品进入美国的所有配额；准许受惠国使用第三国的布料生产的服装出口到美国，并采取优惠的关税政策，平均税率达17.5%。

作为限制性条款，AGOA 法案规定受惠国必须在以下范围内取得进步：市场经济的建立、国家政治多元化的充分发展、取消对美国的投资与商贸的设限、知识产权的保护、惩治腐败、致力于采取措施减少贫困并提高教育与医疗水平、保护人权及劳动者权利并废除童工现象。如果这些国家在所要求方面没有取得实质性的进步，即便上了受惠国的名单也将被最终剔除。

2002 年 12 月 31 日开始，冈比亚享受 AGOA 特惠贸易条款。

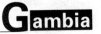

二 外国援助与外国资本

1. 外援状况

独立后的冈比亚是非洲接受国际援助数额较多的国家之一，包括技术性援助、发展项目援助、财政援助、粮食援助和紧急援助。1993 年累计达 8970 万美元，主要援助国和国际机构有美国、英国、德国、法国、日本、中国、荷兰、国际货币基金组织、欧洲经济共同体、非洲开发银行、国际开发协会、世界银行、世界粮食计划署、联合国开发署、联合国粮食及农业组织等。冈比亚经济发展严重依赖外援，1992 年冈比亚接受外援总额约 1.09 亿美元，相当于冈比亚当年国内生产总值的 39%。1994 年 7 月冈比亚军政府上台以后，国际社会停止援助。1996 年大选后，西方国家和国际金融机构、联合国一些组织开始逐渐恢复对冈比亚的援助。1996 年为 3850 万美元，1997 年为 4040 万美元。1998～2003 年间，冈比亚平均每年接受外援为 4500 万美元。2002 年，冈比亚外债总额为 5.6 亿美元；同年，冈比亚偿还外债额为 1900 万美元。[1] 1987 年贾瓦拉总统访华期间，两国政府签订中国向冈比亚提供无息贷款的协定，1987 年中国援助冈比亚 817.3 万美元。1991 年 5 月，贾瓦拉总统第四次访华期间，两国签订了《中华人民共和国政府向冈比亚共和国政府提供无息贷款的协定》。

冈比亚寻求外援具有以下特点：（1）以政府间借款居多，金融机构借款较少；（2）双边贷款中债权方以商业为目的，多要求举债国政府代表出口信贷机构作信贷担保；（3）世界银行、国际货币基金组织通常是为发展项目和计划而提供贷款；（4）出口收益增长幅度难以赶上举债增长速度，外债占国家 GNP 的比重过

---

① IMF *Country Report*, *No*. 04/142, 第 94 页。

表 4 – 20　1998～2003 年冈比亚国外融资构成（在 GDP 中所占 %）

	1998	1999	2000	2001	2002	2003	平　均
官方赠款	8.5	6.9	7.4	7.3	10.5	8.6	8.2
官方贷款	1.3	0.6	1.5	2	9.2	2.4	2.8
国外直接投资	3.7	0.1	3.8	2.4	2.5	3.5	2.7
其它投资	– 0.1	0.9	0.3	– 6.5	– 10.9	– 3.8	– 3.5
国际货币基金组织	– 0.1	0.3	1.8	2	1	0	0.8
特殊融资	0	0	0	0	0.1	0.2	0.1
总　计	12.3	8.8	14.8	7.1	12.4	10.9	11.5

资料来源：IMF Country Report，No. 04/142，第 39 页。

高，以致长期以来经济增长缓慢。

2. 冈比亚与国际货币基金组织的关系

国际货币基金组织对冈比亚政府的支持开始于 20 世纪 80 年代。1988 年，该组织向贾瓦拉政府提供经济结构调整援助，帮助冈比亚实行为期三年的财政与金融体制改革，目的在于使冈比亚逐步具备依靠市场经济调节的、与国际金融市场接轨的财政和融资能力。1991 年 11 月，经济结构调整基金三年计划期满，双方同意继续保持合作，由该组织向冈比亚政府提供政策建议，监督其经济和财政政策执行情况。

1994 年 7 月出现军事政变以后，国际货币基金组织是第一个恢复对冈比亚经济援助的国际金融组织。1998 年 5 月，冈比亚政府与国际货币基金组织签署关于执行 1998～2000 年"强化结构调整计划"协议，帮助冈比亚重建健康、稳定的宏观经济环境。国际货币基金组织为该计划的执行向冈比亚贷款 2840 万美元。[1]

---

[1]　www. imf. org：*The Global Economy and Financial Markets—Outlook，Risks，and Policy Responses*. International Monetary and Financial Committee. 2002 年 9 月 28 日。

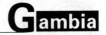

在其支持下，冈比亚政府随后又开始实施"减轻贫困与增长计划"。

1999 年，在经济恢复与改革过程中，冈比亚政府与瑞士投资的冈比亚花生公司的关系陷入僵局，在国际货币基金组织的主持下，双方达成庭外和解。随后，在其与欧盟的资金支持下，冈政府与瑞方达成将冈比亚花生公司收归国有的协议。

2000 年 12 月，国际货币基金组织董事会批准确认冈比亚为"重度负债贫穷国家"，一次性豁免其债务 6660 万美元。①

在国际货币基金组织的敦促下，2001 年，冈比亚同意加入该组织的综合数据发布系统，采取措施提高经济统计数字的多样化和准确性。同年 8 月，国际货币基金组织决定对贾梅政府 2001～2003 年三年经济结构调整计划提供每年 400 万美元的援助。②

2003 年，根据双方"技术合作行动计划"（Technical Cooperation Action Plan），国际货币基金组织还参与到冈比亚中央银行的管理和政策研究事务中。同时，应冈比亚一方请求，审计该行 2001 和 2002 年度的账务，以利于获得新的贷款援助。

3. 冈比亚与世界银行的关系

1998 年，世界银行恢复对冈比亚经济援助。同年，为了支持冈比亚政府改进城乡卫生医疗条件和改善妇女、儿童营养状况，世行向冈比亚提供了一笔数额为 1800 万美元的贷款。③

① www.imf.org: *The Global Economy and Financial Markets—Outlook, Risks, and Policy Responses.* International Monetary and Financial Committee. 2002 年 9 月 28 日。

② www.imf.org: *The Global Economy and Financial Markets—Outlook, Risks, and Policy Responses.* International Monetary and Financial Committee. 2002 年 9 月 28 日。

③ www.worldbank.org.（2004 年）

1999 年 3 月，世界银行批准针对援助冈比亚的"减轻贫困和市政发展计划"，目的在于：发展公共基础设施和维护公共资产；通过实施中小型投资项目创造暂时就业机会以减轻贫困；加强地方政府和地方私人企业的管理能力和技术能力。

2000 年 12 月，世界银行决定免除冈比亚所欠部分债务，数额为 9100 万美元。① 2001 年 8 月，世界银行向冈比亚提供 1500 万美元贷款，用于贾梅政府制定和实施经济政策。② 2002 年 2 月，世界银行批准"贸易门户项目"，拟通过在冈比亚设立基金来扩大私人投资，建立自由区发展外向型生产，进而将该自由区发展成为具有全球竞争力的出口和加工中心。2003 年 2 月，世界银行审议通过了"国家援助计划"（Country Assistance Strategy，简称 CAS），决定向冈比亚提供"结构调整贷款"，帮助冈比亚达到以下目的：建立有助于经济增长的宏观经济和产业经济环境；维护并发展基础设施；通过提供更有效的社会服务来发展人力资源；培养对经济发展具有关键作用的政府各部门的管理能力。

2003 年 11 月，世界银行向冈比亚拨付了这笔全额为 2.71 亿美元中的 2.11 亿美元，主要用于教育、艾滋病防治、国民健康、基础设施建设、经济管理能力培养和私人产业发展等 6 个项目。③

2004 年 11 月，世界银行驻塞内加尔、冈比亚、佛得角和几内亚比绍代表麦金泰尔表示，世界银行今后将加大对非洲基础设施的投入。他还透露，世界银行最近提供了一笔高达 5 亿美元的专款，用于全球艾滋病的预防和控制。肯尼亚、埃塞俄比亚和冈比亚能得到这一计划的资助。④

① www. worldbank. org.（2004 年）
② www. worldbank. org.（2004 年）
③ www. worldbank. org.（2004 年）
④ 2004 年 11 月中国日报网站。

4. 冈比亚与非洲发展银行的关系

自 1974 年起，非洲发展银行即开始与冈比亚建立信贷关系，迄今为止共批准针对冈比亚的项目 46 个（其中 11 个为赠款），涉及交通、社会公共福利事业、农业和工业等领域。截至 2003 年 9 月，已完成项目 23 个，尚有 18 个处于进行之中，总计 1.036 亿美元。非洲发展银行还是"HIPC 计划"的主要成员，按照这一计划，其对冈比亚的豁免债务达到 1570 万美元。[①]

非洲发展银行在 2002~2004 年阶段对冈比亚援助计划被称为"千僖发展目标"（Millennium Development Goals，简称 MDGs），主要侧重以下项目：

（1）教育方面，旨在使农村最贫穷地区的女孩和小学生获得更多受教育和发展技能的机会。该项目总计 1000 万美元。

（2）改善宏观经济环境，主要目的在于使冈比亚政府获得预算性资金支持。该项目总计 438 万美元。

（3）培养各政府部门经济和政治管理能力。该项目总计 200 万美元，全部为赠款。

根据冈比亚政府对上述三个项目执行情况的评价，该阶段计划结束以后，冈比亚政府还将获得最低 174 万美元，最高 438 万美元的援助贷款用于农业发展项目。[②]

---

① 转引自中华人民共和国外交部 www.fmprc.gov.cn。（2004 年）
② 转引自中华人民共和国外交部 www.fmprc.gov.cn。（2004 年）

第五章

教育、文艺、卫生、体育

第一节　教育

一　基础教育发展概况

独立前的教育状况十分落后，90% 以上的人口是文盲，5～14 岁的学龄儿童能入学的不足 20%。全国只有 40 多所小学、5 所中学。独立后的教育体制以初级教育为主。小学实行免费教育。教育有了大发展。1978 年统计，全国有小学 122 所，学生 32196 人。初级中学和中等技校 15 所，学生约 4000 人。高级中学 7 所，学生约 2000 人。但文盲状况无大的改变。1990 年统计成人识字率为 25%，儿童小学入学率 66%，中学入学率 43%。1992 年全国小学 232 所，学生 73600 人，教师 2451 人；初中 18 所，学生 12982 人，教师 540 人；高中 12 所，学生 3674 人，教师 292 人。2002 年，全国 15 岁以上成人文盲比率为 61%。2001 年，儿童平均入学率为 82%，其中，男性儿童入学率为 86%，女性儿童入学率为 78%；1995 年，男性小学生升入初中比例为 44%，女性小学生为 31%。截至 2000 年，冈比亚共有小学 245 所，在校学生 97262 人，教师 3193 人；中学 32 所，在校学生 25929 人，教师 1054 人；中学后教育学校 9 所，

在校学生 1489 人，教师 177 人。[①]

教育经费的支出每年约占财政预算的 10%，贾梅政府上台后有增长。根据 2001 年统计，当年冈比亚政府的教育总支出为 2.97 亿达拉西，其中，用于小学教育 1.36 亿达拉西，初中教育 0.73 亿达拉西，高等教育 0.6 亿达拉西。年教育经费约占财政支出的 14.5%。1996 年 1 月，政府宣布开始向企业征收用于教育的税收。[②]

贾梅政府实行"普遍教育"政策。贾梅政府认为，愚昧无知是社会经济发展的最大障碍，因此，不仅要向文盲开战，还要努力提高教育质量。在国际社会的支持下，贾梅政府制定了"普遍教育（Education For All）"政策，目标是要在 2015 年实现小学入学率 100%。

目前，官方统计数字虽然显示冈比亚的儿童平均入学率为 82%，但大量小学生在较低年级便因贫困而辍学，很难坚持到小学毕业。据联合国教科文组织估计，若以 2015 年小学入学率 100% 为标准，面临巨大困难的国家有 32 个；若以完学率 100% 为标准，这个数字则增加到 88 个。因此，实现小学完学率 100% 的目标，对于冈比亚来说，难度将是相当大的。

为了实现普遍教育，贾梅政府承诺，将建立更多学校，改变男女受教育机会不平等的局面；向学习成绩优秀的学生颁发奖学金，资助他们在中学毕业以后在国内外进行深造，同时开设多种技术培训中心，鼓励学生发展多种劳动技能。作为普遍教育的另一个侧面，冈比亚政府还将改善成人教育条件，强化职业岗位培训。

---

① www.nrsh.com.（2004 年）
② *Celebrating Ten Years of Development*（1994~2004），www.gambia.gm.（2004 年）

二 高等教育与对外国际交流

1995 年，加拿大圣玛丽大学（Saint Mary's University，简称 SMU）和冈比亚合作，在首都班珠尔开设 SMU 分校。学校管理人员以及教师全部由加拿大本校派来。每个学科由两名教师来此校授课，每学期定期轮换。由于圣玛丽大学颁发的是加拿大文凭，在国际上比非洲文凭更具感召力，因此许多政府官员和有钱的商人均将子女送往该校读大学，同时也吸引了一些邻近国家的学生。第一批从圣玛丽大学毕业并获得学位的冈比亚学生为 62 人，总统贾梅也从该校获得荣誉学士学位。1995～1999 年是圣玛丽大学办学最兴旺的时候。1999 年冈比亚大学成立后，圣玛丽大学便从冈比亚淡出，逐渐从冈比亚撤离。学校目前只留下两名管理人员，帮助愿赴加拿大学习的学生办理留学手续，其余已全部返回加拿大。

冈比亚大学于 1999 年 5 月正式成立，设计在校学生总数为 2000 人。按照计划，冈比亚大学所设专业主要有：健康及应用科学，包括医学、公共与环境健康和医疗护理；农业与自然资源；经济管理、建筑管理；物理与自然科学，包括计算机；人文与社会科学，包括教育。大学理事会负责监督学校的教学和管理。1999 年 9 月，在古巴卫生部的援助下，医预科专业首先开学，首批招生 25 人。

冈比亚大学教师主要来自北美、英国和西非。学校实行学分制，每学年分为两个学期，第一学期从 10 月到次年 2 月，第二学期从 3 月到 6 月。获得学士学位的要求是：①修满全部基础课学分，占总学分的 40%。②获得技能要求学分，占总学分的 20%。③至少获得专业课学分的 35%。

冈比亚大学全部基础课学分构成为：英语文学与写作，6；数学，3；信息技术，3；外语（不包括英语，主要为法语），6；传

统艺术，3；人文科学（包括历史、文学、哲学、法律和宗教），6；社会与行为科学（包括人类学、地理学、政治学、心理学和社会学），6；实验科学（包括生物学、化学等），8；经济与管理，6；冈经济持续发展，3；总计50学分。各门学科及格成绩为"C"。

2004年6月15日，贾梅总统宣布，为了以教育和跨文化合作促进地区和平，冈政府将投资6亿达拉西兴建西非艺术学院，院址设在康博圣玛丽区的玛迪阿那。

西非艺术学院建成后，将与冈比亚大学密切合作，致力于非洲音乐、舞蹈和文化的研究与传播，从而更好地保持和发展西非传统文化艺术，使之成为西非与世界各地加强联系和了解的纽带。

2002年，世界银行审议批准了第一笔针对经济落后国家的教育赠款，用于实施"快车道"教育计划（Fast Track Initiative，简称FTI）。第一笔赠款总额为1.7亿美元，首批发放对象为加纳、莫桑比克等11个国家，冈比亚位列其中。

"快车道"教育计划用于资助受援国发展初级教育并在提高教师工资、扩大教育规模等重要方面调整教育政策和建立教育融资体制。

截至2003年底，第一笔赠款总额中的600万美元已落实到位。①

第二节 文化艺术

一 传统文化艺术

1. 民间艺人"贾里"

在冈比亚等西非国家，有一种被称为贾里（Griot，法语为格里奥）的民间说唱音乐家，人们在生活中的

---

① www.eldis.org.（2004年）

重要场合都离不开他们，如婚礼、儿童命名日、葬礼等，他们常受邀请到场演唱表现赞美、祝福和颂扬的歌曲。在乡村的节日中，他们拨动琴弦，唱出许多动人的歌，讲出许多传奇式的历史故事，颂扬他们的民族英雄和勇敢的猎人。在冈比亚的城市、农村中，到处都有贾里们的足迹，其中一些佼佼者，已成为享誉世界乐坛的音乐家。

贾里们都是世代相传的音乐世家。在古代，他们不仅是音乐家，而且是王室、酋长的顾问、历史的传授者，有的还是王子的教师。他们精通文学、音乐，按传统执掌风俗习惯和礼仪，当然也是娱乐大众的音乐家。在公元 8～16 世纪期间，西非相继出现了加纳、马里和桑海三个强盛的黑人国家，冈比亚隶属它们，贾里们在这三大王国时期有大发展：和平时，他们陪伴国王外出，在他后面唱歌、奏乐。特别是当他会晤别的国王时，贾里们就出来演唱赞颂国王的歌曲。战争时，贾里们以他们的歌曲鼓舞国王和百姓的勇气。在缺少文字记载的非洲，正是他们的演唱将一代代的历史故事保留下来，成为西非历史的保存者、传播者。

贾里们拥有很多产生于殖民地时期以前的歌曲，他们称之为古典节目，常常在曼丁哥族的传统节日上表演。这些歌曲作为一种宝贵的文化遗产，已受到联合国有关组织的重视。每位贾里都必须学习演奏一种乐器，其中最主要的一种乐器是卡拉琴。

2. 卡拉琴

卡拉琴（Kora）是一种流行于冈比亚和其它西非地区的古老乐器，又名西非长颈竖琴，由葫芦形共鸣箱、覆盖皮革的共鸣板和 21 根琴弦组成，其音域刚刚超过三个八度。卡拉琴的音色明亮、清新，节奏刚健，演奏风格接近弗拉明戈吉他，可以独奏，也可以与低音木琴和吉他等合奏。冈比亚的卡拉琴演奏家被公认为西非最好的演奏家。

20 世纪 80 年代以前，卡拉琴还是一种鲜为人知的神秘乐

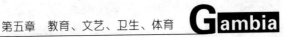

器。为向西方世界介绍卡拉琴作出特殊贡献的是冈比亚"贾里"阿尔哈吉·拜·孔特（Alhaji Bai Konte）。

20世纪60年代，塔吉·马哈尔（Taj Mahal）作为一位黑人布鲁斯音乐演奏家已经蜚声美国。70年代，他遇到了孔特，孔特当时正在北美旅行，在音乐节上向人们介绍卡拉琴。马哈尔和孔特相识之后，深深地被卡拉琴优美的音色和浓郁的西非神韵所打动，他决心向孔特学习卡拉琴，并一直跟随孔特来到他的家乡布里卡马。在那里，马哈尔又认识了许多冈比亚"贾里"。马哈尔重返美国以后，以崭新的演技和形象向美国艺术界展现了卡拉琴的魅力，使这种古老的西非乐器走向了世界。

3. 巴拉琴

巴拉琴（Balaphone）与卡拉琴、诺尼一起并称为冈比亚贾里不可缺少的三件乐器。民间传说中讲，13世纪当曼丁哥帝国兴起的时候，一个主要对手就是巫师苏马罗，苏马罗依靠神灵赐给他的巴拉琴而具有可怕的力量。最终，曼丁哥帝国的贾里冒着生命危险演奏巴拉琴，以优美的旋律使苏马罗深受感动，从而与曼丁哥和好。

数个世纪以来，巴拉琴的构造并没有太大的改变，比较接近西方的木琴。巴拉琴由数块43～53厘米长的长方形木板构成，木板按照由低音到高音的顺序排列。木板下面固定有两排葫芦以增加共鸣，这些葫芦也按照由小到大的顺序排列。该琴在演奏时通过一对顶端包布的小木槌敲击木板而发出悦耳的旋律。

与卡拉琴比较起来，巴拉琴更多地在普通黑人民众之间流传，因此，早在18世纪中期，随着大量冈比亚河流域黑人被贩卖到北美，这种乐器已经为西方世界所知晓。

4. 诺尼

"诺尼"（Ngoni），又称为"拨弦长笛"，严格地说，它并不是一种笛子，而是一种拨弦乐器。诺尼的主体是一块掏空的、形似独木舟的木板，板身以动物皮相覆盖，看上去又像一面形状奇特的鼓。木板靠近尾端处竖有一根木钉，5 根鱼肠制成的弦呈扇形悬挂到木板的另一端，距离演奏者最近的一根弦音色最高。

诺尼长度通常为 60 厘米左右，有 5 根弦，冈比亚所流行的诺尼也常见有 4 根或者 7 根。在富有技巧的演奏家手里，诺尼能够发出清脆、欢快的旋律，甚至伴有和弦。

5. 蜡染"巴提克"

"巴提克"（Batik）是通过将布料的某些部分以蜡覆盖然后浸染而达到对布料进行装饰目的的一种冈比亚民间艺术。为了达到特定的效果，这种过程往往需要重复多次，并使用多种染料。在染制过程中，染料与布体着蜡的部分并不会完全隔绝，而是顺着蜡层裂开的纤细的纹路渗进去，从而产生一种神秘的蛛丝般的、难以预料的图纹效果，谓之"巴提克"艺术。

由于完成一件"巴提克"作品需要经历数道不同颜色的染色程序，于是就出现了最终颜色可想象性和蛛丝纹路不可预见性之间的微妙关系，而作品的整体效果又必须是制作人能够设计和控制的，于是，这样一种艺术形式就对创作者的艺术才能提出了很高的要求。染色工序越多，其复杂性就越高，创作难度就越大。

冈比亚蜚声世界的"巴提克"艺术家是布巴·德拉梅（Buba Drammeh）。作为北岸区一个普通农民的儿子，他的作品已经被世界一些著名的艺术博物馆所收藏。

二 现代文化艺术

独立后冈比亚的现代文化艺术有突出发展，表现在如下方面。

冈比亚邮票业 从 1976 年开始，冈比亚本国开始生产邮票。冈比亚邮票虽然种类较少，发行量也不大，但在邮面设计上却具

有典型的个性，强烈反映出西非黑人国家的民族特点，可以说是冈比亚现代文化艺术的代表。

冈比亚邮票多为特种邮票，所选题材也多为本国特有动植物，如鸟类、蝴蝶和大型两栖类动物等。值得一提的是，冈比亚还发行过很多种以中国文化和中国人物、事件为主题的邮票。中国文化方面，冈比亚曾发行十二生肖、秦始皇兵马俑、中国明清陶瓷等特种票和莫高窟、长城、故宫小版张。人物和事件方面，曾发行过邓小平金箔无齿票、奥运会冠军李宁等小版张、香港回归小全张和纪念毛泽东逝世 25 周年（与群众在一起的毛主席及文字"政策和策略是党的生命"）小型张等等。

电视连续剧　2003 年 10 月，冈比亚有史以来第一部电视剧《班珠尔警察》（Banjul Cops）在伦敦举行首映式。《班珠尔警察》是一部侦探片，共 10 集，由英国黑人电影制片公司（Black Film Maker）摄制，大部分外景在冈比亚完成。

有报道称，该片是将冈比亚民风和西方侦破技术相结合的成功尝试。

莫莫杜·西瑟（Momodou Ceesay）的绘画　他生于班珠尔，十几岁时因学习优异，获得国家奖学金赴美国康涅迪格深造，1970 年在美获语言文学学士学位。大学毕业以后，西瑟决定从事绘画。他的水粉画和绢网画具有强烈的西非艺术特点和丰富的西非文化内涵。1976 年，西瑟的早期作品《夜晚的世界》获联合国教科文组织年度奖。西瑟表示，他要用他的艺术表现深深植根于冈比亚传统文化中的价值观，使观众通过他的作品踏上"了解未知世界的精神之旅"。西瑟的才能是多方面的，他还非常擅长纺织设计和儿童读物插图。目前，西瑟的作品被世界上很多著名的艺术博物馆收藏，如新西兰坎特伯雷博物馆、纽约哈莱姆博物馆等。

为了培养英语作家，2004 年 7 月，冈比亚大学英语系宣布将启动一个名为"文学收获"的教育计划，目的在于改变冈比亚本土英语文学创作长期落后的状况。英语是冈比亚的官方语言和学校教育的标准语言，然而，冈比亚的英语文学在英语非洲却一直比较沉寂。

作为该计划的第一步，学校将把学生中优秀的文学作品编辑出版，并从这些学生中选出一名最出色者授予"年度诗人"的称号。此外，学校为了提高学生的英语演讲能力，还将举办相关竞赛并每年评选一名"年度演说家"。

三 博物馆

家博物馆设在班珠尔市，馆中陈列着大量反映冈比亚古代历史和殖民地历史的文物、地图和照片。

坦吉乡村博物馆（Tanje Village Museum）——位于康博圣玛丽区，创建于 1997 年 11 月，创始人是阿伯雷·巴尤（Ablay Bayo）。巴尤建立这家冈比亚唯一一座乡村博物馆的目的是向西方旅游者展示冈比亚富有浓郁地方特色的动植物种类、传统手工艺制品和各民族文化艺术。

严格地说，坦吉乡村博物馆并不是一个真正意义上的博物馆，而是一个包罗万象的、真实的农民生活的广大空间。在这里，游人能够亲身接触到冈比亚河流域特有的鸟类、昆虫、鱼类和植物，还可以欣赏或购买各种民间手工艺品、观看各种民间音乐、舞蹈演出。坦吉乡村博物馆实际上近似一个冈比亚风情主题公园。不仅如此，该乡村博物馆还兼具研究和教育功能。目前，坦吉已经成为一个药用植物、巴提克和传统信仰的研究中心。这里的专家和艺术家还经常为附近的学校讲授专门课程。

鉴于阿伯雷·巴尤在将冈比亚人文、自然资源与促进旅游发展相结合方面的突出贡献，冈比亚政府曾多次向他颁奖以示表彰。

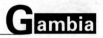

第三节　卫生与体育

一　医疗卫生

1. 国民健康医疗概况

据 2002 年联合国开发计划署人类发展指数统计，冈比亚在世界 174 个国家中排名第 163 位。截至 1999 年底，全国有 50 个医疗卫生单位（其中医院 3 所），291 个村级医疗站和 136 个妇幼保健站。平均每 11690 人有 1 名医生，医疗设施差。疟疾、结核、寄生虫病等疾病流行。同年底，冈比亚全国约有 13000 人感染艾滋病，2003 年达到 24000 人，其中，女性为 13000 人。2000 年婴儿死亡率为 81‰，5 岁以下幼儿死亡率为 128‰。同年，妇女因生产而导致死亡比例为 540/100000。人均寿命 57.1 岁，男性 55.4 岁，女性 58.9 岁。[①]

冈比亚人口普遍营养不良，而这种营养不良与人均寿命较低有着直接的关系。据英国医学研究会发表的一项研究报告表明：胎儿发育期间的营养状况可以对其免疫系统抗疾病感染的能力产生永久性的影响。该项研究对冈比亚乡村居民死亡登记进行比较研究，发现尽管婴儿的死亡率都是相同的，与其出生季节无关，但当年龄到 15 岁时，出生于"饥饿"季节（7～12 月）的人的死亡率比出生于收获季节（1～6 月）的人的死亡率高 3 倍；当年龄到 25 岁时，前者的死亡率比后者高 9 倍。[②]

2002 年，冈比亚政府医疗卫生支出为 2.25 亿达拉西。[③]

---

① *The Gambia at a Glance*，www. worldbank. org.（2004 年）

② www. spic. sh. cn.（2004 年）

③ IMF *Country Report*，*No. 04/142*，第 71 页。

冈比亚国内较大的医院是班珠尔医院。为了改善城市贫困人口的基本健康条件，贾梅和平基金会将把重点放在妇女和儿童保健上面，计划在冈比亚西部、中部和东部地区，即大班珠尔地区、萨拉昆达和班桑各建立一所母婴医院。

近期，投资640万美元的法拉芬尼总医院即将建成，届时，北岸区人民将免去长途奔波班珠尔就医之苦。法拉芬尼总医院将开设有外科、妇产科、儿科和眼科。①

2. 主要流行疾病

（1）非洲昏睡病（锥虫病）。非洲锥虫病发病率较低，但发病状况不确定。该病病因主要是萃萃蝇叮咬。

（2）各种发热病。冈比亚流行西尼罗河热、登革热、长峡谷热和克里米亚—刚果出血热，发病状况并不确定。这些病主要因昆虫叮咬而引起。

（3）霍乱。霍乱在冈比亚发病率相当高。

（4）肝炎。甲肝比较流行，戊肝流行程度不确定。乙肝病毒携带者占总人口的比例为16%。

（5）流感。由于地处热带，流感全年流行。

（6）利什曼病：该病主要在4月至10月传播，范围遍及全国，主要病因为昆虫（沙蝇）叮咬。

（7）疟疾。该病在全国范围内存在，包括城市地区。高发期为雨季，即6~10月。

（8）脑膜炎。冈比亚处在非洲脑膜炎发病带范围内。即使在干旱的季节里（12月到次年6月），脑膜炎也时有发生。

（9）血吸虫病。该病全年流行。雨季为该病的高发期，在冈比亚河沿途地区集中传播。

（10）黄热病：该病在河流上游区十分活跃。除班珠尔以

---

① *Celebrating Ten Years of Development*（1994~2004），www. gambia. gm.（2004年）

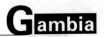

外，该病在全国范围内都有发生。

（11）其他疾病还有：非洲斑疹伤寒症（由狗身上的虱子和灌木丛中的扁虱传播）；炭疽热（影响皮肤和肠胃）；丝虫病（由蚊子的叮咬引起）；盘尾丝虫病（黑蚊叮咬引起，在东部湍急河流一带高发）。

3. 贾梅政府的卫生政策与措施

贾梅政府比较重视改善农村的医疗卫生条件，解决农民就医难的问题。到 2001 年，已有 313 名国外医护工作者和 21 名本国医疗人员在全国各地农村巡回应诊，这个数字在冈比亚历史上是从未有过的。①

为了减轻对国外医护工作者的依赖，冈比亚政府已在冈比亚大学设立医学院，冈比亚自己培养起来的医护队伍将逐步取代其外国同行。

在降低婴儿和分娩母亲死亡率问题上，贾梅政府目前正在实施"初始保健系统"计划，改进农村接生和新生儿护理条件。在这方面，未来将在各地农村新建 10 所母婴保健中心。②

2000 年以来，贾梅政府开展了一系列全国卫生运动，主要包括以下内容：

（1）预防艾滋病运动

2004 年，在世界银行的支持下，冈比亚在预防艾滋病方面开始施行"阶石"计划。该计划包括以下措施：城乡预防艾滋病活报剧演出；组织男性与女性民众分别讨论性健康问题；预防知识普及和预防措施培训。"阶石"计划希望能够达到以下目的：人们由于惧怕艾滋病而在随意性行为上有所顾及。妇女能够向她们的女儿们讲述艾滋病和其它性病的危险性。妇女能够执意

---

① *Celebrating Ten Years of Development*（1994~2004），www. gambia. gm.（2004 年）
② *Celebrating Ten Years of Development*（1994~2004），www. gambia. gm.（2004 年）

使用安全套。年轻人对性的态度发生改变，能够安全地进行性行为。丈夫和妻子能够就安全性行为话题进行更多的沟通。

（2）疫苗接种

2001 年，冈比亚 1 岁以上儿童麻疹疫苗接种率为 90%；2002 年，1 岁以上儿童肺结核疫苗接种率为 90%。[①] 2003 年，包括冈比亚在内的西非 14 国 7000 万儿童进行脊髓灰质炎疫苗接种。2005 年，整个西非有望根除脊髓灰质炎。2003 年，作为新型疟疾疫苗的试验国，一种名为"RTS，S/AS02A"的疟疾疫苗在冈比亚儿童中间进行了广泛的接种实验，接种儿童体内的抗体得到明显加强。这一结果令出席坦桑尼亚世界疟疾大会的专家们非常兴奋，他们预计，肆虐非洲、每年造成 270 万人死亡的疾病不久将被彻底根除。

（3）洁净水运动

冈比亚农村只有 50% 的人口能够得到清洁的饮用水。水是冈比亚卫生方面的最大隐患，这种情况尤以北岸区最为突出。2000 年开始，凯雷万地区许多乡村兴起洁净水运动，重点放在整治猪圈和牛圈，从而减轻雨季牲畜粪便对饮用水源的污染。[②]另外，为了降低农产品加工业废弃残渣对水资源的污染，由联合国开发署启动，冈比亚正在进行零排放创新研究项目，一是利用废弃残渣进行蘑菇种植；二是利用废弃残渣加工为农林化肥。

二 体育

1. 足球

在冈比亚，足球是人民最喜爱的体育项目。冈比亚足球处于非洲中等水平。冈比亚参加了 2002 年世界杯足

① Epidemiological Fact Sheet，www. who. int. （2004 年）
② *Celebrating Ten Years of Development* （1994～2004），www. gambia. gm. （2004 年）

球赛预选赛，未能出线。冈比亚没能跻身2004年非洲国家杯决赛阶段的比赛，但在小组赛中，冈比亚队曾主场0∶0逼平强大的塞内加尔队。在雅典奥运会非洲区预选赛中，冈比亚队虽未出线，但主场3∶1战胜劲旅摩洛哥队，表现出了巨大的发展潜力。2004年7月，国际足联公布了世界各国和地区代表队最新积分排名，冈比亚排在中国香港之后，位居第146位。目前，冈比亚最著名的球星前锋戈麦斯效力于比利时安特卫普队。

冈比亚政府非常关心本国足球事业的发展，认为足球关乎国家尊严，必须努力达到非洲先进水平。2004年，贾梅亲自任命了一个五人委员会以代替过去的冈比亚足协技术委员会。五人委员会被赋予全权，可以采取任何有助于提高国家队国际比赛成绩的措施，包括挑选队员，任命主教练，严肃国家队纪律，鼓励海外球员在国际比赛日回国参加重大比赛和制订国家队长期发展计划等。

1994年7月，为纪念贾梅军事政变成功10周年，冈比亚举办了"17岁以下和平杯国际足球锦标赛"。在有9支国家青年队参加（包括南非、塞内加尔和突尼斯等强队）的为期一周的比赛中，冈比亚队不负众望，夺得冠军。这是冈比亚历史上第一个国际足球锦标赛冠军。在国内每年还举办足球联赛。

2. 冈比亚在其他体育项目上的成就

2000年，冈比亚国家体育委员会成立，致力于在各主要城市兴建体育场馆和提高冈比亚竞技运动水平。国家体委成立以来，冈比亚体育实现了突破性的发展。在2003年全非运动会上，留学瑞典的一位冈比亚学生加布里尔·贾塔为祖国赢得一枚跆拳道银牌，这也是冈比亚历史上第一枚洲际运动会奖牌。

2004年，冈比亚派出2名运动员参加了雅典奥运会。

冈比亚开展较为普及的体育项目还有板球和摔跤等项目。班珠尔拥有18球道的标准高尔夫球场，经常举办国际性高尔夫球比赛。

冈比亚还是非洲有限几个举办全国性残疾人运动会的国家之一。冈比亚第一届全国残疾人运动会始办于 1987 年，当时只有 3 名运动员参加，到 2003 年第五届时，运动员已超过 100 人。

第四节　新闻出版和广播电视

一　新闻出版

独立前，冈比亚重要报刊主要有：《冈比亚回声报》（The Gambia Echo），每周出版 1 期；《冈比亚展望》（The Gambia Outlook），每周出版 1 期；《冈比亚新闻公报》（Gambia News Bulletin）。

独立后，冈比亚又创刊了一些报纸，主要有：

《冈比亚日报》（The Gambia Daily），唯一的官方报纸，前身为《冈比亚新闻公报》，每周一、三、五出版，遇有公共假日停刊，发行量约 5000 份；《每日观察家》（The Daily Observer），1992 年创办的私人报纸，每周出版 5 期，发行量约 5000 份。《论点报》（The Point），1991 年创刊；每周 2 期，发行量 4000 份。

其它报纸和杂志还有：《冈比亚前进报》（The Gambia Onward），《冈比亚人报》（The Gambian），《冈比亚时报》（The Gambian Times），《民族报》（The Nation），《工人报》（The Worker）和《自由》（Foroyaa）杂志等。

二　广播电视

冈比亚广播电台（Radio Gambia）：官方电台，创办于独立前的 1962 年 5 月，台址设在班珠尔。独立以后，

作为冈比亚政府的一个部门，电台经费来自议会拨款。该台只有1套广播节目，使用英语和曼丁哥、沃洛夫、富拉等5种当地语言播音，覆盖面为国土的2/3，每天广播时数为12～16小时，用中波和调频方式播出。1994年10月，该电台改由冈比亚电讯公司经营管理，新闻节目由政府监管。

希德广播电台：瑞典人经营的非政治性私人电台，1970年5月起在班珠尔市播音。另外，冈比亚境内还有一家私人经营的立体声广播电台。1990年12月试播，全天播放音乐和商业广告。

冈比亚国家电视台于1995年12月开播。

第六章

外 交

第一节 外交政策

一 贾瓦拉政府的外交政策

独立初期的贾瓦拉政府对外奉行与非洲国家、欧洲和美国友好的政策。奉行不结盟政策，主张加强非洲团结和区域性合作，支持非洲民族解放运动，强烈反对种族主义和种族隔离政策，支持阿拉伯人民和巴勒斯坦人民的正义斗争，反对帝国主义的侵略和掠夺，主张对本国自然资源行使全部主权，要求建立新的国际经济秩序。1970 年 9 月，贾瓦拉总统在联合国大会发言，反对英国向南非出售武器，并要求联合国在必要时使用武力结束罗得西亚严重的种族隔离局势；1971 年 6 月，贾瓦拉在第八届非洲首脑会议上表示反对同南非"对话"。

1976 年 6 月，南非白人政权邀请新西兰橄榄球队访问南非，当时非洲最高体育理事会曾提出警告，如果新西兰应邀，非洲将反对新西兰参加即将举行的蒙特利尔奥运会。但新西兰对非洲的警告置若罔闻，依然派队前往南非进行橄榄球比赛。此事在非洲各国引起了极大的不满。非洲国家要求国际奥委会取消新西兰蒙特利尔奥运会的参赛资格，国际奥委会则认为找不出取消新西兰参赛资格的依据，无法满足非洲国家的要求。结果，以冈比亚为首的非洲 7 个国家抵制了本届奥运会。

贾瓦拉总统在 1977 年元旦献词中指出：冈比亚政府坚定地寻求冈比亚的民族利益，彻底献身于反对殖民主义、种族主义、犹太复国主义的斗争。1977 年 11 月，贾瓦拉总统进一步表示，冈比亚政府外交政策的基础是不结盟主义、和平共处以及国与国之间互相尊重，反对大国干预非洲事务，加强同非洲国家及其他第三世界国家的团结，发展同西非和阿拉伯各国的关系。70 年代末期的冈比亚已经同 60 个国家建立了外交关系。联合国开发计划署和欧洲共同体等 5 个国际组织在冈设有办事处。

1980 年 1 月，苏联入侵阿富汗后不久，冈比亚即发表声明，谴责苏联对阿富汗的侵略行动，同时决定中止执行同苏文化和科学合作协定。冈比亚在第 34、35 届联大上均支持民主柬埔寨的代表权。1981 年 7 月冈出席了柬问题的国际会议。第 36 届联大通过关于柬埔寨问题及阿富汗问题决议时，冈比亚投赞成票。

1982 年 5 月，贾瓦拉总统在连任宣誓就职中说，冈比亚将继续发展同其他国家、特别是本地区国家，尤其是同塞内加尔的"亲切友好"关系；继续奉行不结盟政策，同所有友好国家和平共处，积极参加非统组织、英联邦、不结盟运动、伊斯兰组织的活动，反对南非种族主义，要求以色列撤出所侵占的阿拉伯领土，希望两伊战争得到公正解决。同年 8 月，贾瓦拉总统在议会第三次会议上重申冈比亚坚持自由、正义、民主、尊重人权和国家领土完整的原则。

贾瓦拉对国际各种重大问题的态度表现为：

关于非统组织和非洲问题。1982 年 8 月，贾瓦拉在议会开幕式上指出，接纳"撒哈拉阿拉伯民主共和国"问题会造成非统组织分裂，但他深信，非统组织将重新团结起来。冈比亚将和其他非洲国家共同斗争，以结束阿扎尼亚和纳米比亚的白人统治，将继续支持南非非洲人国民大会和西南非洲人民组织。同年5月，外交部政务次长在为庆祝非洲日而发表的广播讲话中，希望非统组织采取的主动行动能为乍得带来和平与民族和解。

关于地区合作问题。1982年8月，贾瓦拉在议会开幕式上强调，冈比亚积极参加地区范围内的政府间组织。他相信，促进地区性合作是走向非洲团结和地区统一的重要步骤。

关于柬埔寨问题。支持民柬联合政府，在历届联大均投票赞成要求越南从柬撤军的提案。1983年2月5日，冈比亚外长在接见民柬驻塞内加尔大使时重申，冈比亚将继续在国际讲坛上支持民柬联合政府，只有柬人民才有权决定自己的命运和选择自己的政府。

关于中东问题。认为巴勒斯坦问题是解决中东问题的关键，应通过谈判解决。1982年7月，冈比亚外交部发表声明说，以色列入侵黎巴嫩、侵占贝鲁特，严重损害了黎巴嫩的独立和领土完整。指出只有中东问题，特别是巴勒斯坦问题解决后，才谈得上同以恢复关系。以色列应从所有被占领的阿拉伯领土上撤出，应尊重巴勒斯坦人民的合法权利。反对以色列扩张侵略政策，支持阿拉伯和巴勒斯坦人民的正义斗争，并正式承认巴勒斯坦国。

关于阿富汗问题。冈比亚谴责苏联侵占阿富汗，苏联必须立即从阿撤出全部军队。冈比亚在第41届联大投票中赞成要求苏联从阿富汗撤军的提案。

关于建立国际经济新秩序问题。1982年8月，贾瓦拉说，冈比亚致力于建立国际经济新秩序的理想，这种国际经济新秩序应建立在平等、正义、合作和尊重所有国家和人民的平等权利的基础上；应该进行结构改革以保证世界财富得到合理的分配；主张加强南南合作，促进南北对话。

关于裁军问题。赞赏联合国为实现裁军而作的努力，认为1985年美苏首脑会谈是迈向和平与稳定的一步。

关于债务问题。主张召开国际会议解决非洲国家的债务危机，认为只有在有关方面把全部债款转为赠款后，才会给债务国的经济发展注入活力。

关于南部非洲问题。支持纳米比亚独立，反对种族隔离和种族歧视，主张对南非实行经济制裁。支持南非非洲人国民大会和西南非洲人民组织的正义斗争。

关于西撒问题。支持非统首脑会议通过的关于给西撒人民自决权利的决议，但不承认阿拉伯撒哈拉民主共和国。

关于乍得问题。冈比亚支持哈布雷政府，认为只有乍得人民才能决定乍得的命运和选择这个国家的政治制度。非统组织应采取主动行动，为乍得带来和平与民族和解。

二　贾梅政府的外交政策

按照执政党"爱国调整与建设联盟"的外交路线，贾梅政府的外交政策可集中概括为"3D政策"（Defence, Dignity and Development），即捍卫、尊严与发展。"3D政策"在具体执行过程中主要遵循以下原则：①不干涉别国内政，与所有邻国和平相处。②尊重国家之间的主权完整与相互平等。③尊重民主与人权。④促进和平、相互了解与国际合作。

贾梅政府声明，冈比亚将继续大力倡导和平、友谊与合作，增进与西非所有邻国的政治友好和经济合作关系，促进西非政治局势稳定，谴责以军事冲突作为非洲各地区间分歧、矛盾的解决方法。赞赏联合国对非洲冲突地区进行调解和干预。认为人权有普遍意义，但不同意借人权干涉他国内政，强调发展权是基本人权。冈比亚还支持非洲经济一体化，认为非洲必须团结应对全球化挑战，对于 2010 年以前实现西非统一货币持积极支持态度并配合各项准备工作。1998～2000 年，冈比亚任安理会非常任理事国。

作为联合国、西非国家经济共同体、非洲统一组织、英联邦、伊斯兰会议组织和不结盟运动的成员国，冈比亚表示会在国际事务中采取更为积极的姿态，尽力作出自己应有的贡献，尤其是在冲突频仍的西非地区，努力建设以对话来代替对抗的地区外交新环境，实现以持久和平促进经济发展的国际关系新形势。

为了更进一步维护非洲的和平，在 1999 年非洲统一组织年度首脑会议上，贾梅总统支持会议所作出的成立和平与安全理事会的决定。本次会议还决定，在冈比亚设立地区安全观察站。

贾梅政府执政以来，冈比亚在参与非洲，尤其是西非地区维和行动方面表现得十分活跃。2001 年 6 月，西非国家经济共同体在冈比亚首都班珠尔设立冲突观察机构，以追踪塞内加尔、几内亚比绍、毛里塔尼亚和佛得角的形势。

2003 年，利比里亚国内爆发严重武装冲突，贾梅总统抵达尼日利亚首都阿布贾进行外交斡旋。在与利比里亚总统和各武装力量领导人之间进行了 16 个小时不间断的会谈之后，终于说服冲突各派达成停火协议。后来，利比里亚内战再起，冈比亚与尼日利亚、塞内加尔等国一起，组成西共体维和部队在蒙罗维亚市执行维和任务。

2003 年 4 月，几内亚比绍军方发动政变，逮捕并软禁总统和政府总理。政变发生后，冈比亚随即派出外交官与其他西非国家一起组成西共体代表团前往比绍进行斡旋。冈比亚表示，其外交官在比绍的停留没有时间限制，直到找到解决危机的办法为止。

2004 年，冈比亚还参与了在科特迪瓦的联合国多国部队维和行动。

此前，在 1999 年塞拉利昂国内冲突中，贾梅总统在促进对抗双方和解与维和过程中也起到了同样积极的作用。冈比亚在参与西非以外地区的国际事务方面也展现出了新的形象。2003 年 8 月，联合国秘书长安南任命冈比亚法官贾洛为卢旺达问题国际法庭新的检察官，负责对 1994 年卢旺达种族大屠杀事件进行深入调查，改变该法庭以往办案工作效率低下的状况。贾洛生于 1951 年，是冈比亚前最高法院法官和首席司法官，目前是联合国资助的塞拉里昂战犯法庭法官。同时，他还是前南斯拉夫问题国际法庭法官。

第二节　与英国的关系

作为英联邦成员，冈比亚与英国存在着历时深远的外交关系。

独立初期，冈比亚的发展项目和财政开支主要依靠英国援助和补贴。冈比亚的 1967～1971 年发展计划投资 330 万英镑（合792 万美元），其中英国提供了 286 万英镑（合 686 万美元）。英国还给冈比亚 1971～1974 年发展计划提供了 200 万英镑（合480 万美元）的无息贷款。[①]

贾瓦拉在就任总统时曾说，冈比亚对外政策一如既往并无改变，虽然女王不再是冈比亚的国家元首，但冈比亚承认女王是英联邦的首脑。但是 60 年代后期开始，冈比亚有摆脱英国控制的倾向，除宣布成立共和国外，1970 年 9 月还把设在伦敦的冈比

---

① 转引自中华人民共和国外交部网站 www. fmprc. gov. cn。（2004 年）

亚货币局迁回班珠尔，1971 年 4 月成立冈比亚中央银行。在南非、罗得西亚问题上，冈比亚反对英国的政策。

冈比亚长期受英国殖民统治，英国对冈比亚有传统的政治和经济影响。70 年代以来，冈比亚采取了一些维护民族独立和发展民族经济的积极措施，如建立自己的货币达拉西代替英镑，宣布放弃英国的财政补贴，接管由英资控制的冈比亚航空公司的 60% 的股份等，同时注意同其他国家发展关系和寻求多方援助，逐步打破单纯依靠英国的状况。但冈比亚发展项目大部分仍靠英国提供援助，英国在冈比亚进出口贸易中均占第一位。

70 年代，英国对冈比亚的援助每年约 600 万达拉西，1979 年，英国一次性豁免冈比亚债务 540 万英镑。1980 ~ 1985 年，英对冈援助资金达 4000 万达拉西。① 此外，贾瓦拉总统执政时期，冈比亚国民军和警察部队一直由英国帮助训练。

贾梅政府执政以后，英冈仍旧保持密切外交关系。1998 年初，英国恢复对冈比亚援助以来，英向冈比亚共提供了 9600 万达拉西用于经济管理能力培训、审计和基础设施建设等。1999 年 8 月，英冈两国签订 1700 万达拉西的援助贷款协议，用于冈比亚消除贫困和改善妇女地位等。② 同年 11 月，两国签订协议，英国向冈比亚赠款 1100 万达拉西，用于冈比亚教育和新闻事业。2000 年 9 月，英国决定恢复冻结 7 年的与冈军事合作。10 月，英军事代表团访问冈比亚。12 月，英国宣布将免除包括冈比亚在内的 41 个重债穷国历史遗留的债务。2001 年 8 月，冈比亚将出席冈比亚反对党活动的英国驻冈比亚高专署副专员驱逐出境，英外交部随即发表新闻公报表示抗议，并采取了取消冈比亚官员赴英进修奖学金等报复性措施。

---

① 转引自中华人民共和国外交部网站 www.fmprc.gov.cn。（2004 年）
② 转引自中华人民共和国外交部网站 www.fmprc.gov.cn。（2004 年）

第三节 与美国和俄罗斯的关系

一 与美国的关系

19 78 年 5 月，贾瓦拉总统以萨赫勒地区国家抗旱常设委员会主席的身份访美，接着卡特母亲访问冈比亚；1979 年 2 月，冈美友好协会成立；同年，冈美建交。1979 年 5 月，冈比亚在美建使馆。1980 年，美派出驻冈比亚大使。

1977 年，美国援助冈比亚粮食 1000 吨。1978 年 4 月，美冈签订双边援助项目，协议规定 5 年内美向冈比亚提供约 220 万美元援款，同年 5 月美向冈比亚赠款 160 万美元。1978～1987 年，美国共向冈比亚提供约 4000 万美元的援助，主要用于农业。1984 年，又向冈比亚提供了价值 9000 万美元的捕鱼设施并赠冈比亚 7150 吨大米。1986～1988 年，美每年赠冈比亚 8000 吨大米。美自 1966 年开始向冈比亚派遣和平队。①

1994 年贾梅发动军事政变上台以后，由于大规模实行党禁，致使美国以人权状况为理由，对冈实行经济制裁，于当年对冈比亚开始实行双边援助限制。1996 年 8 月，冈比亚驻美临时代办被限期 48 小时离境，冈美关系进入低谷。但仍然有少量美国和平队员为冈比亚农业、教育服务。1997 年，在冈比亚和平队员的数量为 75 名。1997 年，鉴于贾梅总统宣布对所有政治犯实行无条件大赦和部分解除党禁，允许一些主要反对党参加来年的大选，美国恢复了自 1994 年以来一直中断的对冈比亚的经济援助。当年，美向冈比亚提供援助 500 万美元。冈美关系出现改善迹象。同年 5 月，冈比亚外长访美。1999 年 9 月，贾梅总统赴美

---

① 转引自中华人民共和国外交部网站 www. fmprc. gov. cn。（2004 年）

出席第 54 届联大。12 月，美国会 3 名议员访问冈比亚。1998
年，两国军队恢复往来。1998 年 3 月，美驻欧洲司令部副总司
令访问冈比亚，讨论两国军队合作。1999 年 7 月，美军舰访问
冈比亚。同月，经冈比亚同意，美航天局将班珠尔作为美航天飞
机备用降落点。1998 年，美政府决定在今后 3 年内投入 900 万
美元支持援冈比亚天主教救济署的活动。[①] 同年，美向冈比亚提
供援助 410 万美元。1999 年 10 月，美政府通过上述救济署向冈
比亚提供水灾救济款 78 万达拉西。

2000 年 3 月，美国务院发表的人权报告对冈比亚人权状况
提出严厉批评。2000 年 5 月，两国签署航空运输协议。美逐步
解除对冈比亚经济制裁。2001 年，美向冈比亚提供 620 万美元，
用于食品援助及民主和人权计划。2001 年 8 月，根据"非洲增
长和时机法案"（AGOA），美国授予冈比亚 AGOA 地位，这意味
着冈比亚与其他 37 个欠发达非洲国家一道能够享受无关税和配
额限制地向美国市场出口。此后，冈美关系更加密切，冈比亚积
极配合美国的全球反恐战略。

2002 年 9 月，冈比亚当局逮捕了 4 名中东男子，并怀疑他
们同本·拉登的"基地"组织有关。这些人被冈比亚移交美国
审讯后因证据不足而释放。同年 11 月，一名英国商人、一名居
住在英国的伊拉克人和一名巴勒斯坦人从伦敦乘飞机抵达冈比
亚，刚下飞机就被美国特工人员扣押，其中两人被送到古巴关塔
那摩美军基地关押。

二　与苏联—俄罗斯的关系

冈比亚在 1965 年独立时便与苏联建立了大使级外交关
系。1973 年，冈比亚同苏联签订了科学文化合作协

---

①　转引自中华人民共和国外交部网站 www.fmprc.gov.cn。（2004 年）

定。1975 年 3 月，贾瓦拉总统访苏，表示赞同苏联提出的缓和、裁军等主张，但在双边关系上，除签署了一项渔业协定外，经援问题未获具体结果。1968 年，在苏联入侵捷克斯洛伐克问题上，冈比亚政府认为是苏联对捷克斯洛伐克主权、领土完整和自由的侵犯，要求苏军立即撤走。此后，两国关系破裂，冈比亚同苏联断交。

80 年代以后，苏曾试探与冈比亚复交，冈比亚未予理会。1984 年苏联艺术团访问冈比亚，并为冈比亚红十字会募捐。1992 年，冈比亚与俄罗斯建交。俄驻冈比亚大使向贾瓦拉总统递交国书时，双方表示愿在新的基础上发展两国友好合作关系。1995 年 2 月，俄驻塞内加尔兼驻冈比亚大使赴班珠尔拜会了叶海亚·贾梅。1997 年 8 月 25 日，俄罗斯新任驻冈比亚大使向贾梅总统递交了国书。

第四节　与非洲国家关系

一　与塞内加尔的关系

冈比亚同塞内加尔历史上曾同为一体。19 世纪末叶被英法殖民主义者瓜分为二，给两国经济交流和发展造成人为的障碍。冈、塞两国从 1961 年即开始谈判合并事宜。1965 年冈比亚独立后，同塞内加尔签订了有关国防、外交合作和共同开发冈比亚河的三个协定，1967 年又签订了合并协定。但因两国当局间的矛盾和受英、法长期分割的影响，这些协定都没有执行。特别是在经济合作方面，双方矛盾更多，分歧长期难以消除。

1969 年开始，两国关系紧张，经常发生边境纠纷事件。塞内加尔指责冈比亚纵容走私（塞内加尔花生走私到冈比亚每年达 30000 吨，从冈比亚走私进塞内加尔的转口工业品有香烟、火柴等消费品），是对塞内加尔进行"经济侵略"。塞内加尔缉私队也常越过冈比亚边界。1971 年初，贾瓦拉照会联合国秘书长吴丹，对塞内加尔的企图"表示严重不安"。4 月，贾瓦拉前往参加塞内加尔独立十一周年庆祝活动，两国关系开始缓和。6 月和 8 月，两国又先后签订了修建冈比亚河大桥和对冈比亚河盆地进行水文和地形勘测的协定。建桥资金来自法国所承诺的对冈比亚 300 万英镑（合 720 万美元）贷款。同时，两国签订的贸易协定开始生效。

1971 年冈、塞两国所达成的修建冈比亚河人桥的协议，是多年来两国关系发展的一个重大突破。塞内加尔首都达喀尔通往南部卡萨芒斯地区的公路，需要经过冈比亚。塞方早就要求修建一座横跨冈比亚河的大桥，冈比亚顾虑大桥修成后将失去摆渡收入，故迟迟不予同意。1971 年，冈比亚之所以同意建桥是因为塞内加尔承诺在大桥修好后，由冈比亚收"过桥税"。然而后来，由于两国关系不断出现波动，冈比亚河大桥最终没能修建。

1973 年 4 月和 11 月，贾瓦拉两次访问塞内加尔。1975 年，塞内加尔总理迪乌夫和冈比亚总统贾瓦拉进行了互访。1978 年 7 月，贾瓦拉总统和桑戈尔总统在塞内加尔会晤并签订了关于建立冈比亚河发展组织的协定。1980 年 10 月，冈比亚在塞内加尔帮助下，取缔了反政府组织"非洲正义运动"和"冈比亚社会主义革命党"。1981 年 8 月，冈比亚又在塞伞兵帮助下，粉碎了以库克利·桑巴·萨尼昂为首的秘密反政府组织策动的军事政变。同年 8 月 19 日，贾瓦拉总统在访问塞内加尔时宣布他建议冈比亚同塞内加尔结成邦联，两国在保持各自主权的同时，在安全和防务等方面"统一它们的命运"。同年 11 月，塞内加尔总统访问冈比亚，在访问联合公报中宣布，两国已达成原则协议，同意联合成立一个塞内冈比亚邦联。1982 年 2 月塞内冈比亚邦联诞生。

1982 年 6 月 30 日，塞冈两国签署了邦联条约的三项执行议定书，对邦联的组织机构、财政制度和外交政策的协调作出了规定。同年 11 月 4 日，邦联第一届内阁组成。内阁由邦联总统、副总统和 9 名部长组成。依据邦联宪章，邦联总统由塞方总统担任，副总统由冈比亚一方总统担任。1989 年 8 月 19 日，贾瓦拉总统要求修改邦联宪章，提出邦联总统由两国元首轮流担任，减少驻冈比亚塞军。8 月 23 日，双方同意"冻结"邦联。9 月 30 日邦联正式解体。1991 年 5 月，冈塞两国正式签署友好合作条约。

1993 年 10 月，发生冈比亚驱赶部分塞内加尔侨民事件，塞内加尔遂宣布关闭塞冈边境口岸。冈塞两国关系恶化。1994 年 7 月，贾梅军事政变，贾瓦拉向塞要求紧急出兵援助，塞明确表示无意干涉冈比亚内政。

贾梅执政以后，两国关系很快得到改善。1996 年 1 月，塞内加尔总统迪乌夫访问冈比亚，两国签署了运输、旅游、贸易方面的合作协定。1997 年 4 月，贾梅总统访塞，两国同意立即恢复过境贸易。1998 年 6 月和 8 月，贾梅总统先后两次访问塞内加尔。1998 年以来，贾梅总统多次表示愿帮助塞内加尔调解卡萨芒斯问题，冈比亚外长乔布为此于 1999 年 8 月、11 月和 12 月先后多次访问塞内加尔。经冈比亚斡旋，塞内加尔政府与卡萨芒斯民主力量运动于 1999 年 12 月达成停火协议。2000 年 5 月，塞内加尔新任总统瓦德出访途经冈比亚时，与贾梅总统会晤。7 月，冈比亚政府代表团访问塞内加尔并发表联合公报，表示双方将在经贸、海关、能源、交通、通讯、农业等方面加强合作。2000 年 3 月，塞内加尔总统瓦德声明卡萨芒斯应由塞内加尔人民自行解决，同年 9 月，冈比亚政府宣布退出卡萨芒斯和谈，后经卡民运坚持并应瓦德总统邀请，冈比亚于 12 月重又决定参与和谈。2001 年 4 月，冈比亚外交部发表声明，确认充当和谈调解人。

2002 年 9 月，连接达喀尔和卡萨芒斯的唯一客轮"乔拉号"在大西洋的西非海岸遭遇大风沉没，船上近 800 名乘客中有700 名失踪。海难发生后，冈比亚全力协助塞内加尔开展救援工作。

2003 年 4 月 26 日，塞内加尔和冈比亚两国混合委员会在班珠尔举行的会议上达成协议，出席会议的塞内加尔总理塞克和冈比亚副总统恩迪亚耶决定在冈比亚河上修建一座大桥，为塞内加尔南北往来的车辆提供更便利的通道。同时，双方还决定在冈比亚河上修建一座水坝，以防止冈比亚河流域土壤盐碱化。

2003 年 5 月，塞内加尔卡萨芒斯地区动乱时期逃到冈比亚的塞内加尔难民在冈境内与冈比亚人发生冲突，冈比亚开始驱逐塞内加尔难民立即离开冈比亚。冈塞关系又陷于紧张，冈比亚河大桥与大坝建造计划暂被搁置。

二 与尼日利亚的关系

比亚同尼日利亚是传统上的友好国家，关系密切。1971 年 2 月，冈比亚与尼日利亚签订友好条约，接受尼日利亚援助。冈塞邦联解体后，冈尼签署了防务协议。尼日利亚曾有大型军训团负责冈比亚国民军的建设和训练，并曾派人出任冈军司令。同时，尼日利亚与冈比亚在司法、农业、医疗卫生、教育等领域进行广泛合作，向冈比亚派有大量的专家。

贾梅发动军事政变后，冈尼关系一度疏远。1994 年 8 月，尼日利亚军训团和在冈比亚国民军任职的各级军官全部撤走。这

种状况在 1996 年以后有所改变。贾梅总统于 1996 年 7 月、1997
年 3 月、1998 年 5 月和 1999 年 5 月先后访尼，并于 1998 年 6 月
赴尼，吊唁尼国家元首阿巴查逝世。尼日利亚国家元首阿巴查、
阿布巴卡尔先后于 1997 年 10 月和 1999 年 2 月访问冈比亚。尼
日利亚每年向冈比亚提供 50 个留学名额。1997 年 12 月，尼日
利亚在冈比亚服务的志愿者达 101 人，其中医务人员 64 人。
2000 年 1 月，由教师、医生、助产士、药剂师等组成的尼日利
亚技术援助团共 70 名志愿者抵达冈比亚。

第五节　与中国的关系①

一　外交关系

19 63 年 1 月冈比亚自治政府成立，我中非友协曾致电
祝贺。1965 年 2 月 18 日冈比亚独立时，周恩来总理
致电贾瓦拉总理表示祝贺并宣布我国承认冈比亚政府。但在
1965～1971 年冈比亚在联合国大会上一贯赞成美国提案，投票
反对恢复中国在联合国的合法席位。1968 年 11 月冈比亚同台湾
当局建立"外交关系"，1971 年 11 月双方同意"互派大使"。
冈比亚同台湾当局签订"技术合作协定"。台湾当局派出"农耕
队" 35 人到冈比亚"帮助"种植水稻。

1974 年 12 月 14 日，中冈两国签署建交公报，建立正式外
交关系。两国一致同意在和平共处五项原则基础上发展友好合作
关系。从此，高层政府官员互访频繁，合作项目涉及很多领域。
1975 年 2 月初，冈比亚外交部长恩吉访问中国，在北京签订了
中冈两国经济技术合作协定。同月，中国政府代表、卫生部副部

①　编自中华人民共和国外交部网站 www.fmprc.gov.cn。（2004 年）

长应邀参加冈比亚独立十周年庆祝活动。1975 年 6 月，贾瓦拉
总统和夫人访问中国。同年 11 月，冈比亚政府贸易代表团访华，
在北京签订两国贸易协定。1976 年 8 月，两国签订中国向冈比
亚派遣医疗队议定书。1977 年 5 月，两国签署了中国援助冈比
亚修建体育场和运动员宿舍的会谈纪要。1978 年 12 月，姬鹏飞
副委员长访问冈比亚。1980 年 8 月，冈比亚教育、青年和体育
部长贾塔率人民进步党代表团访华，李先念副主席会见了代表
团。1981 年，中、冈签订了中国继续向冈比亚派遣医疗队的议
定书。1983 年 6 月 28 日，贾瓦拉总统电贺李先念当选国家主
席。当月，中国向冈比亚提供 5 万元人民币的粮食援助。同年，
中国援助冈比亚修建的体育场和两个卫生中心，分别于 7 月和 8
月移交冈方。1984 年 2 月，中国赠送冈比亚 300 吨小麦；同月，
中国四川足球队访问冈比亚。这一年，中国为冈比亚提供两个
留学生名额。1985 年，中国赠冈比亚 600 吨玉米。1986 年 2
月，为重建被大火烧毁的艾伯特市场，中国红十字会向冈比亚
捐款 7 万达拉西。1986 年 4 月，以人民进步党青年运动总书记
萨乃为首的冈比亚青年代表团访华；9 月，冈比亚妇女代表团
访华。

1987 年 4 月，贾瓦拉总统再次访华，两国政府签订文化协
定和中国向冈比亚提供无息贷款的协定；6 月，两国签订南宁—
班珠尔友好城市议定书；7 月，冈比亚人民进步党代表团访华；
9 月，议长莫莫杜·巴布卡尔·恩吉率议会代表团来华访问。
1988 年 1 月，广西经贸代表团、中共友好代表团访问冈比亚。7
月，贾瓦拉总统第三次以冈比亚河开发组织执行主席身份访华。
1989 年 7 月，中国外交部部长助理杨福昌对冈比亚进行工作访
问，10 月，冈比亚人民进步党代表团访华。1990 年 2 月，由地
质矿产部部长朱训率领的中国政府代表团开始对冈比亚为期三天
的访问。访问期间，中国政府代表团参加了冈比亚独立 25 周年

的庆祝活动。1990年8月，周谷城副委员长会见了冈比亚卫生部长恩吉女士一行。同月，国务院总理李鹏和国务院秘书长罗干分别会见冈比亚总统府秘书长阿卜杜·詹哈。1991年3月，国务院副总理吴学谦会见冈比亚新闻、旅游部部长阿尔卡利·詹姆斯·盖伊夫。1991年5月7～14日，应国家主席杨尚昆的邀请，总统贾瓦拉和夫人对中国进行第四次国事访问；5月8日，中共中央总书记江泽民会见了贾瓦拉总统一行，贾瓦拉高度赞扬了中国改革开放以来所取得的成就；9日，贾瓦拉一行离京前往桂林、广州、深圳参观访问。同日，中国政府向冈比亚政府提供贷款协定在北京签字。1991年9月，冈比亚人民进步党书记处书记莫莫杜·贾洛率冈比亚人民进步党代表团访华。1991年11月，冈比亚总统贾瓦拉会见由中华全国妇女联合会国际联络部部长王育英率领的中国妇女友好代表团。1992年11月，中共中央统战部副部长蒋民宽率中共代表团访问冈比亚。1994年12月，外经贸部部长助理杨文生率政府经贸代表团访问冈比亚。

1975～1995年，中国从资金、工程、技术和设施等多方面帮助冈比亚建设了独立体育场、友谊宿舍、卫生中心等项目。中国公司自1983年起在冈比亚经营贸易、建筑、捕鱼等。目前仍有一些中国公司在冈比亚从事业务活动。中冈曾于1975年11月签署贸易协定。中国向冈比亚主要出口纺织、土畜、轻工和五金等产品，其中棉布、茶叶约占出口总额的90%。2000年，中国同冈比亚贸易总额为6162.5万美元，均为中方出口。

在文化、科技、教育与军事等方面的双边交往与合作方面，1976年8月，两国签署关于中国派遣医疗队赴冈比亚工作的议定书。自1977年10月至1995年3月，中国共向冈比亚派出医务人员200多人次。1985年，中国赴冈比亚医疗队外科医生关

活茂为一名冈比亚黑人儿童实施上臂断离再植手术成功，获得冈比亚卫生部的赞扬。1984～1995 年，中国共为冈比亚培养留学生 11 名。1987 年 4 月，中冈签署文化协定。

1991 年 4 月，中国向冈比亚赠送一批价值 20 万美元的农具，在班珠尔举行移交仪式。中国驻冈比亚大使林延海在仪式上代表中国政府把播种机、柴油机、水泵、犁铧等农具移交给了冈比亚农业部长奥马尔·贾洛。

1991 年 4 月，中国人民解放军副总参谋长徐信上将率团访问冈比亚。

1995 年中冈断交发生在贾梅军政府上台以后。它置中冈 20 年友好外交关系于不顾，与台湾频频进行外交接触。台湾当局以金钱为诱饵向冈比亚军政权提出"外交承认"要求，贾梅立即给以回应。1995 年 7 月 13 日，冈比亚政府和台湾当局决定恢复所谓的"外交关系"，7 月 25 日，中国宣布中止同冈比亚的外交关系。经贸关系仍继续。

冈比亚与台湾"恢复邦交"以后，为台湾争取进入联合国的行动进行游说。2003 年 8 月 6 日，冈比亚与极少数国家致函联合国秘书长，要求第 58 届联合国大会审议所谓"台湾在联合国的代表权"问题，被联大总务委员会严正拒绝。8 日，中国外交部发言人发表谈话，坚决反对冈比亚等国干涉中国内政，侵犯中国主权和领土完整。

二 经贸关系

1974 年 12 月 14 日，中冈两国正式建立外交关系。此后，中冈两国关系一直顺利发展，贾瓦拉总统曾 4 次访华，推动了两国经贸关系的发展。中国一直是冈比亚一个主要的贸易伙伴和援助国。1975 年 2 月初，冈比亚外交部长恩吉访问中国，在北京签订了中、冈两国经济技术合作协定。

1975 年 11 月冈比亚政府贸易代表团访华，在北京签订两国贸易协定。中国向冈比亚主要出口纺织、土畜、轻工和五金等产品，其中棉布、茶叶是我国向冈比亚出口的大宗商品之一，约占出口总额的 90%。由于中国商品质量好，价格便宜，适合当地居民的消费水平，在冈比亚市场上很有竞争力。1983 年 6 月我国向冈比亚提供 5 万元人民币的粮援。1984 年赠冈比亚 300 吨小麦。1985 年赠冈比亚 600 吨玉米。1990 年 6 月，经贸部部长助理乌兰木伦率中国政府经济代表团访问冈比亚。1994 年 12 月，外经贸部部长助理杨文生率政府经贸代表团访问冈比亚。

1975～1995 年，中国从资金、工程、技术和设施等多方面帮助冈比亚建设了独立体育场、友谊宿舍、卫生中心等项目。中国公司自 1983 年起在冈比亚经营贸易、建筑、捕鱼等。一些中国公司始终在冈比亚从事业务活动。

表 6 – 1　1990～1997 年中国对冈比亚进出口情况

单位：万美元

	1990	1991	1992	1993
出口总额	2028	3057	5194	6999
进 口 额	—	—	11	34
	1994	1995	1996	1997
出口总额	6591	900	4627	4600
进 口 额	3	100	—	—

资料来源：中华人民共和国商务部网站 www. mofcom. gov. cn。（2004 年）

1999 年和 2000 年，中国同冈比亚贸易总额分别为 5719.4 万美元和 6162.5 万美元，均为中方出口。

表 6 – 2　2002 ~ 2004 年中国对冈比亚进出口总值统计

单位：万美元

	2002	2003	2004
进出口额	8190	11752	12435
出口额	8190	11597	12423
进口额	—	155	12
累计比上年同期增减%			
进出口	12.9	43.5	5.8
出　口	12.9	41.6	7.1
进　口	—		– 92.1

资料来源：中华人民共和国商务部网站 www. mofcom. gov. cn。（2004 年）

主要参考文献

1. Aikins, Moses Kweku Sekyi: Cost-effectiveness Analysis of Insecticide-impregnated Mosquito Nets (bednets) Used as a Malaria Control Measure: a Study from the Gambia. London, University of London, 1995.

2. Amara, Sakpa S.: Environmental Change and Flooding in the Gambia River Basin. London, University of Reading, 1993.

3. Archer, Francis Bisset: The Gambia Colony and Protectorate: an Official Handbook. London, Cass, 1967.

4. Asien, Etumudon Ndidi: Helping The Gambia out of Economic Difficulty. Serrekunda, Ena International Enterprises, 2003.

5. Barlow, Clive & Tim Wacher: A Field Guide to Birds of the Gambia and Senegal. Robertsbridge, Pica, 1997.

6. Burke, Andrew: The Gambia & Senegal. London, Lonely Planet, 2002.

7. Burton, Matthew John: Studies of the Epidemiology, Pathogenesis and Control of Trachoma in the Gambia. London, University of London, 2004.

8. Ceesay, Ebrima Jogomai: "Democratization" under the Military and Quasi-military Regimes in the Gambia: 1994 ~ 2003. Birmingham, University of Birmingham, 2004.

9. Dieke, Peter U. C. : The Development of Tourism in Kenya and the Gambia: a Comparative Analysis. Glasgow, University of Strathclyde, 1988.

10. Gailey, Harry Alfred: A History of the Gambia. London, Routledge & Kegan Paul, 1964.

11. Gore, M. E. J. : Birds of the Gambia: an Annotated Checklist. London, British Ornithologists Union, 1981.

12. Gray, John Milner: A History of the Gambia. 1st ed. London, Cass, 1966.

13. Harvey, Charles: Improvements in Farmer Welfare in the Gambia: Groundnut Price Subsidies and Alternatives. University of Sussex, Institute of Development Studies, 1990.

14. Hughes, Arnold & Harry A Gailey: Historical Dictionary of the Gambia. (Third Edition) London, The Scarecrow Press, Inc. 1999.

15. Keane, Christiane: Ghana, Sierra Leone and the Gambia: a Basic Annotated Bibliography for Students, Librarians and General Readers. London, Commonwealth Institute, 1977.

16. Thompson, Craig: An Explication of Tourism Entrepreneurship in The Gambia. Glasgow, University of Strathclyde, 2001.

17. Touray, Omar A. : The Gambia and the World: a History of the Foreign Policy of Africa's Smallest State, 1965 ~ 1995. Hamburg: Institut fur Afrika-Kunde, 2000.

18. Vidler, Elizabeth: Regime Survival in the Gambia and Sierra Leone: a Comparative Study of the People's Progressive Party (1965 ~ 1994) and the All People's Congress (1968 ~ 1992). Newcastle upon Tyne, University of Newcastle upon Tyne, 1998.

19. Wagner, Ulla：Catching the Tourist：Women Handicraft Traders in the Gambia. Stockholm, University of Stockholm, 1982.

20. Walker, Richard：The Risk Factors and Outcome for Stroke in the Gambia, West Africa. Newcastle upon Tyne, University of Newcastle upon Tyne, 2001.

21. Walsh, Brendan：Exchange Rate Liberalization and Market Efficiency in the Gambia. University College Dublin, Centre for Economic Research, 1993.

22. Ward, Rod：A Birdwatchers' Guide to the Gambia. Huntingdon, Prion, 1994.

24. 〔英〕小哈里·A. 盖利著《冈比亚史》，复旦大学《冈比亚史》翻译组译，上海人民出版社，1974。

25. 〔英〕亚雷特著《塞拉勒窝内和冈比亚地理》，南地译，商务印书馆，1973。

26. 葛佶主编《简明非洲百科全书（撒哈拉以南）》，中国社会科学出版社，2000。

27. 葛公尚编《万国博览·非洲卷》，新华出版社，1998。

28. 陆廷恩、刘静：《非洲民主主义政党和政党制度》，华东师范大学出版社，1997。

29. 《世界知识年鉴》，1961～2002 年各卷，世界知识出版社。

网站资料

中华人民共和国外交部网站 http：//www. fmprc. gov. cn
中华人民共和国商务部网站 http：//www. mofcom. gov. cn
新华社网站 http：//www. xinhuanet
全民国防教育网网站 http：//www. gf81. com. cn
上海市人口与发展研究中心网站 http：//www. spic. sh. cn

中国日报网站 http：//www. chinadaily. com

冈比亚政府网站 http：//www. gambia. gm

冈比亚旅游部网站 http：//www. visitthegambia. gm

世界银行网站 http：//www. worldbank. org

国际货币基金组织网站 http：//www. imf. org

世界卫生组织网站 http：//www. who. int

世界旅游组织网站 http：//www. world-tourism. org

"世界事实与数字"网站 http：//www. worldfactsandfigures.
com

联合国教育科学及文化组织网站 http：//www. unesco. org

联合国粮食及农业组织网站 http：//www. fao. org

联合国开发计划署网站 http：//www. undp. org

联合国国际计算中心网站 http：//www. unicc. org

非洲统一组织网站 http：//www. africa-union. org

泛非网站 http：//allafrica. com

非洲发展银行集团网站 http：//www. afdb. org

西非国家经济共同体网站 http：//www. ecowas. int

伊斯兰会议组织网站 http：//www. oic-oci. org

通讯发展研究组织网站 http：//www. id21. org

英国语言文化中心网站 http：//www. edutop. com

自然资源国际采购组织网站 http：//www. nrsh. com

Eldis Country Profiles 网站 http：//www. eldis. org

《列国志》已出书书目

赵常庆编著《哈萨克斯坦》

张林初、于平安、王瑞华编著《科特迪瓦》

鲁虎编著《新加坡》

王宏纬主编《尼泊尔》

王兰编著《斯里兰卡》

孙壮志、苏畅、吴宏伟编著《乌兹别克斯坦》

徐宝华编著《哥伦比亚》

高晋元编著《肯尼亚》

王晓燕编著《智利》

王景祺编著《科威特》

吕银春、周俊南编著《巴西》

张宏明编著《贝宁》

杨会军编著《美国》

王德迅、张金杰编著《国际货币基金组织》

何曼青、马仁真编著《世界银行集团》

马细谱、郑恩波编著《阿尔巴尼亚》

朱在明主编《马尔代夫》

马树洪、方芸编著《老挝》

马胜利编著《比利时》

朱在明、唐明超、宋旭如编著《不丹》

李智彪编著《刚果民主共和国》

杨翠柏、刘成琼编著《巴基斯坦》

施玉宇编著《土库曼斯坦》

陈广嗣、姜珊编著《捷克》

2005 年度

田禾、周方冶编著《泰国》

高德平编著《波兰》

刘军编著《加拿大》

张象、车效梅编著《刚果》

徐绍丽、利国、张训常编著《越南》

刘庚岑、徐小云编著《吉尔吉斯斯坦》

刘新生、潘正秀编著《文莱》

孙壮志、赵会荣、包毅、靳芳编著《阿塞拜疆》

孙叔林、韩铁英主编《日本》

吴清和编著《几内亚》

李允华、农雪梅编著《白俄罗斯》

潘德礼主编《俄罗斯》

郑羽主编《独联体（1991～2002）》

安春英编著《加蓬》

苏畅主编《格鲁吉亚》

曾昭耀编著《玻利维亚》

杨建民编著《巴拉圭》

贺双荣编著《乌拉圭》

李晨阳、瞿健文、卢光盛、韦德星编著《柬埔寨》

焦震衡编著《委内瑞拉》

彭姝祎编著《卢森堡》

宋晓平编著《阿根廷》

张铁伟编著《伊朗》

贺圣达、李晨阳编著《缅甸》

施玉宇、高歌、王鸣野编著《亚美尼亚》

董向荣编著《韩国》

2006 年度

章永勇编著《塞尔维亚和黑山》

李东燕编著《联合国》

杨灏城、许林根编著《埃及》

李文刚编著《利比里亚》

李秀环编著《罗马尼亚》

任丁秋、杨解朴等编著《瑞士》

王受业、梁敏和、刘新生编著《印度尼西亚》

李靖堃编著《葡萄牙》

钟伟云编著《埃塞俄比亚　厄立特里亚》

赵慧杰编著《阿尔及利亚》

王章辉编著《新西兰》

张颖编著《保加利亚》

刘启芸编著《塔吉克斯坦》

陈晓红编著《莱索托　斯威士兰》

汪丽敏编著《斯洛文尼亚》

张健雄编著《欧洲联盟》

国际形势黄皮书
中东非洲发展报告 No.8（2004~2005）：防范石油危机的国际经验
（附 SSDB 光盘）

杨 光 主编
2005 年 10 月出版　38.00 元
ISBN 7-80190-734-5/F·228

　　本书汇集了国内中东非洲问题研究的专家、学者的最新研究成果。他们对石油价格节节攀升后的中东政治形势、经济形势及国际环境的回顾、分析，以及对未来这些地区发展情况的预测，全面翔实而又客观公正。本年度报告以"防范石油危机的国际经验"为研究重点，约 30 万字。随着进入 21 世纪，石油危机的阴影再度出现，2004 年以来世界石油产量已经接近现有生产能力的极限。世界能源安全又一次面临着严峻考验，防范石油危机再次成为摆在人们面前的重大课题。本报告的目的，就是归纳世界上防范石油危机的既有经验，并对防范石油危机的战略作进一步探讨。

非洲一体化与中非关系

罗建波　著
2006 年 12 月出版　28.00 元
ISBN 7-80230-325-7/D·065

　　本书主要有两大特点，一是从全球化和非洲民族主义的角度阐释非洲一体化的历史、现实及其内涵，全面解读了非洲一体化面临的若干问题及非洲一体化的未来发展出路，二是将半个世纪中非关系的发展与非洲一体化进程相结合，深入探讨了中非关系在内容与形式上的调整，以及未来中国对非多边外交政策的基本框架。本书有助于丰富和完善我们对"非洲发展问题"、"南北问题"、"地区一体化"等理论问题的深入理解，有助于我们从新的视角解读中非关系的历史变迁与未来发展。

更多信息请查询：www.ssap.com.cn

全球化时代的国际政治理论

李云霞　靳利华　著

2005 年 8 月出版　25.00 元

ISBN 7-80190-733-7/D·228

　　本书从全球化的视角，重点审视西方国际政治理论、马克思主义国际政治理论和发展中国家国际政治理论的发展变化，以战争与和平、合作与冲突、强权与民主为中心论述了国际政治演变、发展的规律，从而揭示了全球化时代国际政治理论的新走向。

全球化：文化冲突与共生

苏国勋　张旅平　夏光　著

2006 年 7 月出版　39.00 元

ISBN 7-80230-199-8 /D·036

　　本书从社会学角度集中探讨全球化在社会文化领域的表现及其后果，特别是从文化与经济、文化与政治的互动，以及从不同文化或文明之间的互动角度上，探讨全球化在世界文明、自我认同和民族国家几个层面上的冲突和共生。作者力图从社会学视角对全球化的文化研究相关领域做纵深拓展，其中的一些见解富有新意，并对相关研究领域具有启发意义。

国际形势黄皮书

2007年：全球政治与安全报告

（附 SSDB 光盘）

李慎明　王逸舟　主编
2007年1月出版　39.00元
ISBN 978-7-80230-381-2/D·079

　　本书在总结2006年全球安全形势时，提出了三大现象：超级大国美国的持续受挫、"新两极对抗"的若隐若现、全球范围核扩散危险不断加剧。围绕三大现象全书分别从美国政治、全球武装冲突、地区政治（俄罗斯的强势复兴）核不扩散问题研究、联合国研究等角度展开了深入翔实的分析，在此基础上得出了关于2007年的政治形势发展的一系列结论，包括美国的9.11后遗症何时解脱？伊朗和朝鲜两场核危机怎样发展？全球范围美国主导的格局与各种反美势力之间的斗争何以进行等等。

世界经济黄皮书

2006～2007年：世界经济形势分析与预测

（附 SSDB 光盘）

王洛林　李向阳　主编
2007年1月出版　39.00元
ISBN 978-7-80230-383-6/F·100

　　由中国社科院世界经济与政治研究所专家学者编写的《世界经济黄皮书》无疑是国内这一领域的权威著作，全书从国别与地区、专题、热点等角度系统地分析了2006年世界经济发展状况，并对2007年的发展形势做出了预测，书后还附有2006-2007年世界经济统计资料。

社会科学文献出版社网站

www.ssap.com.cn

1. 查询最新图书　　2. 分类查询各学科图书
3. 查询新闻发布会、学术研讨会的相关消息
4. 注册会员，网上购书

　　本社网站是一个交流的平台，"读者俱乐部"、"书评书摘"、"论坛"、"在线咨询"等为广大读者、媒体、经销商、作者提供了最充分的交流空间。

　　"读者俱乐部"实行会员制管理，不同级别会员享受不同的购书优惠（最低7.5折），会员购书同时还享受积分赠送、购书免邮费等待遇。"读者俱乐部"将不定期从注册的会员或者反馈信息的读者中抽出一部分幸运读者，免费赠送我社出版的新书或者光盘数据库等产品。

　　"在线商城"的商品覆盖图书、软件、数据库、点卡等多种形式，为读者提供最权威、最全面的产品出版资讯。商城将不定期推出部分特惠产品。

资询/邮购电话：010-65285539　　邮箱：duzhe@ssap.cn

网站支持（销售）联系电话：010-65269967　　QQ：168316188　　邮箱：service@ssap.cn

邮购地址：北京市东城区先晓胡同10号　社科文献出版社市场部　邮编：100005

银行户名：社会科学文献出版社发行部　　开户银行：工商银行北京东四南支行　　账号：0200001009066109151

图书在版编目（CIP）数据

塞内加尔　冈比亚/张象，贾锡萍，邢富华编著．–北京：
社会科学文献出版社，2007.2
　（列国志）
　ISBN 978 – 7 – 80230 – 447 – 5

　Ⅰ.塞…　Ⅱ.①张…②贾…③邢…　Ⅲ.①塞内加尔 –
概况②冈比亚 – 概况　Ⅳ.K943

中国版本图书馆 CIP 数据核字（2006）第 160591 号

塞内加尔（Senegal）
冈比亚（Gambia）　　　　　　·列国志·

编 著 者／张　象　贾锡萍　邢富华
审 定 人／杨　光　陈宗德　李智彪

出 版 人／谢寿光
出 版 者／社会科学文献出版社
地　　址／北京市东城区先晓胡同 10 号　（邮政编码：100005）
网　　址／http：//www. ssap. com. cn
网站支持／（010）65269967
责任部门／《列国志》工作室　　　（010）65232637
电子信箱／bianjibu@ ssap. cn
项目经理／宋月华
责任编辑／李正乐
责任校对／李　衍
责任印制／盖永东

总 经 销／社会科学文献出版社发行部
　　　　　（010）65139961　65139963
经　　销／各地书店
读者服务／市场部　　（010）65285539
法律顾问／北京建元律师事务所
排　　版／北京中文天地文化艺术有限公司
印　　刷／北京智力达印刷有限公司

开　　本／880 × 1230 毫米　1/32 开
印　　张／17.75
字　　数／424 千字
版　　次／2007 年 2 月第 1 版　2007 年 2 月第 1 次印刷

书　　号／ISBN 978 – 7 – 80230 – 447 – 5/K·057
定　　价／45.00 元

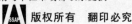

《列国志》主要编辑出版发行人

出 版 人　谢寿光

总 编 辑　邹东涛

项目负责人　杨　群

发 行 人　王　菲

编 辑 主 任　宋月华

编　　　辑　（按姓名笔画为序）

　　　　　　朱希淦　杨　群　宋月华

　　　　　　陈文桂　李正乐　周志宽

　　　　　　范明礼

封 面 设 计　孙元明

内 文 设 计　熠　菲

责 任 印 制　盖永东

编　　　务　李　敏

编 辑 中 心　电话：65232637

　　　　　　网址：ssdphzh_cn@@sohu.com